Die Pflicht zur Nicht-Anerkennung völkerrechtswidriger Gebietsänderungen

Europäische Hochschulschriften

European University Studies

Publications Universitaires Européennes

Reihe II **Rechtswissenschaft**

Series II Law

Série II Droit

Band/Volume **5895**

Felix Krumbiegel

Die Pflicht zur Nicht-Anerkennung völkerrechtswidriger Gebietsänderungen

PL ACADEMIC RESEARCH

Bibliografische Information der Deutschen Nationalbibliothek
Die Deutsche Nationalbibliothek verzeichnet diese Publikation in der Deutschen Nationalbibliografie; detaillierte bibliografische Daten sind im Internet über http://dnb.d-nb.de abrufbar.

Zugl.: Bonn, Univ., Diss., 2016

D 5
ISSN 0531-7312
ISBN 978-3-631-70961-0 (Print)
E-ISBN **978-3-631-70963-4** (E-PDF)
E-ISBN **978-3-631-70964-1** (EPUB)
E-ISBN **978-3-631-70965-8** (MOBI)
DOI 10.3726/b10513

PL Academic Research ist ein Imprint der Peter Lang GmbH.
Peter Lang – Frankfurt am Main · Bern · Bruxelles · New York · Oxford · Warszawa · Wien

Diese Publikation wurde begutachtet.

www.peterlang.com

Meinen Eltern

Vorwort

Die vorliegende Arbeit wurde im Sommersemester 2016 von der rechtswissenschaftlichen Fakultät der Rheinischen Friedrich-Wilhelms-Universität Bonn als Dissertation angenommen. Tatsächliche Entwicklungen sowie Rechtsprechung und Literatur sind bis Juli 2016 berücksichtigt.

Mein besonderer Dank gilt Herrn Prof. Dr. DDr. h.c. Matthias Herdegen für die angenehme Betreuung bei der Anfertigung der Arbeit sowie die konstruktiven Gespräche und wertvollen Anregungen.

Besonders danke ich auch meinen Eltern und meiner Schwester, die mich immer in vielfältiger Art unterstützt haben und stets an meiner Seite sind.

Danken möchte ich ferner Dr. Nikolaus von Bar, der meine Dissertation inhaltlich und formal Korrektur gelesen hat.

Berlin, im August 2016 *Felix Krumbiegel*

Inhaltsverzeichnis

Abkürzungsverzeichnis ... XV

Einleitung ... 1

Teil 1: Die Nicht-Anerkennung im Völkerrecht ... 5

Kapitel 1: Historische Entwicklung des Konzepts der Nicht-Anerkennung ... 5

Kapitel 2: Systematische Stellung der Nicht-Anerkennung im Völkerrecht ... 11

1) Das Recht der Staatenverantwortlichkeit ... 12
   a) Völkerrechtliches Delikt ... 12
   b) Rechtfertigungsgründe ... 14
   c) Rechtsfolgen ... 15

Teil 2: Existenz einer Pflicht zur Nicht-Anerkennung ... 17

Kapitel 1: Pflicht zur Nicht-Anerkennung durch völkerrechtliche Verträge ... 17

1) Die panamerikanischen Regionalverträge ... 17
2) Völkerbundsatzung ... 19
3) Charta der Vereinten Nationen ... 20

Kapitel 2: Pflicht zur Nicht-Anerkennung durch Völkergewohnheitsrecht ... 23

1) Rechtsüberzeugung ... 24
   a) Entwurf einer Erklärung über die Rechte und Pflichten der Staaten ... 24
   b) Erklärungen der blockfreien Staaten ... 25
   c) Erklärung über freundschaftliche Beziehungen ... 26
   d) Erklärung über die Festigung der internationalen Sicherheit ... 30
   e) Erklärung über die Definition des Aggressionsbegriffes ... 30
   f) Schlussakte von Helsinki und Folgedokumente ... 32
   g) Erklärung über die Verstärkung des Gewaltverbotes ... 32

h) Leitlinien für die Anerkennung neuer Staaten ... 34
i) Entwurf von Artikeln zur Staatenverantwortlichkeit ... 34
j) Entwurf eines Berichts über die Anerkennung/ Nicht-Anerkennung im Völkerrecht ... 39
2) Staatenpraxis ... 40
a) Nicht-Anerkennung im Rahmen von gewaltsamem Gebietserwerb ... 41
(1) Hyderabad ... 41
(2) Tibet ... 45
(3) Goa ... 48
(4) Ost-Jerusalem ... 50
(5) Ost-Timor ... 55
(6) West-Sahara ... 59
(7) Kuwait ... 65
(8) Zwischenergebnis ... 66
b) Nicht-Anerkennung im Falle Namibias ... 69
c) Nicht-Anerkennung im Rahmen von Staatsneugründungen ... 72
(1) Rhodesien ... 76
(2) Homeland-Staaten ... 80
(3) Katanga ... 82
(4) Biafra ... 85
(5) Bangladesch ... 88
(6) Türkische Republik Nord-Zypern ... 92
(7) Kosovo ... 95
(a) Historischer Kontext und Gang der Ereignisse ... 96
(b) Rechtliche Einordnung der Sezession ... 99
(c) Reaktionen der Staatengemeinschaft ... 106
(d) Fazit ... 108
(8) Süd-Ossetien ... 108
(9) Zwischenergebnis ... 113
d) Nicht-Anerkennung im Falle der Krim ... 114
(1) Krim ... 115
(a) Historischer Hintergrund ... 115

(b) Rechtliche Einordnung ... 120
(aa) Rechtliche Würdigung der Krim-Abtretung von 1954 ... 120
(bb) Verstoß Russlands gegen das Gewaltverbot ... 124
(aaa) Rechtfertigung des Schutzes eigener Staatsangehöriger ... 125
(bbb) Rechtfertigung der Intervention auf Einladung ... 128
(cc) Rechtmäßigkeit des Referendums über den Status der Krim ... 133
(aaa) Vereinbarkeit mit nationalem Recht ... 134
(bbb) Vereinbarkeit mit internationalem Recht ... 134
(dd) Rechtmäßigkeit der Inkorporation der Krim in den russischen Staatsverband ... 137
(c) Internationale Nicht-Anerkennungspraxis ... 139
3) Ergebnis ... 141

Kapitel 3: Pflicht zur Nicht-Anerkennung durch UN-Resolutionen ... 141
1) UN-Generalversammlung ... 142
2) UN-Sicherheitsrat ... 143

Kapitel 4: Ist die Pflicht zur Nicht-Anerkennung unmittelbar anwendbar? ... 146

Teil 3: Internationale Rechtsbeziehungen bei Nicht-Anerkennung von Souveränitätsverschiebungen ... 151

Kapitel 1: Anerkennung privatrechtsgestaltender Hoheitsakte ... 152

Kapitel 2: Diplomatische und konsularische Beziehungen ... 156

Kapitel 3: Internationale Rechtshilfe ... 160
1) Zustellungen ... 161
2) Auslieferungen ... 164

Kapitel 4: Menschenrechte ... 171
1) Annexionen ... 171
2) Sezessionen ... 175

a) Verantwortlichkeit des Mutterstaates ... 176
b) Verantwortlichkeit der sezessionistischen Einheit ... 178
(1) Voraussetzungen für die Bindung nicht-staatlicher Akteure an Menschenrechte ... 179
(2) Rechtsgrundlagen für die Bindung nicht-staatlicher Akteure an Menschenrechte ... 181
(a) Vertragsrecht ... 181
(b) Gewohnheitsrecht ... 184
(c) Sicherheitsratsresolutionen ... 185
c) Vereinbarkeit der Bindung an Menschenrechte mit Pflicht zur Nicht-Anerkennung ... 186
d) Ergebnis ... 192
Kapitel 5: Luftverkehr ... 192
1) Fortgeltung bestehender Luftverkehr-Verträge im zivilen Luftverkehr ... 193
a) Chicago-Abkommen ... 193
b) Bilaterale Luftverkehrsabkommen ... 200
2) Staatsluftverkehr ... 201
3) Möglichkeit von Flugverkehr trotz Nicht-Anerkennung ... 202
4) Erlass von Flugverboten bzw. Erlaubnissen durch den UN-Sicherheitsrat ... 205
5) Ergebnis ... 205
Kapitel 6: Investitionsschutz ... 206
1) Fortgeltung bestehender BITs ... 207
2) Anwendung der BITs eines annektierenden Staates auf das betroffene Gebiet ... 211
3) Wie kann außerhalb bestehender BITs Investitionsschutz erlangt werden? ... 212
4) Ist der Abschluss neuer BITs mit nicht anerkannten Einheiten oder über Gebiet, das annektiert wurde, möglich? ... 214
a) BIT zwischen Taiwan und Thailand ... 215
b) BIT zwischen Taiwan und Indien ... 216
c) BIT zwischen Palästina und Deutschland ... 217
d) Ergebnis ... 218

Teil 4: Das Erlöschen der Pflicht zur Nicht-Anerkennung 221

Kapitel 1: Die TRNZ und der Annan-Plan 222

1) Entwicklung und Ansätze zur Lösung des Zypern-Konflikts 222

2) Auswirkungen des gescheiterten Referendums auf die Pflicht zur Nicht-Anerkennung 227

Kapitel 2: Der Wille einer betroffenen Bevölkerung 231

1) Das Krim-Referendum 231

2) Das Unabhängigkeitsreferendum in Ost-Timor 234

3) Das geplante Referendum in der West-Sahara 238

Kapitel 3: Stabilisierte effektive Herrschaftsgewalten und die Bedeutung der Zeit – Von Taiwan bis Tibet 242

1) Taiwan 242

a) Die Beziehung der Volksrepublik China zu Taiwan 244

b) Internationale Beziehungen zu Taiwan 245

2) Israel und die Ausübung effektiver Herrschaftsgewalt in Ost-Jerusalem 247

3) Die Eingliederung Ost-Timors in den indonesischen Staatsverband 250

4) Die anhaltende Okkupation der West-Sahara durch Marokko 253

5) Das de facto-Regime der Türkischen Republik Nordzypern 259

6) Die Annexion der Krim-Halbinsel durch Russland 261

7) Die Inkorporation Tibets durch China 264

8) Zwischenergebnis 268

Kapitel 4: Hinnahme einer Annexion durch Staatsoberhäupter – Hyderabad und Tibet 269

1) Der Nizam von Hyderabad und die Hinnahme der indischen Annexion 269

2) Der Dalai Lama und die Verabschiedung vom Wunsch eines eigenen Staates 272

3) Zwischenergebnis 280

Kapitel 5: Demographische Verschiebungen – Das Beispiel Tibet 280

Kapitel 6: Heilung durch Verträge oder Anerkennung? 287
1) Vertrag zwischen der Russischen Föderation und der Republik Krim 288
2) Vertrag zwischen Indien und Portugal über den Souveränitätswechsel bezüglich Goa 288
3) Die Auswirkungen der pakistanischen Anerkennung Bangladeschs 291
4) Zwischenergebnis 293

Kapitel 7: Goa – Bangladesch – Kosovo, Recht im Unrecht? 294
1) Die „Befreiung“ Goas durch Indien 295
2) Die „Befreiung“ Bangladeschs durch Indien 298
3) NATO-Luftangriffe und die Sezession des Kosovo 300
4) Zwischenergebnis 302

Kapitel 8: Ergebnis 303

Teil 5: Rechtswirkungen der Nicht-Anerkennung 305

Kapitel 1: Rechtswirkungen der Nicht-Anerkennung von Annexionen 305

Kapitel 2: Rechtswirkungen der Nicht-Anerkennung von Sezessionen 307

Kapitel 3: Ergebnis 311

Schlussbetrachtung 313

Literaturverzeichnis 315

Entscheidungsregister 339

Abkürzungsverzeichnis

a.A.	andere Ansicht
A/	UN General Assembly
Abs.	Absatz
AHG	African Unity Assembly of Heads of State and Government
APEC	Asia-Pacific Economic Cooperation
APODETI	Associação Popular Democrática Timorense
Art.	Artikel
ASEAN	Association of Southeast Asian Nations
AU	African Union
Aufl.	Auflage
AVR	Archiv des Völkerrechts
BBC	British Broadcasting Corporation
Bd.	Band
BGBl.	Bundesgesetzblatt
BGHZ	Entscheidungen des Bundesgerichtshofs in Zivilsachen
BIT	Bilateral Investment Treaty
BRD	Bundesrepublik Deutschland
BSIS	Brussels Journal of International Studies
Bspw.	Beispielsweise
BT-Drs.	Bundestags-Drucksache
BVerfG	Bundesverfassungsgericht
BVerwG	Bundesverwaltungsgericht
Bzw.	Beziehungsweise
Ch.	Chapter
CIAS	Summit Conference of Independent African States
Cmnd.	Command Paper
CNRT	Conselho Nacional de Resistência Timorense
CRS	Congressional Research Service
d.h.	das heißt
DARS	Demokratische Arabische Republik Sahara
DDR	Deutsche Demokratische Republik
Doc.	Document
DVBl.	Deutsches Verwaltungsblatt
Ebd.	Ebenda

ECHR	European Court of Human Rights
ECMI	European Centre for Minority Issues
ECOWAS	Economic Community of West African States
EG	Europäische Gemeinschaft
EGMR	Europäischer Gerichtshof für Menschenrechte
EJIL	European Journal of International Law
EMRK	Europäische Menschenrechtskonvention
EU	Europäische Union
EuAlÜbk	Europäisches Auslieferungsübereinkommen
EUCO	European Council
EULEX	European Union Rule of Law Mission in Kosovo
f.	folgende
F.3d	Federal Reporter, 3rd series
FamFG	Gesetz über das Verfahren in Familiensachen und in den Angelegenheiten der freiwilligen Gerichtsbarkeit
ff.	fortfolgende
Fn.	Fußnote
FRETELIN	Frente Revolucionária do Timor-Leste Independente
FS	Festschrift
GAOR	General Assembly Official Records
GASP	Gemeinsame Außen- und Sicherheitspolitik
GG	Grundgesetz
H.Con.Res.	House Congress Resolution
HL Debs	Hansard, Parliamentary Debates, House of Lords
HZÜ	Haager Zustellungsübereinkommen
I.C.J.	International Court of Justice
i.Erg.	im Ergebnis
ICAO	International Civil Aviation Organization
ICSID	International Centre for Settlement of Investment Disputes
IGH	Internationaler Gerichtshof
ILA	International Law Assocation
ILC	International Law Commission
ILM	International Legal Materials
ILR	International Law Reports
IPbpR	Internationaler Pakt für bürgerliche und politische Rechte
IPC	Immovable Property Commission

ISAS	Institute of South Asian Studies
IZPR	Internationales Zivilprozessrecht
JU	Jahangirnagar University
KFOR	Kosovo Force
KOTA	Klibur Oan Timor Asuwain
KPdSU	Kommunistische Partei der Sowjetunion
KSZE	Konferenz über Sicherheit und Zusammenarbeit in Europa
lit.	littera
LNTS	League of Nations Treaty Series
m.E.	meines Erachtens
MINURSO	Mission des Nations Unies pour l'organisation d'un référendum au Sahara occidental
mwN.	Mit weiteren Nachweisen
NATO	North Atlantic Treaty Organization
NGO	Non-governmental organization
NJW	Neue Juristische Wochenschrift
No.	Number
NOTAM	Notice(s) to Airmen
Nr.	Nummer
NSGT	Non-Self-Governing Territories
o.ä.	oder ähnliche(s)
OAS	Organization of American States
OAU	Organization of African Unity
OSCE	Organization for Security and Co-operation in Europe
OSZE	Organisation für Sicherheit und Zusammenarbeit in Europa
OVG	Oberverwaltungsgericht
OVG NRW	Oberverwaltungsgericht Nordrhein-Westfalen
PCIJ	Permanent Court of International Justice Reports
PLO	Palestine Liberation Organization
POLISARIO	Frente Popular para la Liberación de Saguía el Hamra y Río de Oro
PRC	People's Republic of China
RES	Resolution
RGBl.	Reichsgesetzblatt
RiVASt	Richtlinien für den Verkehr mit dem Ausland in strafrechtlichen Angelegenheiten

Rn.	Randnummer
RSFSR	Russische Sozialistische Föderative Sowjetrepublik
RT	Russia Today
s.	siehe
S.	Seite
S.Con.Res.	Senate Congress Resolution
S.Res.	Senate Resolution
S/	UN Security Council
SCOR	Security Council Official Records
Ser.	Series
SFSR	Sozialistische Föderative Sowjetrepublik
SSR	Sozialistische Sowjetrepublik
Supp.	Supplement
SWP	Stiftung Wissenschaft und Politik
TASS	Telegraph Agency of the Soviet Union
TRABALHISTA	Partido Trabalhista Timorense PT
TRNZ	Türkische Republik Nordzypern
u.a.	unter anderem
U.S.	United States
UdSSR	Union der Sozialistischen Sowjetrepubliken
UDT	União Democrática Timorense
UK	United Kingdom
UKHL	United Kingdom House of Lords
UN	United Nations
UNAMET	United Nations Mission in East Timor
UNFICYP	United Nations Peacekeeping Force in Cyprus
UNMIK	United Nations Interim Administration Mission in Kosovo
UNSIMIC	United Nations Settlement Implementation Mission in Cyprus
UNTAET	United Nations Transitional Administration in East Timor
Urt.	Urteil
USA	United States of America
USLW	United States Law Week
USSR	Ukrainische Sozialistische Sowjetrepublik
v.	vom
vgl.	vergleiche

VO	Verordnung
Vol.	Volume
WÜK	Wiener Übereinkommen über konsularische Beziehungen
WVK	Wiener Übereinkommen über das Recht der Verträge
z.B.	zum Beispiel
ZaöRV	Zeitschrift für ausländisches öffentliches Recht und Völkerrecht
Ziff.	Ziffer
ZPO	Zivilprozessordnung
ZRHO	Rechtshilfeordnung für Zivilsachen

Einleitung

> *„The General Assembly, […]*
> *6. Calls upon all States, international organizations and specialized agencies not to recognize any alteration of the status of the Autonomous Republic of Crimea and the city of Sevastopol on the basis of the above-mentioned referendum and to refrain from any action or dealing that might be interpreted as recognizing any such altered status."*[1]

Die Euromaidan-Proteste in Kiew aus dem Jahr 2014, die Ausmaße eines Bürgerkriegs annahmen und letztlich zur Intervention der Russischen Föderation führten, welche separatistische Kräfte sowohl auf der Krim-Halbinsel als auch in der Ost-Ukraine unterstützte, eskalierten in der Abspaltung der Krim unter anschließender Inkorporation in den russischen Staatsverband.

Um diesen Vorgang zu missbilligen, verabschiedete die UN-Generalversammlung am 27. März 2014 die oben zitierte Resolution, in der sie alle Staaten dazu aufrief, keine Gebietsveränderungen auf dem Gebiet der Krim anzuerkennen und sich auch jedweder Handlung zu enthalten, die als eine solche Anerkennung gewertet werden könnte.

Die Forderung der Generalversammlung an die Staatengemeinschaft betrifft dabei von ihrem Inhalt her die Ausübung eines im Völkerrecht beliebten Sanktionsmittels; das Mittel der Nicht-Anerkennung. Dieses richtet sich im Kern darauf, illegale Gebietsverschiebungen als nicht existent zu behandeln, den Rechtsbrecher demnach zu isolieren bzw. in seiner Verfügungsmacht über das Gebiet zu beschneiden und diesen aufgrund dessen dazu zu bewegen, den völkerrechtswidrigen Zustand wieder rückgängig zu machen.

Beliebt ist die Sanktionsmaßnahme deshalb, weil sie ohne militärische Mittel auskommt, von ihrer Ausübung her wenig belastend ist und den Zielstaat ob seiner politischen und wirtschaftlichen Isolation in erhebliche Schwierigkeiten bringen kann.

Neben der Möglichkeit für die Generalversammlung oder den Sicherheitsrat, ein solches Verhalten durch die UN-Mitgliedstaaten einzufordern, stellt sich die Frage, ob im Völkerrecht eine vertragliche oder sogar eine gewohnheitsrechtliche Pflicht der Staaten zur Nicht-Anerkennung besteht; diese also unabhängig von dem Aufruf durch die Organe der Vereinten Nationen entstehen und eine völkerrechtliche Verpflichtung begründen kann.

---

1 A/RES/68/262.

Der Nachweis einer entsprechenden Regel im Gewohnheitsrecht stellt dabei den ersten Schwerpunkt der Arbeit dar und dient als Grundstein für die weiteren Untersuchungen, die nach Inhalt und Dauer einer möglichen Pflicht zur Nicht-Anerkennung fragen.

Der Versuch einer Eingrenzung der inhaltlichen Ausgestaltung der Nicht-Anerkennung ist dabei äußerst praxisrelevant, da es um den möglichen Umgang mit nicht anerkannten Einheiten geht. Denn trotz der Intention des Sanktionsmittels, den Rechtsbrecher möglichst umfassend zu isolieren, kann durch die Staatengemeinschaft nicht ausgeblendet werden, dass die betroffene Einheit faktisch besteht und agiert. Die Möglichkeit, bestimmte Rechtsfolgen an diese Tatsache zu knüpfen, muss trotz einer Pflicht zur Nicht-Anerkennung weiter zulässig bleiben, um auch den Menschen auf dem betroffenen Gebiet keinen übermäßigen Schaden zuzufügen. Die Anerkennung von Scheidungsurteilen oder Geburtsurkunden sind dabei Beispiele, die einen Umgang mit der nicht anerkannten Einheit sicher rechtfertigen könnten. Ob dies auch für die Aufnahme oder Beibehaltung von Luftverkehr gilt oder ob Verträge über Investitionsschutz abgeschlossen werden können, sind dabei weitergehende Fragen, die im entsprechenden Abschnitt einer Klärung zugeführt werden sollen.

Der abschließende Schwerpunkt der Arbeit soll sodann beleuchten, ob eine mögliche Pflicht zur Nicht-Anerkennung zeitlich begrenzt ist bzw. welche Faktoren geeignet sind und dazu beitragen können, dass eine bestehende Pflicht wieder erlischt.

Mit Blick auf die Staatenpraxis bestehen mehrere Beispielsfälle, die sowohl den Schluss zulassen, dass die Nicht-Anerkennung mit einer Ewigkeitsgarantie ausgestattet ist, also erst dann aufgegeben wird, wenn der rechtmäßige Zustand wiederhergestellt wurde, als auch Fälle, die das Gegenteil vermuten lassen.

Als ein solches Beispiel könnten auch die aktuellen Vorfälle in der Ukraine gewertet werden. In dem am 16. März 2014 stattgefundenen Referendum über den Status der Krim sprach sich eine eindeutige Mehrheit von 96,77 % der dort ansässigen Anwohner für einen Anschluss an Russland aus. Sollte dieses Ergebnis tatsächlich der Wahrheit entsprechen und sollte sich der Wille der Bevölkerung auf gleiche Weise in Zukunft perpetuieren, so muss hinterfragt werden, ob dieser Wille nicht Gegenstand einer Anerkennung sein kann.

Denn man darf nicht unberücksichtigt lassen, dass die durch eine Nicht-Anerkennung bewirkte Isolation als Begleiterscheinung auch und insbesondere die Bevölkerung treffen wird. Sollte diese mit dem *fait accompli* aber einverstanden sein und diesen aktiv befürworten, so lässt sich die Zweckmäßigkeit der Sanktionsmaßnahme zumindest hinterfragen.

Um auf diese konkreten Fragestellungen hinzuführen, soll der Arbeit ein kurzer historischer Abriss über das Konzept und die Idee der Nicht-Anerkennung vorangestellt werden, um den Verlauf der Entwicklungsgeschichte und die heutige Form der Sanktionsmaßnahmen nachvollziehen zu können.

Daraufhin bietet sich eine systematische Einordnung der Nicht-Anerkennung in das völkerrechtliche Normgefüge an, um, im Anschluss daran, den Nachweis einer gewohnheitsrechtlichen Pflicht zu beginnen.

Teil 1: Die Nicht-Anerkennung im Völkerrecht

Kapitel 1: Historische Entwicklung des Konzepts der Nicht-Anerkennung

Artikel 41 (2) der ILC-Artikel zur Staatenverantwortlichkeit von 2001 markiert einen provisorischen Höhepunkt eines sich seit mehreren Jahrzehnten fortentwickelnden Prozesses der Idee und des Konzeptes einer Nicht-Anerkennung. Darin heißt es:

> *„No State shall recognize as lawful a situation created by a serious breach within the meaning of Article 40, nor render aid or assistance in maintaining that situation“.*[2]

Der Staatengemeinschaft wird damit, unter Verweis auf Artikel 40, eine Pflicht auferlegt, zumindest solche Situationen nicht anzuerkennen, die aus einem Verstoß gegen *ius cogens*-Verpflichtungen erwachsen sind.[3]

Welche völkerrechtlichen Verpflichtungen dabei überhaupt *ius cogens*-Charakter besitzen, d.h. gewohnheitsrechtlich verankert und von der Staatengemeinschaft als Ganzes anerkannt sind und von deren Regel nicht abgewichen werden darf,[4] wird von der ILC abschließend nicht geklärt.

Dies mag vor allem darin begründet sein, dass diese Verpflichtungen einem steten Wandel unterliegen und vom Konsens der Staatengemeinschaft abhängen, sodass sich ein aktueller *ius cogens*-Stand zwar ausmachen lässt, dieser aber nie als abschließend zu bezeichnen sein wird.

Als derzeitig gesichertes *ius cogens* kann man jedoch das Gewalt- und Aggressionsverbot, das Verbot von Sklavenhandel und Sklaverei sowie Genozid und Rassendiskriminierung, das Verbot von Folter, das Recht auf Selbstbestimmung sowie die grundlegenden Regeln des humanitären Völkerrechts zählen.[5]

---

2 UN Doc. A/56/10, S. 53.

3 *Tomuschat*, ILC- Die Völkerrechtskommission der Vereinten Nationen, S. 331, Rn. 2 ff., in: *Wolfrum*, Handbuch Vereinte Nationen, 2. Aufl.

4 *Nieto-Navia*, International Peremptory Norms (Ius Cogens) and International Humanitarian Law, S. 10–14.

5 Report of the International Law Commission, fifty-third session, GAOR, fifty-sixth session, Supp. No. 10 (A/56/10), 2001, S. 283–284, Rn. 4,5.

Obgleich Artikel 41 (2) der ILC-Artikel die Staaten dazu anhält, eine Nicht-Anerkennung dann durchzuführen, wenn ein Verstoß gegen ebendiese Normen vorliegt, folgt daraus keineswegs eine unmittelbare Pflicht für die Staatengemeinschaft.

Denn die Völkerrechtskommission hat nicht die Kompetenz, die Verhaltensweise von Staaten durch bindende Beschlüsse zu lenken oder zu regeln.

Die Arbeiten des Gremiums versuchen jedoch Rechtsentwicklungen zu reflektieren und wiederzugeben, sodass die Ergebnisse zumindest als Indikator für die Herausbildung und Entwicklung gewohnheitsrechtlicher Regeln fungieren und die kodifizierten Vorschriften als Ausdruck eines weitgehenden Konsenses in der Staatenwelt gesehen werden können.[6]

Die Aufnahme der Pflicht zur Nicht-Anerkennung in die ILC-Artikel hat mithin eine nicht zu unterschätzende Aussagekraft und ist zumindest geeignet, eine indirekte Bindungswirkung der Staaten zu begründen.

Die Nicht-Anerkennung als (kollektive) Reaktion auf ein völkerrechtliches Delikt als Mittel im Rahmen der Staatenverantwortlichkeit mit dem Ziel, den Rechtsbrecher zu isolieren und den *status quo ante* wiederherzustellen, war allerdings nicht immer unumstritten und ist es auch heutzutage nicht in jeder Hinsicht.[7]

Vor allem politische Interessen verhindern zumeist die kollektive Ausübung einer Nicht-Anerkennungspolitik, sodass sich eine konsistente Staatenpraxis nur unzureichend feststellen lässt.

Dennoch hat sich das Konzept der Nicht-Anerkennung im Laufe der Zeit als völkerrechtliches Instrumentarium etabliert. Durch die Kodifizierung in den ILC-Artikeln und die Bestätigung des Prinzips durch den Internationalen Gerichtshof in Urteilen und Gutachten[8] hat sich die Nicht-Anerkennung in neuerer Zeit zu einem festen Bestandteil der Staatenpraxis mit immer klareren Konturen entwickelt.

---

6 *Crawford/Peel/Olleson*, The ILC's Articles on Responsibility of States for Internationally Wrongful Acts: Completion of the Second Reading, European Journal of International Law 2001, S. 988.

7 Siehe bspw.: *International Law Association*, Draft Report on Recognition/ Non-Recognition in International Law, Washington Conference 2014, S. 26.

8 Siehe bspw.: Legal Consequences for States of the Continued Presence of South Africa in Namibia (South West Africa) notwithstanding Security Council Resolution 276 (1970), Advisory Opinion, I.C.J. Reports 1971, S. 6; Legal Consequences of the Construction of a Wall in the Occupied Palestinian Territory, Advisory Opinion, I.C.J. Reports 2004, S. 136.

Bis zur Verabschiedung der Arbeiten der Völkerrechtskommission im Jahr 2001 war das Konzept einer Nicht-Anerkennung jedoch zeitweise heftig umstritten und von seiner Umsetzung nicht immer konsistent und klar strukturiert.

Erste Bemühungen um eine Nicht-Anerkennung lassen sich bereits Ende des 18. Jahrhunderts ausmachen.

So erklärten Leopold II., Kaiser des Heiligen Römischen Reiches, sowie Friedrich Wilhelm II., König von Preußen, in der Pillnitzer Deklaration die uneingeschränkte Loyalität zum, im Rahmen der französischen Revolution, gestürzten französischen König Ludwig XVI., indem keine revolutionären Regierungen Subjekt einer Anerkennung werden sollten.[9]

Darüber hinaus einigte man sich auf dem Wiener Kongress im Jahr 1815 und dem Troppauer Fürstenkongress von 1820 allgemein auf eine Nicht-Anerkennung revolutionärer Strömungen und Regierungen. Die Verweigerung der Anerkennung war dabei offensichtlich jedoch keine Reaktion auf einen schwerwiegenden Völkerrechtsbruch, sondern allein politisches Kalkül, um die monarchischen Strukturen aufrechterhalten und festigen zu können.[10]

Die Idee einer Nicht-Anerkennung entwickelte sich fort durch die Formulierung bestimmter Grundvoraussetzungen für eine Anerkennung der südamerikanischen Länder Brasilien und Mexiko durch Großbritannien. Das Vereinigte Königreich machte eine Anerkennung davon abhängig, dass die Länder sich verpflichteten, den Sklavenhandel abzuschaffen.[11]

Die Verknüpfung der Anerkennung bzw. Nicht-Anerkennung mit der Erfüllung humanitärer und demokratischer Standards zeigte sich auch in der Folgezeit durch die Anwendung der so genannten „Tobar-Doktrin“, die demokratisch legitimierte Regierungen vor dem Umsturz durch revolutionäre Bewegungen schützen sollte, indem man letzteren durch eine kollektive Nicht-Anerkennung begegnete.[12]

Die 1930 verabschiedete „Estrada-Doktrin“ verurteilte eine solche Nicht-Anerkennungspolitik jedoch als Einmischung in innere Angelegenheiten[13] und verhinderte so die Manifestierung einer Verpflichtung zur Nicht-Anerkennung

9 Deklaration von Pillnitz v. 27.8.1791, in: *Eisner*, Das Ende des Reichs, S. 84.

10 *Dugard*, Recognition and the United Nations, S. 25.

11 *Smith*, Great Britain and the Law of Nations. A Selection of Documents Illustrating the Views of the Government in the United Kingdom upon Matters of International Law, Vol. 1, S. 185–187, 197.

12 *Galloway*, Recognizing Foreign Governments: The practice of the United States, S. 27; *Dugard*, Recognition and the United Nations, S. 26.

13 *Ehm*, Das völkerrechtliche Demokratiegebot, S. 6–7.

in Fällen der Nichteinhaltung demokratischer oder humanitärer Mindeststandards. Erst die Charta der OAS und das Dokument des Moskauer Treffens der Konferenz über die menschliche Dimension der KSZE von 1991 griffen die Idee der „Tobar-Doktrin“ wieder auf, indem Umstürze demokratischer Ordnungen mit Sanktionen bedacht oder zumindest (rechtserheblich) geächtet wurden.[14]

Die Nicht-Anerkennung als Mittel im Rahmen der Staatenverantwortlichkeit etablierte sich hingegen vor allem im Kontext von Eroberungen bzw. gewaltsamen territorialen Veränderungen und verfestigte sich dort schnell als regional anerkanntes Prinzip im amerikanischen Raum.

Bereits im Continental Treaty von 1856 findet sich die Idee wieder, gewaltsame territoriale Veränderungen nicht anerkennen zu wollen.[15]

Die Bezugnahme auf eine Nicht-Anerkennungspolitik erfolgte daraufhin in mehreren panamerikanischen Verträgen und Stellungnahmen, die jedoch zumeist auf wenige Parteien beschränkt waren oder keine bindende Wirkung hatten.[16]

Die erstmalige ausdrückliche Erwähnung einer Pflicht zur Nicht-Anerkennung erfolgte im Rahmen einer Erklärung zum „Chaco-Konflikt“ zwischen Bolivien und Paraguay,[17] die durch insgesamt 19 Staaten unterzeichnet wurde. Die darin begründete Verpflichtung wurde später in den „Saavedra-Lamas-Pakt“ aufgenommen, der die Pflicht von ihrem Anwendungsbereich auf alle Konflikte der Vertragsparteien ausdehnte und mithin eine vertragliche Bindung einer Reihe von Staaten im panamerikanischen Raum bezweckte.[18]

Besonders hervorzuheben ist letztlich die Montevideo-Konvention über die Rechte und Pflichten der Staaten von 1933, die eine Pflicht eindeutig und unmissverständlich formulierte und auch bindende Wirkung gegenüber den Vertragsstaaten hatte:

---

14 *Herdegen,* Effektivität und Legitimität im Völkerrecht – von Tibet bis zur Krim –, S. 204–205, in: *Ackermann/Köndgen,* Privat- und Wirtschaftsrecht in Europa, FS Roth.

15 *Gianelli,* Absolute Invalidity of Treaties and Their Non-Recognition by Third States, S. 340, in: *Cannizzaro,* The Law of Treaties Beyond the Vienna Convention.

16 *Talmon,* Kollektive Nichtanerkennung illegaler Staaten, S. 326.

17 *„The American nations further declare that they will not recognize any territorial arrangement of this controversy which has not been obtained by peaceful means nor the validity of territorial acquisitions which may be obtained through occupation or conquest by force of arms.“*, American Journal of International Law Suppl. 33 (1939), S. 893.

18 *Talmon,* Kollektive Nichtanerkennung illegaler Staaten, S. 326.

„The contracting states definitely establish as the rule of their conduct the precise obligation not to recognize territorial acquisitions or special advantages which have been obtained by force [...]"[19]

Zwar außerhalb Südamerikas, aber auch in jene Zeit, fällt die Entwicklung der „Stimson-Doktrin", die als ein Meilenstein in der Entwicklung des Konzeptes der Nicht-Anerkennung angesehen werden kann.

Auslöser der bekannten Stimson-Note war die Annektierung eines Teils von China durch Japan unter gleichzeitiger Errichtung des Kaiserreiches Mandschukuo im Jahr 1932.[20]

Durch den Verstoß gegen das Gewaltverbot durch Japan sah sich der damalige US-amerikanische Außenminister Henry Stimson dazu veranlasst, eine Nicht-Anerkennung im Namen seines Landes auszusprechen, um das Verhalten Japans zu missbilligen:

„[...] that [the USA] does not intend to recognize any situation, treaty, or agreement which may be brought about by means contrary to the covenants and obligations of the Pact of Paris of August 27, 1928, to which treaty both China and Japan, as well as the United States, are parties."[21]

Da die Vereinigten Staaten keine Partei des Völkerbundes waren, dessen Satzung in Artikel 10 eine Nicht-Anerkennungspflicht in vergleichbaren Fällen vorsah, erfolgte hier zwangsläufig die Bezugnahme auf den Briand-Kellogg-Pakt, der den Angriffskrieg als zulässiges Mittel der Politik ächtete.[22]

Die breite Unterstützung der Stimson-Doktrin und die damit verbundene Idee einer Nicht-Anerkennung durch die Staatengemeinschaft war zwar nur von kurzer Dauer, wie der anschließende Zweite Weltkrieg gezeigt hat; sie verdeutlicht aber die grundsätzlich bestehende Bereitschaft, das Prinzip der Nicht-Anerkennung als probates Mittel zu akzeptieren.

Aufgrund politischer Interessen und dem Streben nach Weltmacht im europäischen Gefüge sowie des Ausbruches des Weltkrieges im Jahr 1939 konnte eine einheitliche Nicht-Anerkennungspolitik gegenüber Mandschukuo und im Allgemeinen nur kurzweilig greifen.

---

19 American Journal of International Law Suppl. 28 (1934), S. 75.

20 *Turns*, The Stimson Doctrine of Non-Recognition: Its Historical Genesis and Influence on Contemporary International Law, Chinese Journal of International Law 2003, S. 105 ff.

21 *McNair*, The Stimson Doctrine of Non-Recognition – A Note on its Legal Aspects, S. 65, in: *Higgins/Brierly*, British Yearbook of International Law 1933.

22 RGBl. 1929 II, S. 97.

Eine Verfestigung des Prinzips scheiterte letztlich am überwiegenden Interesse der individuellen Machtausdehnung unter Missachtung der zunächst gemeinsam erarbeiteten Gedanken des Völkerbundes, die in der Zeit der 1930er und 1940er Jahre durch seine eigenen Mitglieder *ad absurdum* geführt wurden.

Eine endgültige Reifung des Konzepts der Nicht-Anerkennung konnte folglich erst nach Schaffung der Vereinten Nationen und der einhergehenden politischen Stabilisierung des europäischen Kontinents erfolgen.

Durch die Einrichtung des Sicherheitsrates und der Generalversammlung mit der Kompetenz zur Verabschiedung von Resolutionen, unabhängig von der Frage ihrer bindenden Wirkung, war ein Gremium geschaffen, das den Großteil der existierenden Staaten einte und somit den Weg zu einem gemeinsamen Handeln ebnete.

Die Befolgung der einzelnen Resolutionen der UN-Organe in Bezug auf den Ausspruch einer Nicht-Anerkennung illegaler Situationen zeigt sich bis heute.

Als Beispiele können die kollektive Nicht-Anerkennung Nordzyperns, Rhodesiens und der Homeland-Staaten sowie zuletzt auch der russischen Annexion der Krim, zu der die Generalversammlung aufgerufen hatte,[23] angeführt werden.

Neben der Lenkung der Staatenpraxis durch die Koordinierung des Verhaltens durch den Sicherheitsrat bzw. die Generalversammlung entwickelte sich das Konzept der Nicht-Anerkennung aber auch in seiner Theorie weiter fort.

Als ein Katalysator für diese Entwicklung gilt die Erklärung der Generalversammlung über völkerrechtliche Grundsätze für freundschaftliche Beziehungen und Zusammenarbeit zwischen den Staaten im Sinne der Charta der Vereinten Nationen aus dem Jahr 1970 („Friendly Relations Declaration“).[24] In Grundsatz I, Abs. 10 heißt es, unter anderem:

> *„No territorial acquisition resulting from the threat or use of force shall be recognized as legal.“*[25]

Die besondere Bedeutung dieser Erklärung wird erst im Zusammenhang mit der Aussage des IGH im Nicaragua-Fall[26] deutlich, der, zum Zeitpunkt der Entscheidung, feststellt, dass die in der Erklärung getroffene Aussage zum Gewaltverbot in seiner Gänze Völkergewohnheitsrecht darstellt.[27]

---

23 A/RES/68/262.

24 A/RES/2625 (XXV).

25 A/RES/2625 (XXV).

26 Military and Paramilitary Activities in and against Nicaragua, Judgment, I.C.J. Reports 1986, S. 14.

27 Ebd., S. 100–101, Rn. 188, 191.

Damit hat der IGH bereits im Jahr 1986 das Prinzip der Nicht-Anerkennung indirekt als im Völkerrecht fest verankerte Regel anerkannt.

Weiter geht der IGH sogar noch in seinem Gutachten zur israelischen Sperrmauer aus dem Jahr 2004; in diesem stellt das Gericht explizit fest, dass die Verpflichtung zur Nicht-Anerkennung territorialer Veränderungen unter Anwendung oder Androhung von Gewalt Völkergewohnheitsrecht widerspiegelt.[28]

Damit lässt sich festhalten, dass zum heutigen Zeitpunkt zumindest die Tendenz besteht, eine Pflicht zur Nicht-Anerkennung als Reaktion auf völkerrechtliches Unrecht, vor allem bei territorialen Veränderungen als Folge von Verstößen gegen das Gewaltverbot, anzunehmen. Dementsprechend überrascht die Aufnahme einer Pflicht zur Nicht-Anerkennung in die ILC-Artikel von 2001 nicht. Das Konzept der Sanktionsmaßnahme hat sich nach Schaffung der Vereinten Nationen sowohl in Theorie als auch Praxis massiv weiterentwickelt und etabliert. Ob daraus bereits zu folgen ist, dass eine gleichlautende gewohnheitsrechtliche Regel besteht, bleibt in Teil 2 dieser Arbeit zu untersuchen.

Kapitel 2: Systematische Stellung der Nicht-Anerkennung im Völkerrecht

Bevor ermittelt werden soll, ob eine Pflicht zur Nicht-Anerkennung im Völkerrecht besteht und welchen Inhalt und welches Ausmaß diese haben kann, soll vorangestellt werden, aus welchem Grund und in welchen Fällen von dem Mittel Gebrauch gemacht wird.

Der Ausspruch einer Nicht-Anerkennung kann aus zwei Gründen erfolgen:

Zum einen ist die Nicht-Anerkennung eines Staates durch einen anderen Staat aus politischen Gründen möglich.[29]

Dieses Verhalten ist beliebig und liegt im Ermessen jedes einzelnen Staates, der aufgrund seiner Souveränität selbst entscheiden kann, ob und mit welchen Staaten er Beziehungen unterhält.[30]

---

28 Legal Consequences of the Construction of a Wall in the Occupied Palestinian Territory, Advisory Opinion, I.C.J. Reports 2004, S. 136, 171, Rn. 87.

29 *Frowein,* Non-Recognition, Rn. 2, in: *Wolfrum,* Max Planck Encyclopedia of Public International Law, Online Version 2011.

30 *Crawford,* The Creation of States in International Law, 2. Aufl., S. 157 f.

Als ein Beispiel hierfür lässt sich die gegenseitige Nicht-Anerkennung der Staaten Süd- und Nordkorea anführen, sowie die Nicht-Anerkennung Israels durch einen Großteil der Arabischen Liga.[31]

Zum anderen kann eine Nicht-Anerkennung aber auch als Reaktion auf ein völkerrechtliches Unrecht erfolgen und damit als Mittel im Rahmen der Staatenverantwortlichkeit.[32]

Nur diese Art der Nicht-Anerkennung ist im Folgenden von Interesse und verdient eine genauere Betrachtung.

1) Das Recht der Staatenverantwortlichkeit

Um die Nicht-Anerkennung systematisch einordnen zu können, soll an dieser Stelle ein kurzer Abriss über das Recht der Staatenverantwortlichkeit erfolgen.

Im Völkerrecht besteht der gewohnheitsrechtliche Grundsatz, dass ein Staat, für Völkerrechtsverstöße, die er begangen hat, dem verletzten Völkerrechtssubjekt gegenüber verantwortlich ist.[33]

Um die völkerrechtliche Verantwortlichkeit auszulösen, bedarf es daher eines völkerrechtlichen Deliktes, das nicht durch einen Rechtfertigungsgrund gedeckt ist.[34]

Für die Ermittlung des Vorliegens einer solchen Situation können die oben bereits angeführten ILC-Artikel zur Staatenverantwortlichkeit von 2001 fruchtbar gemacht werden, die einen bedeutenden Beitrag zur Herausbildung und Konturierung des Rechts zur Staatenverantwortlichkeit geleistet haben.

Diese umfassen vier Teile mit den Thematiken *(i)* des Begriffs und der Voraussetzung des völkerrechtlichen Delikts, *(ii)* des Inhalts der Staatenverantwortlichkeit, *(iii)* der Geltendmachung der Staatenverantwortlichkeit und *(iv)* der Allgemeinen Bestimmungen.

a) Völkerrechtliches Delikt

Vorausgesetzt wird zunächst die Verletzung einer völkerrechtlichen Pflicht.

Nach Artikel 2 der ILC-Artikel liegt ein Völkerrechtsverstoß eines Staates dann vor, wenn ihm ein Tun oder Unterlassen zuzurechnen ist, das einen Verstoß gegen eine völkerrechtliche Verpflichtung darstellt.

---

31 *International Law Association,* Draft Report on Recognition/ Non-Recognition in International Law, Washington Conference 2014, S. 2–3.

32 *Crawford,* State Responsibility, Rn. 39 ff., in: *Wolfrum,* Max Planck Encyclopedia of Public International Law, Online Version 2006.

33 *Stein/von Buttlar,* Völkerrecht, 13. Aufl., §68, Rn. 1101.

34 *Herdegen,* Völkerrecht, 15. Aufl., §58, Rn. 1.

Dabei kann grundsätzlich nur ein rechtswidriges, nicht aber ein risikobehaftetes Verhalten einen Unrechtstatbestand im Sinne der ILC-Artikel begründen.[35]

Weiterhin ist erforderlich, dass dem Staat das Tun oder Unterlassen zurechenbar ist. Dies ist zumindest dann unproblematisch, wenn seine eigenen Organe gehandelt haben und gilt nach Artikel 7 selbst in Fällen, in denen das betreffende Organ *ultra vires*, also weisungswidrig agiert hat.

Schwierige Konstellationen können allerdings unter anderem dann entstehen, wenn das Verhalten von Privatpersonen oder nicht-staatlichen Akteuren in Frage steht.

Eine Zurechenbarkeit völkerrechtswidriger Handlungen von Privatpersonen ist dabei grundsätzlich ausgeschlossen, da die bloße Personalhoheit des betreffenden Staates keinen ausreichenden Zurechnungstatbestand auslöst.[36]

Anders zu entscheiden ist nur, wenn eine Lenkung privaten Handelns stattgefunden hat oder eine völkerrechtliche Schutzpflicht nicht eingehalten wurde. Es muss demnach ein messbares staatliches Fehlverhalten vorliegen.[37]

Als Beispiel kann dabei die Verurteilung des Staates Iran durch den IGH im so genannten „Teheraner Geiselfall“ angeführt werden.[38]

Nachdem Studenten die amerikanische Botschaft in Teheran überfallen und Geiseln genommen hatten, veröffentlichte der Revolutionsführer Khomeini eine Erklärung, in der das Attentat der Studenten ausdrücklich gebilligt und unterstützt wurde. Dies veranlasste den Gerichtshof, das private Handeln dem Staat Iran ab Äußerung der entsprechenden Aussage zuzurechnen.[39]

Im Rahmen des völkerrechtlichen Deliktes ist zuletzt hervorzuheben, dass die ILC-Artikel in ihren Artikeln 40 ff. als Steigerung zu einem „gewöhnlichen“ Völkerrechtsverstoß auch die „*scherwiegende Verletzung einer zwingenden Norm*“ anführen.

---

35 *Ebd.*, §58, Rn. 4.

36 *Stein/von Buttlar*, Völkerrecht, 13. Aufl., §69, Rn. 1117.

37 *Schröder*, Verantwortlichkeit, Völkerstrafrecht, Streitbeilegung und Sanktionen, S. 553, in: *Vitzthum/Proelß*, Völkerrecht, 7. Aufl.

38 United States Diplomatic and Consular Staff in Tehran, Judgment, I.C.J. Reports 1980, S. 3.

39 *Epiney*, Zur Rechtsfigur des de facto-Organs im Recht der Staatenverantwortlichkeit, S. 893, in: *Fischer-Lescano/ Gasser/ Marauhn/ Ronzitti*, Frieden in Freiheit – Peace in liberty- Paix en liberté, FS Bothe.

Zwingende Normen sind dabei nach Ansicht der ILC unter Rückgriff auf Art. 53 der WVK zu ermitteln,[40] sodass ein Verstoß gegen *ius cogens*-Verpflichtungen vorliegen muss, um die besonderen Folgen der Artikel 40 ff. auszulösen.

Wie oben bereits ausgeführt, ist eine klare Definition ebendieser Verpflichtungen nur schwer möglich, jedoch lassen sich die folgenden Prinzipien zum gesicherten *ius cogens*-Stand zählen:[41]

Aggressions- und Gewaltverbot, Verbot der Sklaverei und des Sklavenhandels, Genozid und Rassendiskriminierung, Verbot der Apartheid, Verbot von Folter sowie die Einhaltung der elementaren humanitären Völkerrechtsregeln. Zudem das Verbot einer brutalen, unmenschlichen oder degradierenden Behandlung, Verbrechen gegen die Menschlichkeit, das Verbot der Piraterie.

Ein Verstoß gegen die hier angeführten Prinzipien soll nach den ILC-Artikeln besondere Rechtsfolgen auslösen, die im betreffenden Abschnitt gesondert erörtert werden sollen.

b) Rechtfertigungsgründe

Die Staatenverantwortlichkeit für ein völkerrechtliches Delikt ist nur dann ausgeschlossen, wenn der verletzte Staat erkennbar mit der Pflichtverletzung einverstanden war.[42]

Dies gilt allerdings nur dann, wenn keine Verletzung von *ius cogens* oder *erga omnes*-Verpflichtungen vorliegt. Denn ein Verstoß gegen solche Vorschriften stellt ein Delikt gegenüber der gesamten Staatengemeinschaft dar und unterliegt damit einer Einwilligungssperre.[43]

Völkerrechtsverletzungen können weiterhin durch ein Recht auf Selbstverteidigung im Einklang mit der UN-Charta sowie durch die Berufung auf höhere Gewalt und einen Staatsnotstand gerechtfertigt werden.[44]

---

40 *International Law Commission,* Commentary on Draft Articles on State Responsibility, Article 40 (2). S. 112.

41 *Talmon,* The Duty not to recognize as lawful a situation created by the illegal use of force or other serious breaches of a jus cogens obligation: an obligation without real substance?, S. 99 ff., in: *Tomuschat/Thouvenin,* The Fundamental Rules of the International Legal Order. Jus Cogens and Obligations Erga Omnes.

42 *Schröder,* Verantwortlichkeit, Völkerstrafrecht, Streitbeilegung und Sanktionen, S. 554, in: *Vitzthum/Proelß,* Völkerrecht, 7. Aufl.

43 *Ebd.,* S. 554.

44 *Sassòli,* State responsibility for violations of international humanitarian law, International Review of the Red Cross 2002, S. 413–417.

Das pauschale Rekurrieren auf diese Begriffe genügt dabei jedoch nicht, vielmehr muss die rechtfertigende Lage dezidiert nachgewiesen werden.

Zudem ist die Repressalie, eine Reaktion auf einen vorangegangen Völkerrechtsverstoß, als Rechtfertigungsgrund anerkannt. Die Gegenmaßnahme muss sich aber in den strengen Grenzen der Verhältnismäßigkeit bewegen, um nicht selbst ein völkerrechtliches Delikt darzustellen.[45]

c) *Rechtsfolgen*

Liegt ein völkerrechtliches Delikt vor, das durch keinen Rechtfertigungsgrund gedeckt ist, so stellt sich die Frage nach den Rechtsfolgen.

Neben der Verpflichtung, das völkerrechtswidrige Handeln sofort zu beenden und zu beseitigen, muss der verletzende Staat auch Wiedergutmachung leisten.[46]

Als Richtlinie für den Umfang der Reparationsleistungen lässt sich die Rechtsprechung im Chorzów-Fall anführen:

> „*It is a principle of international law […] that any breach of an engagement involves an obligation to make reparation*“ und „*[…] reparation must, as far as possible, wipe out all the consequences of the illegal act and reestablish the situation which would, in all probability, have existed if that act had not been committed.*“[47]

Besondere Rechtsfolgen existieren hingegen für die oben erwähnten Fälle schwerwiegender Völkerrechtsverletzungen im Sinne der Artikel 40 ff. der ILC-Artikel.

Neben der den Staaten in Artikel 41 auferlegten Verpflichtung darauf hinzuwirken, dass der verletzende Staat sein völkerrechtswidriges Agieren sofort beendet, soll zudem die Pflicht einer Nicht-Anerkennung existieren.

> „*No State shall recognize as lawful a situation created by a serious breach within the meaning of article 40, nor render aid or assistance in maintaining that situation.*“[48]

Durch diese vorgegebene Politik der Isolation soll erreicht werden, dass der verletzende Staat sein Verhalten unmittelbar abstellt und zur Rechtmäßigkeit zurückkehrt.

---

45 *Herdegen,* Völkerrecht, 15. Aufl., §59, Rn. 6.
46 Art. 28 ff. ILC Articles on State Responsibility.
47 Factory at Charzów (Claim for Indemnity) (Merits), PCIJ Reports, Ser.A, No. 17 [1928], S. 29, 47.
48 Art. 41. ILC Articles on State Responsibility.

Die Nicht-Anerkennung ist damit eine Reaktion auf schwerwiegendes völkerrechtliches Unrecht und folglich auf der Rechtsfolgenseite der Staatenverantwortlichkeit verortet.

Als ein solches Mittel ist es in der Staatenpraxis allgemein anerkannt.[49] Ob darüber hinaus aber auch eine Pflicht dazu besteht, die Nicht-Anerkennung auszuüben, soll an dieser Stelle noch nicht entschieden werden.

49 *International Law Association*, Draft Report on Recognition/ Non-Recognition in International Law, Washington Conference 2014, Fn. 27.

Teil 2: Existenz einer Pflicht zur Nicht-Anerkennung

Nachdem erläutert wurde, dass das Mittel der Nicht-Anerkennung ein akzeptiertes Instrumentarium innerhalb des Völkerrechts darstellt, stellt sich nun die Frage, ob der Ausspruch bzw. die Politik einer Nicht-Anerkennung auch verpflichtend sein kann.

Dabei ist zu untersuchen, auf Basis welcher Rechtsgrundlage eine solche Pflicht angenommen werden kann und ob diese im Völkerrecht auch tatsächlich besteht.

Möglich ist die Ableitung einer Pflicht aus völkerrechtlichen Verträgen, Resolutionen der UN-Organe und insbesondere aus dem Gewohnheitsrecht.

Die einzelnen Alternativen sollen im Folgenden gesondert untersucht werden, wobei ein Schwerpunkt auf dem Nachweis einer gewohnheitsrechtlichen Regel liegen wird.

Kapitel 1: Pflicht zur Nicht-Anerkennung durch völkerrechtliche Verträge

1) Die panamerikanischen Regionalverträge

Das Konzept einer Nicht-Anerkennung völkerrechtswidriger Zustände ist im amerikanischen Raum kein neues Phänomen.

Bereits in der 4-Punkte Empfehlung an die Regierung der amerikanischen Staaten zum Recht der Eroberung von 1890 gelangte man zu dem Entschluss, dass Eroberungen unter bestimmten Bedingungen als unzulässig und damit nichtig angesehen werden sollten.[50]

Zwar kam es zu keiner Ratifikation des dazugehörigen Vertrages, jedoch kann die Empfehlung als Anstoß einer späteren Entwicklung gedeutet werden, die auf dem amerikanischen Kontinent stattfinden sollte.[51]

Bereits im Jahr 1932 wurde die Formulierung einer Nicht-Anerkennungsverpflichtung in ein Vertragswerk eingeführt, das durch 19 Staaten unterzeichnet

---

50 *Talmon,* Kollektive Nichtanerkennung illegaler Staaten, S. 326; *Kussbach,* Conquest, S. 121, in: *Bernhardt,* Encyclopedia of Public International Law, Bd. 3, Use of Force – War and Neutrality Peace Treaties (A-M).

51 *Hiscocks,* The Security Council: A Study in Adolescence, S. 28; *Talmon,* Kollektive Nichtanerkennung illegaler Staaten, S. 326.

wurde und den so genannten „Chaco-Konflikt" zwischen Bolivien und Paraguay beenden sollte, indem die Unterzeichner erklärten, keine gewaltsamen territorialen Veränderungen in Bezug auf den Konflikt anzuerkennen.[52]

Durch den 1933 verabschiedeten Saavedra-Lamas-Pakt wurde diese Verpflichtung sogar auf alle Konflikte zwischen den Vertragsparteien ausgedehnt:[53]

> „*They declare that between the High Contracting Parties territorial questions must not be settled by resort to violence and that they shall recognize no territorial arrangement not obtained through pacific means, nor the validity of an occupation or acquisition of territory brought about by armed force.*"[54]

Besondere Erwähnung verdient auch die im selben Jahr erarbeitete und ratifizierte Montevideo-Konvention über die Rechte und Pflichten der Staaten, die in ihrem Artikel 11 eine unmissverständliche Pflicht zur Nicht-Anerkennung gewaltsamen Gebietserwerbs postuliert:

> „*The Contracting States definitely establish as the norm of their conduct the precise obligation not to recognize territorial acquisitions or special advantages which have been obtained by force […]*"[55]

Die erwähnten Vertragswerke, die allesamt eine Verpflichtung zur Nicht-Anerkennung enthielten, waren bis *dato* allerdings nicht unbedingt die Regel. Zwar wurden ähnliche Noten oft in Erklärungen oder Verträge aufgenommen. Diese waren aber zumeist nicht bindender Natur oder bezogen sich lediglich auf einen bestimmten Konfliktherd.

Ein regional übergreifendes Vertragswerk wurde erst durch die Verabschiedung der Charta der Organisation Amerikanischer Staaten (OAS-Charta) vom 30. April 1948 geschaffen, die in ihrem Artikel 17 eine Pflicht zur Nicht-Anerkennung aufstellte. Die aktuelle Fassung der Charta normiert die Nicht-Anerkennungspflicht in Artikel 21, in dem es heißt:

> „*The territory of a State is inviolable; it may not be the object, even temporarily, of military occupation or of other measures of force taken by another State, directly or indirectly, on any grounds whatever. No territorial acquisitions or special advantages obtained either by force or by other means of coercion shall be recognized.*"[56]

---

52 *Grewe*, Fontes Historiae Iuris Gentium, Bd. 3/Teil 2: 1815–1945, S. 972.

53 *Talmon*, Kollektive Nichtanerkennung illegaler Staaten, S. 326.

54 *Ozmanczyk/Mango*, Encyclopedia of the United Nations and International Agreements, Vol. 3, S. 1980.

55 LNTS No. 165, S. 19, 21.

56 http://www.oas.org/dil/treaties_A-41_Charter_of_the_Organization_of_American_States.htm (Stand: 28.7.2016).

Die OAS-Charta bindet derzeit 35 Staaten und damit alle unabhängigen Staaten des amerikanischen Kontinents.[57]

Aufgrund dessen lässt sich für die Mitglieder der Organisation amerikanischer Staaten zweifelsfrei eine Pflicht zur Nicht-Anerkennung annehmen.

Diese beschränkt sich allerdings nur auf diesen einzelnen Kontinent und vermag keine universale Geltungskraft auszustrahlen.

2) Völkerbundsatzung

Aus Artikel 10 der Völkerbundsatzung wurde nach damals vorherrschender Auffassung ebenfalls eine Nicht-Anerkennungspflicht abgeleitet.[58]

Die Norm der Satzung setzte allerdings keine ausdrückliche Verpflichtung fest:

> *„the members [...] undertake to respect and preserve as against external aggression the territorial integrity and existing political independence of all Members of the League.“*[59]

Der Wortlaut verdeutlicht, dass die Mitglieder sich gegenseitig dazu verpflichten, die territoriale Integrität der anderen Mitglieder zu achten und vor allem auch zu schützen. Aus dieser Schutzpflicht leiteten zwar nicht die Staaten selbst,[60] aber ein Großteil der Literatur als Annex, eine Pflicht zur Nicht-Anerkennung gewaltsamer Gebietsveränderungen ab.[61]

Die Nicht-Anerkennungspflicht sollte dabei jedoch allein für Annexionen Gültigkeit besitzen, da ein Schutz vor Sezessionsprozessen durch den Verweis auf die „*external aggression*“ augeschlossen wurde.[62]

Unabhängig von der Auslegung des Artikels 10 der Völkerbundsatzung muss allerdings beachtet werden, dass diese durch die Auflösung des Völkerbundes im April 1946 notwendig außer Kraft trat und für die heutige Zeit nicht weiter Grundlage einer Nicht-Anerkennungspflicht sein kann, sodass sich eine dezidierte Untersuchung des Vertragswerkes an dieser Stelle erübrigt.

---

57 http://www.oas.org/en/member_states/ (Stand: 28.7.2016).

58 mwN.: *Gowlland-Debbas,* Collective Responses to Illegal Acts in International Law. United Nations Action in Question of Southern Rhodesia, S. 283 f.; *Talmon,* Kollektive Nichtanerkennung illegaler Staaten, S. 328–331.

59 American Journal of International Law 1921, Official Documents, S. 7.

60 *Wehberg,* Stimson-Doktrin, S. 394, in: *Schlochauer/Strupp,* Wörterbuch des Völkerrechts, Bd. 3, 2. Aufl.

61 Siehe bei: *Talmon,* Kollektive Nichtanerkennung illegaler Staaten, S. 328–330.

62 *Ebd.,* S. 330.

3) Charta der Vereinten Nationen

Möglicherweise kann der UN-Charta aber eine Verpflichtung zur Nicht-Anerkennung entnommen werden.

Wäre dies der Fall, so bestünde ein quasi universell geltendes Vertragswerk und damit eine Pflicht aller (Mitglieds-)Staaten zur Durchführung einer Nicht-Anerkennung als Reaktion auf völkerrechtliches Unrecht.

Eine ausdrückliche Verpflichtung enthält die UN-Charta jedenfalls nicht, sodass hinterfragt werden muss, ob, und wenn ja, aus welcher Norm bzw. aus welchem Zusammenspiel verschiedener Normen sich eine solche Pflicht ergeben kann.

In Betracht kommt dabei vor allem die Ableitung aus Artikel 2 (5) der UN-Charta.

Darin heißt es:

> *„All Members shall give the United Nations every assistance in any action it takes in accordance with the present Charter, and shall refrain from giving assistance to any state against which the United Nations is taking preventive or enforcement action.“*[63]

Ersichtlich wird aus dieser Formulierung zunächst, dass eine Nicht-Anerkennung nur in solchen Fällen erfolgen kann, in denen eine sanktionierende Maßnahme durch Organe der Vereinten Nationen beschlossen wurde.

Damit ist gleichsam klar, dass ein Rückgriff auf den Artikel 2 (5) dann nicht mehr möglich ist, wenn im Sicherheitsrat aufgrund politischer Beweggründe eine Patt-Situation besteht und eine Einigung über Sanktionsmaßnahmen nicht erzielt werden kann.[64]

Denn eine Entscheidung der Vereinten Nationen kann selbstverständlich erst dann Gegenstand einer Unterstützungshandlung sein, wenn diese auch existent ist und den Mitgliedern bekannt gegeben wurde.

Ob im Falle des Vorliegens eines entsprechenden Beschlusses über eine Sanktionsmaßnahme eine Pflicht zur Nicht-Anerkennung tatsächlich entsteht, ist umstritten.

Dafür wird argumentiert, dass die Nicht-Unterstützung auch eine Nicht-Anerkennung einschließt, da es notwendiges Begleitziel der Maßnahmen der Vereinten Nationen sei, den sanktionierten Staat bzw. Zustand wieder zu legalisieren, also zur Rechtmäßigkeit zu bewegen.

---

63 https://treaties.un.org/doc/publication/ctc/uncharter.pdf (Stand: 28.7.2016).

64 *Aust,* Article 2 (5), S. 248 ff., in: *Simma/ Khan/Nolte/Paulus,* The Charter of the United Nations, A Commentary, 3. Aufl.

Artikel 2 (5) habe somit eine Verbindung zum Recht der Staatenverantwortlichkeit und sei eine mit den Artikeln 16 und 41 der ILC-Artikel korrespondierende Vorschrift.[65]

Auch im Konflikt um die Abspaltung Süd-Rhodesiens wurde vereinzelt angeführt, dass der in Artikel 2 (5) geforderte „*Beistand*" einschließe, eine Anerkennung eben nicht auszusprechen, und stattdessen eine Politik der Nicht-Anerkennung zu verfolgen.[66]

Die Anerkennung als Beistand zu subsumieren, ist letztlich jedoch vom Sinn und Zweck der Vorschrift des Artikels 2 (5) nicht gedeckt.

Demnach sollen „*Beistand*" nur solche Aktionen sein, die sich gegen die Maßnahmen der Vereinten Nationen richten und quasi ein Hindernis darstellen. Die Grenze einer solchen aktiven Unterstützung überschreitet die Anerkennung durch ihren deklaratorischen Charakter aber gerade nicht. Vielmehr handelt es sich lediglich um eine psychologische Unterstützung, die ein aktives Hindernis nicht begründet.[67]

Gegen die Vertreter der Ansicht, dass eine Pflicht aus Artikel 2 (5) hergeleitet werden kann, lässt sich darüber hinaus Folgendes anführen:

Zum einen unterschieden die Vereinten Nationen in ihren Resolutionen zu Süd-Rhodesien selbst zwischen dem Beistand auf der einen und der Nicht-Anerkennung auf der anderen Seite.[68]

Die Nicht-Anerkennung als notwendiges Beiwerk einer Nicht-Unterstützung anzusehen, wäre daher verfehlt.

Zum anderen spricht auch die Konzeption der ILC-Artikel gegen eine Vermischung der beiden Prinzipien.

In Artikel 41 wird nämlich stringent zwischen der Pflicht zur Nicht-Anerkennung (Art. 41 (2)) und der Verpflichtung, den Rechtsbrecher nicht zu unterstützen (Art. 42 (1)), unterschieden.[69]

Daraus zeigt sich der Wille, dass eine Differenzierung der beiden Maßnahmen gerade eben erfolgen soll, sodass eine Gleichsetzung der beiden Institute bzw. eine Ableitung des einen Prinzips aus dem anderen nicht in Betracht kommt.

---

65 *Ebd.*, S. 248 ff.

66 *Gowlland-Debbas,* Collective Responses to Illegal Acts in International Law. United Nations Action in Question of Southern Rhodesia, S. 289–290.

67 *Talmon,* Kollektive Nichtanerkennung illegaler Staaten, S. 334; *Devine,* The Status of Rhodesia in International Law, Acta Juridica 1973, S. 163.

68 S/RES/216; S/RES/217; S/RES/288.

69 *Talmon,* Kollektive Nichtanerkennung illegaler Staaten, S. 334–335.

Eine Pflicht kann dem Artikel 2 (5) UN-Charta damit nicht entnommen werden.

Eine rechtliche Grundlage für die Nicht-Anerkennungspflicht könnte auch Artikel 2 (4) UN-Charta enthalten.

Dies wird zum Teil damit begründet, dass die Pflicht zur Nicht-Anerkennung eine logische Folge des absoluten Gewaltverbotes der UN-Charta sei.[70]

Grundsätzlich lässt sich diese Überlegung nicht völlig von der Hand weisen. Denn ist die Anwendung von Gewalt generell verboten, so müsste folgerichtig auch alles das verboten sein, was den durch Gewalt hervorgerufenen Zustand zu perpetuieren vermag.

Eine solche Interpretation des Gewaltverbotes ist allerdings sehr umstritten und wird teilweise aufgrund des Wortlauts als nicht haltbar angesehen.[71]

Als gewichtiges Gegenargument lässt sich dabei vor allen Dingen ein Vergleich mit der faktischen Vorgängernorm des Gewaltverbotes anführen:

Artikel 10 der Völkerbundsatzung verpflichtete zwar auch nicht explizit zu einer Nicht-Anerkennung, aber dafür zum Schutz der territorialen Unversehrtheit und Wahrung vor jedem äußeren Angriff.

Im Gegensatz dazu fordert Artikel 2 (4) lediglich die Unterlassung der Androhung bzw. Anwendung von Gewalt. Es handelt sich folglich um eine „negative Verpflichtung“,[72] die eben keine Garantenposition für die Erhaltung des territorialen *status quo* des jeweils anderen Mitglieds begründet.

Die eher zurückhaltende Formulierung des Artikels 2 (4) ist dabei kein Zufall und folgt aus den negativen Erfahrungen zur mangelhaften Einhaltung des Artikels 10 der Völkerbundsatzung.[73]

Die schleichende Anerkennung Mandschukuos durch mehrere Völkerbund-Mitglieder und die beinahe kommentarlos hingenommene Annexion Äthiopiens durch Italien führte den Schöpfern der UN-Charta nur zu deutlich vor Augen, dass eine Nicht-Anerkennungspflicht bzw. das Einstehen für den territorialen Bestand der anderen Mitglieder illusorisch war.

70 *Castañeda*, Legal Effects of United Nations Resolutions, S. 190; *Brownlie*, International Law and the Use of Force by States, S. 418–419; *Talmon*, Kollektive Nichtanerkennung illegaler Staaten, S. 332; UN Doc. A/AC.119/SR.9, Rn. 15–16; UN Doc. A/AC.125/SR.26, Rn. 5.

71 UN Doc. A/AC.125/SR.81–96, Rn. 43; UN Doc. A/AC.125/SR.25, Rn. 9.

72 *Talmon*, Kollektive Nichtanerkennung illegaler Staaten, S. 333.

73 *Ebd.*, S. 334.

Logische Folge war daher die Abschwächung des Prinzips und ein Abgang von der Idee einer positiven Verpflichtung des Schutzes mit dem möglichen Inhalt einer Nicht-Anerkennung.

Dass die Entscheidung zur Nichtaufnahme einer ähnlichen Pflicht zudem auch keine unbewusste war, wird vor allem durch einen Kommentar der britischen Regierung zu den Vorschlägen für die Errichtung einer allgemeinen internationalen Organisation aus dem Jahr 1944 („Dumbarton Oaks Proposals") unterstrichen, deren Bestimmungen über Ziele und Grundsätze fast wortwörtlich in die UN-Charta übernommen wurden:[74]

> *„[...] In the League of Nations the political independence and territorial integrity of all members was guaranteed against external aggression, but no definite obligation was laid down upon other members to give effect to this provision. Many of them indicated their dislike of this obligation from time to time. The greatest threat to the political independence and territorial integrity of States comes from war, and the Covenant machinery for the prevention of war was incomplete.*
> *Now that the undertaking to prevent war is absolute and much more definite responsibilities to secure that end are laid on all States, such a guarantee, if literally interpreted, would prevent any change in frontiers carried out, even if all the other members of the Organization thought such a change as just and desirable. It is considered that the recognition of this general principle of "sovereign equality" gives protection to States against arbitrary action by other States, or by the Organization itself, while at the same time it does not involve the maintenance of the status quo for all time."*[75]

Im Hinblick auf die historische Entstehungsgeschichte des Gewaltverbotes der UN-Charta muss daher gefolgert werden, dass auch diese keine Nicht-Anerkennungsverpflichtung enthalten soll.

Da sich aus anderen Normen der UN-Charta eine Pflicht ebenfalls nicht ableiten lässt, muss festgestellt werden, dass eine universell geltende vertragliche Normierung bisher nicht stattgefunden hat.

Kapitel 2: Pflicht zur Nicht-Anerkennung durch Völkergewohnheitsrecht

Neben der Möglichkeit einer aus UN-Resolutionen resultierenden Pflicht kommt auch die Möglichkeit des Bestehens einer gewohnheitsrechtlichen Verpflichtung zur Nicht-Anerkennung in Betracht.

---

74 *Ebd.*, S. 333–334.

75 *United Kingdom*, A Commentary on the Dumbarton Oaks Proposals for the Establishment of a General International Organization, 1944 (Cmnd. 6571).

Das Gewohnheitsrecht ist, nach seiner Definition in Artikel 38 Abs. 1 lit. b des IGH-Statuts, Ausdruck einer allgemeinen, als Recht anerkannten Übung.

Ein Rechtssatz erstarkt damit dann zu einer gewohnheitsrechtlichen Regel, wenn dieser –objektiv- auf einer allgemeinen Übung und –subjektiv- auf einer dieser Übung entsprechenden Rechtsüberzeugung beruht.[76]

Im Folgenden soll untersucht werden, ob, bezüglich einer Pflicht zur Nicht-Anerkennung, beide Entstehungskomponenten erfüllt sind.

Dabei soll zunächst nach einer entsprechenden Rechtsüberzeugung gesucht werden, um daraufhin die erforderliche Einheitlichkeit der Staatenpraxis zu analysieren.

1) Rechtsüberzeugung

Zur Ermittlung der Rechtsüberzeugung muss die Sichtweise der Staatengemeinschaft zu dem in Frage stehenden Prinzip untersucht werden.

Dabei bietet es sich an, auf Erklärungen, Dokumente und Stellungnahmen der Vereinten Nationen bzw. internationaler Organisationen zurückzugreifen.

a) Entwurf einer Erklärung über die Rechte und Pflichten der Staaten

Die Idee einer Nicht-Anerkennungsverpflichtung findet sich bei den Vereinten Nationen erstmals in dem Entwurf einer Erklärung über die Rechte und Pflichten der Staaten. Die Erklärung wurde von der Völkerrechtskommission am 12. Mai 1949 angenommen und der Generalversammlung unterbreitet.[77]

Die Aufnahme einer ausdrücklichen Pflicht erfolgte in Anlehnung an die panamerikanischen Regionalverträge, die bereits im Laufe des 19. Jahrhunderts ähnliche Noten enthielten.

In Artikel 11 des Entwurfs heißt es sodann:

> *„Every State has the duty to refrain from recognizing any territorial acquisition by another State in violation of article 9.“*[78]

Artikel 9 normierte dabei ein Verbot der Androhung oder die Ausübung von Gewalt gegen die politische Unabhängigkeit und/oder territoriale Integrität eines anderen Staates und entsprach damit im Wesentlichen dem aktuellen Gewaltverbot aus Artikel 2 (4) UN-Charta.[79]

---

76 *Herdegen*, Völkerrecht, 15. Aufl., §16 Rn. 1.

77 *Talmon*, Kollektive Nichtanerkennung illegaler Staaten, S. 340.

78 ILC Yearbook 1949, S. 288.

79 *Talmon*, Kollektive Nichtanerkennung illegaler Staaten, S. 340.

Die Aufnahme einer Pflicht zur Nicht-Anerkennung in ein abschließendes Vertragswerk war jedoch stark umstritten.

Während sich vor allem die südamerikanischen Staaten für eine solche stark machten, versuchte Großbritannien, für eine Streichung des Artikels zu mobilisieren.[80]

Die Kommission stimmte letztlich mit 8 zu 5 Stimmen für die Aufrechterhaltung der Pflicht, formulierte diese aber ausdrücklich so, dass eine Verpflichtung dann nicht ausgelöst werden sollte, wenn ein Sezessionsprozess stattgefunden hatte.[81]

Die Generalversammlung unterbreitete den Entwurf später ihren Mitgliedern und forderte diese zu Stellungnahmen auf.[82]

Aufgrund zu geringer Resonanz wurde die Angelegenheit im Jahr 1951 allerdings vertagt[83] und später nicht wieder aufgenommen.[84]

b) Erklärungen der blockfreien Staaten

Im Rahmen der zweiten Konferenz der Staats- und Regierungschefs der Blockfreienbewegung vom 5.-10. Oktober 1964 in Kairo wurde eine Erklärung zur „Friedlichen Koexistenz und Kodifikation der Grundsätze der Vereinten Nationen" angenommen, die unter anderem folgende Passage enthält:[85]

> *„(5) States must abstain from all use or threat of force directed against the territorial integrity and political independence of other States; a situation brought about by threat or use of force shall not be recognized [...]."*[86]

An der Konferenz nahmen insgesamt 48 Staaten, vorwiegend aus dem afrikanisch-asiatischen Raum, teil.[87]

Der Gedanke einer Nicht-Anerkennung von Situationen, die durch die Androhung oder Anwendung von Gewalt entstanden sind, wurde durch die

---

80 ILC Yearbook 1949, S. 111, Rn. 113 ff.

81 ILC Yearbook 1949, S. 113, Rn. 131; *Talmon,* Kollektive Nichtanerkennung illegaler Staaten, S. 340.

82 A/RES/375 (IV).

83 A/RES/596 (VI).

84 *Talmon,* Kollektive Nichtanerkennung illegaler Staaten, S. 340.

85 *Ebd.*, S. 340.

86 UN Doc. A/5763, S. 15.

87 Siehe UN Doc. A/5763, S. 1.

Blockfreienbewegung in weiteren Erklärungen und Stellungnahmen bestätigt und damit auch gefestigt.[88]

Zu beachten ist allerdings, dass an der Fertigung der Erklärungen nur ein Ausschnitt der Staatengemeinschaft teil hatte, sodass auf eine universelle Rechtsüberzeugung nicht automatisch geschlossen werden kann.

Dennoch zeigt die oben zitierte Erklärung eindeutig, dass bereits zu diesem frühen Zeitpunkt die Tendenz mehrerer Staaten bestand, eine Nicht-Anerkennung als Reaktion auf völkerrechtliches Unrecht durchsetzen zu wollen.

c) *Erklärung über freundschaftliche Beziehungen*

Die Erklärung über freundschaftliche Beziehungen (Friendly Relations Declaration) vom 24. Oktober 1970 ist neben den ILC-Artikeln zur Staatenverantwortlichkeit das wahrscheinlich gewichtigste Dokument für den Nachweis einer Nicht-Anerkennungspflicht.

In der Erklärung heißt es:

> *„The territory of a State shall not be the object of military occupation resulting from the use of force in contravention of the provisions of the Charter. The territory of a State shall not be the object of acquisition by another State resulting from the threat or use of force. No territorial acquisition resulting from the threat or use of force shall be recognized as legal."*[89]

Ob diese Note aber überhaupt Eingang in das Dokument finden und wie die Nicht-Anerkennungspflicht genau formuliert werden sollte, war über Jahre hinweg stark umstritten.

Die Entwicklung zur letztlich gültigen Fassung von 1970 soll daher grob skizziert werden, um Verständnis für die konkrete Einstellung der Staaten gegenüber der Pflicht zur Nicht-Anerkennung zu schaffen.

Denn allein das Bestehen einer gemeinsamen Erklärung ersetzt noch nicht den Nachweis einer universellen Rechtsüberzeugung.

Der Entschluss zur Entwicklung einer Erklärung über die freundschaftlichen Beziehungen wurde durch die Generalversammlung bereits im Jahr 1962 gefasst[90] und einem Sonderausschuss bestehend aus 27 Staaten zugewiesen,[91] der später auf 31 Staaten ausgeweitet wurde.[92]

---

88 *Jankowitsch/Sauvant*, Third World Without Superpowers: The Collected Documents of the Non-Aligned Countries, Vol.1, 1978, S. 80–84; 104–105.

89 A/RES/25/2625.

90 A/RES/1815.

91 A/RES/1966.

92 A/RES/2103.

In den Aufzeichnungen zu den Verhandlungen des Ausschusses ist leicht ersichtlich, dass ein Konsens über das Bestehen bzw. über die Reichweite einer Pflicht zur Nicht-Anerkennung lange Zeit nicht bestand.

Im Laufe der verschiedenen Sitzungsperioden zeigte sich eine klare Aufspaltung zwischen den lateinamerikanischen Staaten und den Staaten der Blockfreienbewegung auf der einen Seite, die für eine umfassende Nicht-Anerkennungspflicht plädierten, und den westlichen Staaten, die einer solchen Pflicht eher skeptisch gegenüberstanden.[93]

Großbritanniens Vertreter Sinclair ließ in der ersten Sitzungsperiode beispielsweise verlauten:[94]

> „*the idea of collective non-recognition […] had been tried and found wanting.*“[95]

Man zweifelte sowohl die Tauglichkeit als auch die Praktikabilität der Maßnahme an[96] und wehrte sich folgerichtig gegen das Einbringen eines ersten Resolutionsentwurfs Jugoslawiens, unterstützt durch die oben genannten Befürworter einer Pflicht, der statuierte, dass „*any situation brought about by such means [i.e. the use of armed force and any other forms of economic and political coercion] shall not be recognized.*“[97]

Eine Einigung „*whether States have a legal duty not to recognize situations brought about by the illegal use or threat of force*“[98], konnte daher nicht erzielt werden.

Im Rahmen der zweiten Sitzungsperiode im Jahr 1966 reichte Jugoslawien, gemeinsam mit 10 weiteren Staaten, wiederum einen Resolutionsentwurf ein, der besagte:

> „*[…] No territorial acquisitions or special advantages obtained either by force or by any other means of coercion shall be recognized.*
> *5. No threat or use of force shall be permitted to violate the existing boundaries of a State and any situation brought about by such threat or use of force shall not be recognized by other States.*“[99]

Doch auch die Beratungen zur zweiten Sitzungsperiode verliefen wenig fruchtbarer als der Beginn der Verhandlungen im Jahr 1964.

---

93 *Talmon*, Kollektive Nichtanerkennung illegaler Staaten, S. 342–343.
94 *Ebd.*, S. 343.
95 UN Doc. A/AC.119/SR.16, S. 15.
96 UN Doc. A/AC.119/SR.5.
97 UN Doc. A/AC.119/L.7.
98 UN Doc. A/5746, Rn. 106.
99 UN Doc. A/6230, Rn. 26.

Die blockfreien und lateinamerikanischen Staaten argumentierten für eine Pflicht, indem sie auf die Existenz einer solchen in mehreren internationalen Verträgen und Erklärungen hinwiesen (u.a. OAS-Charta), um die allgemeine Akzeptanz des Prinzips zu unterstreichen.

Zudem sei eine Pflicht zur Nicht-Anerkennung die logische Folge aus dem Gewaltverbot des Artikels 2 (4) UN-Charta, der die territoriale Integrität jedes einzelnen Staates schützt.

Ferner könne es nur im besonderen Interesse der friedlichen Streitbeilegung liegen, eine ausdrückliche Pflicht in der geplanten Erklärung festzusetzen, da territoriale Streitigkeiten keinesfalls durch Gewalt gelöst werden sollten. Die Nicht-Anerkennung sei daher eine Ergänzung und Fortführung des Ziels einer friedlichen Streitbeilegung.[100]

Die westlichen Staaten brachten dem entgegen, dass die Funktionalität des Konzepts zweifelhaft sei. Dies wurde versucht, durch einen Blick in die Vergangenheit zu untermauern, um zu zeigen, dass eine Befolgung des Prinzips illusorisch sei.[101]

Zudem würde die Festsetzung einer Nicht-Anerkennungspflicht ernste politische und juristische Konsequenzen nach sich ziehen. Denn im Falle einer solchen Situation wären die einzelnen Staaten, durch eine Bindung an die Pflicht, einer eigenmächtigen Entscheidung über ihr Reaktionsverhalten beraubt.

Dies sei aber wenig produktiv, da jeder Fall, nach seinen Umständen, gesondert zu betrachten sei. Die pauschale Anwendung einer Nicht-Anerkennungsstrategie sei daher wenig zielführend.[102]

Aufgrund dieser erheblichen Diskrepanzen überrascht es nicht, dass auch die zweite Sitzungsperiode zu keinem Konsens führte.[103]

Und auch die dritte Sitzungsperiode musste nach ihrem Abschluss zu der Feststellung gelangen:

> *„Nor was there any agreement whether a statement should be included requiring that situations brought about by an illegal threat or use of force would not be recognized.“*[104]

---

100 UN Doc. A/6230, Rn. 100; *Talmon,* Kollektive Nichtanerkenung illegaler Staaten, S. 343–344.

101 UN Doc. A/6230, Rn. 100–101; *Talmon,* Kollektive Nichtanerkennung illegaler Staaten, S. 344.

102 UN Doc. A/6230, Rn. 101; *Talmon,* Kollektive Nichtanerkennung illegaler Staaten, S. 344.

103 UN Doc. A/6230, Rn. 155.

104 UN Doc. A/6799, Rn. 107.

Erst in der vierten Sitzungsperiode im Jahr 1968 konnte der tiefe Graben zwischen den beiden Gruppen überwunden werden.

Zwar gingen die Ansichten zu einer Nicht-Anerkennungspflicht weiterhin stark auseinander, jedoch bahnte sich durch Ein- und Zugeständnisse der westlichen Mächte zunehmend eine Kompromisslösung an,[105] die in die Einführung des folgenden Vorschlages mündete:

> *„The territory of a State may not, on any grounds whatsoever, be the object of acquisition by any other State, following the use of armed force. No territorial acquisitions or special advantages obtained by the illicit use of force shall be recognized as legal."*[106]

Die wesentlichen Änderungen zu den Entwürfen der blockfreien und lateinamerikanischen Staaten lagen darin, dass eine Pflicht zur Nicht-Anerkennung nur dann greifen sollte, wenn eine Gebietsänderung infolge verbotener Gewaltanwendung stattgefunden hat und des weiteren sollte diese Situation lediglich als nicht rechtmäßig anerkannt werden.[107]

Es erfolgte mithin eine Einschränkung des Anwendungsbereiches der Verpflichtung, die auf den Widerstand der blockfreien und lateinamerikanischen Staaten[108] stieß, die nach anfänglichem Widerstreben jedoch zumindest den Zusatz „*as legal*" akzeptierten.

Gestritten wurde jedoch insbesondere darüber, ob jeder gewaltsame Gebietserwerb oder nur der Gebietserwerb infolge rechtswidriger Gewaltanwendung nicht anerkannt werden sollte. Letzteres hätte territoriale Veränderungen durch Gewaltanwendung in Selbstverteidigung erlaubt.[109] Die absolute Mehrheit, mit Ausnahme Russlands, sprach sich im Ergebnis jedoch für die Nicht-Anerkennung auch in Fällen von Gebietserwerb infolge rechtmäßiger Gewaltanwendung aus,[110] sodass man sich als abschließende Formulierung darauf einigte, dass

> *„no territorial acquisition resulting from the threat or use of force shall be recognized as legal."*

Der Sonderausschuss verabschiedete den Entwurf schließlich am 15. September 1970, der durch die Generalversammlung am 24. Oktober 1970 ohne Abstimmung angenommen wurde.[111]

---

105 *Talmon,* Kollektive Nichtanerkennung illegaler Staaten, S. 345.
106 UN Doc. A/7326, Rn. 111.
107 *Talmon,* Nichtanerkennung illegaler Staaten, S. 346.
108 UN Doc. A/AC.125/SR.81–96, S. 96, Rn. 161.
109 *Talmon,* Kollektive Nichtanerkennung illegaler Staaten, S. 346.
110 *Ebd.,* S. 346.
111 UN Doc. A/PV.1883.

Der lange Weg zur Einigung und Verabschiedung des Entwurfs verdeutlicht, dass eine allgemeine Rechtsüberzeugung zum Zeitpunkt der Abgabe der Erklärung 1970 noch nicht bestand.

Die stetige Befürwortung des Konzeptes der Nicht-Anerkennung durch die blockfreien und lateinamerikanischen Staaten zeigt zwar die Verfestigung der Akzeptanz des Prinzips im Hinblick auf die zuvor erfolgte Erklärung der blockfreien Staaten aus dem Jahr 1964.

Dass die westlichen Staaten sich zunächst vehement gegen die Aufnahme einer Pflicht zur Nicht-Anerkennung wehrten und diese letztlich nur durch einen Kompromiss erreicht werden konnte, verdeutlicht jedoch, dass eine Rechtsüberzeugung, zumindest auf westlicher Seite, keinesfalls vorlag.

Trotz der bestehenden Diskrepanzen fand eine Aufnahme des Konzeptes der Nicht-Anerkennung in das Dokument statt, was den Schluss zulässt, dass zu dieser Zeit ein möglicher Anstoß zur Entwicklung eines gewohnheitsrechtlichen Satzes stattgefunden haben könnte.

Ob sich der Gedanke einer Nicht-Anerkennungspflicht im Anschluss verfestigte bzw. weiter ausgebaut wurde, soll daher im Folgenden erörtert werden.

d) Erklärung über die Festigung der internationalen Sicherheit

Eine erste Bestätigung der Erklärung über freundschaftliche Beziehungen findet sich in der Erklärung über die Festigung der internationalen Sicherheit, die am 16. Dezember 1970 von der Generalversammlung mit überwältigender Mehrheit angenommen wurde.[112]

In diesem Dokument wird der Abschnitt der Erklärung über freundschaftliche Beziehungen zum Gewaltverbot und der einhergehenden Nicht-Anerkennungspflicht quasi im Wortlaut wiederholt.

Die verabschiedete Resolution wurde zu späterer Zeit noch mehrmals bestätigt[113] und verfestigte damit die Übereinkunft zu einer Nicht-Anerkennungspflicht.

e) Erklärung über die Definition des Aggressionsbegriffes

Der am 14. Dezember 1974 von der Generalversammlung angenommenen[114] Definition über den Aggressionsbegriff lässt sich ebenfalls eine Pflicht zur Nicht-Anerkennung gewaltsamer Gebietsveränderungen entnehmen.

---

112 A/RES/2734.

113 A/RES/41/90; A/RES/47/60A; A/RES/48/83.

114 A/RES/3314.

Dort heißt es in Artikel 5 Absatz 3:

„No territorial acquisition or special advantage resulting from aggression is or shall be recognized as lawful.“[115]

Lohnenswert ist auch hier die nähere Betrachtung der Beratungen und Verhandlungen über den genauen Wortlaut des Aggressionsbegriffs.

Zu Beginn dieser wurden dem eingesetzten Ausschuss insgesamt drei Entwürfe zugeleitet, von denen lediglich derjenige der westlichen Staaten eine Nicht-Anerkennungspflicht nicht enthielt.[116]

Dies wurde damit begründet, dass die Nicht-Anerkennung eine Rechtsfolge begründe und damit kein Bestandteil der Aggression selbst sein könne.[117]

Gegen das Prinzip als solches wurde zwar nicht argumentiert, jedoch zeigt die Haltung der westlichen Staaten eine weiterhin starke Skepsis gegenüber dem Konzept der Nicht-Anerkennung.

Dies wird auch dadurch deutlich, dass die Vereinigten Staaten an der Sinnhaftigkeit einer Aufnahme der Pflicht in die Definition zweifelten, indem sie die Abschreckungswirkung einer solchen in Frage stellten.[118]

Da sich jedoch die große Mehrheit für eine Aufnahme der Nicht-Anerkennungspflicht aussprach, wurde von den westlichen Staaten als ein Kompromiss versucht, den Umfang der Pflicht auf das Maß in der Erklärung über freundschaftliche Beziehungen zu begrenzen. Dieser vorgeschlagene Mittelweg konnte sich im Ergebnis durchsetzen.

Die wenigen textlichen Abweichungen („*as lawful*“ anstelle von „*as legal*“) und die Einschränkung der Nicht-Anerkennung von Gebietsänderungen infolge von jeglicher Gewaltanwendung auf rein aggressionsbedingte territoriale Veränderungen ist dabei dem Anliegen des Findens einer schlüssigen Aggressionsdefinition geschuldet und sollte keine sachliche Änderung der Verpflichtung bewirken.[119]

---

115 A/RES/3314.

116 UN Doc. A/AC.134/L.17 (vorgelegt von Australien, Italien, Japan, Kanada, den USA und dem Vereinigten Königreich).

117 UN Doc. A/8419, S. 36, Rn. 20.

118 UN Doc. A/AC.134/SR.67–78, S. 72, Rn. 80; *Talmon,* Kollektive Nichtanerkennung illegaler Staaten, S. 349.

119 *Ebd.,* S. 351.

f) Schlussakte von Helsinki und Folgedokumente

Auch die Schlussakte von Helsinki, die von 35 Teilnehmerstaaten der Konferenz über Sicherheit und Zusammenarbeit in Europa (KSZE) im Jahr 1975 unterzeichnet wurde, enthält einen Teil über eine Nicht-Anerkennungspflicht.[120]

Bemerkenswert ist dabei, dass eine hohe Anzahl westlicher Staaten an der Konferenz teilnahm.

Zwar stellt die Schlussakte keinen völkerrechtlichen Vertrag dar, sodass eine unmittelbare Bindungswirkung daraus nicht abgeleitet werden kann, jedoch lassen sich aus der gemeinsamen Erklärung durchaus Erkenntnisse zur Rechtsüberzeugung gewinnen.[121]
In dem Dokument heißt es:

> *„The participating States will likewise refrain from making each other's territory the object of military occupation or other direct or indirect measures of force in contravention of international law, or the object of acquisition by means of such measures or the threat of them. No such occupation or acquisition will be recognized as legal."*[122]

Die Schlussakte von Helsinki wurde durch das Abschlussdokument der Stockholmer Konferenz bestätigt[123] und im Folgetreffen der KSZE in Wien 1989 sogar noch weiter ausgebaut, indem die Nicht-Anerkennungspflicht auf Handlungen und Situationen, die in Widerspruch zum Gebot der territorialen Integrität stehen, erweitert wurde:[124]

> *„No actions or situations in contravention of this principle [territorial integrity] will be recognized as legal by the participating States."*[125]

g) Erklärung über die Verstärkung des Gewaltverbotes

Eine erneute Bestätigung der Nicht-Anerkennungspflicht durch die Generalversammlung erfolgte in der Erklärung über die Verstärkung des Gewaltverbotes vom 18. November 1987.[126]

---

120 *Ebd.*, S. 351.

121 *Wood/Purisch,* Helsinki Final Act (1975), Rn. 17, in: *Wolfrum,* Max Planck Encyclopedia of Public International Law, Online Version 2011.

122 KSZE-Schlussakte von Helsinki v. 1.8.1975, ILM 14 (1975), 1292.

123 ILM 26, S. 190.

124 *Talmon,* Kollektive Nichtanerkennung illegaler Staaten, S. 351.

125 In: *Bloed,* From Helsinki to Vienna: Basic Documents of the Helsinki Process, Bd. 2, S. 184.

126 *Talmon,* Kollektive Nichtanerkennung illegaler Staaten, S. 352.

Dort heißt es:

„The General Assembly, […]
Reaffirming the Declaration on Principles of International Law concerning Friendly Relations and Cooperation among States in accordance with the Charter of the United Nations, the Definition of Aggression and the Manila Declaration on the Peaceful Settlement of International Disputes,
1. Solemnly declares that: […]
10. Neither acquisition of territory resulting from the threat or use of force nor any occupation of territory resulting from the threat or use of force in contravention of international law will be recognized as legal acquisition or occupation.“[127]

Stellt man auf den Wortlaut der Erklärung ab, so gewinnt man den Eindruck, dass dieser gewaltsame Gebietsänderungen erlaubt, die im Einklang mit dem Völkerrecht stehen – sprich, durch das Recht auf Selbstverteidigung aus Artikel 51 UN-Charta gedeckt sind.

Dies stellt einen Unterschied zur Erklärung über freundschaftliche Beziehungen dar, die den Zusatz *„in contravention of international law“* lediglich auf das Mittel der Okkupation erstreckte.[128]

Allerdings erklärte ein Großteil der Staaten, die vorliegende Erklärung ebenso zu interpretieren wie die Erklärung über freundschaftliche Beziehungen von 1970, sodass die Veränderung des Wortlauts keine tatsächlichen Folgen mit sich brachte.[129]

Klarzustellen ist auch hier, dass der Entwurf der westlichen Staaten erneut keine Nicht-Anerkennungspflicht enthielt.[130]

Zwar zeigt die endgültige Fassung der Erklärung, dass man sich auf eine solche Pflicht, auf Drängen der blockfreien Staaten, wiederum verständigen konnte; jedoch lässt die wiederholt fehlende Bereitschaft, einen entsprechenden Entwurf einzuführen, darauf deuten, dass eine Verpflichtung von der Rechtsüberzeugung der westlichen Staaten zu diesem Zeitpunkt keinesfalls endgültig gedeckt war.

---

127 A/RES/42/22.

128 a.A.: *Bruha*, Die Definition der Aggression. Faktizität und Normativität des UN-Konsensbildungsprozesses der Jahre 1968 bis 1974, zugleich ein Beitrag zur Strukturanalyse des Völkerrechts, S. 208.

129 UN Doc. A/C.6/42/SR.19, S. 7, Rn. 23.; UN Doc. A/C.6/42/SR.17, S. 4, Rn. 15; *Talmon*, Kollektive Nichtanerkennung illegaler Staaten, S. 353–354.

130 UN Doc. A/AC.193/L.34.

h) Leitlinien für die Anerkennung neuer Staaten

Infolge des Zerfalls der Sowjetunion sowie der Dismembration Jugoslawiens stellten die EG-Außenminister am 16. Dezember 1991 Leitlinien zur Koordinierung der Anerkennungspraxis neuer Staaten in Osteuropa auf.

Auch in diesen findet sich der Hinweis auf eine Nicht-Anerkennungsstrategie bei Verstößen gegen das Gewalt- und Aggressionsverbot.

Dazu heißt es:

> *„The Community and its member States will not recognize entities which are the result of aggression."*[131]

Bemerkenswert ist, dass an der Aufstellung der „Richtlinien" alle zu diesem Zeitpunkt existierenden 12 EG-Mitgliedstaaten[132] mitwirkten und darunter auch einige derjenigen Staaten, die sich innerhalb der vorangegangenen Entwürfe und Erklärungen stets gegen die Aufnahme einer Nicht-Anerkennungspflicht ausgesprochen hatten.

i) Entwurf von Artikeln zur Staatenverantwortlichkeit

Als ein äußerst bedeutendes Dokument für den Nachweis einer Nicht-Anerkennungspflicht muss auch der Entwurf von Artikeln zur Staatenverantwortlichkeit durch die International Law Commission (ILC) angesehen werden.

Die ILC ist ein Nebenorgan der Vereinten Nationen und wurde 1947 von der Generalversammlung zur Weiterentwicklung und Kodifizierung des Völkerrechts geschaffen.[133]

Die aktuell 34 Mitglieder der Kommission werden auf 5 Jahre durch die Generalversammlung gewählt.[134] Voraussetzung für die Aufnahme nach Artikel 2 (1) ILC-Statut ist, dass eine *„recognized competence in international law"* besteht.

Zwar fungieren die Kommissionsmitglieder nicht als Vertreter ihrer Heimatstaaten, jedoch ist die ILC durch ihr Mandat dazu angehalten, bestehendes Gewohnheitsrecht zu identifizieren und gegebenenfalls zu kodifizieren.[135]

---

131 Zu finden bei: *Türk*, Recognition of States: A Comment, European Journal of International Law 1993, S. 72.

132 Belgien, Dänemark, Deutschland, Frankreich, Griechenland, Irland, Italien, Luxemburg, Niederlande, Portugal, Spanien, Vereinigtes Königreich.

133 *Rao*, International Law Commission (ILC), Rn. 1–4, in: *Wolfrum*, Max Planck Encyclopedia of Public International Law, Online Version 2013.

134 *Ebd.*, Rn. 4.

135 *Talmon*, Kollektive Nichtanerkennung illegaler Staaten, S. 355.

Ihre Arbeiten gehen daher mit einer gründlichen Untersuchung der Staatenpraxis und auch Rechtsüberzeugung einher, sodass der vorliegende Entwurf als ein Indiz für das Bestehen einer *opinio iuris* ausgewertet werden kann.

In Artikel 41 (2) des Entwurfs, der am 9. August 2001 durch die Kommission verabschiedet wurde,[136] heißt es:

> *„No State shall recognize as lawful a situation created by a serious breach within the meaning of Article 40, nor render aid or assistance in maintaining that situation."*[137]

Mit Fertigstellung der Arbeit fand eine fast 50-jährige Beratungsperiode ihren Abschluss. Die lange Zeit der Verhandlungen ist jedoch keineswegs allein auf eine Auseinandersetzung zum Prinzip der Nicht-Anerkennung zurückzuführen, sondern begründet sich durch den großen Umfang der Arbeit und der darin behandelten sensiblen Thematik der Staatenverantwortlichkeit.[138]

In den Beratungen zum Entwurf kam die Idee einer Pflicht zur Nicht-Anerkennung erstmals im Jahr 1982 auf. Das Prinzip einer Nicht-Anerkennung wurde dabei von keinem der Mitglieder in Frage gestellt und fand stetig Eingang in die nachfolgenden Artikelvorschläge.[139]

Dabei kam man zwischenzeitlich zu dem Entschluss, dass

> *„the observation was made that the [...] principle of non-recognition by other States of the outcome of wrongful acts were established rules of customary international law."*[140]

Allerdings wurde diese Aussage durch den damaligen Sonderberichterstatter Gaetano Arangio-Ruiz dahingehend relativiert, dass nur

> *"the obligation not to recognize as legal any territorial acquisition resulting from aggression is already accepted."*[141]

Das Bestehen einer generellen Nicht-Anerkennungspflicht wurde damit verneint.

---

136 UN Doc. A/56/10.

137 UN Doc. A/56/10; siehe auch Artikel 40: „*1. This chapter applies to the international responsibility which is entailed by a serious breach by a State of an obligation arising under a peremptory norm of general international law.*
2. A breach of such an obligation is serious if it involves a gross or systematic failure by the responsible State to fulfill the obligation."

138 *Crawford/Peel/Olleson*, The ILC's Articles on Responsibility of States for Internationally Wrongful Acts: Completion of the Second Reading, European Journal of International Law 2001, S. 963.

139 *Talmon*, Kollektive Nichtanerkennung illegaler Staaten, S. 356 ff.

140 UN Doc. A/CN.4/457, S. 83, Rn. 372.

141 *Arangio-Ruiz*, Sixth Report on State Responsibility, UN Doc. A/CN.4/461/Add.1, S. 6, Rn. 18.

In den im Jahr 1996 vorläufig angenommenen Teilen II und III des Entwurfs findet sich in Artikel 53 schließlich folgende Formulierung:

> „*An international crime committed by a State entails an obligation for every other State: (a) not to recognize as lawful the situation created by the crime.*"[142]

In ihrem Kommentar zum Artikel stellt die ILC klar, dass die Nicht-Anerkennung eine im Völkerrecht gut etablierte Praxis widerspiegle.[143]

Die vorläufig angenommenen Artikel wurden sodann an die Staaten mit Bitte um Kommentare und Stellungnahmen weitergeleitet.[144]

Bezüglich der Nicht-Anerkennungspflicht in Artikel 53 äußerten sich lediglich vier Staaten.[145] Allein dieser Umstand zeigt, dass das Konzept einer solchen Pflicht von der breiten Masse nicht weiter in Frage gestellt wurde.

Nur Frankreich und das Vereinigte Königreich sprachen sich explizit gegen die Aufnahme einer solchen Verpflichtung aus. Österreich plädierte zwar auch für eine Löschung des Artikels, dies ist jedoch dadurch begründet, dass das Land die Konzeption des internationalen Verbrechens in seiner Gesamtheit ablehnte und damit auch notgedrungen den Artikel 53 als anknüpfende Bestimmung als nicht haltbar empfand.[146]

In der nachfolgenden Entwicklung wurde letztlich noch der Verweis auf die internationalen Verbrechen gestrichen, da die Pflicht zur Nicht-Anerkennung, nach Ansicht des 1997 eingesetzten Sonderberichterstatters James Crawford, nicht auf solche beschränkt sei, sondern alle gewaltsamen territorialen Veränderungen umfasse.[147]

In einem neuen Entwurf legte Crawford sodann den Grundstein für die heute gültige Fassung, in der eine Pflicht zur Nicht-Anerkennung dann greift, wenn ein Völkerrechtsverstoß gegen eine die internationale Gemeinschaft als Ganzes betreffende Norm vorliegt.[148]

---

142 UN Doc. A/CN.4/L.528/Add.2.

143 UN Doc. A/51/10, S. 72.

144 *Talmon,* Kollektive Nichtanerkennung illegaler Staaten, S. 359.

145 UN Doc. A/CN.4/488, S. 168.

146 UN Doc. A/CN.4/488, S. 168.

147 *Crawford,* First Report on State Responsibility, UN Doc. A/CN.4/490, Rn. 51, 70, 78, 81–82, 84; *Talmon,* Kollektive Nichtanerkennung illegaler Staaten, S. 359.

148 *Crawford,* Third Report on State Responsibility, UN Doc. A/CN.4/507, Rn. 412.

Die Reaktion der Nicht-Anerkennung auf solch eine Situation bezeichnet Crawford später in seinem vierten Bericht als eine bereits im Gewohnheitsrecht verankerte Vorschrift.[149]

Mit wenigen Änderungen zum Vorschlag Crawford's wurden die Artikel schließlich im Jahr 2001 durch die Kommission verabschiedet und der Generalversammlung zur Kenntnisnahme empfohlen.

Abschließend muss berücksichtigt werden, dass die ILC-Artikel in ihrer aktuellen Fassung keine Bindungswirkung entfalten.

In ihrer Resolution 59/53 vom 2. Dezember 2004 beauftragte die Generalversammlung jedoch den UN-Generalsekretär, schriftliche Stellungnahmen der Staaten über die Zukunft der Artikel einzuholen.

Dabei wurden als weitere Vorgehensweise folgende Möglichkeiten diskutiert:

> *„(1) The negotiation of a convention on the basis of the State responsibility articles; (2) the adoption of the articles by the General Assembly in the form of a declaration or resolution; or (3) the retention of the articles as adopted by the ILC with no further action."*[150]

Die Idee der Schaffung eines zukünftigen Vertragswerks wird dabei von vielen Staaten zwar nicht kategorisch abgelehnt, aber sehr kritisch gesehen. Eine treffende Beschreibung der Abwägungskriterien für und wider eine Konvention wird durch eine Stellungnahme Norwegens, in Vertretung der nordischen Staaten, geliefert:

> *„In principle, the Nordic countries support the idea of a future convention on the responsibility of States. The Nordic countries, however, believe that the restatement of the law, such as these articles, should not be eroded by compromises and package-deals at a diplomatic conference aiming at elaborating a convention on State responsibility. To open the draft articles for negotiations could jeopardize the fragile balance contained in the articles. As a consequence, the Nordic countries believe that it is not advisable at this stage to initiate negotiations on a convention on State responsibility. However, in order to enhance future discussion on this very important topic, we see merit in keeping the item on the agenda of the General Assembly."*[151]

Die Generalversammlung mandatierte trotz eines fehlenden Konsenses über die Zukunft wiederholt das Sechste Komitee mit der Aufstellung einer Arbeitsgruppe zur Untersuchung und Ausarbeitung möglicher Perspektiven für die ILC-Artikel.[152]

---

149 *Ebd.*, Fourth Report on State Responsibility, UN Doc. A/CN.4/517, Rn. 52.

150 http://www.un.org/en/ga/sixth/68/StateRes.shtml (Stand: 28.7.2016).

151 UN Doc. A/62/63.

152 UN Doc. A/62/61; UN Doc. A/65/10.

Ähnlich wie zuvor erläutert, differierten die Meinungen zur Fortentwicklung der Artikel auch weiterhin extrem zwischen den drei beschriebenen Positionen.[153]

Einigen konnte man sich bisher jedoch immer darauf, weiter über die Zukunft der Artikel zu beratschlagen. Die Generalversammlung bestätigte dazu jüngst auch die fortwährende Mandatierung des Sechsten Komitees und empfahl den Regierungen erneut die Kenntnisnahme der ILC-Artikel von 2001.[154]

Die weitere Entwicklung der Verhandlungen bleibt somit abzuwarten. Aufgrund der stark abweichenden Ansichten der Staaten über die Fortentwicklung der Artikel ist eine schnelle Einigung jedoch nicht zu erwarten.

Unabhängig von einer möglichen zukünftigen Bindungswirkung der Artikel stellt sich jedoch die Frage, ob der Ausschnitt über die Pflicht zur Nicht-Anerkennung tatsächlich die Rechtsüberzeugung der Staaten widerspiegelt.

Im Gegensatz zu den zuvor untersuchten Erklärungen und Stellungnahmen geht die Nicht-Anerkennungspflicht bei den ILC-Artikeln inhaltlich weit über das bisher bekannte Maß hinaus.

Denn diese soll nicht nur in gewaltsam geschaffenen Situationen ausgesprochen werden, sondern in all denjenigen Fällen, in denen eine zwingende gewohnheitsrechtliche Norm, sprich *ius cogens*, in schwerer und systematischer Weise verletzt wurde.

Ob diese Ausweitung der Pflicht durch die Rechtsüberzeugung der Staaten gedeckt ist, erscheint fraglich.

Zwar zeigt die generelle Akzeptanz der ILC-Artikel, dass diese auch vom Willen der Staatengemeinschaft getragen werden, jedoch lässt sich dies nicht pauschal auf jede Entwurfsbestimmung übertragen.

Der Einwand Norwegens, dass „*[t]he draft articles express to a large extent customary law in the matter*“[155], verdeutlicht, dass die Staaten die ILC-Artikel zwar als größtenteils gewohnheitsrechtlich verankert ansehen, dies aber nicht selbstverständlich für jede Norm gilt.

Zumindest aber die Pflicht zur Nicht-Anerkennung im Bereich gewaltsamer Gebietsveränderungen kann zum jetzigen Zeitpunkt als *opinio iuris* der Staatengemeinschaft angesehen werden.

In ihrer Resolution 46/242 zur Situation in Bosnien-Herzegowina bezeichnete die Generalversammlung sowohl die

153 UN Doc. A/C.6/67/SR.15; UN Doc. A/C.6/67/SR.28; UN Doc. A/C.6/67/SR.29.

154 A/RES/68/104.

155 UN Doc. A/62/63.

„non-recognition of the fruits of aggression" als auch die *„non-recognition of the acquisition of territory by force"* als *„principles of international law"*.[156]

Auch der IGH hat vermehrt darauf hingewiesen, dass die Nicht-Anerkennung solcher Situationen Gewohnheitsrecht darstellt.

In seinem Nicaragua-Gutachten geschah dies durch die Aussage zur Erklärung über freundschaftliche Beziehungen, indem postuliert wurde, dass

> *„the adoption by States of this text affords an indication of their opinio juris as to customary international law on the question [of the use of force]."*[157]

Noch konkreter wurde der Gerichtshof in seinem „Mauer-Gutachten" von 2004, in dem ausdrücklich festgestellt wurde, dass die Pflicht zur Nicht-Anerkennung gewaltsamen Gebietserwerbs Völkergewohnheitsrecht darstelle.[158]

Die gewohnheitsrechtliche Verankerung einer Nicht-Anerkennungspflicht im Rahmen von Sezessionsprozessen, die mit schwerwiegenden Völkerrechtsverstößen einhergehen, bleibt hingegen offen. Zwar zeigt sich die Tendenz, dass sämtliche Verstöße gegen *ius cogens* Gegenstand einer Nicht-Anerkennung sein sollen; eine tatsächliche Überzeugung der Staatengemeinschaft, dies als geltendes Recht anzusehen, ist jedoch zumindest fraglich und muss sich erst noch in der Folgezeit beweisen und als *opinio iuris* etablieren.

j) *Entwurf eines Berichts über die Anerkennung/ Nicht-Anerkennung im Völkerrecht*

Im März 2014 hat die International Law Association (ILA) einen vorläufigen Bericht über das Konzept der Nicht-Anerkennung veröffentlicht.[159]

Ähnlich wie die Völkerrechtskommission treten die Mitglieder der ILA nicht als Vertreter ihrer Heimatstaaten auf, sondern handeln in persönlicher Eigenschaft.[160]

Dennoch gilt auch hier, dass die Mitarbeiter dieses Ausschusses ihre Empfehlungen und Stellungnahmen unter Beachtung der gängigen *opinio iuris* der

156 *Talmon,* Kollektive Nichtanerkennung illegaler Staaten, S. 361.

157 Military and Paramilitary Activities in and against Nicaragua, I.C.J. Reports 1986, S. 14, 101, Rn. 191.

158 Legal Consequences of the Construction of a Wall in the Occupied Palestinian Territory, I.C.J. Reports 2004, Rn. 87.

159 *International Law Assocation,* Draft Report on Recognition/ Non-Recognition in International Law, Washington Conference 2014.

160 http://www.ila-hq.org/en/about_us/index.cfm (Stand: 28.7.2016).

Staatengemeinschaft erstellen, sodass diese Spiegelbildcharakter für die aktuelle Rechtsüberzeugung haben.

In ihren persönlichen Stellungnahmen wird größtenteils vorangestellt, dass eine Pflicht zur Nicht-Anerkennung im Gewohnheitsrecht existiert.[161]

Unklar bleibt allerdings, in welchen Fällen diese ausgelöst wird. Ob also ein Verstoß gegen eine *ius cogens*-Vorschrift genügt oder ob nur gewaltsam geschaffener Gebietserwerb eine solche Verpflichtung begründet.

Der Berichtsentwurf verdeutlicht die oben getroffene Annahme, dass die Ausweitung der Pflicht zur Nicht-Anerkennung auf sämtliche *ius cogens*-Verstöße keinesfalls unumstritten ist und von einer Rechtsüberzeugung nicht uneingeschränkt getragen wird.

Von besonderem Interesse ist es daher, sich im Folgenden die Staatenpraxis näher vor Augen zu führen, um eindeutige Rückschlüsse über das Bestehen oder Nicht-Bestehen eines gewohnheitsrechtlichen Satzes ziehen zu können.

2) Staatenpraxis

Im Rahmen der Untersuchung der Staatenpraxis auf eine Pflicht zur Nicht-Anerkennung ist beabsichtigt, chronologisch und differenziert nach thematischen Fallgruppen vorzugehen.

Berücksichtigt wird dabei lediglich die Staatenpraxis nach Gründung der Vereinten Nationen, um das Augenmerk vermehrt auf aktuelle Beispiele richten zu können und sich nicht in historischen Einzelfällen zu verlieren.

Damit wird die, in der Literatur ausgiebig behandelte, Invasion Japans in China und die damit zusammenhängende Errichtung des Kaiserreiches Mandschukuo nicht erörtert, auch wenn dies einen der ersten Fälle darstellt, die eine breite Nicht-Anerkennung und die Fertigung der berühmten Stimson-Note zur Folge hatten.[162]

Die Aufstellung der Fallgruppen ist Folge der getroffenen Beobachtungen im Abschnitt zur Rechtsüberzeugung. Diese lässt sich zum einen in die Nicht-Anerkennung von gewaltsamem Gebietserwerb (Annexionen) und zum anderen

---

161 *International Law Assocation,* Draft Report on Recognition/ Non-Recognition in International Law, Washington Conference 2014, S. 20–26.

162 *v. Tabouillot,* Zur Frage der Anerkennung von Mandschukuo, ZaöRV 1935, S. 138–148; *Talmon,* Kollektive Nichtanerkennung illegaler Staaten, S. 85–131; *Turns,* The Stimson Doctrine of Non-Recognition: Its Historical Genesis and Influence on Contemporary International Law, Chinese Journal of International Law 2003, S. 105–143; *Nish,* Japan's Struggle with Internationalism: Japan, China and the League of Nations, 1931–3.

in die Nicht-Anerkennung von Staatsneugründungen bzw. sezessionistischen Bewegungen aufspalten.

Der südafrikanischen Präsenz in Namibia wird aufgrund der darin enthaltenen besonderen Konstellation eine eigene Fallgruppe gewidmet.

Ebenso wird der Anschluss der Krim an Russland gesondert und am Ende der Staatenpraxis behandelt. Dies rechtfertigt sich durch die vorab nicht eindeutig zu treffende Katalogisierung in eine der aufgestellten Fallgruppen und soll zudem der Aktualität der Vorfälle durch eine vertiefte Behandlung aller völkerrechtlichen Gesichtspunkte Rechnung tragen.

a) Nicht-Anerkennung im Rahmen von gewaltsamem Gebietserwerb

In der zunächst zu erläuternden Gruppe sollen diejenigen Fälle vorgestellt werden, die durch eine gewaltsame Gebietsverschiebung gekennzeichnet sind.

Der Ausspruch einer Nicht-Anerkennung knüpft hier bzw. müsste hier an den Verstoß gegen Artikel 2 (4) UN-Charta anknüpfen, der es verbietet, die territoriale Unversehrtheit oder politische Unabhängigkeit mittels der Androhung oder Anwendung von Gewalt zu verletzen.

Die dargestellten Fälle unterscheiden sich freilich in ihren historischen Hintergründen und den damit einhergehenden Unterschieden im völkerrechtlichen Kontext.

Kern der Völkerrechtswidrigkeit und damit Auslöser für eine vermeintliche Pflicht zur Nicht-Anerkennung bleibt jedoch jeweils der Verstoß gegen das Gewaltverbot, der die Annektierung fremden Gebietes in den folgenden Fällen erst ermöglicht hat.

(1) Hyderabad

Hyderabad ist die heutige Hauptstadt der indischen Bundesstaaten von Telangana sowie Andhra Pradesh[163] und zählt mit über 8 Millionen Einwohnern zu den größten Städten Indiens.[164]

---

163 Hyderabad (former state and modern city, India), The Columbia Encyclopedia, 6. Aufl., Online Version, zu finden unter: http://www.encyclopedia.com/topic/Hyderabad.aspx (Stand: 28.7.2016).

164 http://worldpopulationreview.com/world-cities/hyderabad-population/ (Stand: 28.7.2016).

Als ein ursprünglicher Teil des Mogulreiches löste sich Hyderabad im 18. Jahrhundert von diesem ab und gelangte im Zuge der Kolonialisierung unter britische Herrschaft.[165]

Im Jahre 1947 erklärten sich Indien und Pakistan, unter Zustimmung Großbritanniens, für unabhängig. Den Fürstenstaaten, darunter auch Hyderabad, wurde dabei sowohl von britischer als auch von indischer Seite eingeräumt, sich entweder einem der beiden neu entstandenen Staaten anzuschließen oder einen eigenen Unabhängigkeitsstatus zu erlangen.[166]

Im Gegensatz zu den meisten Fürstenstaaten entschied sich Hyderabad gegen einen Anschluss an Pakistan oder Indien. Dies kann vor allem dadurch erklärt werden, dass der Fürstenstaat vom hinduistischen Indien geographisch eingeschlossen war, aber selbst muslimisch regiert wurde.[167] Ein Anschluss an Pakistan war aufgrund der Entfernung und geographischen Lage jedoch unrealistisch, sodass der Mittelweg einer Selbstverwaltung für den Nizam die verständlichste Lösung war.[168]

Trotz der nach außen kundgetanen Akzeptanz dieser Entscheidung durch Indien forcierte das Land den Anschluss des Fürstenstaats in den Monaten nach der eigenen Unabhängigkeitserklärung.

Zwischendurch ausgehandelte Stillstands-Abkommen sowie die Diskussion über ein Referendum über den Status der Provinz konnten den Einmarsch indischer Truppen im September 1948 nicht verhindern.

Innerhalb von fünf Tagen vollzog Indien die Annexion Hyderabads im Zuge der „Operation Polo", bei der über 40000 Menschen ihr Leben verloren.[169]

Um das Vorgehen Indiens völkerrechtlich bewerten zu können, ist es von entscheidender Bedeutung, den Status Hyderabads zum Zeitpunkt der Invasion nachzuvollziehen.

---

165 *Eagleton,* The Case of Hyderabad before the Security Council, American Journal of International Law 1950, S. 281.

166 *Ebd.,* S. 282.

167 *Pande,* Explaining Pakistan's Foreign Policy, S. 18.

168 *Ebd.,* S. 18; *Sherman,* The integration of the princely state of Hyderabad and the making of the postcolonial state in India, 1948–56, Indian Economic and Social History Review 2007, S. 491–492.

169 *Ebd.,* S. 492–496; näher zur Polizeiaktion Indiens: *Prasad,* Operation Polo: The Police Action Against Hyderabad; *Sherman,* State Violence and Punishment in India, S. 151–169.

Wäre die Provinz durch die Unabhängigkeitserklärung Indiens 1947 nämlich ein Teil dieses Landes geworden, würde das Vorgehen nicht unbedingt einen Verstoß gegen das Gewaltverbot darstellen.

Zumindest historische Ansprüche konnte Indien, aufgrund seiner Nichtexistenz vor 1947, nicht geltend machen. Aber auch der „Indian Independence Act" sollte keine automatische Übertragung aller britischen Gebietstitel bedeuten. Vielmehr wurde klargestellt, dass

> *„[t]he British Government could not and will not in any circumstances transfer paramountcy to an Indian Government.[…] This means that the rights of the States which flow from their relationship to the Crown will no longer exist and that all the rights surrendered by the States to the paramount power will return to the States."*[170]

Und auch von indischer Seite hieß es durch den Staatssekretär:

> *"From that moment the appointments and functions of the Crown Representative and his officers will terminate and the States will be the masters of their own fate. They will then be entirely free to choose whether to associate with one or the other of the Dominion Governments or to stand alone […]"*[171]

Vertragliche Ansprüche wurden schließlich auch durch den Unabhängigkeitsakt nicht begründet, der an keiner Stelle Aussagen darüber trifft, dass Hoheitsrechte übergehen sollten.[172]

Damit lässt sich festhalten, dass Hyderabad zum Zeitpunkt der Annexion kein integraler Bestandteil des Staates Indien war. Ob die Provinz letztlich unabhängig war oder weiterhin zu Großbritannien gehörte, kann dabei offen gelassen werden, da Indien zumindest nicht berechtigt war, in den Fürstenstaat einzufallen.

Die Annexion begründete folglich einen Verstoß gegen das Gewaltverbot aus Artikel 2 (4) UN-Charta.

Am 16. September 1948 gelangte der Fall Hyderabads erstmals auf die Tagesordnung des Sicherheitsrates, da die Regierung des Fürstenstaates Klage gegen das Vorgehen Indiens, unter Bezugnahme auf Artikel 35 (2) UN-Charta, erhob und dieses als geeignet bezeichnete, den internationalen Frieden und die Sicherheit zu gefährden.[173]

---

170 Cabinet Mission, Memorandum on States' Treaties and Paramountcy, 12.5.1946.

171 *House of Lords*, Official Report, HL Deb 16.7.1947, Vol. 150, Rn. 812.

172 Der Indian Independence Act von 1947 ist zu finden unter: http://www.legislation.gov.uk/ukpga/1947/30/pdfs/ukpga_19470030_en.pdf (Stand: 28.7.2016).

173 UN Doc. S/PV.357.

Innerhalb von acht Sitzungen zwischen September 1948 und Mai 1949 verhandelte der Sicherheitsrat ergebnislos zu dem vorgebrachten Fall und entschied daraufhin, nur noch formell mit der Sache befasst bleiben zu wollen.

Die ausfallende Reaktion des UN-Organs kann dadurch erklärt werden, dass der Nizam von Hyderabad bereits am 22. September 1948 dem Rat mitteilte, die Klage zurückziehen zu wollen und der zur UN entsandten Delegation ihre Vollmacht entzog,[174] was schließlich auch Indien dazu bewog, seine Delegation zurückzurufen.

Der Sicherheitsrat beschäftigte sich, bezogen auf diese überraschende Wendung, vor allem mit der Frage, ob der Nizam die Rücknahme freiwillig oder unter Druck angeordnet hatte, kam jedoch zu keinen konkreten Entschließungen,[175] sodass die Sache letztlich im Sande verlief.

Auch ein späterer Antrag Pakistans vom 24. Mai 1949, den IGH ein Gutachten über die genauen Umstände des Verlaufs erstellen zu lassen, wurde nicht weiter verfolgt.[176]

Die Untätigkeit des Sicherheitsrates fußte dabei allerdings mehr auf der Rücknahme der Klage durch den Nizam als auf der Überzeugung, dass Indien rechtmäßig gehandelt hätte.

Dies verdeutlicht vor allem ein Ausschnitt eines Beitrags des argentinischen Deligierten Arce:

> „*We must consider that a State has been suppressed by force and by a Member of the United Nations; such action is contrary to the Charter.*"[177]

Dennoch wurde durch den Sicherheitsrat weder eine Resolution noch ein eindeutiges Statement zur gewaltsamen Annexion Hyderabads abgegeben, was letztlich auch als Grund dafür angesehen werden kann, dass die restliche Staatenpraxis dem Vorfall in Indien wenig Beachtung schenkte.

Die berechtigte Frage, ob die Situation völkerrechtlich nicht anzuerkennen sei, kam daher erst gar nicht auf.

---

174 UN Doc. S/1011.

175 UN Doc. S/PV.360, S. 29.

176 *Hiscocks*, The Security Council: A study in adolescence, S. 170.

177 SCOR, 3rd year, No. 112, S. 8.

(2) Tibet

Ähnlich zurückhaltend reagierte die Staatengemeinschaft auch im Fall Tibets. Dies ist unter anderem darauf zurückzuführen, dass der Status der Region zu jeder Zeit stark umstritten und es damit schwer zu bewerten war, ob Tibet einen Teil Chinas darstellte oder im Laufe der Zeit Unabhängigkeit erlangt hatte.

Seit den Anfängen des 18. Jahrhunderts befand sich Tibet unter chinesischer Herrschaft der Mandschu-Kaiser. Dies gründete auf einem Vertrag, der als Entgegenkommen für die Befreiung Tibets von der Okkupation der Dsungaren durch Kaiser Kangshi geschlossen wurde.[178]

Konflikte mit der chinesischen Obrigkeit kamen seither immer wieder auf und eskalierten im Jahr 1910, als tibetische Aufstände den Kaiser dazu bewogen, Lhasa zu besetzen und den nach Indien geflohenen Dalai Lama, bei gleichzeitiger Übernahme der Verwaltung der Region, für abgesetzt zu erklären.[179]

Dieser Zustand hielt aufgrund der im Jahr 1911 ausgebrochenen Revolution in China jedoch nur sehr kurz an. Die Tibeter nutzten die politischen Umbrüche und inneren Spannungen im Nachbarland, um die chinesischen Garnisonen zu vertreiben und gegenüber der 1912 eingesetzten republikanischen Regierung Chinas einen absoluten Autonomiestatus durchzusetzen.[180]

Obgleich China in den Folgejahren darauf rekurrierte, dass Tibet weiterhin Teil des Landes sei und dieser Anspruch auch Einzug in die chinesische Verfassung fand, unternahm die Republik keine nennenswerten Anstrengungen, um ihren vermeintlichen Gebietsanspruch faktisch durchzusetzen, was Tibet half, eigene Staatsstrukturen auszubauen und zu verfestigen.[181]

Die passive Haltung Chinas änderte sich jedoch durch den Untergang der republikanischen Regierung im Jahre 1949 und der Machtübernahme durch das kommunistische Regime.

Dieses zitierte Vertreter Tibets im September 1950 nach Peking, um eine Eingliederung der Region in das Land voranzutreiben. Als die Tibeter dieser Aufforderung nicht nachkamen, begann China mit der Invasion Tibets.[182]

Die von den Tibetern geforderte internationale Hilfe blieb in der Folge aus und zwang den Dalai Lama 1951 dazu, das so genannte „17-Punkte-Abkommen"

---

178 *Schwörbel*, Tibet, S. 441, in: *Schlochauer/Strupp*, Wörterbuch des Völkerrechts, Bd. 3, 2. Aufl.

179 *Ebd.*, S. 441–442.

180 *Ebd.*, S. 442.

181 *Davis*, Tibet, Rn. 4 ff., in: *Wolfrum*, The Max Planck Encyclopedia of Public International Law, Online Version 2007.

182 *Weisburd*, Use of Force: The Practice of States since World War II, S. 175.

zu unterzeichnen, das die Eingliederung Tibets in China vorsah.[183] Zwar wurde die Beibehaltung der bisherigen autonomen Regierungsform zugesichert, jedoch forcierte China in den Folgejahren die vollständige Kontrolle des tibetischen Gebietes, woraus letztlich die Auflösung der tibetischen Regierung im Jahr 1959 resultierte. Der infolge der Ereignisse nach Indien geflohene Dalai Lama bildete von dort aus eine Exilregierung, die zwar bis heute besteht, jedoch nur geringfügige internationale Anerkennung gefunden hat.[184]

Der Streit um den Status Tibets fußt letztlich in der Frage, ob die im 18. Jahrhundert durch den Vertrag mit Kaiser Kangshi hergestellte Suzeranität weiterhin Bestand hat. Während die Tibeter argumentieren, dass diese mit dem Fall der Mandschu-Dynastie hinfällig geworden sei, hält China weiterhin an seinem territorialen Anspruch fest.[185]

Da jedoch keine textlichen Überlieferungen des 1720 geschlossenen Vertrages vorliegen, ist eine Entscheidung für und wider kaum zu treffen und kann, neben politischen Erwägungen, als eine von vielen Erklärungen dienen, dass internationale Hilfe und eindeutige Reaktionen auf das chinesische Vorgehen ausblieben.[186]

Als Indikator für einen Völkerrechtsverstoß Chinas kann allerdings das Gutachten der Internationalen Juristenkommission zur Tibet-Frage von 1960 gewertet werden.

Dieses stellt das Ergebnis einer eingehenden Untersuchung über den internationalen Status Tibets zum Zeitpunkt der Invasion dar und kommt zu dem Ergebnis, dass die Region im Jahr 1950 alle Voraussetzungen eines Staates erfüllte und somit *de facto* unabhängig war.[187]

---

183 *Davis,* Tibet, Rn. 21, in: *Wolfrum,* The Max Planck Encyclopedia of Public International Law, Online Version 2007.

184 *Talmon,* Who is a legitimate government in exile? Towards Normative Criteria for Governmental Legitimacy in International Law, S. 499, in: *Goodwin-Gill/Talmon,* The Reality of International Law. Essays in Honour of Ian Brownlie; *Römer,* The Tibetan Government-in-Exile: Politics at large, S. 2.

185 *Haas,* Die Tibetfrage- Eine Analyse der Gründe und der Rechtmäßigkeit des chinesischen Einmarsches in Tibet 1950/51, S. 39.

186 *Schwörbel,* Tibet, S. 442, in: *Schlochauer/Strupp,* Wörterbuch des Völkerrechts, Bd. 3, 2. Aufl.

187 *International Commission of Jurists,* Tibet and the Chinese People's Republic, 1960, S. 5.

Folgt man dieser Sichtweise, so muss man das Vorgehen Chinas konsequenterweise auch als Verstoß gegen das Gewaltverbot aus Artikel 2 (4) UN-Charta werten.

Eine Nicht-Anerkennung der Situation blieb dennoch, wie bereits erwähnt, aus. Zwar ersuchte Tibet kurz nach der Invasion durch China, im November und Dezember 1950, die UN-Generalversammlung um Intervention.

Mit Hilfe eines Antrags El Salvadors sollte der Punkt „Invasion Tibets durch ausländische Kräfte“ in die Tagesordnung aufgenommen werden.

Die Entscheidung über die Aufnahme wurde jedoch vertagt und später nicht wieder aufgegriffen bzw. verhandelt. Auch dem späteren Aufruf des Dalai Lama im Jahre 1959 wurde in der Generalversammlung keine nennenswerte Beachtung geschenkt.[188]

Eine Befassung mit der Problematik erfolgte erst im Hinblick auf die gleichsam erfolgten Menschenrechtsverletzungen in drei Resolutionen[189] zwischen 1959 und 1965, die jedoch für die hier besprochene Thematik keine Relevanz besitzen.

Unter Missachtung der rechtswidrigen Annexion tendiert die einzelne Staatenpraxis zunehmend dazu, sich mit dem Gebietsanspruch Chinas auf Tibet abzufinden.

Dies zeigt sich zum einen dadurch, dass beinahe alle Staaten die Exilregierung Tibets nicht anerkennen und den Dalai Lama explizit nur als religiösen und nicht politischen Vertreter empfangen. Zum anderen wird von Seiten einiger Staaten die chinesische Souveränität über Tibet ausdrücklich anerkannt.[190]

Zwar haben mehrere Staatenvertreter in Beratungen der Generalversammlung[191] oder in (in)offiziellen Erklärungen das Vorgehen Chinas als Annexion bezeichnet und verurteilt;[192] jedoch knüpften sie daran keine konkreten, unmittelbaren Rechtsfolgen wie z. B. eine mögliche Anerkennung der tibetischen Exilregierung oder die Einstellung diplomatischer Beziehungen zu China.[193]

---

188 *Schmitz,* Tibet und das Selbstbestimmungsrecht der Völker, S. 25–26.

189 A/RES/1353; A/RES/1723; A/RES/2079.

190 Siehe Nachweise bei: *Schmitz,* Tibet und das Selbstbestimmungsrecht der Völker, S. 154 ff.

191 Siehe bspw. Vertreter Thailands: *"Even if we overlook the view of the majority of States refuting the contention that Tibet is part of China […]"*, UN Doc. A/PV.1394, Rn. 50.

192 *Van Walt van Praag,* The Status of Tibet: History, Rights and Prospects in International Law, S. 185–186.

193 *Schmitz,* Tibet und das Selbstbestimmungsrecht der Völker, S. 156–157.

Die USA beispielsweise verurteilten zunächst die Annexion Tibets und bekräftigten in Schriftwechseln mit der tibetischen Regierung, dass dieser ein Recht auf Selbstbestimmung zustehe;[194] jedoch war diese Einstellung geboren aus der Antipathie gegenüber dem chinesischen kommunistischen Regime und nicht aus der Überzeugung, den Tibetern unbedingt zur eigenen Staatlichkeit verhelfen zu wollen. Dies wird vor allem durch die spätere Haltung der USA unterstrichen, die, nach Annäherung an das Mao-Regime, Tibet schnell als Teil Chinas postulierte.[195]

Das kollektive Schweigen der Staatengemeinschaft zur Problematik des völkerrechtlichen Status von Tibet stellt zwar letztlich keine ausdrückliche Anerkennung der chinesischen Annexion dar, ist aber noch weniger eine Verurteilung des völkerrechtswidrigen Handelns.

Die aufkommende Bereitschaft des Dalai Lama, die bestehende Situation hinzunehmen, wird die Staatengemeinschaft auch in Zukunft sicher nicht veranlassen, das Thema neu aufzurollen oder anders zu bewerten, um die mittlerweile gefestigte rechtswidrige Lage nicht wieder zu destabilisieren und damit eskalieren zu lassen.

(3) Goa

Goa wurde 1509 durch Portugal, unter der Führung Albuquerques, erobert und befand sich bis ins späte 20. Jahrhundert ungebrochen unter portugiesischer Herrschaft. Im Zuge des durch die Generalversammlung angestoßenen Dekolonialisierungsprozesses[196] wurde verstärkt die Forderung an die Kolonialmächte laut, die kolonialen Völker zu emanzipieren, indem man diesen die Möglichkeit gab, über ihre Zukunft und ihren territorialen Status selbst zu entscheiden. Dieser Aufforderung kam Portugal jedoch konsequent nicht nach,[197] was Indien dazu bewegte, im Dezember 1961 in die geographisch benachbarten portugiesischen

194 *Xu,* The United States and the Tibet Issue, Asian Survey 1997, S. 1065.

195 *Blondeau,* An American newspaper said that Tibet did not become part of China until 1950, and only in the late 1970s did the Carter administration officially recognize China's sovereignty over Tibet. Does this accord with history?, S. 54, in: *Blondeau/Buffetrille,* Authenticating Tibet: Answers to China's 100 Questions; *Smith,* China's Tibet? Autonomy or Assimilation, S. 216.

196 A/RES/1542; A/RES/1654; siehe auch: A/RES/1699, in der die Nichtbefolgung der eben genannten Resolutionen durch Portugal durch die Generalversammlung gerügt wird.

197 *Wright,* The Goa Incident, American Journal of International Law, S. 624.

Enklaven einzufallen und diese zu annektieren.[198] Dies geschah unter der Anwendung von Gewalt und stellte, trotz der damit verbundenen „Befreiung“ Goas von der Kolonialherrschaft, einen Verstoß gegen das Verbot aus Artikel 2 (4) UN-Charta dar.

Bereits am folgenden Tag kam der UN-Sicherheitsrat zusammen, um über die indische Invasion zu beratschlagen und zu urteilen.

Sieben Mitglieder[199] des Sicherheitsrates brachten als Reaktion auf den völkerrechtswidrigen Vorgang einen Resolutionsentwurf ein, der Indien dazu bewegen sollte, seine Truppen aus Goa zurückzuziehen und den Konflikt auf friedliche Weise im Einklang mit der Charta zu lösen.[200]

Das russische Veto, das durch Sri Lanka, die Vereinigten Arabischen Emirate und Liberia unterstützt wurde, verhinderte jedoch die Verabschiedung der Resolution.[201]

Grund für den Widerstand der Sowjetunion war die bereits erwähnte anhaltende portugiesische Kolonialherrschaft über Goa, die trotz mehrmaliger Aufforderung der Generalversammlung nicht beendet worden war. Indiens Invasion war nach Ansicht der östlichen Staaten daher eine Art „Volksbefreiung“, die auch die Anwendung von Gewalt gerechtfertigt habe.

Der sowjetische Delegierte äußerte dazu:

> *„This is [-the liberation of the people of Goa-] what was urged in the Declaration and mentioned in resolution 1654 (XVI) recently adopted by the General Assembly, which speaks of the need to accelerate the process of decolonization, in other words the complete elimination of the colonial system. It is in this light that the events now taking place in Goa should be considered.“*[202]

Die Kollision zweier essentieller Prinzipien im Völkerrecht, nämlich zum einen das Verbot der Anwendung von Gewalt und zum anderen die Ausübung des Selbstbestimmungsrechts der so genannten „non-self-governing territories“, löste unter den Staaten und innerhalb der Vereinten Nationen, wenig überraschend, ein Dilemma aus.

Es konnte nicht geleugnet werden, dass Indiens Vorgehen rechtswidrig und die Ergreifung derartiger Maßnahmen allein Sache des Sicherheitsrates war.

---

198 *Korman,* The Right of Conquest: The Acquisition of Territory by Force in International Law, S. 267.

199 USA, Vereinigtes Königreich, Frankreich, Türkei, China, Ecuador, Chile.

200 *Scholz,* Die Behandlung der Goa-Frage durch die Vereinten Nationen, S. 175–176.

201 Keesing's Records of World Events, Vol. 8, S. 18659–71; *Naik,* Russia's Policy Towards India: From Stalin to Yeltsin, S. 109.

202 UN Doc. S/PV.988, Rn. 120.

Unterschlagen konnte man jedoch auch nicht den positiven Effekt, der von den Geschehnissen automatisch ausging. Denn durch die indische Invasion löste sich die Problematik der Entkolonialisierung auf einen Schlag und ohne weiteres Zutun der Vereinten Nationen.

Dies und letztlich auch die schnelle Stabilisierung indischer Herrschaftsgewalt in den ehemaligen portugiesischen Enklaven veranlasste die Staatengemeinschaft, auf eine Nicht-Anerkennung der Annexion zu verzichten.[203] Zwar wurde das Vorgehen Indiens wiederholt als völkerrechtswidrig bezeichnet,[204] konkrete Rechtsfolgen knüpfte man daran jedoch nicht. Spätestens mit Anerkennung der indischen Souveränität durch Portugal im Jahr 1974[205] stand zweifelsfrei fest, dass eine Rückkehr zum *status quo ante* nicht weiter realistisch und auch nicht gewünscht war.

Zu einer Durchführung der eigentlich obligatorischen Nicht-Anerkennung kam es folglich nicht, was jedoch auch der besonderen Konstellation der Ereignisse geschuldet war.

(4) Ost-Jerusalem

Der Status der Stadt Jerusalem und insbesondere des östlichen Teils der Stadt ist bis heute nicht eindeutig geklärt.

Um die aktuelle Situation differenziert betrachten zu können, bietet sich daher die Voranstellung eines groben historischen Abrisses an.[206]

Jerusalem stand in seiner Geschichte sowohl unter jüdischer, als auch muslimischer und christlicher Herrschaft, was den Konflikt um die Stadt in seinem Grundsatz bereits erklärt.

Zu biblischen Zeiten herrschten Juden mehr als fünf Jahrhunderte lang über Jerusalem, während die Stadt vom 4.–7. Jahrhundert und im 12. Jahrhundert durch Christen regiert wurde.[207]

---

203 *Scholz,* Die Behandlung der Goa-Frage durch die Vereinten Nationen, S. 191.

204 Siehe unter anderem: UN Doc. S/PV.987; UN Doc. S/PV.988.

205 Vertrag zu finden unter: http://www.commonlii.org/in/other/treaties/INTSer/1974/53.html (Stand: 28.7.2016).

206 Detailliert bei: *Lapidoth,* Jerusalem, in: *Wolfrum,* Max Planck Encyclopedia of Public International Law, Online Version 2013; *Cattan,* The Status of Jerusalem under International Law and United Nations Resolutions, Journal of Palestine Studies 1981, S. 3–15.

207 *Ebd.,* S. 3.

Im Jahr 1517 fielen Jerusalem und das heutige Palästina schließlich für insgesamt 400 Jahre unter die Herrschaft des Osmanischen Reiches,[208] bis die Stadt 1917 im Zuge des Ersten Weltkriegs durch britische Truppen eingenommen wurde.[209] Der Völkerbund erteilte Großbritannien daraufhin ein Mandat zur Verwaltung über die, zuvor dem Osmanischen Reich angehörende, Region Palästina mit der Hauptstadt Jerusalem, das von 1922 bis 1948 ausgeübt wurde.[210]

Die Ausführung des Mandats erfolgte dabei unter Bezugnahme auf die „Balfour-Erklärung" von 1917, die das Ziel festlegte, in Palästina eine „*nationale Heimstätte*" des jüdischen Volkes aufzubauen, dabei allen Religionen jedoch ungehinderten Zugang zu ihren jeweiligen heiligen Stätten zu gewährleisten.[211]

Kurz bevor das Mandat endete, verabschiedete die Generalversammlung am 29. November 1947, nach Anregung Großbritanniens, eine Resolution über die Zukunft des Landes, um den zuvor immer wieder massiven arabisch-jüdischen Auseinandersetzungen über den Status der heiligen Stätten und der Stadt insgesamt zu begegnen.[212]

In dieser Resolution wurde unter anderem darüber entschieden, auf dem heutigen Gebiet Israels sowohl einen jüdischen als auch einen palästinensischen Staat schaffen zu wollen, auf Grundlage dessen sich schließlich auch der Staat Israel am 14. Mai 1948 konstituierte.[213] Darüber hinaus enthielt die Resolution auch Aussagen über die Stadt Jerusalem selbst. Diese sollte internationalisiert werden und als „*corpus separatum*" Gegenstand eines Sonderstatus sein, der der treuhänderischen Verwaltung der Vereinten Nationen unterliegt.

Das daraufhin zu erarbeitende Statut sollte insbesondere den freien Zugang aller religiösen Bewegungen zu den jeweils heiligen Stätten sichern. Außerdem bestand die wirtschaftspolitische Intention, dass Jerusalem Teil eines

---

208 *Katz/Kark*, The church and landed property: The greek orthodox patriarchate of Jerusalem, Middle Eastern Studies 2007, S. 391.

209 *Bar-Yosef*, The Last Crusade? British Propaganda and the Palestine Campaign, 1917–18, Journal of Contemporary History 2001, S. 87.

210 *Hirsch/Housen-Couriel/Lapidoth*, Whither Jerusalem? Proposals and Positions Concerning the Future of Jerusalem, Ch.1, S. 1.

211 *Lapidoth/Hirsch*, The Jerusalem Question and Its Resolution: Selected Documents, Introduction xx; die Balfour-Erklärung lässt sich finden in: *Reinharz*, Dokumente zur Geschichte des deutschen Zionismus 1882–1933, S. 200.

212 A/RES/181.

213 *Tessler*, A History of the Israeli-Palestinian Conflict, S. 269–270.

gemeinsamen Handelsraumes werden sollte, den Bürger beider Staaten betreten und auch bewohnen dürfen.[214]

Vor allem die Araber lehnten diese Teilungserklärung kategorisch ab und auch von jüdischer Seite gab es massive Kritik am Konzept des internationalen Treuhandrates. Diese Unstimmigkeiten führten bis zum Ende des britischen Mandats zu weiteren Auseinandersetzungen, die nach dem Rückzug der britischen Verwaltung in einen offenen Krieg mündeten, der die Besetzung Jerusalems durch Israel und Jordanien zur Folge hatte.

Der zwischen diesen beiden Parteien geschlossene Waffenstillstand vom 3. April 1949 separierte die Stadt in zwei Teile. Dabei fiel der östliche Teil Jordanien zu, während Israel den Westen Jerusalems erhielt.[215]

Dieser Status hielt bis zum Sechs-Tage-Krieg 1967 an. In diesem wurde der von Jordanien ausgehende Angriff auf West-Jerusalem durch das israelische Militär erfolgreich abgewehrt. Zudem wurden in einer Gegenoffensive jordanische Truppen aus dem östlichen Teil der Stadt vertrieben, was Israel die Möglichkeit gab, ganz Jerusalem unter seine Verwaltung zu stellen.[216]

Wer genau Aggressor und Initiator des Sechs-Tage-Kriegs war, bleibt bis heute schwer zu beurteilen. Eindeutig ist nur, dass Israel, selbst wenn es im Rahmen einer Selbstverteidigung nach Artikel 51 UN-Charta gehandelt hat, nicht das Recht zustand, seine Jurisdiktion auf Ost-Jerusalem auszuweiten.

Sowohl der UN-Sicherheitsrat[217] als auch die Generalversammlung[218] bezeichneten das Vorgehen Israels deshalb in der Folge als völkerrechtswidrig und die damit verbundenen Gebietsveränderungen als null und nichtig.

Die „endgültige“ Annexion Ost-Jerusalems wurde letztlich im „Jerusalemgesetz“ vom 30. Juli 1980 gesehen, das die beiden Stadtteile zusammenfasste und Jerusalem zur untrennbaren Hauptstadt Israels erklärte.[219]

---

214 *Cattan,* The Status of Jerusalem under International Law and United Nations Resolutions, Journal of Palestine Studies 1981, S. 8; A/RES/181.

215 *Klingmüller,* Jerusalem, S. 174, in: *Schlochauer/Strupp,* Wörterbuch des Völkerrechts, Bd. 2, 2. Aufl.

216 *Ramon,* Jerusalem, S. 322–323, in: *Baskin,* The Cambridge Dictionary of Judaism and Jewish Culture.

217 S/RES/252; S/RES/267; S/RES/298; S/RES/446; S/RES/465.

218 A/RES/2253; A/RES/2254; A/RES/31/106A; A/RES/33/113.

219 *Crane,* Middle East: Status of Jerusalem, Harvard International Law Journal 1980, S. 792.

Der Sicherheitsrat beurteilte dieses Verhalten als „*a violation of international law*“ und „*null and void*“[220].

Zudem bekräftigte dieser in seiner Resolution eine explizite Pflicht der Staaten, den völkerrechtswidrigen Zustand nicht anzuerkennen:

> *„5. Decides not to recognize the „basic law“ and such other actions by Israel that, as a result of this law, seek to alter the character and status of Jerusalem and calls upon:*
> *(a) All Member States to accept this decision;*
> *(b) Those States that have established diplomatic missions at Jerusalem to withdraw such missions from the Holy City“*[221]

Als Reaktion auf diese Resolution verließen alle dreizehn in Jerusalem ansässigen Botschaften die Stadt und verlegten ihren Sitz nach Tel Aviv.

1982 bzw. 1984 kehrten Costa Rica und El Salvador zwar mit ihrer diplomatischen Mission nach Jerusalem zurück, im Jahr 2006 erfolgte jedoch der erneute Rückzug aus der durch Israel annektierten Stadt.[222]

Zum heutigen Zeitpunkt befinden sich Generalkonsulate von Griechenland, Großbritannien, Frankreich und den USA in Jerusalem. Der US-Kongress kündigte wiederholt an, das durch Israel zur Hauptstadt gewählte Jerusalem durch eine Rückverlegung der Botschaft anerkennen zu wollen und verabschiedete zuletzt den „Israel Sovereignty and Security Recognition Act“ mit der Aufforderung an den amerikanischen Präsidenten, Jerusalem als Hauptstadt Israels anzuerkennen.[223]

Die amerikanische Regierung folgt diesem Verlangen jedoch nicht und beharrt auf dem Verbleib der Botschaft in Tel Aviv und der Nicht-Anerkennung der israelischen Annektierung des Ost-Teils Jerusalems.[224]

Die sympathisierende Haltung des amerikanischen Kongresses gegenüber Israel zeigt sich auch in einem 2002 verabschiedeten Gesetz, welches Personen, die in (Ost-)Jerusalem geboren wurden, erlaubt, Israel als ihren Heimatstaat anzugeben.[225] Das Gesetz wurde jedoch durch den Supreme Court im Jahr 2015 für

---

220 S/RES/478.

221 S/RES/478.

222 *Lapidoth*, Jerusalem, Rn. 28, in: *Wolfrum*, Max Planck Encyclopedia of Public International Law, Online Version 2013.

223 US Congress, H.R. 3629, 113th Congress.

224 US Department of State, U.S. Relations with Israel, Fact Sheet, 10.3.2014, http://www.state.gov/r/pa/ei/bgn/3581.htm (Stand: 28.7.2016).

225 Foreign Relations Authorization Act, Fiscal Year 2003 (Act), Pub. L. No. 107–228, 116 Stat. 1350.

ungültig erklärt, da dieses in die, dem amerikanischen Präsidenten zustehende, Kompetenz eingreife, über die Anerkennungspolitik zu entscheiden.[226]

Trotz der wiederholten Versuche des Kongresses, den *status quo* als rechtmäßig anzuerkennen, hat die US-Regierung selbst einen solchen Schritt nicht in Erwägung gezogen.

Die Annexion Ost-Jerusalems hat damit bis *dato* weder durch die Vereinigten Staaten noch durch eine andere Nation eine Anerkennung erhalten.

Vielmehr erneuern die Staatengemeinschaft sowie internationale Organisationen immer wieder die Feststellung der Rechtswidrigkeit der israelischen Okkupation.[227]

Die Europäische Gemeinschaft beispielsweise machte in ihrer Venedig-Erklärung von 1980 deutlich, eine Änderung des Status von Jerusalem durch Israel nicht anerkennen zu wollen.

Eine Anerkennung könne erst dann erfolgen, wenn sich die streitenden Parteien einvernehmlich über eine Lösung einigten.[228]

Auch die Vereinten Nationen halten an der Nicht-Anerkennung des Status fest und bekräftigen, dass die Annexion des östlichen Teils von Jerusalem null und nichtig sei.[229]

Jerusalem wird dabei vom Sicherheitsrat und der Generalversammlung als besetztes Gebiet im Sinne der Vierten Genfer Kriegsrechtskonvention bezeichnet; eine rechtliche Einordnung, die durch das „Mauer-Gutachten" des IGH aus dem Jahr 2004 Bestätigung fand.[230] Der Gerichtshof schätzte den Bau des Sicherheitszauns zudem als *de facto*-Annexion ein, auch unter Berücksichtigung der Versicherung Israels, dass die Errichtung der Begrenzung nur eine temporäre Maßnahme darstelle.[231]

---

226 *Supreme Court of the United States*, Zivotofsky v. Kerry, Secretary of State, Slip Opinion of 8 June 2015, No. 13–628, S. 1–2.

227 Siehe bspw. zuletzt: A/RES/69/92.

228 Venice Declaration v. 13.6.1980, Rn. 8; zu finden unter: http://eeas.europa.eu/mepp/docs/venice_declaration_1980_en.pdf (Stand: 28.7.2016), sowie in: *Bassiouni/Ami*, A Guide to Documents on the Arab-Palestinian/Israeli Conflict: 1897–2008, S. 149.

229 A/RES/68/16.

230 Legal Consequences of the Construction of a Wall in the Occupied Palestinian Territory, I.C.J. Reports 2004, S. 136.

231 Ebd., Rn. 121.

(5) Ost-Timor

Die demokratische Republik Timor-Leste (Ost-Timor) ist ein Inselstaat in Südostasien. Das Land grenzt an den seit 1954 zu Indonesien gehörenden westlichen Teil der Insel.[232] Ost-Timor kam im Jahr 1586 unter portugiesische Herrschaft und wurde 1896 zu einer Überseeprovinz der Kolonialmacht. Dieser Status hielt bis weit in das 20. Jahrhundert hinein an.[233]

Mit dem Einsetzen intensivierter Bemühungen der Vereinten Nationen zur Durchsetzung des Selbstbestimmungsrechts kolonialer Völker unter Verabschiedung mehrerer Resolutionen Anfang der 1960er Jahre kam auch die Frage der Zukunft Ost-Timors auf.

Wie auch schon im Falle seiner indischen Kolonien verweigerte Portugal die Umsetzung der internationalen Forderungen, indem der Bevölkerung Ost-Timors ein Referendum über die politische Zukunft versagt wurde.[234]

Erst infolge der Nelkenrevolution und der daraus resultierenden Etablierung eines demokratischen Regimes in Portugal im Jahr 1974 änderte sich die Einstellung der Kolonialmacht. Die neue Regierung erkannte das Recht der timoresischen Bevölkerung auf Selbstbestimmung umgehend an[235] und stellte dem Volk die in der Resolution 1541 vorgesehenen drei möglichen Status-Optionen zur Wahl:

Die weitere Zugehörigkeit zu Portugal, die Unabhängigkeit und Selbstverwaltung oder die Inkorporation in den indonesischen Staat.[236]

Zu den einzelnen Optionen bildeten sich in Ost-Timor jeweils Bürgerparteien, die für eine der jeweils bestehenden Möglichkeiten eintraten.

Im Zuge der Auseinandersetzungen kam es zu blutigen Konflikten, aus denen die FRETELIN (Revolutionary Front of Independent East Timor) als Sieger hervorging und am 28. November 1975 die Unabhängigkeit des Staates

---

232 *Maffei*, The Case of East Timor before the International Court of Justice – Some tentative comments, European Journal of International Law 1993, S. 223.

233 *Sybesma-Knol*, The Indispensable Parties Rule in the East Timor Case, S. 443, in: *Denters/Schrijver*, Reflections on International Law from the Low Countries: in Honour of Paul de Waart; *Maffei*, The Case of East Timor before the International Court of Justice – Some tentative comments, European Journal of International Law 1993, S. 223.

234 *Olsson*, Gender Equality and United Nations Peace Operations in Timor Leste, S. 70.

235 *Martin*, Self-Determination in East Timor: The United Nations, the Ballot, and International Intervention, S. 15.

236 A/RES/1541.

proklamierte,[237] die unmittelbar durch 15 Staaten anerkannt wurde.[238] Als Reaktion darauf erklärte eine weitere oppositionelle Bürgerbewegung zwei Tage später die Inkorporation in den indonesischen Staat.[239]

Die instabile politische Lage und die Abzeichnung einer Machtzunahme der radikalen FRETELIN führten schließlich dazu, dass Indonesien am 7. Dezember 1975 eine Invasion begann und Ost-Timor annektierte.[240] Indonesien rechtfertigte diesen Schritt mit der vermeintlichen Mandatierung durch die Bürgerbewegungen APODETI, UDT, KOTA und TRABALHISTA in Vertretung des timoresischen Volkes.[241]

Sowohl der Sicherheitsrat[242] als auch die Generalversammlung[243] verurteilten das Vorgehen Indonesiens und forderten den Staat und die Staatengemeinschaft auf, das Recht der timoresischen Bevölkerung auf Selbstbestimmung zu achten. Indonesien wurde darüber hinaus angehalten, seine Truppen aus Ost-Timor zurückzuziehen.

Zugleich wurde Portugal weiterhin als *„admistering power"* des *„non-self-governing territories"* angesehen, was Indonesien jedoch nicht daran hinderte, Ost-Timor am 17. Juli 1976 durch Rechtsakt als Provinz Indonesiens einzugliedern und damit auch formell zu annektieren.[244]

Die klare Position der Vereinten Nationen zur Frage der indonesischen Annexion ist jedoch keinesfalls Spiegelbild der einzelnen Staatenpraxis.

Zwar folgte ein Großteil der Staatengemeinschaft der Linie der Vereinten Nationen, das Vorgehen Indonesiens zu verurteilen. Mehrere Staaten erkannten die indonesische Souveränität jedoch ausdrücklich oder zumindest konkludent an.

---

237 *De Quadros,* Decolonization: Portuguese Territories, S. 992, in: *Bernhardt,* Encyclopedia of Public International Law, Bd. 1.

238 *Burchill,* The ICJ Decision in the Case Concerning East Timor: The Illegal Use of Force Validated?, Journal of Armed Conflict 1997, S. 1–2.

239 *Maffei,* The Case of East Timor before the International Court of Justice – Some tentative comments, European Journal of International Law 1993, S. 224.

240 *De Quadros*, Decolonization: Portuguese Territories, S. 992, in: *Bernhardt,* Encyclopedia of Public International Law, Bd. 1.

241 Declaration on the Establishment of a Provisional Government of the Territory of East Timor, 17.12.1975, in: *Krieger,* East Timor and the International Community: Basic Documents, S. 44.

242 S/RES/384; S/RES/389.

243 A/RES/3485; A/RES/31/35; A/RES/32/34; A/RES/37/30.

244 *Rau,* IGH v. 30.6.1995- Ost-Timor, Nationale Selbstbestimmung und internationale Gerichtsbarkeit, S. 155, in: *Menzel/Pierlings/Hoffmann*, Völkerrechtsprechung.

Vor allem Australien sympathisierte wiederholt mit einer Anerkennung der Annexion, auch wenn das Verhalten nach außen bis zum Ende indifferent blieb. Während dem timoresischen Volk kurz nach der Invasion durch Indonesien noch das Recht auf Selbstbestimmung zuerkannt und auch für die Verabschiedung des Resolutionsentwurfs A/10426 durch die Generalversammlung votiert wurde,[245] änderte sich die australische Politik in Bezug auf die völkerrechtswidrige Situation äußerst schnell.

Bereits im Januar 1978 erklärte der Außenminister Peacock:

> *„Accordingly, the Government has decided that although it remains critical of the means by which integration was brought about it would be unrealistic to continue to refuse to recognise de facto that East Timor is part of Indonesia.“*[246]

Der im Jahr 1989 zwischen Indonesien und Australien geschlossene „Continental Shelf-Treaty“ unterstreicht letztlich die australische Bereitschaft, die indonesische Annexion endgültig anzuerkennen.

Vor dem IGH erklärte Australien im East Timor-Fall dazu unter anderem Folgendes:

> *„Australia denies that States are under an automatic obligation, under general international law, not to recognize or deal with a State which controls and administers a territory whose people are entitled to self-determination. There is no automatic obligation of non-recognition or non-dealing, even though that State may be denying the people the right to self-determination.“*[247]

Neben Australien erkannten auch weitere Staaten die gewaltsame Inkorporation an.

Die USA beispielsweise unterstützten das indonesische Vorgehen[248] aus der Sorge heraus, dass die kommunistisch eingestellte FRETELIN ein zweites Kuba erschaffen könnte.

---

245 GAOR, 30th Session, 2439th Plenary Meeting, 12.12.1975, Rn. 59, in: *Krieger*, East Timor and the International Community: Basic Documents, S. 135.

246 Announcement by Mr. Peacock, 20.01.1978, in: *Krieger*, East Timor and the International Community: Basic Documents, S. 333.

247 CR 95/14, 16.2.1995, S. 36, Rn. 5.

248 Prepared Statement of Kenneth M. Quinn, Acting Assistant Secretary for East Asian and Pacific Affairs, Abschnitt: East Timor: history and status, in: *Krieger*, East Timor and the International Community: Basic Documents, S. 318 f.

Auch Kanada und Neuseeland bezeichneten schon früh die indonesische Inkorporation als Faktum, das nicht mehr rückgängig gemacht werden könne und damit zu akzeptieren sei.[249]

Neben pro-indonesischen Stimmen gab es jedoch auch eine Reihe von Staaten, die die Anerkennung verweigerten und weiterhin ein Selbstbestimmungsrecht der timoresischen Bevölkerung aktiv proklamierten.

Insbesondere das Vereinigte Königreich unterstrich in mehreren Erklärungen den völkerrechtswidrigen *status quo* und das Recht Ost-Timors, über seine Zukunft selbst zu entscheiden.

In einer Erklärung des Außenministers Alastair Goodlad vom 10. Februar 1993 heißt es:

> „*Unlike a very large number of other countries, this country did not recognise Indonesia's annexation of East Timor. We continue to believe that the question of East Timor's status and future is best addressed through auspices of the United Nations' Secretary-General and through contacts between Portugal and Indonesia, and we continue to encourage those concerned to pursue the dialogue in which they are engaging.*"[250]

Der Grund für die indifferente Staatenpraxis ist letztlich in diversen Faktoren zu sehen.

Zum einen spielt der vorangegangene blutige Bürgerkrieg eine signifikante Rolle. Zwar konnte sich die FRETELIN in diesem behaupten und die Unabhängigkeit Ost-Timors ausrufen. Die Bestrebungen anderer Bürgerbewegungen, sich dennoch an Indonesien anschließen zu wollen, zeigen, dass der Ausruf der Unabhängigkeit nicht von der absoluten Mehrheit des Volkes getragen wurde.

Zum anderen ist auch nicht zu verkennen, dass die FRETELIN einer kommunistischen Idee sehr nahe stand und damit, zumindest von amerikanischer Seite, wenig Sympathien erwarten konnte.

All diese Faktoren ändern jedoch nichts an der Völkerrechtswidrigkeit des indonesischen Vorgehens, das durch die Staatengemeinschaft nicht hätte anerkannt werden dürfen.

Eine treffende Zusammenfassung zu dieser Situation gibt der Vertreter Benins, Mr. Paqui, in einer Erklärung vor der Generalversammlung, ab:

> „*In the opinion of the delegation of Benin the consideration of the question of Timor must necessarily take into account two important facts: first, that the independence of the country has been proclaimed, and that no distinction can be drawn between good and bad independence; and secondly, that Indonesia has carried out military aggression against and*

249 *Krieger*, East Timor and the International Community: Basic Documents, S. 326–327.
250 *Ebd.*, S. 302.

occupation of independent Timor. Benin condemns any act of aggression and any military occupation of whatever kind and from whatever source: the super-Powers, the great Powers, the medium-sized or small Powers."[251]

Trotz der nur teilweisen Ausübung einer Nicht-Anerkennungspolitik kam es durch wiederholte Bemühungen Portugals und europäischer Staaten zu einem Referendum im Jahr 1999 mit dem Ergebnis (78,5%) der Unabhängigkeit Ost-Timors.[252]

Nach einem blutigen Rückzug indonesischer Truppen und einer anschließenden Übernahme der Verwaltung durch die Vereinten Nationen konnte Ost-Timor im Jahr 2002 schließlich endgültig in die Unabhängigkeit entlassen werden.

(6) West-Sahara

Ein thematisch ähnlicher Fall zu Ost-Timor spielte sich zeitgleich auf dem afrikanischen Kontinent ab.

Auch im Falle der Demokratisch Arabischen Republik Sahara (DARS) kam es im Zuge der Entkolonialisierung zu massiven territorialen Streitigkeiten, die in der bis heute ungebrochenen Besetzung des Landes durch Marokko endeten.

Das Gebiet der West-Sahara wurde durch Vertrag auf der Berlin-Konferenz am 26. Dezember 1884 unter spanische Administration gestellt.[253]

Tiefgreifendes Interesse an dem Territorium keimte jedoch erst mit der Entdeckung erheblicher Phosphataufkommen in Bu Craa Anfang der 1960er Jahre auf, die eine wirtschaftliche Erschließung des Gebiets reizvoll machten.[254]

Zu gleicher Zeit begann die UN-Generalversammlung jedoch Forderungen an die europäischen Mächte zur Dekolonialisierung ihrer bestehenden Kolonien zu adressieren,[255] was Spanien aufgrund der ökonomischen Interessenlage zunächst jedoch nicht bewegte, das Selbstbestimmungsrecht der einheimischen Bevölkerung zu achten und durchzusetzen.

Erst infolge des Entstehens der Guerilla-Organisation POLISARIO, die sich aktiv gegen die spanische Kolonialpolitik einsetzte, lenkte Spanien ein und kündigte

---

251 UN Doc. A/PV.2439, Rn. 60.

252 *Rau,* IGH v. 30.6.1995- Ost-Timor, Nationale Selbstbestimmung und internationale Gerichtsbarkeit, S. 158, in: *Menzel/Pierlings/Hoffmann,* Völkerrechtsprechung.

253 *Dawidowicz,* Trading fish or human rights in Western Sahara? Self-Determination, non-recognition and the EC-Morocco Fisheries Agreement, S. 251, in: *French,* Statehood and Self-Determination: Reconciling Tradition and Modernity in International Law.

254 *Oeter,* Die Entwicklung der Westsahara-Frage unter besonderer Berücksichtigung der völkerrechtlichen Anerkennung, ZaöRV 1986, S. 50.

255 A/RES/1514; A/RES/1541.

1974 für das darauf folgende Jahr ein Referendum an, zu dessen Zweck und Vorbereitung ein Zensus durchgeführt wurde.[256]

Aus Sorge vor einem mehrheitlichen Entscheid der sahrawischen Bevölkerung für eine Unabhängigkeit sahen vor allem Marokko und Mauretanien ihre vermeintlichen historischen Gebietsansprüche gefährdet.

Aufgrund dessen wurde vehement versucht und schließlich auch erreicht, dass der IGH ein Gutachten zum rechtlichen Status der West-Sahara erstellte.[257]

Die durch Marokko formulierte Gutachten-Frage war dabei geschickt gewählt und bat um Klärung, ob das Gebiet um die West-Sahara „*terra nullius*" darstelle, um dann bei erwartungsgemäßer Verneinung der Frage feststellen zu lassen, dass „*legal ties*" zwischen Marokko und der West-Sahara beständen.

Dies verneinte der Gerichtshof jedoch und kam zu dem Entschluss, dass keinerlei „*legal ties of sovereignty*" gefunden werden könnten und der sahrawischen Bevölkerung somit ein uneingeschränktes Selbstbestimmungsrecht zukomme.[258]

Dennoch bestätigte der IGH gewisse „*legal ties of allegiance*",[259] was Marokko letztlich als Legitimation ansah, seine Gebietsansprüche vehement weiter zu verfolgen und gleichsam Gegenstand kritischer Sondervoten beteiligter Richter war, die diese Formulierung, zu Recht, als völlig überflüssig ansahen, weil sie dem Konflikt weiteren Zündstoff lieferte.[260]

Nur einen Tag nach der Veröffentlichung des Gutachtens kündigte Marokko den so genannten „Grünen Marsch" von 350.000 unbewaffneten Soldaten an, „*in order to gain recognition of its right to national unity and territorial integrity*"[261], der schließlich am 6. November 1975 durchgeführt und noch am selben Tag durch den Sicherheitsrat verurteilt wurde.[262]

Das Vorhaben war in erster Linie eine Ausübung von Druck auf Spanien, um das Land zu bewegen, seine Kolonialgebiete per Vertrag auf Marokko und

---

256 *Rézette,* The Western Sahara and the Frontiers of Morocco, S. 133–134; *Segal,* The World Affairs Companion, S. 280–281.

257 *Amr,* The Role of the International Court of Justice As the Principal Judicial Organ of the United Nations, S. 86.

258 Western Sahara, Advisory Opinion, I.C.J. Reports 1975, S. 12, 68, Rn. 162.

259 Ebd., Rn. 162.

260 *Knop,* Diversity and Self-Determination in International Law, S. 140 ff.; *McWhinney,* The World Court and the Contemporary International Law Making Process, S. 86–88.

261 *Dawidowicz,* Trading fish or human rights in Western Sahara? Self-Determination, non-recognition and the EC-Morocco Fisheries Agreement, S. 256, in: *French,* Statehood and Self-Determination: Reconciling Tradition and Modernity in International Law.

262 S/RES/380.

Mauretanien zu übertragen und damit einer geplanten UN-Interimsverwaltung zuvorzukommen.[263]

In der Tat erklärte sich Spanien zu einem Kompromiss bereit und man einigte sich auf das Madrider Abkommen vom 14. November 1975,[264] in dem Spanien dazu verpflichtet wurde, Marokko und Mauretanien an der Verwaltung in der West-Sahara zu beteiligen und sich bis zum 28. Februar 1976 gänzlich aus dem Gebiet zurückzuziehen.

Die volle Souveränität sollte dem Wortlaut nach nicht übertragen werden. Es wurde vielmehr formuliert, dass das Abkommen die Errichtung einer Interimsverwaltung unter marokkanischer und mauretanischer Beteiligung bezwecken solle.

Die Realität sah jedoch anders aus. Unter dem Deckmantel des Abkommens vereinbarten die drei Staaten eine klare Aufteilung des Gebietes. Als Entgegenkommen für die territorialen Absprachen erhielt Spanien Anteile am Phosphat und weitreichende Fischereirechte.[265]

In der Folge und nach Rückzug der spanischen Beamten teilten Marokko und Mauretanien die West-Sahara tatsächlich unter sich auf, wobei Marokko mit zwei Dritteln und den strategisch wichtigen Phosphatvorkommen den Bärenanteil erhielt. Dieser Schritt kann als endgültige Annexion der West-Sahara angesehen werden.[266]

Es folgten die Vertreibung und Unterdrückung der Sahrawis, sodass diese gezwungen waren, in das befreundete Algerien zu flüchten, das den Widerstand um die POLISARIO materiell und finanziell unterstützte, sodass diese immer wieder dazu in der Lage war, militärische Nadelstiche zu setzen.[267]

---

263 *Oeter,* Die Entwicklung der Westsahara-Frage unter besonderer Berücksichtigung der völkerrechtlichen Anerkennung, ZaöRV 1986, S. 56.

264 Zu finden bei: *Hinz,* Le droit à l'autodétermination du Sahara occidental: Le chemin difficile du peuple sahraoui: documents de base avec une introduction, S. 87 f.

265 *Dawidowicz,* Trading fish or human rights in Western Sahara? Self-Determination, non-recognition and the EC-Morocco Fisheries Agreement, S. 258, in: *French,* Statehood and Self-Determination: Reconciling Tradition and Modernity in International Law.

266 Convention concerning the State frontier established between the Islamic Republic of Mauritania and the Kingdom of Morocco, zu finden bei: United Nations, Treaty Series 1977, S. 119–121, https://treaties.un.org/doc/publication/unts/volume%201035/volume-1035-i-15406-english.pdf (Stand: 28.7.2016).

267 *Heller,* Die Außenpolitik der Demokratischen Volksrepublik Algerien 1979 bis 1992: Eine Untersuchung der Ära Chadli am Beispiel der Außenbeziehungen Algeriens, S. 56 ff; *Weisburd,* Use of Force: The Practice of States Since World War II, S. 244–245.

Dies führte sogar zu dem zwischenzeitlichen Erfolg des Abschlusses eines Friedensvertrages im Jahr 1979 mit Mauretanien, durch das dieses aus dem militärischen Konflikt ausschied, was jedoch im Wesentlichen dadurch bedingt war, dass Mauretanien mit erheblichen inneren Unruhen zu kämpfen hatte und sich eine aktive Beteiligung am West-Sahara-Konflikt schlicht nicht weiter leisten konnte.[268]

Marokko besetzte daraufhin den von Mauretanien geräumten Südteil des Landes, konnte jedoch nicht verhindern, dass die POLISARIO durch geschickte Kriegsführung schnell und effektiv weite Teile des Landes zurückeroberte und Anfang der 80er Jahre nahezu 4/5 der West-Sahara kontrollierte.[269]

Durch ein System von vorgeschobenen Wällen und dem Bau von Mauern konnte Marokko in der Folgezeit das Vordringen der POLISARIO jedoch unterbinden und diese wieder auf ein kleines Gebiet zurückdrängen,[270] sodass ein dauerhaftes Einwirken der westsahrawischen Bevölkerung auf das Territorium beinahe ausgeschlossen war und bis heute immer noch ist.

Neben der offiziellen Aufteilung der West-Sahara unter Marokko und Mauretanien erfolgte durch Marokko weiterhin eine formelle Annektierung der West-Sahara, indem das Gebiet unter marokkanisches Recht gestellt und das Territorium als Region in das Königreich inkorporiert wurde.[271]

Die Anerkennungs- und Nicht-Anerkennungspolitik in Bezug auf das Gebiet der West-Sahara ist nicht konsistent.

Die am 28. Februar 1976 ausgerufene Arabisch Demokratische Republik Sahara wurde zunächst nur von wenigen Staaten anerkannt, was darauf zurückzuführen ist, dass die Erfüllung der völkerrechtlichen Staatsmerkmale bis heute äußerst fraglich ist, da es zumindest an einer effektiven Herrschaftsgewalt durch die marokkanische Besetzung in Bezug auf weitreichende Teile des Territoriums fehlt.[272]

---

268 *Lea/Rowe,* A Political Chronology of Africa, S. 304; *Cordesman,* A Tragedy of Arms: Military and Security Developments in the Maghreb, S. 60.

269 *Oeter,* Die Entwicklung der Westsahara-Frage unter besonderer Berücksichtigung der völkerrechtlichen Anerkennung, ZaöRV 1986, S. 59.

270 *Zunes/Mundy,* Western Sahara: War, Nationalism, and Conflict Irresolution, S. 21.

271 *Dawidowicz,* Trading fish or human rights in Western Sahara? Self-Determination, non-recognition and the EC-Morocco Fisheries Agreement, S. 260, in: *French,* Statehood and Self-Determination: Reconciling Tradition and Modernity in International Law.

272 Siehe näher dazu: *Naldi,* The Statehood of the Saharan Arab Democratic Republic, Indian Yearbook of International Law 1985, S. 448–481.

Der heutige Stand der Anerkennung liegt allerdings bei insgesamt über 40 Staaten und somit einem beträchtlichen Teil der Staatengemeinschaft.[273]

Von größerem Interesse ist jedoch der Blick auf die internationalen Reaktionen zur Annektierung der West-Sahara durch Marokko.

Wie oben bereits erwähnt, verurteilte der Sicherheitsrat den „Grünen Marsch" des Landes umgehend und forderte das Königreich auf, seine Truppen aus dem Gebiet zurückzuziehen.[274]

Vor allem die Generalversammlung verabschiedete mehrere Resolutionen, in denen sie die Staatengemeinschaft aufforderte, das Selbstbestimmungsrecht der sahrawischen Bevölkerung zu achten und diesem zur Geltung zu verhelfen.[275]

Ein direkter Aufruf zur Nicht-Anerkennung der völkerrechtswidrigen Situation an die Staatengemeinschaft erging zwar nie.

Allerdings kann in dem Aufruf, das Selbstbestimmungsrecht der Bevölkerung zu achten, eine konkludente Aufforderung gesehen werden, die marokkanischen Gebietsansprüche nicht zu respektieren. Denn eine Eingliederung der West-Sahara in das marokkanische Staatsgebiet und die implizite oder ausdrückliche Anerkennung dieses Vorgehens würde *de facto* eine Missachtung des Selbstbestimmungsrechtes darstellen.

Zur Absicherung der Forderungen der Generalversammlung und auch des UN-Sicherheitsrates wurde durch letzteren im Jahr 1991 die „United Nations Mission for the Referendum in Western Sahara" (MINURSO) ins Leben gerufen.[276]

Ziel der Mission war und ist die Durchführung eines Referendums über die Zukunft der West-Sahara unter den wesentlichen Möglichkeiten einer Unabhängigkeit, eines autonomen Status und einer Eingliederung in das Königreich Marokko. Bis heute wurde ein Referendum jedoch nicht abgehalten, was vor allem auf die ablehnende Haltung Marokkos zurückzuführen ist, eine mögliche Unabhängigkeit unter keinen Umständen akzeptieren zu wollen.

Die Worte des UN-Generalsekretärs Kofi Annan in seinem Report 2006 zur Situation in der West-Sahara verdeutlichen die festgefahrene Situation:

> *„[T]he Security Council recognized the political reality that no one was going to force Morocco to give up its claim of sovereignty over Western Sahara [...]"*[277]

---

273 www.worldstatesmen.org/SADR_relations.doc (Stand: 28.7.2016).

274 S/RES/380.

275 A/RES/30/3458 A; A/RES/31/45; A/33/31 A.

276 S/RES/690; zuletzt erneuert durch S/RES/2152.

277 Reports of the Secretary-General on the situation concerning Western Sahara, UN Doc. S/2006/249, Rn. 32.

Jedoch zeigt die wiederholte Verlängerung des MINURSO-Mandates und auch die Einstellung des aktuellen Generalsekretärs, Ban Ki-moon, dass die Durchsetzung des Selbstbestimmungsrechts der sahrawischen Bevölkerung weiterhin das angestrebte Ziel bleibt.[278]

Auch die OAU verurteilte das Vorgehen Marokkos, denn nach der Afrikanischen Charter war eines der fundamentalen Prinzipien, der Bestand der kolonialen Grenzen, durch die marokkanische Invasion und Eingliederung der West-Sahara verletzt worden.[279]

Die OAU und auch ihre spätere Rechtsnachfolgerin, die AU, unterstützten dabei das Vorgehen und die Resolutionen der Vereinten Nationen und setzten sich für die Ausübung des Rechts auf Selbstbestimmung der sahrawischen Bevölkerung mittels eines Referendums ein.[280]

Die tendenziell pro-sahrawische Haltung zeigte sich letztlich und vor allem in der Aufnahme der DARS in die OAU im Jahr 1984, was aufgrund der zweifelhaften Staatseigenschaft der neuen Republik alles andere als selbstverständlich war.

Neben der (O)AU und den Vereinten Nationen hat bis *dato* kein Staat, außer Marokko selbst, die Annexion der West-Sahara formal anerkannt.[281]

Dennoch kommt es immer wieder zu Vertragsschlüssen mit Marokko bezüglich der Ausbeutung der sahrawischen Territorien. Besonders die Küstenregion um die West-Sahara ist äußerst artenreich und verspricht hohe Wirtschaftlichkeit. Und auch die Phosphatvorkommen sind oftmals Gegenstand von bilateralen Verträgen.

Es fragt sich, ob solche Kontakte, die unter Ausnutzung der marokkanischen Besetzung geschlossen werden, eine implizite Anerkennung der völkerrechtswidrigen Situation darstellen. Darauf soll jedoch genauer an späterer Stelle eingegangen werden.

Festhalten lässt sich jedenfalls, dass eine ausdrückliche Anerkennung der marokkanischen Inkorporation bisher von keiner Seite erfolgte und das Gebiet damit international als nicht zum Königreich gehörend angesehen wird.

---

278 „*In the light of the presence of Western Sahara on the list of Non-Self-Governing Territories since 1963, the efforts of the United Nations, through the work of my Personal Envoy, my Special Representative and MINURSO, will remain highly relevant until its final status is established.*“, Report of the Secretary-General on the situation concerning Western Sahara, UN Doc. S/2014/258, Rn. 93.

279 AHG/Res.92 (XV).

280 AHG/RES.104 (XIX); EX.CL/Dec.758 (XXII).

281 *Omar*, OAU/AU and the question of Western Sahara, Pambazuka News, 27.02.2013, Issue 618.

(7) Kuwait

Als ein Beispiel kollektiver Nicht-Anerkennung kann die Reaktion der Staatengemeinschaft auf die irakische Invasion in Kuwait im Jahr 1990 gedeutet werden.

Aufgrund von Auseinandersetzungen über die Höhe von Ölpreisen kam es innerhalb der arabischen Staaten zu Spannungen. Der Irak beschuldigte vor allem Kuwait und die Vereinigten Arabischen Emirate, durch die Nichtbefolgung von Quoten für das Absinken der Ölpreise und damit für einen wirtschaftlichen Schaden des Iraks in Milliardenhöhe verantwortlich zu sein.[282]

Als Reaktion kündigte der Irak im Juli 1990 in einem Schreiben an die Arabische Liga an, notfalls militärische Schritte gegen das Verhalten Kuwaits einzuleiten.[283]

Die darauf durch die Arabische Liga initiierten Gespräche zwischen den beiden Nationen brachten keine Streitbeilegung hervor, sondern endeten vielmehr in weiteren Anschuldigungen, die sich teilweise nun auch auf die seit Jahrzehnten umstrittene Grenzziehung der beiden Nachbarländer bezogen.[284]

Der Streit eskalierte nach und nach und führte zur Truppenmobilisierung an der gemeinsamen Grenze. Am 2. August 1990 fiel der Irak schließlich in Kuwait ein und besetzte das Land innerhalb weniger Stunden.[285]

Die formelle Annexion des Nachbarlandes erfolgte schließlich am 28. August mit der Erklärung, Kuwait als 19. Provinz des Iraks einzugliedern.[286]

Bereits unmittelbar nach dem Einmarsch des irakischen Militärs am 2. August verabschiedete der UN-Sicherheitsrat seine erste Resolution zum Konflikt.

In dieser ordnete der Sicherheitsrat die Lage in Kuwait als Bruch des internationalen Friedens und der Sicherheit ein und verlangte unter Bezugnahme auf Kapitel VII der UN-Charta den sofortigen Rückzug der irakischen Truppen.[287]

In der darauf folgenden Resolution 661 wurde die Staatengemeinschaft zudem aufgefordert „*not to recognize any regime set up by the occupying Power*".[288]

---

282 *Yetiv,* America and the Persian Gulf: The Third Party Dimension in World Politics, S. 76; *Alnasrawi,* Arab Nationalism, Oil, and the Political Economy of Dependency, S. 200–202.

283 *Grammas,* Multilateral Responses to the Iraqi Invasion of Kuwait: Economic Sanctions and Emerging Proliferation Controls, Maryland Journal of International Law 1991, S. 3–4.

284 *Ebd.*, S. 4–5.

285 BBC News v. 2.8.1990, "1990: Iraq invades Kuwait", http://news.bbc.co.uk/onthisday/hi/dates/stories/august/2/newsid_2526000/2526937.stm (Stand: 28.7.2016).

286 *Lea/Rowe,* A Political Chronology of the Middle East, S. 146.

287 S/RES/660.

288 S/RES/661.

In einer weiteren Resolution sprach der Sicherheitsrat dem Vorgehen Iraks die „*legal validity*“ ab und forderte erneut

> *„not to recognize that annexation, and to refrain from any action or dealing that might be interpreted as an indirect recognition of that annexation“.*[289]

Neben den Vereinten Nationen verurteilten auch die Islamische Konferenz, die Arabische Liga, die Europäische Gemeinschaft und andere Zusammenschlüsse das Vorgehen des Irak.[290]

In der relativ kurzen Zeit der rechtswidrigen Besetzung erkannte niemand die aufgrund des Verstoßes gegen das Gewaltverbot aus Artikel 2 (4) UN-Charta völkerrechtswidrige Situation an.

Dies drückte sich zum einen in dem späteren gemeinsamen Vorgehen zur Befreiung Kuwaits unter amerikanischer Schirmherrschaft[291] und zum anderen in entsprechenden nationalen Gerichtsentscheidungen aus, die rechtliche Ansprüche des Irak im Rahmen der Annexion Kuwaits ablehnten.[292]

(8) Zwischenergebnis

Anders als in der vorangestellten Rechtsüberzeugung, die eine Pflicht zur Nicht-Anerkennung in Fällen gewaltsamen Gebietserwerbs als Völkergewohnheitsrecht identifiziert, lässt sich der Staatenpraxis eine solche Überzeugung nicht uneingeschränkt entnehmen.

Für die konsistente Befolgung der Rechtsüberzeugung sprechen zwar Fälle wie die kollektive Nicht-Anerkennung der durch Israel besetzten Gebiete und auch der irakischen Annexion Kuwaits, jedoch konnten mehrheitlich Fälle nachgewiesen werden, in denen eine Nicht-Anerkennung entweder gar nicht oder nur zum Teil ausgesprochen wurde.

Dies hat, wie in den Unterpunkten gezeigt, unterschiedliche Gründe und ist stark einzelfallabhängig.

In dem Fall von Goa beispielsweise stand der Verletzung des Gewaltverbotes die Durchsetzung der Dekolonialisierungs-Resolutionen der UN-Generalversammlung

---

289 S/RES/662.

290 mwN.: *Dawidowicz,* The obligation of non-recognition of an unlawful situation, in: *Crawford/Pellet/Olleson,* The Law of international responsibility, S. 682.

291 Legitimiert durch die Sicherheitsratsresolution 678.

292 Siehe z.B.: *House of Lords,* Kuwait Airways Corporation v. Iraqi Airways Company and Others, 16 May 2002, [2002] UKHL 19; mwN. auch: *Dawidowicz,* The obligation of non-recognition of an unlawful situation, in: *Crawford/Pellet/Olleson,* The Law of international responsibility, S. 682.

gegenüber. Dies war schließlich Anlass und Grund für eine politische Abwägung über das Vorgehen Indiens, die mehrheitlich zugunsten der effektiven Durchsetzung der Forderung nach Selbstbestimmung der kolonialen Völker ausfiel.

In den Fällen der West-Sahara und Ost-Timor spielten wiederum auch politische und ebenso wirtschaftliche Erwägungen eine Rolle für die Nichteinhaltung einer stringenten Nicht-Anerkennungspolitik.

Es zeigt sich deutlich, dass die einzelnen Staaten den Ausspruch und auch die Durchsetzung einer Nicht-Anerkennung zumeist davon abhängig machen, wie stark die eigenen Interessen durch diesen Schritt betroffen werden.

Aufgrund der besonderen politischen Brisanz einer (Nicht-)Anerkennung fragt sich daher, ob es gerechtfertigt werden kann, bei der Implementierung eines gewohnheitsrechtlichen Satzes vermehrt auf die ermittelte *opinio iuris* abzustellen und die Staatenpraxis nicht zu stark zu gewichten.

Grundsätzlich wird für die Entstehung von Gewohnheitsrecht neben einer bestehenden Rechtsüberzeugung auch eine konstante und einheitliche Praxis verlangt. Dieses Erfordernis stellte auch der Internationale Gerichtshof in mehreren Entscheidungen auf.[293]

Eine konsistente Praxis ist im Falle einer Nicht-Anerkennung jedoch kaum zu erreichen.

Verdeutlichen lässt sich dies an einem fiktiven Beispiel:

Staat A hat immense Probleme mit einer Region des Landes, das sich fortan abspalten möchte und wiederholt die Durchführung von Referenden zur Unabhängigkeit angekündigt hat.

Wenn nun genau diese Situation in einem anderen Staat eintritt und sich die Frage stellt, ob die Sezession rechtmäßig oder rechtswidrig war, so wird sich Staat A mit hinreichender Wahrscheinlichkeit auf den Standpunkt stellen, dass die Vorgänge völkerrechtswidrig sind und eine Nicht-Anerkennungspflicht auslösen.

Anderenfalls hat Staat A schwache Argumente, die Abspaltung der eigenen separatistischen Region zu unterbinden.

Das Beispiel zeigt, dass die Staaten vorerst auf ihr eigenes Wohl bedacht sind und keine Entscheidungen treffen, die sie in einen politischen Widerspruch leiten würden.

Aufgrund dessen ist, gerade in Fragen mit solch politischer Brisanz, eine einheitliche Staatenpraxis kaum zu erwarten. Zwar bleibt die Praxis ein entscheidender

293 Dazu und mwN.: *Bleckmann*, Völkergewohnheitsrecht trotz widersprüchlicher Praxis?, ZaöRV 1976, S. 394.

Indikator, um Völkergewohnheitsrecht nachzuweisen, jedoch muss auch Berücksichtigung finden, dass die (Nicht-)Anerkennung eines Staates immer das Resultat einer Balance zwischen politischer und rechtlicher Überzeugung ist.

Für das Bestehen eines völkergewohnheitsrechtlichen Satzes spricht auch ein Blick auf die völkerrechtliche Literatur, die überwiegend von dem Bestehen einer Pflicht zur Nicht-Anerkennung in Fällen gewaltsamer Gebietsverschiebungen ausgeht.[294]

Um dies zu begründen wird zwar entweder nur die Rechtsüberzeugung zur Nicht-Anerkennung ausgeführt oder diejenigen Fälle der Staatenpraxis skizziert, in denen eine kollektive Nicht-Anerkennung tatsächlich auch erfolgte.

Dennoch ist es m.E. richtig, von einer gewohnheitsrechtlichen Pflicht in der vorangestellten Fallgruppe auszugehen.

Dies lässt sich insbesondere dadurch rechtfertigen, dass bereits kurz nach Etablierung der Vereinten Nationen eine völkerrechtliche Pflicht für solche Fälle diskutiert und später auch angenommen wurde, die eine gewaltsame Eroberung fremden Territoriums zum Gegenstand haben. Durch die stete Wiederholung der Pflicht in nachfolgenden Erklärungen und der schlussendlichen Kodifizierung in den ILC-Artikeln konnte sich das Prinzip der Nicht-Anerkennung nach und nach festigen und etablieren. Selbst die westlichen Staaten, die einer Nicht-Anerkennungspflicht anfangs sehr kritisch gegenüberstanden, sehen diese mittlerweile ebenfalls als gewohnheitsrechtliches Prinzip an.

Abschließend darf zudem nicht unberücksichtigt bleiben, dass sich ein Großteil der Fälle einer gegenteiligen Staatenpraxis (Hyderabad, Tibet, Goa) in den 1940er bis 1960er Jahren abspielten, in denen das Prinzip der Nicht-Anerkennung zwar bekannt, aber dessen Anwendung nicht selbstverständlich war.

Insgesamt ist daher zu befürworten, dass zumindest in den Fällen einer gewaltsamen Gebietsverschiebung, trotz teilweise konträrer Staatenpraxis, die Pflicht zur Nicht-Anerkennung Völkergewohnheitsrecht darstellt.

294 Siehe u.a.: *Talmon,* Kollektive Nichtanerkennung illegaler Staaten, S. 366–367; *Gowlland-Debbas,* Collective Responses to Illegal Acts in International Law. United Nations Action in Question of Southern Rhodesia, S. 287; *Raič,* Statehood & The Law of Self-Determination, S. 164; *Lauterpacht,* Recognition in International Law, S. 347–348; *Chen,* The international law of recognition. With Special Reference to Practice in Great Britain and the United States, S. 430.

b) Nicht-Anerkennung im Falle Namibias

Als ein spezieller Fall ist das südafrikanische Mandat über Namibia zu behandeln.

Dieser kann weder als gewaltsame Gebietsverschiebung noch als Staatsneugründung klassifiziert werden, sodass eine gesonderte Betrachtung erfolgt.

Innerhalb der Nicht-Anerkennungspraxis stellt Namibia einen äußerst bedeutsamen Fall dar. Denn zum einen wurde das Verhalten Südafrikas durch eine kollektive Nicht-Anerkennung sanktioniert und zum anderen fertigte der IGH mehrere Gutachten zur südafrikanischen Präsenz im Nachbarland an, die weitreichende Aussagen über den möglichen Inhalt einer Nicht-Anerkennungspflicht liefern.

Das 1884 durch das Deutsche Reich annektierte Südwestafrika[295] erlangte nach Ende des Ersten Weltkrieges nach Art. 22 der Völkerbundsatzung den Status eines Mandatsgebietes.[296] Mandatar war die damalige Südafrikanische Union.[297]

Diese wehrte sich nach Auflösung des Völkerbundes, das Mandatsgebiet in das Treuhandsystem der Vereinten Nationen zu entlassen, was zu einem anhaltenden Disput zwischen der Internationalen Organisation und dem späteren Südafrika führte.[298]

Grund dafür war auch und vor allem die von Südafrika durchgeführte Apartheidpolitik.

Im Jahr 1966 reichten Äthiopien und Liberia einen Antrag beim Internationalen Gerichtshof ein, um die Rechtswidrigkeit der südafrikanischen Rassendiskriminierung feststellen zu lassen.[299] Ein dahingehend erhoffter Urteilsspruch blieb jedoch aus, was die Generalversammlung wiederum zum Anlass nahm, als Reaktion eine Resolution zu verabschieden, in der sie das Mandat über Namibia für einseitig beendigt erklärte.[300]

---

295 *Dugard,* The South West Africa / Namibia Dispute: Documents and Scholarly Writings on the Controversy Between South Africa and the United Nations, S. 20.

296 *Samson,* Britain, South Africa and the East African Campaign, 1914–1918: The Union Comes of Age, S. 155; *Bernhardt,* Homogenität, Kontinuität und Dissonanzen in der Rechtsprechung des Internationalen Gerichtshofs, ZaöRV 1973, S. 12.

297 *Bernhardt,* Homogenität, Kontinuität und Dissonanzen in der Rechtsprechung des Internationalen Gerichtshofs, ZaöRV 1973, S. 12.

298 *Udogu,* Liberating Namibia: The Long Diplomatic Struggle Between the United Nations and South Africa, S. 43–44.

299 *Coleman,* Resolving Claims to Self-Determination: Is There a Role for the International Court of Justice?, S. 194.

300 A/RES/2145 (XXI).

Der Sicherheitsrat erkannte diese Maßnahme in der Folgezeit an[301] und ging in seiner eigens verabschiedeten Resolution 276 sogar noch weiter; hier heißt es:

> *„2. Declares that the continued presence of the South African authorities in Namibia is illegal and that consequently all acts taken by the Government of South Africa on behalf of or concerning Namibia after the termination of the Mandate are illegal and invalid; [...]*
> *5. Calls upon all States, particularly those which have economic and other interests in Namibia, to refrain from any dealings with the Government of South Africa which are inconsistent with paragraph 2 of the present resolution.“*[302]

Darüber hinaus beauftragte der Sicherheitsrat den Internationalen Gerichtshof mittels seiner Resolution 284 mit der Erstellung eines Gutachtens zu folgender Frage:

> *„What are the legal consequences for States of the continued presence of South Africa in Namibia, notwithstanding Security Council resolution 276 (1970)?“*[303]

Der IGH bestätigte zunächst die Kompetenz des Sicherheitsrates, das Verhalten Südafrikas für illegal zu erklären. Auch wenn die Resolution nicht auf Grundlage des VII. Kapitels der UN-Charta erlassen worden sei, entfalte sie dennoch nach Art. 25 Bindungswirkung gegenüber den UN-Mitgliedstaaten.[304]

Daraus resultiere schließlich auch die Pflicht der Staatengemeinschaft, die fortwährende Präsenz Südafrikas in Namibia weder anzuerkennen noch zu unterstützen.

Diese Verpflichtung beinhalte insbesondere, keine vertraglichen Beziehungen zu begründen, keine diplomatischen oder konsularischen Beamten auszutauschen oder sonst die Hoheitsgewalt des Mandatars in irgendeiner Form zu respektieren.[305]

Ausgenommen davon seien jedoch bilaterale Handlungen, die erhebliche Nachteile für die betroffene einheimische Bevölkerung nach sich ziehen würden. Dazu zählt der Gerichtshof beispielhaft die Registrierung von Geburten, Eheschließungen oder Todesfällen.[306]

---

301 S/RES/245; S/RES/246.

302 S/RES/276.

303 S/RES/284.

304 Legal Consequences for States of the Continued Presence of South Africa in Namibia (South West Africa) notwithstanding Security Council Resolution 276 (1970), Advisory Opinion, I.C.J. Reports 1971, S. 16, Rn. 110–116.

305 Ebd., Rn. 119–123.

306 Ebd., Rn. 125.

Die Nicht-Anerkennung findet aus Sicht des IGH damit seine Grenze in der Gewährleistung des Wohls und der grundlegenden Rechte der einheimischen Bevölkerung. Die Sanktion darf mithin nicht auf dem Rücken der Bevölkerung ausgetragen werden.

Der UN-Sicherheitsrat setzte die Aussagen des Gerichtshofs in der Resolution 301 um und gab den Staaten auf, sich an die Pflicht zur Nicht-Anerkennung der südafrikanischen Präsenz zu halten.[307]

Die Staatengemeinschaft kam dieser Aufforderung kollektiv nach, sodass eine Anerkennung von Handlungen der südafrikanischen Regierung auf namibischem Territorium nicht mehr erfolgte.[308]

Trotz der internationalen Isolationspolitik konnte sich die völkerrechtswidrige Situation über einen langen Zeitraum halten. Erst im Jahr 1988 erklärte sich Südafrika dazu bereit, das besetzte Gebiet dem Prozess der Selbstbestimmung zu überlassen. Die Unabhängigkeit Namibias wurde schließlich nach Ausarbeitung einer liberal-demokratischen Verfassung am 21.3.1990 ausgerufen.[309]

Als Grund für die kollektive Nicht-Anerkennung ist in erster Linie die fortwährende Präsenz Südafrikas in Namibia anzuführen, die aufgrund des entzogenen Mandats einer Okkupation gleichkam.

Dies wird vor allem im Wortlaut der verschiedenen Resolutionen des Sicherheitsrates deutlich, der die Staaten dazu auffordert, die südafrikanische Präsenz als illegal zu bewerten und keinerlei Unterstützungshandlung zur Festigung einer solchen zu liefern.[310]

Durch die fortgehende Besetzung des Gebietes verletzte Südafrika sowohl das Selbstbestimmungsrecht des namibischen Volkes als auch das Verbot der Apartheid und der Rassendiskriminierung. Der Staat verstieß damit gegen mehrere fundamentale Normen des Völkerrechts und gegen die Vorschriften der durch den Völkerbund erfolgten Mandatierung. Die fortwährende Präsenz, trotz Entzug des Mandats, war damit eine Perpetuierung der verschiedenen Völkerrechtsverstöße, die allein und in Summe Grund für eine Nicht-Anerkennung waren.

---

307 S/RES/301.

308 *Ker-Lindsay,* The Foreign Policy of Counter Secession: Preventing the Recognition of Contested States, S. 14.

309 *Dale,* The Namibian War of Independence, 1966–1989: Diplomatic, Economic and Military Campaigns, S. 114.

310 S/RES/301; S/RES/276; S/RES/283.

c) *Nicht-Anerkennung im Rahmen von Staatsneugründungen*

Bevor auf die einzelnen Beispiele dieser Fallgruppe eingegangen wird, soll zunächst ein Überblick über die schwierige Thematik des Selbstbestimmungsrechts und dem daraus abgeleiteten (möglichen) Recht auf Sezession gegeben werden.

Zwar resultieren nicht alle,[311] jedoch eine Mehrzahl der später thematisierten Staatsneugründungen aus einer Abspaltung vom Mutterstaat, sodass ein grober Überblick über die völkerrechtliche Problematik Verständnis schaffen soll.

Das Selbstbestimmungsrecht der Völker ist im Laufe des 20. Jahrhunderts zu einem wichtigen Bestandteil und einer fundamentalen Norm des Völkerrechts gewachsen.

Ersten Aufschwung erfuhr das Selbstbestimmungsrecht durch den Prozess der Entkolonialisierung, in dem die UN-Generalversammlung in seinen berühmten Resolutionen 1514 und 1541 die Gewährleistung der Unabhängigkeit für koloniale Länder und Völker einforderte.

Mittlerweile hat sich das Recht sogar als gewohnheitsrechtlicher Satz verankert, dessen Gewährleistung in mehreren universell und multilateral geltenden Verträgen abgesichert ist[312] und aus dem sich, nach dem IGH-Gutachten zum Ost-Timor-Fall, sogar Verpflichtungen *erga omnes* ergeben.[313]

Neben der Geltungskraft des Selbstbestimmungsrechts stellt sich die Frage des genauen Inhalts und nach den Ausformungen des Prinzips.

Die Friendly-Relations-Declaration gibt hierzu erste und wichtige Anhaltspunkte:

> *„By virtue of the principle of equal rights and self-determination of peoples enshrined in the Charter of the United Nations, all peoples have the right freely to determine, without external interference, their political status and to pursue their economic, social and cultural development, and every State has the duty to respect this right in accordance with the provisions of the Charter.“*[314]

Als Träger dieser Rechte gilt das „Volk“. Dieses stellt einen Zusammenschluss von Menschen dar, die auf einem bestimmten Territorium leben, sich durch eigene rassische, religiöse, sprachliche oder andere kulturelle Merkmale definieren und den Willen zur Bewahrung ihrer Identität haben.[315]

---

311 Ausgenommen sind die Beispiele von Rhodesien und den Homeland-Staaten.

312 Z.B.: Art. 1 Nr. 2, 55, 73 lit. b, 76 lit. b UN-Charta; Art. 1 Abs. 1 IPbpR.

313 East Timor (Portugal v. Australia), Judgment, I.C.J. Reports 1995, S. 90, Rn. 29.

314 A/RES/25/2625.

315 *Herdegen*, Völkerrecht, 15. Aufl., §36 Rn. 4.

In Rechtsprechung und Literatur wird das Recht auf Selbstbestimmung weiter ausdifferenziert. So unterscheidet man zwischen einem defensiven und offensiven bzw. internen und externen Selbstbestimmungsrecht.

Die Existenz des internen Selbstbestimmungsrechts ist dabei unumstritten und steht jedem Volk zu. Es verleiht diesem das Recht auf Achtung seiner Lebensgestaltung von außen bzw. durch den Mutterstaat, wenn das Volk eine Minderheit darstellt.[316]

Im letzteren Fall soll diesem auch ein Mindestmaß an politischer Mitgestaltung innerhalb des bestehenden Staatsverbandes zukommen.[317]

Solange die Rechte des Volkes durch den Mutterstaat respektiert werden, übt dieses frei von Zwängen sein Selbstbestimmungsrecht aus und kann weitergehende Rechte nicht geltend machen.

Das externe Selbstbestimmungsrecht hingegen verleiht einem Volk, bzw. einer Minderheit, das Recht, sich aus dem bestehenden Staatenverband im Wege einer Sezession zu lösen und einen eigenen, unabhängigen Staat zu konstituieren.[318] Es ist damit quasi eine Qualifikation des internen Rechts auf Selbstbestimmung.

Dieses Recht ist jedoch, im Gegensatz zum internen Selbstbestimmungsrecht, extrem umstritten und findet, wenn, nur unter sehr engen Voraussetzungen Anwendung.

Die Problematik eines Sezessionsrechts rührt vor allem daher, dass ein solches gegen die territoriale Integrität und das defensive Selbstbestimmungsrecht des Mutterstaates strebt[319] und folglich mit anerkannten völkerrechtlichen Prinzipien kollidiert.

Allein aus praktischen Gründen ist ein allgemeines Recht auf Sezession abzulehnen, da in diesem Falle zu befürchten stände, dass es zu vielfachen Abspaltungsprozessen und damit zu einer gewissen politischen und territorialen Instabilität kommen könnte. Der Schutz des Prinzips der territorialen Integrität ist damit Grundidee für die Aufrechterhaltung der friedlichen Koexistenz der

---

316 *Cassese,* Self-Determination of Peoples: A Legal Reappraisal, S. 101.

317 *Kimminich,* A "Federal" Right of Self-Determination?, S. 89, in: *Tomuschat,* Modern Law and Self-Determination.

318 *Sterio,* On the Right to External Self-Determination: „Selfistans", Secession, and the Great Powers' Rule, Minnesota Journal of International Law 2010, S. 137–138.

319 *Mirzayev,* Abkhazia, S. 212, in: *Walter/ Ungern-Sterberg/ Abushov,* Self-Determination and Secession in International Law; *Summers,* The internal and external aspects of self-determination reconsidered, S. 239, in: *French,* Statehood and Self-Determination: Reconciling Tradition and Modernity in International Law.

Staatengemeinschaft und erklärt auch die eher ablehnende Haltung der Staaten gegenüber Sezessionsprozessen.[320]

Das Völkerrecht selbst sagt über die Rechtmäßigkeit von Sezessionen nichts aus. Es ist weder ausdrücklich erlaubt noch ist es verboten, sodass im Wege der internationalen Praxis Konturen entwickelt werden müssen, um das Streben nach externer Selbstbestimmung und die Wahrung der territorialen Integrität in Einklang zu bringen.

Anerkannt ist die Ausübung des externen Selbstbestimmungsrechts bis *dato* nur im kolonialen Kontext.[321] Zudem bestätigte der IGH durch sein „Mauer-Gutachten“, dass auch in Situationen militärischer Okkupationen ein Recht auf Ausübung des Selbstbestimmungsrechts bestehen kann.[322]

Darüber hinaus wird jedoch nur dann über ein Sezessionsrecht gestritten, wenn ein Volk anhaltend und in schwerwiegender Weise unterdrückt wird. Dies kann zum einen durch die Diskriminierung unter Verletzung fundamentaler Menschenrechte und zum anderen durch den gänzlichen Ausschluss eines Bevölkerungsteils vom politischen Willensprozess geschehen.[323]

Ein Recht auf eine so genannte „remedial secession“ wurde erstmals im Aaland Islands Case angeführt.

Die Einwohner Ålands konstituierten eine schwedische Minderheit im finnischen Staatsverband, die, aufgrund ihrer Verbundenheit mit dem Nachbarland, eine Abspaltung von Finnland bei gleichsamer Inkorporation in den schwedischen Staat forcierte.

Ein dazu angefertigtes Gutachten des zweiten Ausschusses von Berichterstattern des Völkerbundes kam zu dem Schluss, dass die Einwohner Ålands grundsätzlich ein Recht auf Selbstbestimmung haben, dieses jedoch zunächst im finnischen Staatsverband auszuüben sei. Erst wenn dieses Recht durch die Zentralregierung verweigert werde, könne ein Recht auf externe Selbstbestimmung greifen.[324]

---

320 *Oeter*, The Role of Recognition and Non-Recognition with Regard to Secession, S. 50, in: *Walter/ Ungern-Sternberg/ Abushov*, Self-Determination and Secession in International Law.

321 *Weller*, Escaping the Self-Determination Trap, S. 154.

322 Legal Consequences of the Construction of a Wall in the Occupied Palestinian Territory, Advisory Opinion, I.C.J. Reports 2004, S. 136, Rn. 118.

323 *Herdegen*, Völkerrecht, 15. Aufl., §36, Rn. 7.

324 *Spiliopoulou-Akermark*, The Åland Island Question in the League of Nations: The Ideal Minority Case?, S. 202–203.

Anlehnend an diesen Präzedenzfall entschied auch der kanadische Supreme Court mit gleicher Begründung über den Fall der versuchten Sezession Quebecs von Kanada.[325]

Auch in mehreren Erklärungen internationaler Organisationen geht man, in Extremsituationen, von der Möglichkeit einer Sezession aus.

So heißt es beispielsweise in der Wiener Erklärung der Weltkonferenz über Menschenrechte von 1993:

> *„All peoples have the right of self-determination. [...]*
> *In accordance with the Declaration on Principles of International Law concerning Friendly Relations and Cooperation Among States in accordance with the Charter of the United Nations, this shall not be construed as authorizing or encouraging any action which would dismember or impair, totally or in part, the territorial integrity or political unity of sovereign and independent States conducting themselves in compliance with the principle of equal rights and self-determination of peoples and thus possessed of a Government representing the whole people belonging to the territory without distinction of any kind.“*[326]

Zwar zeigt die Erklärung eindeutig, dass die territoriale Integrität des Mutterstaates zunächst und grundsätzlich unantastbar ist. Dies gilt jedoch nur, solange die Zentralregierung im Einklang mit der Gewährleistung von Minderheitsrechten agiert. Wenn die Regierung nicht mehr beanspruchen kann, Repräsentant des gesamten Staatsvolkes zu sein, muss ein Recht auf Sezession in Erwägung gezogen werden können, auch wenn dies nicht explizit in der Erklärung erwähnt wird.

Ein Recht auf eine remedial secession könnte dabei auch auf die ähnlich formulierte Gewährleistung der Friendly-Relations-Declaration gestützt werden, in der es heißt:

> *„sovereign and independent States conducting themselves in compliance with the principle of equal rights and self-determination of peoples as described above and thus possessed of a government representing the whole people belonging to the territory without distinction as to race, creed or colour.“*[327]

Aus einem Umkehrschluss zu *„in compliance with the principle of equal rights and self-determination of peoples“* könnte gefolgert werden, dass ein Sezessionsrecht zur Entstehung gelangt, wenn der Staat eine Minderheit so massiv unterdrückt, dass die Repräsentationsfunktion für das jeweilige Volk erlischt und ein

325 *Supreme Court of Canada,* Reference re Secession of Quebec, 20 August 1998: [1998], 2 S.C.R. 217.

326 UN Doc. A/CONF.157/24, (Part I), S. 22.

327 A/RES/25/2625, Prinzip 5 Abs. 7.

Rekurrieren auf das Recht der territorialen Integrität zum Schutz vor einer Abspaltung nicht weiter möglich ist.

Es lässt sich abschließend festhalten, dass die Möglichkeit einer Sezession nicht ausgeschlossen ist und sich auch dogmatisch begründen lässt, jedoch nur in sehr engen Grenzen vollzogen werden kann.

Es müssen Extremsituationen vorliegen, wie beispielsweise der vollkommene Ausschluss einer Minderheit vom politischen Willensbildungsprozess oder, als noch gravierenderes Beispiel, das Vorliegen von Genozid.

Die im folgenden Unterabsatz erörterten Beispiele drehen sich im Kern um die Ausübung einer Selbstbestimmung in Form einer Sezession.

Zwar könnte man die oben bereits aufgeführten Fälle Ost-Timors und der West-Sahara ebenso gut an dieser Stelle thematisieren, jedoch muss beachtet werden, dass in diesen die Nicht-Anerkennung an eine Unterdrückung des Selbstbestimmungsrechts angeknüpft hat und nicht an die rechtswidrige Ausübung desgleichen.

Anlass für den Ausspruch einer Nicht-Anerkennung ist daher die Sezession selbst, die aus unterschiedlichen Gründen rechtswidrig sein kann, beispielsweise durch eine militärische Unterstützung von außen oder durch einen weiterführenden Verstoß gegen andere völkerrechtliche Verbotsnormen.

Bevor allerdings auf die entsprechenden Fälle eingegangen wird, sollen zunächst zwei Staatsneugründungen vorangestellt werden, die zwar nicht aus einer Sezession erwachsen sind, jedoch Gegenstand kollektiver Nicht-Anerkennung waren und damit zur Ermittlung eines gewohnheitsrechtlichen Satzes erheblichen Beitrag leisten können.

Dabei geht es zum einen um die einseitige Unabhängigkeitserklärung Rhodesiens durch die weiße Minderheitsregierung unter Ian Smith und zum anderen um die durch Südafrika ausgegliederten Homeland-Staaten Transkei, Bophuthatswana, Venda und Ciskei.

(1) Rhodesien

Rhodesien ist eines der Musterbeispiele für den Nachweis einer Nicht-Anerkennungspflicht, sodass die Literatur die Vorgänge um das heutige Simbabwe bereits erschöpfend dargestellt hat.[328]

---

328 *Talmon,* Kollektive Nichtanerkennung illegaler Staaten, S. 131–174; *Dugard,* Recognition and the United Nations, S. 90–98; *Milano,* Unlawful Territorial Situations in International Law: Reconciling Effectiveness, Legality and Legitimacy, S. 117–119;

Eine detaillierte Auseinandersetzung mit den Ereignissen soll daher nicht erfolgen, sondern es ist allein intendiert, die wesentlichen Fakten für eine Beurteilung der Implementierung einer Nicht-Anerkennungspflicht im Völkerrecht fruchtbar zu machen.

Rhodesien kam im 19. Jahrhundert unter die Herrschaft der britischen Krone. Im Jahr 1923 wurde der Teil Südrhodesien durch das Vereinigte Königreich annektiert und mit Hilfe eines Sonderstatus durch die dort sesshaften Einsiedler, unter Ausschluss der schwarzen Bevölkerung, in Selbstverwaltung regiert.[329]

Die britische Krone übertrug mit der Zeit zahlreiche Kompetenzen im Bereich der auswärtigen Angelegenheiten zur treuhänderischen Ausübung an die weiße Regierung, sodass dieser im Außenverhältnis schlussendlich sogar beschränkte Völkerrechtsfähigkeit zukam.[330]

Statt sich auf die Ausübung der ihr zustehenden Rechte zu beschränken, strebte das weiße Minderheitenregime unter Ian Smith die Erlangung der Unabhängigkeit an und trat in Verhandlungen mit der britischen Regierung, die, aufgrund der durch das Minderheitenregime durchgeführten Rassendiskriminierung und dem faktischen Ausschluss der mehrheitlich schwarzen Bevölkerung vom Willensbildungsprozess, einer Unabhängigkeit kritisch gegenüberstand und die Aufhebung der anhaltenden Diskriminierung als Grundvoraussetzung nannte, um eine Unabhängigkeit zu gewähren.[331] Da die regierende Partei der „Rhodesischen Front“ solche Zugeständnisse keinesfalls machen wollte, ergriff sie in der Folge die Initiative und proklamierte am 11. November 1965 einseitig die Unabhängigkeit Südrhodesiens.[332]

Dieses Vorgehen stieß in der Staatengemeinschaft auf Ablehnung und wurde, zumindest *de iure*, von keiner Seite anerkannt.

Biermann, Rhodesien: Sozioökonomische Analyse eines kolonial-peripheren Landes. Ein regional-analytischer Beitrag zur neuen Imperialismusdiskussion.

329 *Raič*, Statehood & The Law of Self-Determination, S. 128; *Talmon*, Kollektive Nichtanerkennung illegaler Staaten, S. 131–132.

330 *Ebd.*, S. 132.

331 *Ebd.*, S. 133; United Kingdom, Command Papers 2807, S. 66, in: *Nkala*, The United Nations, international law, and the Rhodesian independence crisis, S. 12–13; Das Vereinigte Königreich pochte auf die Ausweitung der politischen Beteiligungsrechte der einheimischen Bevölkerung, da 94 % der tatsächlichen Bevölkerung durch ein kompliziertes Zensus-Wahlrecht vom aktiven politischen Willensbildungsprozess ausgeschlossen waren.

332 *Ronen*, Status of Settlers Implanted by Illegal Territorial Regimes Under International Law, S. 198, in: *Crawford/Lowe*, British Yearbook of International Law 2008.

Die OAU[333] und die Vereinten Nationen[334] erklärten bereits im Vorfeld der Geschehnisse, dass die einseitige Ausrufung der Unabhängigkeit nicht rechtens sein würde und forderten die Staatengemeinschaft zugleich auf, einen solchen Schritt nicht zu akzeptieren.

Unmittelbar nach dem erwarteten Handeln des rhodesischen Regimes verabschiedete der Sicherheitsrat am 12. November 1965, und damit nur einen Tag nach dem Vorfall, eine Resolution, in der es heißt:

> *„Decides to condemn the unilateral declaration of independence made by a racist minority in Southern Rhodesia;*
> *Decides to call upon all States not to recognize this illegal racist minority regime in Southern Rhodesia and to refrain from rendering any assistance to this illegal regime."*[335]

Auch in den fortlaufenden Resolutionen[336] appellierte der Sicherheitsrat an die Pflicht der Staaten zur Nicht-Anerkennung der völkerrechtswidrigen Situation. Dies geschah entweder durch eine direkte Aufforderung oder durch die Erinnerung, die bisher bestehenden Resolutionen zu achten.

In Resolution 288 ging der Sicherheitsrat sogar so weit, Staaten, die zu diesem Zeitpunkt nicht Mitglied der Vereinten Nationen waren, aufzufordern, das Vorgehen des Minderheitenregimes nicht anzuerkennen, während in der vorangehenden Resolution 277 erstmals ein zwingend bindender Beschluss über eine Nicht-Anerkennung durch Rückgriff auf das VII. Kapitel der UN-Charta erlassen wurde.[337]

Zudem erklärte der Sicherheitsrat die im Jahr 1979 abgehaltenen Wahlen in Südrhodesien bereits im Vorfeld für null und nichtig und bezeichnete das Regime um Ian Smith als illegal und nicht ausreichend legitimiert.[338]

Tatsächlich erkannte niemand die einseitige Unabhängigkeitserklärung Südrhodesiens an. Der Druck auf die Minderheitenregierung wurde dabei durch Embargos und Sanktionen derart erhöht,[339] dass ein langfristiges Überleben kaum möglich war, was schließlich zum Zusammenbruch der Regierung führte und

---

333 CIAS/Plen.2/Rev.2,A.

334 S/RES/202.

335 S/RES/216.

336 S/RES/217; S/RES/232.

337 *Talmon,* Kollektive Nichtanerkennung illegaler Staaten, S. 158–159.

338 S/RES/217; S/RES/288; S/RES/445.

339 *Farrall,* United Nations Sanctions and the Rule of Law, S. 247.

Robert Mugabe an die Macht brachte, der das am 18. April 1980 proklamierte Simbabwe fortan lenkte.[340]

Zu hinterfragen bleibt abschließend der Grund für die kollektive Nicht-Anerkennung Südrhodesiens.

Einigkeit besteht zumindest darin, dass der Staat alle Staatskriterien der „Montevideo-Konvention" von 1933 erfüllte, sodass eine Nicht-Anerkennung nicht aufgrund des Fehlens einer effektiven Herrschaftsmacht o.ä. ausgesprochen wurde.[341]

Vielmehr knüpfen die Meinungen daran an, dass das weiße Minderheitenregime kein legitimer Repräsentant des rhodesischen Volkes war und der Regierung damit auch nicht die Ausübung des Selbstbestimmungsrechtes oblag, sondern dem Volk Rhodesiens als Ganzem.

Die Erklärung der Unabhängigkeit durch das Smith-Regime fand damit unter Verletzung des Selbstbestimmungsrechts statt, das der Bevölkerung aufgrund seiner Kolonialgeschichte und der damit verbundenen Einstufung als „non-self-governing territory" nach Kapitel XI der UN-Charta zustand.[342]

Weitere Faktoren für eine Nicht-Anerkennung waren zudem die diskriminierende Politik gegenüber der einheimischen Bevölkerung und die damit verbundene Verletzung grundlegender Menschenrechte.[343]

Weiterhin war, zumindest für das Vereinigte Königreich, der Bruch mit der britischen Verfassung durch die Unabhängigkeitserklärung der zentrale Punkt für eine Nicht-Anerkennung, was das Land auch lange Zeit dazu bewegte, die Situation als innere Angelegenheit zu werten.

Selbst Südafrika und Portugal enthielten sich einer *de iure*-Anerkennung Rhodesiens, was aufgrund ähnlicher Politiken und einem grundlegenden Sympathieverhältnis nicht selbstverständlich war.[344]

Die Nicht-Anerkennung basierte auf Seiten Südafrikas dabei jedoch nicht auf rechtlichen, sondern politischen Gesichtspunkten, da man durch eine Anerkennung eine fortschreitende eigene Isolation fürchtete.[345]

---

340 *Zvobgo,* A History of Zimbabwe, 1890–2000 and Postscript: Zimbabwe, 2001–2008, S. 250.

341 *Raič,* Statehood & The Law of Self-Determination, S. 130.

342 *Dugard,* Recognition and the United Nations, S. 97; *Talmon,* Kollektive Nichtanerkennung illegaler Staaten, S. 172–174.

343 mwN.: *Dugard,* Recognition and the United Nations, S. 97.

344 *Talmon,* Kollektive Nichtanerkennung illegaler Staaten, S. 171–172.

345 *Ebd.,* S. 172.

(2) Homeland-Staaten

Einen weiteren Präzedenzfall kollektiver Nicht-Anerkennung stellt die Gründung der so genannten Homeland-Staaten in und durch Südafrika dar.

Mit dem Wahlsieg der burischen National Party im Jahr 1948 wurde die „Politik der getrennten Entwicklung" als nationale Politik eingeführt. Diese bestand in der Klassifizierung jeder Person nach einer bestimmten Rasse, an die jeweils unterschiedliche Rechte und gesetzliche Bestimmungen geknüpft waren.[346]

Als ein Ausfluss dieser Apartheid-Politik wurden die mehr als 70% der Bevölkerung ausmachenden Schwarz-Afrikaner in so genannte „Bantureservate" zusammengefasst, um diesen die Möglichkeit zu geben, in ihrem jeweiligen „Bantustan" eine eigene Verwaltung in Selbstbestimmung aufzubauen.[347]

Als erstes Homeland erhielt Transkei 1963 die Möglichkeit einer Selbstverwaltung; es folgten im Jahr 1971 die anderen neun Bantustans durch den „Bantu Homelands Constitution Act".[348]

Als im Laufe der Zeit die internationale Kritik an der Politik der getrennten Entwicklung vehement zunahm, sah sich Südafrika gezwungen, Maßnahmen zu ergreifen.

Diese bestanden darin, die Homelands nach und nach in ihre Unabhängigkeit zu entlassen, was nach Ansicht Südafrikas eine Garantie für die einheimische Bevölkerung zur Ausübung ihres Selbstbestimmungsrechts war.[349]

Die internationale Gemeinschaft verurteilte dieses Vorgehen allgemein und die Apartheid insbesondere aufs Schärfste und machte immer wieder auf die Unvereinbarkeit der Politik mit menschenrechtlichen Standards aufmerksam.[350] Die Rassendiskriminierung wurde zudem als eine ernste Bedrohung des internationalen Friedens und der Sicherheit[351] eingestuft.

Als sich die Absicht der südafrikanischen Regierung abzeichnete, die Homelands in die Unabhängigkeit zu entlassen, riefen die Vereinten Nationen sowie die OAU bereits vorab dazu auf, einem solchen Schritt die Anerkennung zu versagen,[352] was die Durchführung der geplanten Maßnahme jedoch nicht verhindern konnte.

---

346 *Ebd.*, S. 175; *Meyns*, Konflikt und Entwicklung im Südlichen Afrika, S. 35; *Louw*, The Rise, Fall, and Legacy of Apartheid, S. 27–41.

347 *Ebd.*, S. 175.

348 *Dugard*, Human Rights and the South African Legal Order, S. 95.

349 *Raič*, Statehood & The Law of Self-Determination, S. 135.

350 A/RES/1598; A/RES/1663; A/RES/2922.

351 A/RES/2506 B.

352 *Talmon*, Kollektive Nichtanerkennung illegaler Staaten, S. 179–183.

Am 26. Oktober 1976 wurde Transkei als erstes der bestehenden Homelands unabhängig, bis 1981 folgten Bophuthatswana (1977), Venda (1979) und Ciskei (1981).

Jede der Unabhängigkeitsbestrebungen wurde entweder durch die Generalversammlung und/oder den Sicherheitsrat für ungültig erklärt und mit dem Aufruf an die Staatengemeinschaft verbunden, diese nicht anzuerkennen und sich jedweder Maßnahme zu enthalten, die eine implizite Anerkennung der neuen Staaten begründen würde.[353]

In der Resolution zur Unabhängigkeit der Transkei durch die Generalversammlung heißt es beispielsweise:

> *„1. Strongly condemns the establishment of bantustans as designed to consolidate the inhuman policies of apartheid, to destroy the territorial integrity of the country, to perpetuate white minority domination and to dispossess the African people of South Africa of their inalienable rights;*
> *2. Rejects the declaration of "independence" of the Transkei and declares it invalid;*
> *3. Calls upon all Governments to deny any form of recognition to the so-called independent Transkei and to refrain from having any dealings with the so-called independent Transkei or other Bantustans [...]"*[354]

Als Grund für die kollektive Nicht-Anerkennung der Homelands durch die Staatengemeinschaft wurde fast einhellig die Politik der Apartheid angeführt und nicht etwa das Recht Südafrikas auf Selbstbestimmung, das in den Debatten im Sicherheitsrat nur eine untergeordnete Rolle spielte.[355]

Die Unabhängigkeit der Homelands wurde als Perpetuierung und Konsolidierung des rassendiskriminierenden Gedankens angesehen und damit vehement abgelehnt.

Zwar wurde als Begründung für eine Nicht-Anerkennung teilweise auch die fehlende Unabhängigkeit der Bantustans angeführt,[356] da diese in ihrer Entscheidungsmacht teilweise weiterhin von der zentralen südafrikanischen Regierung abhängig waren, jedoch war diese Erwägung allgemein nur ein Begleitmotiv.[357]

Bis zum Ende der Apartheid wurde keines der Homelands, außer durch Südafrika, *de iure* anerkannt und dies obwohl, anders als beispielsweise im Fall Rhodesiens, keine Resolution auf Grundlage des VII. Kapitels der UN-Charta oder

---

353 A/RES/31/6 A; S/RES/402; A/RES/32/105 N; UN Doc. S/PV.2168, Rn. 1; A/RES/34/93 G; UN Doc. S/PV.2315, Rn. 1; A/RES/36/172 A.

354 A/RES/31/6 A.

355 mwN.: *Talmon*, Kollektive Nichtanerkennung illegaler Staaten, S. 190.

356 Schweiz und das Vereinigte Königreich.

357 *Talmon*, Kollektive Nichtanerkennung illegaler Staaten, S. 209.

in anderer bindender Form erlassen wurde, sodass der Aufruf zur Nicht-Anerkennung lediglich Appellcharakter hatte, der Staatengemeinschaft jedoch keine rechtlichen Verpflichtungen auferlegte.

Die Bantustans wurden schließlich zwischen dem 13. März und dem 27. April 1994 wieder in den südafrikanischen Staatsverband eingegliedert.[358]

(3) Katanga

Den ersten Fall einer Staatsneugründung im Wege einer Abspaltung verkörperte für die Vereinten Nationen Katanga.

Nur elf Tage nachdem Kongo am 30. Juni 1960 seine Unabhängigkeit ausgerufen hatte und als Mitglied in die UN aufgenommen wurde,[359] erklärte die Provinz Katanga unter Führung von Moise Tshombe seine Unabhängigkeit vom eben neu entstandenen Staat.[360]

Militärische und finanzielle Unterstützung erhielt das Regime vor allem durch Belgien, das sich durch einen engen Draht zu Katanga wirtschaftliche Vorteile erhoffte, da die Provinz mit Abstand das höchste Aufkommen an Bodenschätzen im gesamten Kongo aufwies.[361]

Doch selbst Belgien erkannte das Land offiziell nicht an,[362] auch wenn die materielle Unterstützung zumindest als implizite Anerkennung gewertet werden kann.

Abgesehen von dieser Ausnahme stieß das Sezessionsbestreben Katangas auf eine kollektive Nicht-Anerkennung.

Zwar bezeichnete der damalige UN-Generalsekretär Hammarskjöld die Abspaltung zunächst als eine innere Angelegenheit des Kongo, in die von internationaler Seite nicht interveniert werden dürfe,[363] jedoch hinderte dies weder

---

358 *Osmanczyk/Mango,* Encyclopedia of the United Nations and International Agreements; N to S, 3. Aufl., S. 2145; *Talmon,* Kollektive Nichtanerkennung illegaler Staaten, S. 177.

359 S/RES/142; A/RES/1480.

360 Ausführlich zu den Vorgängen: *Zwecker,* Die Sezession Katangas und das Eingreifen der Vereinten Nationen, S. 1–94; *Lumumba-Kasongo,* Why Katanga's quest for self-determination and secession failed, S. 163–178, in: *Bereketeab,* Self-Determination and Secession in Africa: The Post-Colonial State.

361 *Nzongola-Ntalaja,* Democratic Republic of Congo, S. 232, in: *Krieger/Murphy,* The Oxford Companion to Comparative Politics; *Sambanis,* Globalization, decentralization and secession: a review of the literature and some conjectures, S. 217, in: *Cameron/Ranis/Zinn,* Globalization and Self-Determination: Is the Nation-State under Siege?.

362 *Dugard,* Recognition and the United Nations, S. 87.

363 *Heller,* The United Nations under Dag Hammarskjold, 1953–1961, S. 245.

ihn noch die Vereinten Nationen, dennoch Maßnahmen zu ergreifen, um die territoriale Integrität des Kongo sicherzustellen.

Dies findet insbesondere Ausdruck in der Resolution 169 des Sicherheitsrates, in der es unter anderem heißt:

> „*[…]completely rejecting the claim that Katanga is a sovereign independent nation […]*
> *8. Declares that all secessionist activities against the Republic of the Congo are contrary to the Loi fondamentale and Security Council decisions and specifically demands that such activities which are now taking place in Katanga shall cease forthwith.*“[364]

Zwar wurde in den verabschiedeten Resolutionen kein direkter Aufruf an die Staatengemeinschaft gerichtet, die Situation im Kongo nicht anzuerkennen; jedoch lässt sich eine Verpflichtung indirekt aus der Tatsache ablesen, dass die Vereinten Nationen dazu aufforderten, die bestehenden Grenzen des Kongo zu achten und keine Unterstützungshandlungen zu leisten, die gegen das angestrebte Ziel der Vereinten Nationen, nämlich eine Sicherung der territorialen Grenzen, streben.

Zudem zeigt die UN-interne Auslegung eigener Resolutionen zu späteren Fällen (in Resolutionen zu Rhodesien, Südafrika und Nordzypern), dass ein Aufruf zur Nicht-Anerkennung in der Tat intendiert war.[365]

Zu hinterfragen bleibt allein, aus welchem Grund die Vereinten Nationen insistierten und sogar eine Friedensmission entsandten, die zwar als primäres Ziel die Stabilisierung der bürgerkriegsähnlichen Situation hatte, aber nachweislich zum Umsturz des sezessionistischen Regimes beitrug.

Vermehrt wurde damit argumentiert, dass das Vorgehen Katangas aufgrund der externen militärischen Unterstützung durch Belgien und Söldner rechtswidrig war und das Eingreifen der UN somit darauf basierte, dass eine unrechtmäßige ausländische Intervention vorangegangen war.[366]

Grundsätzlich lässt sich dies durchaus mit dem Wortlaut der Resolutionen belegen, in denen die ausländischen Truppen dazu aufgefordert wurden, das Gebiet zu räumen und die Integrität des Kongo zu achten.[367]

Eine gegensätzliche Auffassung kommt hingegen zu dem Schluss, dass nicht die externe Unterstützung, sondern die Sezession selbst alleiniger Grund für das

---

364 S/RES/169.

365 *Dugard,* Recognition and the United Nations, S. 88.

366 *Ebd.*, S. 88.

367 S/RES/146; S/RES/169.

Eingreifen der Vereinten Nationen war,[368] während ebenso argumentiert wird,[369] dass die Intervention darauf basierte, der zeitlich parallel verabschiedeten Resolution 1514 zur Geltung zu verhelfen, die besagt, dass

> *„any attempt aimed at the partial or total disruption of the national unity and the territorial integrity of a country is incompatible with the Purposes and Principles of the Charter of the United Nations."*

Für die letztgenannte Ansicht spricht die Aussage des liberianischen Vertreters Nathan Barnes, der zur Verabschiedung eines Resolutionsentwurfes zum Kongo-Problem erläuterte, dass diese im Einklang mit der Erklärung der Vereinten Nationen zur Dekolonialisierung stehe.[370]

Die geteilten Ansichten zeigen meines Erachtens, dass schließlich mehrere Faktoren zum Eingreifen der Vereinten Nationen beigetragen haben.

Dabei spielten politische Erwägungen mit großer Sicherheit eine starke Rolle, da sich die ohnehin prekäre bürgerkriegsähnliche Situation im Kongo durch eine Sezession aller Voraussicht nach weiter verschlimmert hätte.

Darüber hinaus darf auch nicht unberücksichtigt bleiben, dass die Regierung der Provinz Katanga ein Selbstbestimmungsrecht geltend machte, das höchst zweifelhaft erscheint.[371]

Denn trotz der bereits im Vorgang angestrebten und oft umkämpften Autonomierechte der Region bleibt fragwürdig, ob Tshombe mit seinem Streben nach Unabhängigkeit den Willen der katangesischen Provinz auch vollständig repräsentierte.

Denn aufgrund interner Auseinandersetzungen zwischen den Parteien Katangas war der Unabhängigkeitswille nicht einheitlich getragen. So erklärte ein amerikanischer Vertreter treffend vor dem Sicherheitsrat, dass

> *„the Katanga Parliament is a rump organization formed of not more than 25 of the 60 legal members of the original assembly, and the ethnic groupings which support the present regime constitute...less than half of the povince's inhabitants."*[372]

---

368 *Dugard*, Recognition and the United Nations, S. 89.

369 *Ebd.*, S. 89.

370 Siehe Nachweis bei *Ebd.*, S. 89.

371 So auch: *Lumumba-Kasongo*, Why Katanga's quest for self-determination and secession failed, S. 177–178, in: *Bereketeab*, Self-Determination and Secession in Africa: The Post-Colonial State.

372 Siehe Nachweis bei: *Lemarchand*, The Limits of Self-Determination: The Case of the Katanga Secession, The American Political Science Review 1962, S. 416.

Durch diese genannten Umstände und nicht zuletzt auch durch die Hilfe ausländischer Kräfte verlor die Sezession in den Augen der Vereinten Nationen und der Staatengemeinschaft ihre Rechtmäßigkeit, was dazu führte, dass eine kollektive Nicht-Anerkennung gegenüber der Staatsneugründung ausgeübt wurde.

Im Januar 1963 gab Katanga schließlich sein Streben nach Unabhängigkeit aufgrund fehlender internationaler Anerkennung und Unterstützung auf und akzeptierte die kongolesische Regierung als einzig legitimierten Repräsentanten Kongos.

(4) Biafra

Bereits unter der kolonialen Herrschaft des Vereinigten Königreichs wurde das Land Nigeria in drei wesentliche Bereiche geteilt, was der ethnischen Komplexität des Staates geschuldet war, in dem bis heute über 250 verschiedene ethnische Gruppen existieren und über 500 verschiedene Sprachen und Idiome gesprochen werden.[373]

Im Norden dominierten die islamistisch geprägten Hausa-Fulani, während die Yoruba im Westen und die Ibo im Osten regierten.

Nach seiner Unabhängigkeit im Jahr 1960 behielt Nigeria die Dreiteilung bei, bis 1963 mit dem Mittelwesten eine vierte Region hinzukam.[374]

Der Staat wurde bis 1966 durch Abubakar Tafawa Balewa geleitet, der durch einen von den Ibo initiierten Putsch getötet wurde. Einer der Ibo-Offiziere, Johnson Aguiyi-Ironsi, übernahm von da an die Regierungsgeschäfte. Aus Furcht vor einer Unterdrückung des restlichen Nigerias durch die Volksgruppe der Ibos kam es jedoch wenige Monate später zu einem Gegenputsch, der die bis *dato* bestehende Vorherrschaft des Nordens wiederherstellte, in dessen Zuge ein Pogrom an den Ibos verübt wurde, bei dem mehrere tausend Menschen der Minderheit ums Leben kamen.[375]

Dies und die Tatsache, dass der durch den Gegenputsch an die Macht gelangte General Yakubu Gowon im Mai 1967 eine Gebietsreform verabschiedete, die das Land -unter der bewussten Prämisse, die reichen Erdölvorkommen des Landes den Ibos zu entziehen- in nunmehr 12 Teile gliedern sollte, bewegte den

---

373 *Pereltsvaig,* Languages of the World: An Introduction, S. 121; *Yakubu,* Ethnicity and the Nigerian Constitutions, S. 37, in: *Uwazie/Albert/Uzoigwe,* Inter-Ethnic and Religious Conflict Resolution in Nigeria.

374 *Nayar,* Self-Determination Beyond the Colonial Context: Biafra in Retrospect, Texas Journal of International Law 1975, S. 321–322.

375 *Skinner,* Competition within Ethnic Systems in Africa, S. 151, in: *Despres,* Ethnicity and Resource Competition in Plural Societies.

Militärgouverneur der Ostregion, Chukwuemeka Odumegwu Ojukwu, dazu, die Unabhängigkeit der Region Biafra am 30. Mai 1967 auszurufen.[376]

Im darauf folgenden Bürgerkrieg stellte sich rasch die Unterlegenheit Biafras gegenüber den nigerianischen Truppen heraus, die materiell vor allem durch das Vereinigte Königreich und die Sowjetunion unterstützt wurden.[377]

Durch die Einnahme der Hafenstadt Port Harcourt war das Ende der biafrischen Sezession besiegelt. Denn die importversierte Region Biafra hatte durch den Verlust der Hafenstadt seine einzige Zugangsquelle zu Nahrungsmitteln und Hilfsgütern verloren. Nigeria nutzte diese Schwachstelle und ließ die abtrünnige Provinz so lange aushungern bis das Militäroberhaupt Biafras am 12. Januar 1970 die Kapitulation und Anerkennung der Regierung in Lagos als einzigen Ausweg ansah, um einer humanitären Katastrophe zu entgehen.[378]

Ein Eingreifen der Vereinten Nationen blieb fast gänzlich aus, da man, auf Nachdruck der OAU, den Konflikt als innere Angelegenheit klassifizierte und eine friedliche Streitbeilegung durch regionale Institutionen forcierte.[379]

Eine Stellungnahme des Generalsekretärs U Thant zeigt jedoch die eindeutig ablehnende Haltung gegenüber den Sezessionsbestrebungen Biafras:

> „*[A]s far as the question of secession of a particular section of a State is concerned, the United Nations' attitude is unequivocable. As an international organization, the United Nations has never accepted and does not accept and I do not believe it will ever accept the principle of secession of a part of its Member State.*"[380]

Hintergrund dieser Einstellung war die Furcht vor weiteren Sezessionskriegen, würde man Biafra in seinem Unterfangen unterstützen. Durch die *uti possidetis*-Doktrin sollte eine gewisse Stabilität auf dem politisch hochexplosiven Kontinent Afrika erreicht werden; natürlich auf Kosten einer Nichtdurchsetzbarkeit des Selbstbestimmungsrechts etlicher Minderheiten.[381]

---

376 *Nayar*, Self-Determination Beyond the Colonial Context: Biafra in Retrospect, Texas Journal of International Law 1975, S. 323.

377 *Abegunrin*, Nigerian Foreign Policy Under Military Rule, S. 49–51.

378 *Nayar*, Self-Determination Beyond the Colonial Context: Biafra in Retrospect, Texas Journal of International Law 1975, S. 321–323; *Stremlau*, The International Politics of the Nigerian Civil War, 1967–1970, S. 365–366.

379 *Bertrand*, The United Nations: Past, Present and Future, S. 57; *Abegunrin*, Nigerian Foreign Policy Under Military Rule, S. 34–35.

380 Zitat zu finden bei: *Murswiek*, The Issue of a Right of Secession – Reconsidered, S. 24, in: *Tomuschat*, Modern Law of Self-Determination.

381 *Nayar*, Self-Determination Beyond the Colonial Context: Biafra in Retrospect, Texas Journal of International Law 1975, S. 330–331.

Dabei war im Falle von Biafra ein Sezessionsrecht aus völkerrechtlichen Gesichtspunkten nicht völlig abwegig.

Durch den verübten Pogrom an den Ibos und die zu befürchtende anhaltende Unterdrückung durch die nigerianische Zentralregierung könnte in der Tat ein Recht auf remedial secession bestanden haben.

Die mehrheitlich ablehnende Haltung demgegenüber resultierte daher wohl eher aus realpolitischen als aus rechtlichen Gründen.

Die OAU, der die Lösung des Konfliktes faktisch oblag, schlug sich ebenfalls mehrheitlich auf die Seite Nigerias.

Dies lag darin begründet, dass ein zentrales Prinzip der OAU-Charter das Bestehen der kolonialen Grenzen schützte und damit kein Raum für die Anerkennung sezessionistischer Bestrebungen bestand. Zudem berief man sich auf die Resolution 1514 der Generalversammlung, die die „*national unity and territorial integrity*" garantierte.

Auch diese Einstellung war im Wesentlichen aus der Furcht vor einer Kettenreaktion ethnischer Konflikte geboren.[382]

Dennoch erkannten insgesamt fünf Staaten die Republik Biafra an.[383] In den Begründungen für diesen Schritt wurde einhellig darauf abgestellt, dass ein Sezessionsrecht deshalb entstanden und berechtigt sei, da das Volk bzw. die Minderheit der Ibos Opfer massiver Menschenrechtsverletzungen und eines Genozids geworden waren. Die Intensität der Unterdrückung hatte für die anerkennenden Staaten mithin eine Schwelle überschritten, die einen Verbleib im Mutterstaat nicht länger zumutbar machte.

Besonders deutlich wird diese Einstellung in den Worten des tansanischen Außenministers Chediel Mgonje, der die Situation der Biafrer mit denen des jüdischen Volkes in Deutschland zu Zeiten des Dritten Reiches verglich.[384]

Unterstützung erhielt Biafra ferner unter anderem durch Frankreich, Südafrika, Portugal, Israel und China, die zwar materielle Hilfe leisteten, eine *de iure*-Anerkennung jedoch nicht aussprachen.[385]

Der Konflikt fand aufgrund der Nichtbeteiligung der Vereinten Nationen in der Staatengemeinschaft keine vergleichbare Resonanz wie etwa die Abspaltung Katangas. Dementsprechend bestehen auch wenige Nachweise für die Gründe einer Nicht-Anerkennung Biafras.

---

382 *Ebd.*, S. 327.

383 Tansania, Gabun, Elfenbeinküste, Zambia, Haiti.

384 *Ijalaye*, Was „Biafra" at Any Time a State in International Law?, American Journal of International Law 1971, S. 553.

385 *Stremlau*, The International Politics of the Nigerian Civil War, 1967–1970, S. 223.

Als wesentliche Punkte können jedoch die folgenden zwei Erwägungen angeführt werden:

Zum einen drohte durch die Etablierung eines Präzedenzfalls einer Sezession der Ausbruch weiterer ähnlicher Konflikte in Afrika.[386]

Zum anderen hätte eine Anerkennung, wie sie die bereits genannten Staaten aussprachen, vermutlich eine vorzeitige Anerkennung dargestellt, da sich Biafra zwar konstituiert hatte und alle Staatsmerkmale erfüllte, ein Ende des Bürgerkrieges jedoch noch nicht in Sicht war und damit weiterhin die Möglichkeit bestand, dass der Mutterstaat wieder die effektive Herrschaftsgewalt über die sich abspaltende Region erhalten könnte.

In einer solchen Situation stellt es aber einen Völkerrechtsbruch dar, den sich abspaltenden Staat anzuerkennen.[387]

Insgesamt ist es schwer, aus dem Beispiel Biafras Rückschlüsse auf die Etablierung einer Staatenpraxis zu ziehen. Dennoch lassen sich die grundsätzlich unterstützenden Äußerungen gegenüber dem Mutterstaat von Seiten der OAU und der Vereinten Nationen für die Aussage fruchtbar machen, dass ein Recht auf Sezession, zumindest auf dem afrikanischen Kontinent, zu dieser Zeit für nicht existent gehalten wurde. Eine Nicht-Anerkennung als Reaktion auf ebendiese Vorgänge war daher die logische Konsequenz.

(5) Bangladesch

Bangladesch stellt den ersten Fall einer permanent erfolgreichen Sezession in der Ära der Vereinten Nationen dar.

Dies ist umso überraschender, wenn man sich die Umstände der Abspaltung in Erinnerung ruft, die insbesondere in Relation zu Biafra keine weitergehende Dimension aufweisen.

Im Jahr 1947 entstand das Land Pakistan durch den Zusammenschluss britisch-indischer Provinzen und indischer Bundesstaaten. Das Land war geographisch, infolge einer Unterbrechung durch indisches Territorium, in einen Ost- und Westteil gespalten. Auch sprachlich und kulturell herrschten zwischen den beiden Regionen erhebliche Unterschiede, während einziger gemeinsamer Nenner das Bekenntnis zum Islam war.[388]

---

386 *Cervenka,* The Unfinished Quest for Unity: Africa and the OAU, S. 108.

387 *Dugard*, Recognition and the United Nations, S. 85.

388 *Vidmar,* Remedial Secession in International Law: Theory and (Lack of) Practice, St Antony's Review 2010, S. 42.

Von der in Islamabad amtierenden Zentralregierung wurde die ostpakistanische Region benachteiligt und zum Teil massiv diskriminiert, was als zentrale Erklärung für das folgenschwere Wahlergebnis aus dem Jahr 1970 dienen kann.[389]

In den Wahlen zur Zentralregierung erhielt die Awami-Liga 160 der insgesamt 162 für Ost-Pakistan vorgesehenen Plätze im Parlament.[390] Diese unterstützte den Gedanken eines Autonomie-Status für die Ost-Region und konnte sich im über 300-Mann sitzstarken pakistanischen Parlament einer soliden absoluten Mehrheit erfreuen.[391]

Aus Sorge davor, dass ein solcher Politikkurs eingeschlagen werden könnte und auch aus Frustration des westpakistanischen Spitzenkandidaten Bhuttos über den Wahlausgang und die damit verbundene Erledigung seiner Ambitionen auf die Erlangung des Premierministerpostens[392] sträubte sich dieser vor Koalitionsverhandlungen und zeigte sich resistent gegenüber möglichen Kompromissen. Nach dem endgültigen Scheitern der Verhandlungen erklärte der amtierende, mit Bhutto sympathisierende, Präsident Yahya Khan die Wahlen für ungültig, verbot die Awami-Liga als politische Partei und ließ dessen Führer durch das Militär verhaften.[393]

Was folgte war der Ausbruch eines Bürgerkrieges, in dem die ostpakistanische Bevölkerung Opfer genozidartigen Vorgehens war und massiv unterdrückt wurde.[394] Die Verfolgung der Unterstützer der Awami-Liga nahm derart schlimme Ausmaße an, dass Flüchtlingsströme von schätzungsweise über zehn Millionen Menschen entstanden, die größtenteils im benachbarten Indien Zuflucht fanden.[395]

---

389 *Jayapalan,* Indo-Pakistan Relations, S. 169, in: *Gupta,* India-Pakistan Relations with Special Reference to Kashmir.

390 *Candland,* Labor, Democratization and Development in India and Pakistan, S. 84.

391 *Rizwan,* Aftermath of the Elections 1970: From Disparity to Dissection, Asian Journal of Management Sciences & Education 2014, S. 128; *Ebd.,* The Elections 1970: From Ballot to Nowhere, Asian Journal of Social Sciences & Humanities 2014, S. 29.

392 *Jayapalan,* Indo-Pakistan Relations, S. 169–170, in: *Gupta,* India-Pakistan Relations with Special Reference to Kashmir.

393 *Lütt,* Das moderne Indien 1498 bis 2004, S. 106; *Rao,* History of Asia: From Early Times to 2000 A.D., S. 352.

394 *Vidmar.,* Remedial Secession in International Law: Theory and (Lack of) Practice, St Antony's Review 2010, S. 42–43; *Ball,* Genocide: A Reference Handbook, S. 99–100.

395 *White,* India: Political History, S. 318, in: *Bowman,* Columbia Chronologies of Asian History and Culture.

Infolgedessen rief die Awami-Liga am 17. April 1971 die Unabhängigkeit Ost-Pakistans aus, was in weitere schwere Kämpfe mit pakistanischen Regierungstruppen eskalierte. Die vorangegangenen Ereignisse und insbesondere die anhaltenden Flüchtlingsbewegungen motivierten das pro-bengalische Indien, in den Konflikt zu intervenieren und die Awami-Liga bei dem Aufbau eines eigenen Staates mit Erfolg zu unterstützen.

Die Militäraktion Indiens zwang Pakistan im Dezember 1971 zur Kapitulation, sodass der Weg für den neu entstandenen Staat Bangladesch geebnet war.[396]

Unmittelbar nach Ausrufung der Unabhängigkeit sprachen mehrere Staaten ihre Anerkennung aus,[397] bis schließlich am 22. Februar 1974 selbst Pakistan den neu entstandenen Staat anerkannte und im Nachgang die Aufnahme Bangladeschs in die Vereinten Nationen erfolgte.[398]

Warum dieser Sezessions-Fall in der Staatengemeinschaft derart positiv aufgenommen wurde, ist auf den ersten Blick überraschend.

Zwar könnte man hier, wie in der Literatur oft geschehen, einen Beispielsfall einer remedial secession annehmen. Denn das bengalische Volk war Opfer erheblicher Menschenrechtsverletzungen bis hin zum Genozid.

Jedoch spricht gegen das Greifen eines solchen Sezessionsrechts die Tatsache, dass die Unabhängigkeit durch eine Intervention von außen unterstützt wurde.

Wie der eben besprochene Fall Katangas zeigt, war dies jedoch grundsätzlich ein Ausschlusskriterium für die Rechtmäßigkeit einer Abspaltung.

Auch die Generalversammlung ließ Kritik an dem Vorgehen Indiens anklingen,[399] was jedoch zu keiner internationalen Verurteilung des Nachbarstaates oder der Sezessionsbewegung insgesamt führte. Dies vor allem aufgrund der Tatsache, weil Russland gleich zweimal sein Vetorecht ausübte, um die Verabschiedung einer entsprechenden Sicherheitsratsresolution zu verhindern, da nach dessen Meinung das Hauptverschulden Pakistans am Konflikt nicht ausreichend in den Resolutionsentwürfen berücksichtigt worden sei.[400]

Trotz aller Sympathie für Indiens Geburtshilfe für Bangladesch, durch die Millionen von Flüchtlingen Schutz vor dem stattfindenen Pogrom fanden und durch die letztlich eine fortlaufende Unterdrückung der bengalischen Bevölkerung

---

396 *Vidmar,* Remedial Secession in International Law: Theory and (Lack of) Practice, St Antony's Review 2010, S. 43.

397 *Ahmed,* Bangladesh: Past and Present, S. 207.

398 A/RES/3202 (XXIX).

399 A/RES/2793 (XXVI).

400 *International Commission of Jurists,* The Events in East Pakistan, 1971, S. 85.

effektiv verhindert wurde, bleibt die Intervention des Nachbarstaates ein Grenzfall zum Verstoß gegen das Gewaltverbot aus Artikel 2 (4) UN-Charta.

Vielfach wurde behauptet, der Konflikt hätte eine rein innere Angelegenheit im Sinne des Artikels 2 (7) UN-Charta dargestellt.[401] Diese Sichtweise ist jedoch nicht zu teilen, da aufgrund der massiven Flüchtlingsströme durchaus ein grenzüberschreitender Sachverhalt vorlag.

Es lässt sich allerdings mit gutem Recht vertreten, dass Indiens militärisches Vorgehen entweder als ein Akt der Selbstverteidigung oder als Vorstufe zu einer humanitären Intervention rechtmäßig war.[402]

Damit liegt zumindest kein Sachverhalt vor, der eine Nicht-Anerkennungspflicht ohne weitere Zweifel für die Staatengemeinschaft hätte auslösen können.

Denn die Ereignisse lassen einen klaren Schluss weder auf eine Rechtmäßigkeit noch Rechtswidrigkeit zu.

Umso überraschender ist im Hinblick darauf die überwältigende globale Anerkennung des neu entstandenen Bangladeschs.[403] Diese ist jedoch nicht unbedingt auf eine Unterstützung für ein Recht auf remedial secession zurückzuführen, sondern fußte auf diversen politischen Erwägungen,[404] allen voran der Sorge um die Rückführung der Flüchtlinge im Falle eines Scheiterns der Abspaltung, da Vergeltungsmaßnahmen der pakistanischen Führung wahrscheinlich waren und zu einer weiteren Verschlimmerung der bereits existenten humanitären Katastrophe hätten führen können.[405]

Ein gutes Beispiel für eine Diskrepanz zwischen rechtlicher Einordnung der pakistanischen Lage und politischer Realität liefert die Antwort des deutschen Innenministers Genscher auf eine parlamentarische Anfrage zum Verbot der Einmischung in innere Angelegenheiten, die kurz vor der Anerkennung Bangladeschs durch Deutschland erfolgte:

> *„Das Verbot der Einmischung oder Intervention beschränkt sich nicht darauf, die Anwendung staatlicher Machtmittel gegen einen anderen Staat zu untersagen. Es wird auch*

---

401 Siehe u.a.: *Castellino,* The Secession of Bangladesh in international law: Setting new Standards?, S. 88, in: *Sik/ Subedi/ Pinto,* Asian Yearbook of International Law 1997; *Wheeler,* Saving Strangers: Humanitarian Intervention in International Society, S. 65.

402 Siehe dazu: *Castellino,* The Secession of Bangladesh in international law: Setting new Standards?, S. 93–94, in: *Sik/ Subedi/ Pinto,* Asian Yearbook of International Law 1997.

403 *Ebd.*, S. 99.

404 Vgl. mwN.: *Talmon,* Kollektive Nichtanerkennung illegaler Staaten, S. 237.

405 *International Commission of Jurists,* The Events in East Pakistan, 1971, S. 85–86, 98; *Castellino,* The Secession of Bangladesh in international law: Setting new Standards?, S. 100, in: *Sik/ Subedi/ Pinto,* Asian Yearbook of International Law 1997.

dann verletzt, wenn ein Staat Aktionen in einem anderen Staat, die auf einen Umsturz der staatlichen Ordnung oder den verfassungswidrigen Sturz der Regierung gerichtet sind, unterstützt [...]"[406]

Hätte Deutschland diese rechtliche Wertung konsequent politisch umgesetzt, hätte eine Anerkennung nicht erfolgen dürfen. Die Ausblendung der rechtlichen Dimension zeigt sich auch in der Begründung der Anerkennung, die als „*Beitrag zur Stabilität der Region*" ausgesprochen wurde.[407]

Zusammenfassend darf der Fall Bangladeschs in der Staatenpraxis in seiner Bedeutung nicht überbewertet werden. Nicht die plötzliche Einsicht der Staatengemeinschaft für ein Recht auf remedial secession, sondern die besondere Konstellation der Umstände führten zu einer mehrheitlichen Anerkennung des neuen Staates.

Bezüglich einer Pflicht zur Nicht-Anerkennung lässt sich dem Fall zumindest der Rückschluss entnehmen, dass in Sezessionsfällen nicht pauschal auf eine bestimmte Reaktion geschlossen werden kann. Denn die Gratwanderung zwischen der rechtmäßigen Ausübung eines Selbstbestimmungsrechts und dem unrechtmäßigen Streben gegen die bestehende territoriale Integrität lässt eine eindeutige rechtliche Bewertung des Falles schlicht unmöglich erscheinen.

Die hinzukommenden politischen Sympathien und Antipathien für die jeweilige Seite tragen schließlich zu einer nicht immer mit der Rechtsüberzeugung konformen Anerkennungspraxis bei.

(6) Türkische Republik Nord-Zypern

Die Insel Zypern ist durch ihren ethnischen Konflikt zwischen den Volksgruppen der Türken und Griechen gezeichnet, der im Nachgang der 1960 erlangten Unabhängigkeit von der britischen Krone immer mehr eskalierte.

Während die mehrheitlich griechische Bevölkerung (rund 72%) eine Vereinigung mit Griechenland anstrebte („Enosis"), befürworteten die türkischen Zyprer eine Teilung des Landes („Taksim").[408]

Die mit der Unabhängigkeit einhergehende Verfassung („Garantievertrag"), die hauptsächlich durch das Vereinigte Königreich, Griechenland und die Türkei

---

406 *Dolzer/Papadimitriou,* Völkerrechtliche Praxis der Bundesrepublik Deutschland in den Jahren 1971 und 1972, ZaöRV 1974, S. 510.

407 Bulletin 1972, 172.

408 *Karakatsanis,* Turkish-Greek Relations: Rapproachment, civil society and the politics of friendship, S. 72; *Skoutaris,* The Cyprus Issue: The Four Freedoms in a Member State Under Siege, S. 14–15.

ausgearbeitet wurde, erteilte beiden Bestrebungen eine Absage und garantierte den Bestand des zyprischen Staates mit dem Konzept einer nach der Bevölkerungsdichte ausgerichteten Aufteilung von Mitwirkungsrechten.[409]

Die griechischen Zyprer akzeptierten die ihrer Meinung nach zu weitreichenden Rechte der türkischen Zyprer jedoch nicht und versuchten diese im Rahmen einer Verfassungsänderung erheblich zu beschneiden.[410] Diese Maßnahmen führten zu immensen Unruhen und dem Scheitern der gemeinsamen Regierung im Jahr 1963, die die *de facto*-Teilung der Insel besiegelte.[411]

Die als Reaktion auf die Kampfhandlungen entsandte UNFICYP,[412] die sich um die Wiederherstellung der Ordnung auf der zyprischen Insel bemühen sollte, konnte trotz wiederholter Einladungen zu Gesprächen keine permanente Lösung des Konflikts erreichen.[413]

Die Auseinandersetzungen hielten in den Folgejahren an und gipfelten schließlich in einem von Griechenland initiierten Staatsstreich am 15. Juli 1974 mit dem Ziel der Verwirklichung des lang ersehnten Enosis-Gedankens.[414] Aufgrund dessen sah sich die Türkei unter Berufung auf Artikel IV Abs. 2 des Garantievertrages[415] veranlasst und verpflichtet, militärisch zu intervenieren, um einen Anschluss Zyperns an Griechenland zu verhindern.[416]

Sowohl das griechische als auch das türkische Vorgehen wurden in der Resolution 353 des Sicherheitsrates verurteilt, mit der damit verbundenen Aufforderung, jedwede Intervention sofort und auch in Zukunft zu unterlassen.[417]

Obgleich das griechische Unterfangen aufgrund des türkischen Eingriffs scheiterte, besetzte die Türkei in einer nachfolgenden Militäraktion knapp 37%

---

409 *An*, „Cypriotism" and the Path to Reunification, S. 26 in: *Ker-Lindsay*, Resolving Cyprus: New Approaches to Conflict Resolution.

410 *Talmon*, Kollektive Nichtanerkennung illegaler Staaten, S. 16.

411 *An*, "Cypriotism" and the Path to Reunification, S. 26; *Talmon*, Kollektive Nichtanerkennung illegaler Staaten, S. 18; *Reynolds*, Turkey, Greece, and the "Border" of Europe. Images of Nations in the West German Press 1950–1975, S. 91.

412 S/RES/186.

413 *Wellens*, Resolutions and Statements of the United Nations Security Council (1946–1989) - A Thematic Guide-, S. 262.

414 *Hoffmeister*, Legal Aspects of the Cyprus Problem: Annan Plan and EU Accession, S. 35.

415 Darin heißt es: *„each of the three guaranteeing Powers reserves the right to take action with the sole aim of reestablishing the state of affairs created by the present Treaty."*.

416 *Hoffmeister*, Legal Aspects of the Cyprus Problem: Annan Plan and EU Accession, S. 44–45.

417 S/RES/353.

der Insel. Auf dieses Gebiet erstreckte sich nach und nach die türkisch-zyprische Verwaltung unter gleichzeitiger Ausrufung eines Türkischen Bundesstaates im Jahr 1975.[418] Am 15. November 1983 wurde schließlich die Unabhängigkeit der Türkischen Republik Nordzypern – scheinbar ohne vorige Absprache mit der Türkei- proklamiert, die umgehend und bis *dato* jedoch allein von der Türkei anerkannt wurde.[419]

Der Sicherheitsrat verabschiedete als Reaktion auf die einseitige Unabhängigkeitserklärung am 18. November 1983 die Resolution 541, in der es unter anderem heißt:

„*1. Deplores the declaration of the Turkish Cypriot authorities of the purported secession of part of the Republic of Cyprus;*
2. Considers the declaration referred to above as legally invalid and calls for its withdrawal [...]
6. Calls upon all States to respect the sovereignty, independence, territorial integrity and non-alignment of the Republic of Cyprus;
7. Calls upon all States not to recognize any Cypriot State other than the Republic of Cyprus [...]“[420]

Grund für die Ungültigkeit der Unabhängigkeitserklärung war nach Auffassung des Sicherheitsrates die Verletzung des Garantievertrages, der einen Anschluss an Griechenland bzw. eine Teilung des Landes verbot. Diese Schlussfolgerung ist rechtlich jedoch äußerst zweifelhaft, da die türkischen Zyprer weder Partei des Vertrages waren noch im gegenteiligen Falle eine Nichtigkeit der Erklärung selbst daraus folgen würde.[421]

Infolge des Austausches von Botschaftern zwischen der Türkei und der TRNZ verabschiedete der Sicherheitsrat später seine Resolution 550, in der er die sezessionistischen Aktivitäten und den diplomatischen Verkehr mit der Türkei als illegal und ungültig bezeichnete und erneut zur Nicht-Anerkennung der Unabhängigkeit des „*von der Türkei besetzten Gebiets*“[422] aufrief.

---

418 *Suvarierol,* The Cyprus Obstacle on Turkey's Road to Membership in the European Union, S. 68, in: *Carkoglu/Rubin,* Turkey and the European Union: Domestic Politics, Economic Integration and International Dynamics.

419 *Talmon,* Kollektive Nichtanerkennung illegaler Staaten, S. 25–26.

420 S/RES/541.

421 *Talmon,* Kollektive Nichtanerkennung illegaler Staaten, S. 49.

422 S/RES/550.

Dieser Aufforderung folgte, mit Ausnahme der Türkei, die gesamte Staatengemeinschaft.[423]

Als ein wesentlicher Grund für die Nicht-Anerkennung wurde dabei die Verneinung des Bestehens eines Selbstbestimmungsrechts in Form einer Sezession für die türkischen Zyprer angeführt, da diese kein eigenes „Volk" darstellten, sondern lediglich eine Volksgruppe. Zudem wurde moniert, dass ein Selbstbestimmungsrecht nicht wirksam in einem durch ausländische Kräfte besetzten Gebiet ausgeübt werden könne und die türkische Intervention einen vorausgehenden Verstoß gegen das Gewaltverbot dargestellt hat, der die Ambitionen der türkisch-zyprischen Bevölkerung automatisch unwirksam mache.[424] Als weitere Argumente wurden zudem angeführt, dass ein offensives Selbstbestimmungsrecht nur auf koloniale Einheiten beschränkt oder dass ein Sezessionsrecht im Völkerrecht *per se* nicht existent sei.[425]

Nur vereinzelt wurde auf die Unvereinbarkeit mit dem Garantievertrag abgestellt.[426]

Damit lässt sich zumindest festhalten, dass eine Nicht-Anerkennung nicht aufgrund fehlender Staatskriterien, insbesondere aufgrund fehlender effektiver Herrschaftsgewalt, ausgesprochen wurde, was aufgrund der türkischen Unterstützung zumindest nicht abwegig gewesen wäre.

Grund war vielmehr ein Zusammenspiel der völkerrechtswidrigen gewaltsamen Intervention der Türkei und der Ausübung eines nicht bestehenden Selbstbestimmungsrechts durch die türkischen Zyprer.

(7) Kosovo

Der Fall des Kosovo ist ein äußerst kontrovers diskutierter Fall in der Völkerrechtslehre.

Obgleich bisher 111 UN-Mitgliedstaaten eine Anerkennung ausgesprochen haben, ist es von besonderem Interesse, die Sezession des Kosovo von Serbien im Kontext der Nicht-Anerkennung darzustellen.

Wie bereits gezeigt, löst ein wesentlicher Verstoß gegen *ius cogens* nach zunehmender internationaler Rechtsüberzeugung und mit Referenz auf die ILC-Artikel

---

423 Bangladesch erkannte die TRNZ zwar an, nahm auf Druck der Vereinigten Staaten jedoch seine Anerkennung wenige Tage später wieder zurück.

424 *Talmon,* Kollektive Nichtanerkennung illegaler Staaten, S. 54.

425 *Ebd.,* S. 54.

426 Vereinigtes Königreich, Togo, Republik Zypern.

zur Staatenverantwortlichkeit eine Pflicht der Staatengemeinschaft zur Nicht-Anerkennung aus.

Im Falle des Kosovo ist das Vorliegen eines solchen Verstoßes zumindest nicht fernliegend. Zwar wird man die einseitige Unabhängigkeitserklärung des Kosovo kaum als eine Verletzung von *ius cogens* einordnen können, da die territoriale Integrität eines Mutterstaates nicht ein solches absolutes Recht darstellt. Jedoch wäre die Abspaltung ohne die 1999 erfolgte Intervention der NATO-Staaten kaum durchführbar gewesen. Das Eingreifen dieser könnte einen Verstoß gegen das Gewaltverbot aus Artikel 2 (4) UN-Charta dargestellt haben und mithin auch eine Verletzung von *ius cogens*. Müsste sich der Kosovo diesen zurechnen lassen, so käme man nicht umhin, das Bestehen einer Pflicht zur Nicht-Anerkennung in Bezug auf die Abspaltung anzunehmen.

Ob dies tatsächlich der Fall ist oder eine Pflicht unter Umständen deshalb nicht besteht, da Kosovo ein Recht auf Sezession zustand, soll im Folgenden untersucht werden.

(a) Historischer Kontext und Gang der Ereignisse

Kosovo genoss unter der jugoslawischen Verfassung einen weitreichenden Autonomiestatus, der eine eigene politische und kulturelle Verwaltung garantierte und der mehrheitlich albanischen Bevölkerung großzügige Minderheitenrechte zugestand. Dieser Zustand war für die kosovarischen Albaner in hohem Maße identitätsstiftend und ein wesentlicher Grund für das vermehrte Aufkeimen nationalistischer Bewegungen.[427]

Diese wusste der nach Titos Tod an die Macht gelangte Slobodan Milosevic in massiver Weise zu unterdrücken, indem ab dem Jahr 1989 eine so genannte „Serbisierungspolitik" eingeführt wurde und dem Kosovo in verfassungswidriger Weise durch die so genannte „Antibürokratische Revolution" seine Autonomierechte genommen wurden.[428]

In den folgenden 1990er Jahren kam es zu weiteren politischen Diskriminierungen und zur Verfolgung der albanischen Minderheit.[429]

---

427 *Hilpold,* Das Kosovo-Problem – ein Testfall für das Völkerrecht, ZaöRV 2008, S. 780 ff.

428 *Ebd.,* S. 781.

429 *Kane,* Theoretical Roots of US Foreign Policy: Machiavelli and American Unilateralism, S. 129; *Fierstein,* Kosovo's Declaration of Independence: An Incident Analysis of Legality, Policy and Future Implications, Boston University International Law Journal 2008, S. 422.

Auf Bemühen internationaler Organisationen und der NATO-Staaten wurden im Verlauf der Auseinandersetzungen mehrfach Verhandlungen zwischen den Konfliktparteien angesetzt. Dazu zählte auch die Konferenz von Rambouillet im Jahr 1999, die durch einen Vertragsentwurf mit dem Inhalt abgeschlossen wurde, dass den Kosovo-Albanern erneut ein Autonomiestatus eingeräumt werden sollte, allerdings bedingt durch die Achtung der territorialen Integrität und Souveränität Serbiens.[430]

Zur effektiven Sicherstellung des Schutzes und der Achtung der Menschen- und Minderheitenrechte war zudem vorgesehen, eine internationale Schutztruppe (KFOR – Kosovo Force) auf serbischem Territorium zu stationieren.[431]

Die Gespräche scheiterten schließlich an beiderseitigem Widerstand. Serbien wollte die KFOR nicht akzeptieren und die Kosovarer strebten mittlerweile mehr nach Unabhängigkeit als nach einem sicheren Autonomiestatus.

Die Ablehnung der Vertragsbestimmung durch die serbische Seite reizte die Geduld der NATO-Staaten endgültig aus, nachdem es nur kurz vor Aufnahme der Verhandlungen zu einem erneuten Massaker an der albanischen Bevölkerung im Dorf Račak gekommen war.[432]

Die ethnischen Säuberungen sowie die konsequente Missachtung und Verletzung der Menschenrechte durch Milosevic und zuletzt auch die Handlungsunfähigkeit des Sicherheitsrates, der sich nicht dazu in der Lage sah, Maßnahmen nach dem VII. Kapitel zu ergreifen, bewegten die NATO und fünf seiner Mitgliedstaaten,[433] Luftangriffe auf serbisches Territorium zu fliegen, die Milosevic im Juni 1999 dazu zwangen, einen Friedensvertrag mit den Kosovaren zu unterzeichnen.[434]

Auf Basis dieses Vertrages und der am 10. Juni 1999 verabschiedeten Resolution 1244 des Sicherheitsrates sollte die Region Kosovo in der Folgezeit durch ein UN-Protektorat (UNMIK), mit Unterstützung der KFOR, verwaltet werden.

---

430 *Hilpold,* The Kosovo Opinion of 22 July 2010: Historical, Political and Legal Pre-Requisites, S. 8–9, in: *Hilpold,* Kosovo and International Law: The ICJ Advisory Opinion of 22 July 2010.

431 *Ebd.,* S. 9.

432 New York Times v. 20.1.1999, "Motives for a Massacre", http://www.nytimes.com/1999/01/20/opinion/motives-for-a-massacre.html (Stand: 28.7.2016).

433 USA, Deutschland, Vereinigtes Königreich, Italien, Frankreich.

434 *Sterio,* On the Right to External Self-Determination: „Selfistans", Secession, and the Great Powers' Rule, Minnesota Journal of International Law 2010, S. 164.

Vor allem die Resolution 1244 stellte dabei klar, dass Kosovo Autonomierechte einzuräumen sind. Eine Selbstbestimmung sollte jedoch nur in den bestehenden Grenzen und unter Achtung der territorialen Integrität Serbiens ausgeübt werden.[435]

Das Mandat der UNMIK sah schließlich eine schrittweise Übergabe von Regierungs- und Verwaltungskompetenzen an den Kosovo vor. Dieses Vorhaben wurde nach Errichtung des Protektorats auch konsequent verfolgt, sodass sich staatliche Strukturen entwickeln und etablieren konnten, auch wenn wichtige Exekutivbefugnisse weiterhin durch Organe der Vereinten Nationen ausgeübt wurden.[436]

Trotz der abgeschlossenen Friedensverträge und der Lenkung des Konfliktes durch die Vereinten Nationen kam es zu weiteren teils heftigen Unruhen und Auseinandersetzungen mit zum Teil pogromartigen Ausmaßen.[437] Dies erschütterte die Reintegration des Kosovo in den serbischen Staatsverband immens und führte zu der schrittweisen internationalen Erkenntnis, dass eine Unabhängigkeit die vermutlich friedlichste Konfliktlösung bedeuten würde.[438]

Es überrascht daher nicht, dass die am 17. Februar 2008 durch den Kosovo erklärte Unabhängigkeit innerhalb kürzester Zeit von mehreren Staaten anerkannt wurde.[439]

Zur Stützung und Beratung des Unabhängigkeitsprozesses beschloss der EU-Rat die Entsendung der EULEX-Mission, die das UN-Protektorat ablösen und in geregeltem Maße fortführen, also weiterhin auch Exekutivbefugnisse ausüben sollte. Zudem unterstützte ein Internationaler Zivilvertreter die Durchführung und den Aufbau des neuen Staates. Dieser hatte weitreichende Kompetenzen, zu denen unter anderem ein Vetorecht bezüglich geplanter Gesetze und die Möglichkeit zur Entlassung von öffentlichen Beamten zählten.[440]

---

435 S/RES/1244.

436 *Kramer/Dzihic,* Die Kosovo-Bilanz: scheitert die internationale Gemeinschaft?, S. 71–73.

437 *Pradetto,* Intervention, Regimewechsel, erzwungene Migration: die Fälle Kosovo, Afghanistan und Irak, S. 28–29.

438 Report of the Special Envoy of the Secretary-General on Kosovo's Future Status, UN Doc S/2007/168/Add.1, Rn. 5.

439 New York Times v. 19.2.2008, "Kosovo Is Recognized but Rebuked by Others", http://www.nytimes.com/2008/02/19/world/europe/19kosovo.html?_r=0 (Stand: 28.7.2016).

440 *Summers,* Kosovo, S. 243–244, in: *Walter/Ungern-Sternberg/Abushov,* Self-Determination and Secession in International Law.

(b) Rechtliche Einordnung der Sezession

Zu hinterfragen bleibt nun, ob die Sezession des Kosovo mit dem Völkerrecht vereinbar war oder vielmehr als ein Vorgehen zu werten ist, das fundamentale Normen desselben verletzt hat.

Zu dieser Thematik bat die Generalversammlung, auf Initiative Serbiens, den IGH um die Erstellung eines Gutachtens mit folgender Fragestellung:

> „*Is the unilateral declaration of independence by the Provisional Institutions of Self-Government of Kosovo in accordance with international law?*"[441]

Die insgesamt eher dürftige Formulierung des Untersuchungsgegenstandes ermöglichte es dem Gerichtshof, sich den eigentlichen Kernfragen im Rahmen des Kosovo-Krieges zu entziehen. So erfolgte weder eine Stellungnahme zur grundsätzlichen Ausformung und Reichweite eines externen Selbstbestimmungsrechts noch zum konkreten Status des Kosovo im Staatengefüge des Völkerrechts.

Die Hauptaussage des Gerichts beschränkte sich deshalb im Kern darauf, dass einseitige Unabhängigkeitserklärungen mit dem Völkerrecht vereinbar seien, da dieses weder ein Ge-, noch Verbot solcher Handlungen vorsehe.[442] Etwas anderes könne nur dann gelten, wenn die Unabhängigkeitserklärung gleichsam gegen *ius cogens*-Normen, wie etwas das Gewaltverbot, verstoße.[443] Ob die konkrete Unabhängigkeitserklärung jedoch rechtmäßig oder rechtswidrig war, wurde nicht erörtert.

Es wurde allein bestätigt, dass zum Zeitpunkt der Erklärung im Februar 2008 die Sicherheitsratsresolution 1244 weiterhin Gültigkeit beanspruchen konnte und damit auch auf den Fall anwendbar war, die Unabhängigkeitserklärung gegen selbige jedoch nicht verstoßen habe.[444]

Der geringe Aussagegehalt des Gutachtens enttäuschte aufgrund der komplexen Themen, die der Konflikt völkerrechtlich zu bieten hatte. Die hohe politische Explosivität zu Aussagen zur humanitären Intervention oder einem Recht auf Sezession lässt jedoch Verständnis für die Entscheidung der Richter zu, sich nur mit der tatsächlich gestellten Frage auseinanderzusetzen.

Das Gutachten hilft folglich bei der Beurteilung der Frage, ob eine Pflicht zur Nicht-Anerkennung im Fall der Abspaltung des Kosovo besteht, nicht weiter.

---

441 A/RES/63/3.

442 Accordance with International Law of the Unilateral Declaration of Independence in Respect of Kosovo, Advisory Opinion, I.C.J. Reports 2010, S. 403, Rn. 84.

443 *Ebd.*, Rn. 81.

444 *Ebd.*, Rn. 91; *Chinkin*, The Security Council and Statehood, S. 165, in: *Chinkin/Baetens*, Sovereignty, Statehood and State Responsibility.

Demnach muss auf anderem Wege ermittelt werden, ob die Sezession gegen Völkerrecht verstoßen hat.

Ein Recht zur Sezession könnte sich für den Kosovo allein aus der Konstruktion einer „remedial secession“ ergeben haben.

Das Völkergewohnheitsrecht gibt zwar grundsätzlich der territorialen Integrität den Vorrang vor dem Streben nach eigener Staatlichkeit.[445]

Dies kann jedoch dann anders sein, wenn Minderheiten im bestehenden Staatsverband in systematischer und schwerwiegender Weise unterdrückt werden.[446]

Dabei genügt nicht etwa eine gelegentliche politische Diskriminierung oder die Beschneidung von Autonomierechten, sondern es muss in einer massiven Konsequenz zur Missachtung und Verletzung fundamentaler Menschenrechte kommen.[447]

Ein Sezessionsrecht kommt daher nur als *„emergency right“*[448] in Betracht.

Ein solches Notfallrecht ist allerdings äußerst umstritten und, wenn überhaupt, nur in engen Grenzen zulässig.

Die (noch) überwiegende Meinung in der Literatur steht einem Sezessionsrecht aus humanitären Gründen eher ablehnend gegenüber, da dieses im Völkerrecht und vor allem in der Staatenpraxis keine Stütze finde.[449]

Mit Blick auf die stetige Fortentwicklung und Zunahme der Bedeutung der Menschenrechte im Völkerrecht lässt sich andererseits allerdings nicht leugnen, dass, vor allem aus Sicht der Staaten, die Gewährleistung menschenrechtlicher Standards immer höhere Wertigkeit besitzt.

Dieser Prozess kann sich dahingehend auswirken, dass andere festgeschriebene und anerkannte Prinzipien bei einer Normkollision weichen müssen. Dies

---

445 *Butler,* Territorial integrity and secession: the dialectics of international order, S. 111–112, in: *Dahlitz,* Secession and international law conflict avoidance – regional appraisals.

446 *Herdegen,* Völkerrecht, 15. Aufl., §36, Rn. 7.

447 *Van den Driest,* Remedial Secession: A Right to External Self-Determination as a Remedy to Serious Injustices?, S. 312.

448 *Oeter,* Secession, Territorial Integrity & The Security Council, S. 119, in: *Hilpold,* Kosovo and International Law: The ICJ Advisory Opinion of 22 July 2010.

449 Siehe u.a. und mwN.: *Krüger,* Der Berg-Karabach-Konflikt: Eine juristische Analyse, S. 76; *del Mar,* The myth of remedial secession, S. 108, in: *French,* Statehood and Self-Determination: Reconciling Tradition and Modernity in International Law; *Kohen,* Secession: International Law Perspectives, S. 184.

könnte auch für die territoriale Integrität von Staaten gelten, die auf massive Weise Minderheiten in ihrem Staatenverband unterdrücken und verfolgen.[450]

Indem das jedem Volk unstrittig zustehende interne Selbstbestimmungsrecht gänzlich missachtet und eine ethnische Minderheit diskriminiert und verfolgt wird, kann der Mutterstaat seine territoriale Integrität in Bezug auf jene Minderheit „verwirken".[451]

Der Wunsch einer Eigenstaatlichkeit wiegt in solchen Fällen dann schwerer als das Recht des Mutterstaates auf Wahrung des Bestands seiner Grenzen.

In prononcierter Weise wird dies auch in einem Sondervotum zum IGH-Gutachten zum Kosovo durch den Richter *Trindade* ausgedrückt:

> *„205. Grave breaches of fundamental human rights (such as mass killings, the practice of torture, forced disappearance of persons, ethnic cleansing, systematic discrimination) are in breach of the corpus juris gentium, as set forth in the U.N. Charter and the Universal Declaration (which stand above the resolutions of the U.N.'s political organs), and are condemned by the universal juridical conscience. Any State which systematically perpetrates those grave breaches acts criminally, and loses its legitimacy, ceases to be a State for the victimized population, as it thereby incurs into a gross and flagrant reversal of the humane ends of the State.*
> *206. Under contemporary jus gentium, no State can revoke the constitutionally-guaranteed autonomy of a „people" or a „population" to start then discriminating, torturing and killing innocent persons, or expelling them from their homes and practicing ethnic cleansing,- without bearing the consequences of its criminal actions or omissions. No State can, after perpetrating such heinous crimes, then invoke or pretend to avail itself of territorial integrity; the fact is that any State that acts this way ceases to behave like a State vis-à-vis the victimized population."*[452]

Ein Sezessionsrecht aus humanitären Gründen lässt sich daher mit guten Argumenten vertreten, auch wenn die Einwände einer fehlenden Staatenpraxis nicht unberechtigt sind. Der Auftrieb, den die Menschenrechte in vergangener Zeit erfahren haben, rechtfertigt jedenfalls die schrittweise Etablierung eines solchen

450 *Simon*, Remedial Secession: What the Law Should Have Done, From Katanga to Kosovo, Georgia Journal of International and Comparative Law 2011, S. 172–173; *Brewer*, To Break free from Tyranny and Oppression: Proposing a Model for a Remedial Right to Secession in the Wake of the Kosovo Advisory Opinion, Vanderbilt Journal of Transnational Law 2012, S. 291–292.

451 *Sterio*, On the Right to External Self-Determination: „Selfistans", Secession, and the Great Powers' Rule, Minnesota Journal of International Law 2010, S. 156–157.

452 Accordance with International Law of the Unilateral Declaration of Independence in Respect of Kosovo, Advisory Opinion, I.C.J. Reports 2010, Separate Opinion of Judge Trindade, S. 523, Rn. 205–206.

Prinzips im Völkerrecht und lässt das Rekurrieren auf die rechtliche Konstruktion als zulässig erscheinen.

Unabhängig von der Existenz einer remedial secession ist fraglich, ob die Voraussetzungen einer solchen im Fall des Kosovo überhaupt vorgelegen haben.

Wie oben bereits beschrieben, genügt eine zeitweise politische Diskriminierung oder die Benachteiligung von Minderheiten nicht, um eine Abspaltung zu rechtfertigen. Es müssen vielmehr scherwiegende Maßnahmen der Unterdrückung über einen kontinuierlichen Zeitraum erfolgen, die einen Verbleib für die betroffene Minderheit unerträglich und damit unzumutbar machen.[453]

Die Definition eines exakten Schwellenwertes ist dabei quasi unmöglich, sodass es im Grundsatz auf die Beurteilung des Einzelfalles ankommen wird.

Besonders schwerwiegende Delikte, wie ethnische Säuberungen oder ein Genozid überschreiten diese Toleranzgrenze jedoch eindeutig und müssen ausreichen, um ein Recht auf remedial secession auszulösen.

Übertragen auf den Fall des Kosovo muss von solchen ethnischen Säuberungen ausgegangen werden.

Immer wieder kam es zu Massakern an der albanischen Bevölkerung,[454] die zudem durch die „Antibürokratische Revolution" von der politischen Teilhabe fast gänzlich ausgeschlossen wurde.

Auch der Sonderberichterstatter der Menschenrechtskommission bezeichnete die Vorgänge in den Jahren 1998 und 1999 als *„systematic campaign of ethnic cleansing and terror"*.[455]

Darüber hinaus bestand auch keine vernünftige Alternative zu einer Sezession.[456]

An dieser Stelle ist auf den gescheiterten Ahtisaari-Plan von 2007 hinzuweisen, der Vorschläge hinsichtlich des zukünftigen Status des Kosovo treffen sollte, aber durch Serbien abgelehnt wurde. Ahtisaari gab daraufhin seinen Bericht an den Sicherheitsrat mit der Note weiter, dass die Situation zwischen den

---

453 *Oeter*, Secession, Territorial Integrity and the Role of the Security Council, S. 118, in: *Hilpold*, Kosovo and International Law: The ICJ Advisory Opinion of 22 July 2010.

454 U.a.: Massaker von Račak (15./16.1.1999); Vorfall von Rogovo (29.1.1999); Massaker von Bela Crkva (25.3.1999).

455 *Wirth*, Kosovo am Vorabend der Statusentscheidung: Überlegungen zur rechtlichen Begründung und Durchsetzung der Unabhängigkeit, ZaöRV 2007, S. 1072.

456 *Borgen*, Kosovo's Declaration of Independence: Self-Determination, Secession and Recognition, Beitrag v. 29.2.2008 bei American Society of International Law, Vol. 12, Issue 2.

Konfliktparteien derart zerfahren sei, dass die einzig sinnvolle Lösung der Weg der Unabhängigkeit sei.[457]

Aufgrund der vorangegangen Auseinandersetzungen zwischen Serbien und den Kosovo-Albanern und den damit auch verbundenen Verfolgungen und Menschenrechtsverletzungen kann in der Tat von einer festgefahrenen Situation ausgegangen werden, die weitere Verhandlungen unzumutbar machte und diese auch wenig wahrscheinlich zu fruchtbaren Ergebnissen geführt hätten. Dieser Umstand kann letztlich auch als Gegenargument für diejenige Ansicht dienen, die ein Recht auf Sezession zwar nicht kategorisch ausschließt, dieses jedoch im Fall des Kosovo auf die Zeit um 1999 beschränkt und nicht bis zur Unabhängigkeitserklärung im Jahr 2008 fortwirken lassen will.[458] Zwar hätte die Situation im Jahr 2008 gesondert betrachtet kein Sezessionsrecht aus Notwehrgründen auslösen können. Jedoch darf die Gesamtkonstellation des Falles nicht vollkommen außer Acht gelassen werden. Denn die 1999 existente Lage hielt in gewissem Maße, wenn auch in deutlich geringerer Intensität, an und beeinflusste auf erhebliche Weise den Nachgang der Ereignisse und auch die anhaltende Konfrontation zwischen Serbien und den Kosovo-Albanern.

Bejaht man daher die Existenz einer remedial secession, so hatte die Bevölkerung des Kosovo grundsätzlich einen Anspruch auf Durchsetzung dieses Rechts.

Möglicherweise könnte die Sezession aber aufgrund der Art und Weise ihrer Durchsetzung völkerrechtswidrig gewesen sein. Dies wäre unter Umständen dann der Fall, wenn die Abspaltung mithilfe der Androhung oder Anwendung von Gewalt vollzogen worden wäre.

Der Verstoß gegen das Gewaltverbot aus Art. 2 (4) UN-Charta würde die Verletzung einer *ius cogens*-Norm implizieren. Ist die Sezession mit einer solchen *ius cogens*-Verletzung tatsächlich verknüpft, so ist der Vorgang völkerrechtswidrig und auch Gegenstand einer Pflicht zur Nicht-Anerkennung.

In Betracht kommt hier die Zurechnung der Intervention der NATO-Staaten aus dem Jahr 1999, die einen Verstoß gegen das Gewaltverbot dargestellt haben könnte.

---

457 *Summers*, Kosovo, S. 243, in: *Walter/Ungern-Sternberg/Abushov*, Self-Determination and Secession in International Law.

458 Sieh dazu bspw.: *Oeter*, The Kosovo Case – An Unfortunate Precedent, ZaöRV 2015, S. 63 ff.

Denn die Luftschläge waren nicht durch eine Resolution des Sicherheitsrates gedeckt, der grundsätzlich die alleinige Kompetenz zur Ergreifung und Gestattung von Zwangsmaßnahmen nach dem VII. Kapitel der UN-Charta besitzt.[459]

Trotz des objektiven Vorliegens eines Verstoßes gegen das Gewaltverbot hat sich in der Völkerrechtslehre ein Streit über die Rechtmäßigkeit des NATO-Vorgehens entfacht, bei dem über die rechtfertigende Wirkung einer Intervention aus humanitären Gründen, wie sie auch hier vorliegen könnte, diskutiert wird.

Eine humanitäre Intervention kennzeichnet sich dabei durch die Anwendung militärischer Gewalt einzelner Staaten zum Schutz elementarer Menschenrechte.[460] Im Falle der „Operation Allied Force" war genau dies intendiert, indem die serbische Führung durch Luftschläge dazu gezwungen werden sollte, den anhaltenden Genozid an der albanischen Minderheit zu beenden.

Dass dieses Vorgehen und die humanitäre Intervention im Allgemeinen teils sehr kritisch betrachtet werden, ist verständlich und auch richtig, da das Gewaltverbot der UN-Charta *ius cogens* darstellt und zugleich Ausfluss der souveränen Gleichheit der Staaten ist.

Dennoch gilt es auch an dieser Stelle, die Entwicklung des Völkerrechts zu beachten, das menschenrechtlichen Belangen zunehmend Rechnung trägt und die Bereitschaft entwickelt, das ehemals als absolut geltende Gewohnheitsrecht im Sinne eines Wertordnungsdenkens, in Ausnahmefällen, aufzulockern.[461]

Es lässt sich demnach mit guten Gründen vertreten, dass ein Staat, der in konsequenter Missachtung die Rechte seiner Staatsangehörigen unterdrückt und inneren Terror vollführt, sich nicht vollkommen verantwortungslos unter dem Deckmantel des Prinzips der souveränen Gleichheit verstecken kann.

Problematisch ist, ähnlich wie bei der remedial secession, ab wann die Rechtfertigung einer humanitären Intervention greift, also, welche Intensität die Menschenrechtsverletzungen erreicht haben müssen.

Denn das Vorliegen prekärer Situationen darf nicht als Freischein genutzt werden, um in innere Angelegenheiten nach Belieben zu intervenieren.[462]

Dies zeigt auch die Aussage des IGH im Nicaragua-Fall zur Intervention amerikanischer Kräfte zum Schutz von Menschenrechten:

---

459 *Neuhold,* Collective Security After "Operation Allied Force", S. 99, in: *Frowein/Wolfrum,* Max Planck Yearbook of United Nations Law 2000.

460 *Herdegen,* Völkerrecht, 15. Aufl., §16, Rn. 8.

461 *Ebd.,* Asymmetrien in der Staatenwelt und Herausforderungen des „konstruktiven Völkerrechts", ZaöRV 2004, S. 575.

462 *Goodman,* Humanitarian Intervention and Pretexts for War, American Journal of International Law 2006, S. 141.

„[…] *while the United States might form its own appraisal of the situation as to respect for human rights in Nicaragua, the use of force could not be the appropriate method to monitor or ensure such respect.*“[463]

Auch im Rahmen der humanitären Intervention wird es sachgerecht sein, keine pauschale Grenze festzulegen, ab der eine rechtfertigende Wirkung eintritt, sondern vielmehr auf den konkreten Einzelfall abzustellen. Jedoch werden ethnische Säuberungen und Genozid an einer Minderheit auch hier genügen, um den Rechtfertigungstatbestand der Intervention aus humanitären Gründen zu erfüllen.

Die Luftangriffe der NATO-Staaten können mithin als rechtmäßig eingestuft werden.

Darüber hinaus ließe sich bereits durch die Annahme des Vorliegens der Voraussetzungen einer remedial secession eine humanitäre Intervention rechtfertigen.

Denn das Sezessionsrecht basiert auf dem Gedanken einer Notwehrlage. Ist der Notwehrberechtigte aber zu schwach, um sein daraus resultierendes Recht durchzusetzen, so wäre es widersinnig und auch kontraproduktiv, ein Recht auf Nothilfe zu versagen.

Die humanitäre Intervention korreliert folglich mit einem Sezessionsrecht aus humanitären Gründen.

Zwar wird zu fordern sein, dass die betroffene Minderheit zunächst selbst und mit allen ihr zur Verfügung stehenden Mitteln versucht, das ihr zustehende Recht zu sichern. Sollte dies aufgrund weiterer staatlicher Unterdrückung und Verfolgung jedoch nicht möglich sein, so wäre das Recht *ad absurdum* geführt, wenn eine Durchsetzungsschwäche zugleich zum Erlöschen desselbigen führen würde.

Abschließend lässt sich damit vertreten, dass die Abspaltung des Kosovo schwierig zu bewerten ist. Es lassen sich sehr gute Argumente für eine Rechtmäßigkeit der Sezession anführen, wohingegen ein konservatives Völkerrechtsverständnis, das wohl noch vorherrschend ist, eine Sezession als Notwehrrecht ablehnt.

Zudem wurde durch die Intervention der NATO-Staaten die Abspaltung im Ergebnis erst möglich gemacht. Die auswärtige Hilfe stellte dabei aus Sicht mehrerer Staaten einen Verstoß gegen das Gewaltverbot dar, mithin die Verletzung einer *ius cogens*-Norm, die eine Pflicht zur Nicht-Anerkennung ausgelöst haben könnte.

---

463 Military and Paramilitary Activities in and against Nicaragua (Nicaragua v. United States of America), Merits, Judgment, I.C.J. Reports 1986, S. 14, Rn. 268.

(c) Reaktionen der Staatengemeinschaft

Die Vertretbarkeit verschiedener Positionen im Rahmen der rechtlichen Würdigung kann schließlich auch als Erklärung für die gespaltene Anerkennungspraxis dienen.

Innerhalb der ersten zehn Tage nach Ausrufung der Unabhängigkeit erkannten 20 Staaten den Kosovo als Staat an, darunter mehrheitlich Mitgliedstaaten der EU.[464]

Dabei ist durchaus diskussionswürdig, ob diese Anerkennungen nicht rechtswidrig waren, da im Völkerrecht ein Verbot der vorzeitigen Anerkennung besteht.[465]

Diese ist in Fällen einer neuen Staatsentstehung im Wege der Abspaltung dann anzunehmen, wenn eine Anerkennung ausgesprochen wurde, bevor die neue Staatsgewalt sich hinreichend fest etabliert hat.[466]

Im Falle des Kosovo war das Vorhandensein einer effektiven Staatsgewalt, zumindest zum Zeitpunkt der Unabhängigkeitserklärung, äußerst zweifelhaft, da die UNMIK im Wege des UN-Protektorats wesentliche Exekutivbefugnisse ausgeübt hat.

Zudem zielte die Resolution 1244 auf den Schutz der territorialen Integrität Serbiens ab. Daher könnte eine vorzeitige Anerkennung diese und das Interventionsverbot aus Artikel 2 (7) UN-Charta verletzt haben.

Allerdings lässt sich eine verfrühte Anerkennung dann rechtfertigen, wenn sie der Durchsetzung des Völkerrechts dient.[467]

Geht man mit der oben angeführten Argumentation von einem bestehenden Recht des Kosovo zur Sezession aus, dann kann auch die Anerkennung in einem solch frühen Stadium nicht schädlich sein.

Lehnt man ein Recht auf Sezession für den Kosovo hingegen ab, ist es nicht vertretbar, das Gebiet als völkerrechtlichen Staat anzuerkennen.

Vielmehr würde es nahe liegen, eine Politik der Nicht-Anerkennung einzusetzen, auch wenn diese erheblich an Wirksamkeit einbüßt, wenn die Mehrheit der

---

464 Costa Rica, Afghanistan, Vereinigtes Königreich, Frankreich, Albanien, Türkei, Australien, Senegal, Deutschland, Lettland, Dänemark, Estland, Italien, Luxemburg, Peru, Belgien, Polen, Schweiz, Österreich.

465 *Oeter*, The Kosovo Case – An Unfortunate Precedent, ZaöRV 2015, S. 67–72.

466 *Herdegen*. Völkerrecht, 15. Aufl., §8, Rn. 12.

467 *Murswiek,* Eine Prämie auf Interventionskriege, Beitrag v. 26.3.2008 in der Frankfurter Allgemeinen Zeitung; i. Erg. auch: *Tomuschat,* Recognition of New States- The Case of Premature Recognition, S. 44, in: *Hilpold,* Kosovo and International Law: The ICJ Advisory Opinion of 22 July 2010.

Staaten bilaterale Beziehungen aufnimmt und eine Isolierung der neu entstandenen Einheit damit effektiv nicht vollzogen werden kann.

Als Argumente für eine Nicht-Anerkennung können und werden der Bruch mit der Resolution 1244 und dem Prinzip der staatlichen Souveränität und territorialen Integrität angeführt.

Wenig überraschend äußerten sich die Außenminister Indiens, Russlands und Chinas am 15. Mai 2008 in entsprechender Weise während einer Konferenz in Yekaterinburg:

> *„In our statement, we recorded our fundamental position that the unilateral declaration of independence by Kosovo contradicts Resolution 1244."*[468]

Russlands Außenministerium ließ zudem in sehr konkreter Form bereits zuvor eine Erklärung mit folgendem Inhalt verlautbaren:

> *„Kosovo's Provisional Institutions of Self-Government declared a unilateral proclamation of independence of the province, thus violating the sovereignty of the Republic of Serbia, the Charter of the United Nations, UNSCR 1244, the principles of the Helsinki Final Act, Kosovo's Constitutional Framework and the high-level Contact Group accords. Russia fully supports the reaction of the Serbian leadership to the events in Kosovo and its just demands to restore the territorial integrity of the country."*[469]

Die Reaktionen der Staatengemeinschaft fallen demnach sehr unterschiedlich aus. Mittlerweile haben insgesamt 111 Staaten und damit mehr als die Hälfte der UN-Mitglieder den Kosovo als Staat anerkannt.[470] Die zunehmende Integration in internationale Organisationen und der stattfindende Dialog zwischen Serben und Kosovaren unter Abschluss der so genannten „Normalisierungsvereinbarungen" fördern die Etablierung des Kosovo in der internationalen Staatengemeinschaft erheblich.

Die Aufnahme in die Vereinten Nationen bleibt vorerst jedoch unwahrscheinlich, da Russland und China voraussichtlich von ihrem Vetorecht Gebrauch machen würden.

---

468 RT-Online v. 15.5.2008, "Russia, China & India insist Kosovo and Serbia resume talks", http://rt.com/news/russia-china-and-india-insist-kosovo-and-serbia-resume-talks/ (Stand: 28.7.2016).

469 Statement by Russia's Ministry of Foreign Affairs on Kosovo v. 17.2.2008, zu finden unter: http://www.mid.ru/bdomp/brp_4.nsf/e78a48070f128a7b43256999005bcbb3/041c5af46913d38ac32573f30027b380!OpenDocument (Stand: 28.7.2016).

470 Siehe zum jeweils aktuellen Stand des Anerkennungs-Status: http://www.auswaertiges-amt.de/DE/Aussenpolitik/Laender/Laenderinfos/Kosovo/Aussenpolitik_node.html (Stand: 28.7.2016).

(d) Fazit

Zusammenfassend lässt sich feststellen, dass der Fall des Kosovo das Völkerrecht vor schwierige Herausforderungen gestellt und in gewissem Maße zu seiner Weiterentwicklung beigetragen hat.

Kernfrage des Konfliktes ist das Verhältnis der Menschenrechte in Form eines externen Selbstbestimmungsrechts und als Ausnahme oder Rechtfertigung für die Anwendung von Gewalt zu dem gewohnheitsrechtlich verankerten Prinzip der territorialen Integrität und des Interventionsverbotes.

Der Fall bietet Diskussionsstoff, kann aber unter keinen Umständen „richtig oder falsch" entschieden werden.[471]

Die Entscheidung, wie man auf die einseitige Unabhängigkeitserklärung reagiert, ist ein Politikum.

Eine Pflicht zur Nicht-Anerkennung kann in einem solchen Fall allein deshalb nicht ausgelöst werden, da es an der Offensichtlichkeit eines schweren Völkerrechtsbruches fehlt.

Anders ausgedrückt: Eine Verletzung fundamentaler Normen des Völkerrechts kann dann nicht als schwerwiegend im Sinne des Artikels 41 (2) der ILC-Artikel eingestuft werden, wenn die Frage des Vorliegens eines Völkerrechtsverstoßes hoch umstritten ist.

(8) Süd-Ossetien

In Georgien kam es nur wenige Monate nach der Unabhängigkeitserklärung des Kosovo zu internen Konflikten, in die Russland nach kurzer Zeit intervenierte.

Im Blickpunkt standen dabei die Regionen Abchasien und vor allem Süd-Ossetien. Auf letztere Provinz soll sich die Darstellung im Folgenden beschränken.

Im Zuge des Zerfalls des Russischen Reiches besetzte die neu gegründete Demokratische Republik Georgien das heutige Gebiet Süd-Ossetiens unter Revidierung des dem Gebiet zuvor zukommenden Status einer Selbstverwaltungseinheit.[472]

Aufgrund dessen kam es zu blutigen Konflikten, in denen mehrheitlich Osseten Opfer von Vertreibung und Tötung wurden. Den georgischen Truppen

---

471 Siehe dazu und für die humanitäre Intervention im Besonderen: *Hurd,* Is Humanitarian Intervention Legal? The Rule of Law in an Incoherent World, Ethics & International Affairs 2011, S. 293–313.

472 *Sosnowski,* The Georgia Syndrome, S. 12–14; *Hille,* State Building and Conflict Resolution in the Caucasus, S. 112.

wurde und wird daher auch weiterhin in Bezug auf die von 1918–1920 anhaltende Auseinandersetzung von pro-ossetischer Seite Genozid vorgeworfen.[473]

Quasi unmittelbar nach Konstituierung der unabhängigen georgischen Republik im Mai 1918 kam es 1921 zur gewaltsamen Wiedereingliederung des Staates in den sowjetischen Staatsverband, im Zuge dessen die Region Süd-Ossetien als Autonomes Gebiet der neu proklamierten Georgisch Sozialistischen-Sowjet-Republik zugeteilt wurde.[474]

In den 1980er Jahren beabsichtigte Süd-Ossetien die Ausweitung seines Autonomiestatus und rief nach gescheiterten Verhandlungen mit der Georgischen SSR seine Unabhängigkeit aus, die von georgischer Seite jedoch für unwirksam erklärt wurde.[475]

Infolge dessen kam es wiederum zu gewaltsamen Auseinandersetzungen und einer erneuten Ausrufung der Unabhängigkeit am 20. September 1990, was Georgien zum Anlass nahm, der Provinz Süd-Ossetien seine bis *dato* bestehenden Autonomierechte komplett zu nehmen.[476]

Innerhalb von zwei Referenden entschieden sich die Süd-Osseten in der Folgezeit zwischen März 1991 und Januar 1992 mit jeweils überwältigender Mehrheit für die Unabhängigkeit von Georgien und eine anschließende Inkorporation in die Russische Föderation, während die Wirksamkeit beider Abstimmungen durch Georgien vehement verneint und als ungültig zurückgewiesen wurden.[477]

Im weiteren Verlauf kam es zum Bruch der georgischen Führung mit der Sowjetunion, da diese primär die Osseten unterstützte und zugleich auch die Reintegration in den russischen Staatsverband forcierte.[478]

---

473 *Saparov,* From Conflict to Autonomy in the Caucasus, S. 74.

474 *Herrberg,* Conflict Resolution in Georgia: A synthesis analysis with a legal perspective, Crisis Management Initative, S. 10–11; *Tsikhelashvili/Ubilava,* Case Study of the Conflict in South Ossetia, S. 350, in: *Weller/Metzger,* Setting Self-Determination Disputes: Complex Power-Sharing in Theory and Practice.

475 *Herrberg,* Conflict Resolution in Georgia: A synthesis analysis with a legal perspective, Crisis Management Initative, S. 11.

476 *Bolton,* International responses to the secession attempts of Kosovo, Abkhazia and South Ossetia 1989–2009, S. 124, in: *French,* Statehood and Self-Determination: Reconciling Tradition and Modernity in International Law.

477 *Herrberg,* Conflict Resolution in Georgia: A synthesis analysis with a legal perspective, Crisis Management Initative, S. 11; *Freedom House,* Freedom in the World 2011: The Annual Survey of Political Rights and Civil Liberties, S. 793.

478 *Balayev,* The Right to Self-Determination in the South Caucasus: Nagorno Karabakh in Context, S. 33.

Erst durch das so genannte „Sochi-Agreement" vom Juni 1992, das von russischer und georgischer Seite unterzeichnet wurde und den süd-ossetischen Ambitionen zumindest formell eine Absage erteilte, beruhigte sich der Konflikt und führte zur zeitweisen Lösung der bilateralen Spannungen.[479] Dies ist auch und insbesondere auf die vertragliche Einrichtung einer Observationstruppe zurückzuführen, die mit Hilfe der OSZE für die Wahrung des Friedens auf georgischem Gebiet sorgte.[480]

Erst über zehn Jahre später, im Jahr 2004, kam es wiederum zum Ausbruch neuen Streits, der 2006 in einem weiteren Unabhängigkeitsreferendum gipfelte, welches jedoch zunächst keinerlei internationale Anerkennung fand.[481]

Die finale Eskalation der Situation in Georgien erfolgte schließlich im August 2008. Ob die auslösende Aggression dabei von georgischer oder russischer Seite ausging, ist umstritten und Gegenstand verschiedener Untersuchungen.[482]

Während Georgien Russland anschuldigte, die staatlichen Grenzen durch ein militärisches Manöver verletzt zu haben, konterte Russland, dass dieses nur aufgrund eines durch den georgischen Präsidenten Saakaschwili angeordneten Angriffs auf die ossetische Hauptstadt Tskhinvali erfolgt sei.[483] Zudem wurde Georgien von russischer Seite Genozid und die Durchführung ethnischer Säuberungen vorgeworfen,[484] was im Ergebnis jedoch äußerst zweifelhaft erscheint.

Als Reaktion auf das vermeintliche Vorgehen Georgiens flog Russland Luftangriffe und stationierte Truppen auf georgischem Territorium.[485]

---

479 *Hoddie/Hartzell,* Strengthening Peace in Post-Civil War States, S. 61.

480 *Jentzsch,* What are the main causes of conflict in South Ossetia and how can they best be addressed to promote lasting peace?, The BSIS Journal of International Studies 2009, S. 3–4.

481 *König,* Not Frozen but Red Hot: Conflict Resolution in Georgia Following the Change of Government, S. 88, in: *Institute for Peace Research and Security Policy at the University of Hamburg/IFHS,* OSCE Yearbook 2006.

482 Siehe v.a.: Report of the Independent International Fact-Finding Mission on the Conflict in Georgia, September 2009, Vol. I–III.

483 *Hafkin,* The Russo-Georgian War of 2008: Developing the Law of Unauthorized Humanitarian Intervention after Kosovo, Boston University International Law Journal 2010, S. 224.

484 The Guardian v. 13.8.2008, "Russia exaggerating South Ossetian death toll, says human rights group", http://www.theguardian.com/world/2008/aug/13/georgia (Stand: 28.7.2016).

485 *Sterio,* On the Right to External Self-Determination: „Selfistans", Secession and the Great Powers' Rule, Minnesota Journal of International Law 2010, S. 166.

Nur wenige Tage nach Ausbruch des bewaffneten Konfliktes wurde ein von der EU ausgearbeiteter Friedensplan durch Russland, Georgien sowie Süd-Ossetien und Abchasien unterzeichnet, was Russland jedoch nicht dazu bewegte, seine Truppen aus dem ossetischen und damit auch georgischen Gebiet zurückzuziehen.[486]

Der fortwährenden militärischen Präsenz folgte am 25. August 2008 Russlands Anerkennung der 2006 ausgerufenen Unabhängigkeit Süd-Ossetiens. Als Begründung für diesen Schritt wurde angeführt, dass es den Osseten in Folge des Krieges und der vermeintlich erfolgten Menschenrechtsverletzungen nicht weiter möglich sei, in einem Staat mit Georgiern zu leben.[487]

Ohne es explizit auszudrücken, nutzte Russland damit das Argument und die Möglichkeit einer humanitären Intervention aus, die man im Kosovo noch strikt abgelehnt hatte. Denn die Darstellung des georgischen Vorgehens als Genozid und die darauf basierende Intervention zum Schutz der ossetischen Bevölkerung ist in seinen Grundzügen dieselbe wie beim NATO-Eingriff in Serbien.[488]

Ob ein Genozid oder vergleichbare Umstände wie im Kosovo vorlagen, ist jedoch nicht anzunehmen. Zwar kam es, auf beiden Seiten, zu Verstößen gegen humanitäres Völkerrecht und auch der Bombardierung ziviler Punkte; dabei ist ein direkter Vorsatz jedoch nicht nachweisbar.

Dementsprechend äußerte sich auch der damalige britische Außenminister Miliband:

> *„NATO's actions in Kosovo followed dramatic and systematic abuse of human rights, culminating in ethnic cleansing on a scale not seen in Europe since the Second World War. NATO acted over Kosovo only after intensive negotiations in the Security Council and determined efforts at peace talks at Rambouillet. Special Envoys were sent to warn Milosevic in person of the consequences of his actions. None of this can be said for Russia's use of force in Georgia."*[489]

486 *Ebd.*, S. 167.

487 New York Times v. 26.8.2008, "Russia Backs Independece of Georgian Enclaves", http://www.nytimes.com/2008/08/27/world/europe/27russia.html?pagewanted=all&_r=0 (Stand: 28.7.2016).

488 *Hafkin*, The Russo-Georgian War of 2008: Developing the Law of Unauthorized Humanitarian Intervention after Kosovo, Boston University International Law Journal 2010, S. 238.

489 *Ebd.*, S. 227.

Ähnliche Reaktionen auf die russische Anerkennung, die als Missachtung der territorialen Integrität Georgiens angesehen wurde, erfolgten vornehmlich durch Regierungen der EU-Mitgliedstaaten.[490]

Allein Nicaragua, Venezuela und Nauru erkannten in der Folge Süd-Ossetien als Staat an, was einen Meinungsumschwung in der internationalen Staatengemeinschaft und insbesondere bei den Großmächten natürlich nicht initiieren konnte.

Fraglich bleibt in diesem Falle allein, ob eine Nicht-Anerkennung im Falle Süd-Ossetiens als Mittel im Rahmen der Staatenverantwortlichkeit aufgrund der Verletzung fundamentaler Normen stattgefunden hat, oder ob die Nicht-Anerkennung allein aufgrund des Fehlens der Anerkennungsvoraussetzungen erfolgte.[491]

Legt man die oben gewonnene Rechtsüberzeugung zugrunde, so liegt eine Pflicht zur Nicht-Anerkennung bei schwerwiegenden *ius cogens*-Verstößen vor.

Wertet man das Vorgehen Russlands als Verstoß gegen das Gewaltverbot, so müsste sich die Sezessionseinheit das Vorgehen des Unterstützers anrechnen lassen und eine Pflicht zur Nicht-Anerkennung würde ausgelöst werden.

Zwar erfolgte die Unabhängigkeitserklärung Süd-Ossetiens bereits zwei Jahre vor der Intervention Russlands, jedoch konnte eine tatsächliche Etablierung des Vorhabens erst durch das Eingreifen des Grenznachbarn erreicht werden, sodass Anknüpfungspunkt der Nicht-Anerkennung die Situation nach Russlands Vorgehen sein muss.

Die Einschätzung eines Verstoßes gegen das Gewaltverbot ist im Hinblick auf die unklare Faktenlage im Kaukasus-Konflikt jedoch fragwürdig, da es nicht fern liegt, dass Georgien Auslöser der Aggressionen war oder zumindest eine erhebliche Mitschuld an der Eskalation des Konfliktes trägt. Zu einem solchen Ergebnis kommt zumindest auch der Bericht der unabhängigen Sachverhaltsfeststellungskommission unter Leitung der schweizerischen Diplomatin Tagliavini.[492]

Selbst wenn man eine Mitschuld jedoch voraussetzt, kommt man nicht zu dem Schluss, dass Russland ein Recht zustand, in den Konflikt zu intervenieren.

490 Auflistung verschiedener Erklärungen in: Hurriyet Daily News, „Reactions – Russia recognizes South Ossetia, Abkhazia“, http://www.hurriyet.com.tr/english/home/9752373.asp?scr=1 (Stand: 28.7.2016).

491 *Waters*, South Ossetia, S. 188, in: *Walter/Ungern-Sternberg/Abushov*, Self-Determination and Secession in International Law.

492 Report of the Independent International Fact-Finding Mission on the Conflict in Georgia, September 2009, Vol. II, S. 251.

Wie im Abschnitt zu der Sezession des Kosovo dargestellt, greift ein Recht auf Intervention erst dann, wenn schwerwiegende Menschenrechtsverletzungen in kontinuierlicher Weise begangen wurden oder ethnische Säuberungen durchgeführt werden oder zu befürchten stehen.

Eine solche Situation lag aber, anders als im Falle des Kosovo, nicht vor, sodass ein Verstoß gegen das Gewalt- und Interventionsverbot anzunehmen ist, der eine Pflicht zur Nicht-Anerkennung auslöst.

Auch die Äußerungen verschiedener Staaten lassen darauf deuten, dass eine Nicht-Anerkennung aufgrund des Verstoßes gegen fundamentale Normen ausgesprochen wurde und nicht aufgrund des Nichtvorliegens staatlicher Strukturmerkmale.[493] Verurteilt wurde jedoch zumeist nur die russische Anerkennung und nicht die Unabhängigkeitserklärung Süd-Ossetiens. Die Anerkennung Russlands muss an dieser Stelle aber als Ausdruck der Unterstützung der völkerrechtswidrigen Situation angesehen werden und hatte mithin Spiegelbildcharakter für die internationale Staatengemeinschaft.

(9) Zwischenergebnis

Obgleich die Rechtsüberzeugung bezüglich einer Pflicht zur Nicht-Anerkennung in Fällen einer durch einen Verstoß gegen *ius cogens*-Vorschriften entstandenen Sezession keineswegs als gesichert erscheint, so ist die Staatenpraxis weitaus einheitlicher als in Situationen gewaltsamer Gebietsverschiebungen.

Dies mag daran liegen, dass die Rechtmäßigkeit oder Rechtswidrigkeit einer Sezession immer erst nach Betrachtung der näheren Umstände festgestellt werden kann. Ein pauschales Urteil über die Erlaubnis von Abspaltungen lässt sich daher nicht treffen. Eine Sezession wird erst dann Gegenstand einer Pflicht zur Nicht-Anerkennung, wenn diese mit einem Verstoß gegen fundamentale Normen des Völkerrechts verbunden ist.

Im Falle Rhodesiens und der Homeland-Staaten geschah die Proklamierung der Unabhängigkeit unter Verletzung des Verbots der Rassendiskriminierung. Bei der TRNZ, Katanga und Georgien rekurrierte man auf die rechtswidrige Hilfe von außen, die als Verstöße gegen das Gewaltverbot dargestellt wurden.

Aus der Reihe fallen lediglich die Fälle des Kosovo und Bangladeschs. In beiden Fällen konnte das Streben nach Unabhängigkeit erst durch eine ausländische

493 Die gesammelten Reaktionen lassen sich finden bei: BBC News v. 26.8.2008, „Reaction to Russia's recognition of rebels", http://news.bbc.co.uk/2/hi/europe/7582367.stm (Stand: 28.7.2016).

Intervention realisiert werden, die ebenfalls als Verletzung des Gewaltverbotes eingeordnet werden könnte.

Zumindest bezüglich des Kosovo bestand jedoch der wesentliche Unterschied zu den anderen Fällen, dass dem kosovarischen Volk ein Sezessionsrecht zugestanden wurde. Erst durch die Hilfe ausländischer Kräfte konnte dieses Recht auch effektiv durchgesetzt werden, sodass die Intervention der fremden Staaten gleichsam legalisiert wurde.

Der Erfolg der bengalischen Sezession fußte hingegen nicht auf der Anerkennung eines Rechts auf remedial secession, sondern vielmehr auf politischen Erwägungen und dem Wunsch nach einer nachhaltigen Stabilität in der asiatischen Region, sodass der Fall Bangladeschs eine Sonderkonstellation aufweist und sich kaum kategorisieren lässt.

Letztlich lässt sich festhalten, dass ein Sezessionsrecht, außerhalb des kolonialen Kontextes, nur bei Vorliegen schwerwiegendster menschenrechtlicher Verletzungen in Betracht kommt.

Eine Pflicht zur Nicht-Anerkennung ergibt sich daraus aber nicht gleichsam für alle anderen Fälle, in denen eine solche Situation nicht vorliegt. Erst durch die Verknüpfung der Unabhängigkeitsbestrebungen mit der Verletzung weiterer fundamentaler Völkerrechtsnormen wird eine Pflicht zur Nicht-Anerkennung ausgelöst.

Dies steht auch im Einklang mit den ILC-Artikeln zur Staatenverantwortlichkeit, die eine Pflicht dann annehmen, wenn eine Verletzung von *ius cogens*-Normen erfolgt ist.

Eine Sezession allein kann einen solchen Verstoß nicht begründen, da die territoriale Integrität eines Landes nicht zum Normenbestand des *ius cogens* zu zählen ist.

d) Nicht-Anerkennung im Falle der Krim

Die aktuellen Ereignisse bezüglich der Eingliederung der Krim in den russischen Staatsverband sollen getrennt von den oben dargestellten Fallgruppen erörtert werden.

Dies rechtfertigt sich allein aus der schwierig zu treffenden Entscheidung, ob ein Fall der Annexion oder Sezession mit anschließender Inkorporation vorliegt. Erst durch eine detaillierte rechtliche Würdigung der Vorgänge erscheint es möglich, den Fall der Krim auch terminologisch richtig einordnen zu können.

Die Darstellung erfolgt daher losgelöst von den bisherigen Ergebnissen.

(1) Krim

Die Geschehnisse auf der Krim-Halbinsel im Frühjahr 2014 stellen den aktuellsten Fall dar, der mit einer Pflicht zur Nicht-Anerkennung korrespondieren könnte.

Die nachfolgende Darstellung versucht, eine historische Aufarbeitung der vergangenen und aktuellen Ereignisse vorzunehmen und diese anschließend rechtlich einzuordnen.

Dabei soll im Vordergrund stehen, ob das Vorgehen der Krim und auch Russlands völkerrechtswidrig waren und ob ein möglicher Völkerrechtsverstoß so schwerwiegend war, dass eine Pflicht zur Nicht-Anerkennung ausgelöst wurde.

(a) Historischer Hintergrund

Die Krim wurde seit der Antike durch verschiedene Herrschaftsreiche regiert und war durch seine militärstrategisch günstige Lage am Schwarzen Meer äußerst begehrt und deshalb immer wieder Gegenstand territorialer Auseinandersetzungen.

Eine erste staatliche Einheit festigte sich im 15. Jahrhundert durch das Krim-Khanat der Tataren, das weite Teile der heutigen Ukraine unter seine Herrschaft brachte. Bereits nach wenigen Jahren erlangte das Osmanische Reich jedoch Kontrolle über das Gebiet und erklärte das Khanat zum Vasallenstaat.[494]

Diesen Status behielt die Krim bis in das späte 18. Jahrhundert bei. Erst durch die beginnende Einflussnahme des russischen Zarenreiches und die damit verbundene Vertreibung der Osmanen infolge des Russisch-Türkischen Krieges von 1769–1774 änderte sich die Herrschaftslage auf der Halbinsel.[495]

Im Jahr 1771 wurde die Unabhängigkeit der Krim proklamiert, was jedoch nur ein Zwischenschritt zur russischen Einverleibung war, die 1783 erfolgte, als Zarin Katharina II. die Halbinsel formell als russisch deklarierte und gleichsam den militärischen Flottenstützpunkt Sewastopol gründete.[496] Ab diesem Zeitpunkt waren die heutige Ukraine und die Krim Teil des Russischen Reiches.

---

494 *Kirimli,* National Movements & National Identity Among the Crimean Tatars, (1905–1916), S. 1; ausführlich zur Geschichte des Krim-Khanats: *Kolodziejczyk,* The Crimean Khanate and Poland-Lithuania: International Diplomacy on the European Periphery (15th–18th Century), A Study of Peace Treaties Followed by Annotated Documents, S. 1–223.

495 *Kirimli,* National Movements & National Identity Among the Crimean Tatars, (1905–1916), S. 1.

496 *Williams,* The Crimean Tatars, S. 76–82; *Fisher,* The Russian Annexation of the Crimea, 1772–1783, S. 135.

Dies änderte sich erst durch die Okkupation der Krim durch deutsche Truppen innerhalb des Ersten Weltkrieges und des Zusammenbruches des Zarenreiches im Zuge der Februar-Revolution 1917.[497]

Nach zahlreichen kriegerischen Auseinandersetzungen wurde die Halbinsel schließlich im Jahr 1921 durch die 1917 an die Macht gelangten Bolschewiken zur Autonomen Sozialistischen Sowjetrepublik innerhalb Sowjetrusslands erklärt, während die Ukraine eine eigene Sowjetrepublik begründete. Dies bedeutete eine regierungs- und verwaltungstechnische Trennung der Krim vom ukrainischen Festland.[498]

Im Verlauf des Zweiten Weltkriegs besetzte das Deutsche Reich erneut das Gebiet, das 1944 durch die Sowjetunion zurückerobert wurde. Die auf der Krim lebenden Tataren, die das deutsche Vorgehen unterstützt hatten, wurden daraufhin durch die Rote Armee von der Halbinsel vertrieben und eine Rückkehr gleichsam auf unbestimmte Zeit verboten. Bei dieser Flucht und Vertreibung kam fast die Hälfte aller Krim-Tataren ums Leben.[499]

Im Jahr 1954 und damit dem 300-jährigen Jubiläum des russisch-ukrainischen Vertrages von Perejaslaw beschloss der sowjetische Parteichef Nikita Chruschtschow, die Krim an die Ukraine als Geschenk abzutreten. Die Zession wurde durch verfassungsänderndes Gesetz vom 26. April 1954 bestätigt.[500]

Grund für diesen besonderen Schritt waren laut Chruschtschows Sohn jedoch allein ökonomische Erwägungen.

Denn zum Zeitpunkt der Abtretung war der Bau von Schifffahrtskanälen in das Donezbecken und von der Wolga zur Krim geplant. Dabei sei es planerisch sinnvoller gewesen, nur eine Sowjetrepublik mit dem Vorhaben zu befassen, sodass die Schenkung der Krim insbesondere auf rationalen Erwägungen beruhte.

Zudem soll Chruschtschow im Jahr 1954 fest davon ausgegangen sein, dass die Sowjetunion ewig Bestand haben sollte, sodass ein solcher Schritt unter Hinzuziehung der Möglichkeit einer späteren Dismembration nicht erfolgt wäre.[501]

---

497 *Minahan,* One Europe, Many Nations: A Historical Dictionary of European National Groups, S. 189.

498 *Drohobycky,* Crimea: Dynamics, Challenges and Prospects, S. 90–91; *Bell,* Eastern Europe, Russia and Central Asia 2003, 3. Aufl., S. 513.

499 *Fisher,* The Crimean Tatars, S. 150–179.

500 *Wagner,* Macchiavelli 2.0, Neue Juristische Online-Zeitschrift 2014, S. 721.

501 Správy Pravda v. 24.2.2014, „Vrátit' Krym? Dobrovol'ne sotva", http://spravy.pravda.sk/svet/clanok/309592-vratit-krym-dobrovolne-sotva/ (Stand: 28.7.2016); so auch: *Luchterhandt,* Der Anschluss der Krim an Russland aus völkerrechtlicher Sicht, AVR 2014, S. 146.

Nicht nur deshalb, sondern auch aufgrund verfassungsrechtlicher Bedenken ist fraglich, ob der Transfer überhaupt Gültigkeit erlangt hat. Eine Auseinandersetzung mit dieser Fragestellung erfolgt jedoch erst im Rahmen der rechtlichen Würdigung.

Durch den Zerfall der Sowjetunion gelangte die Ukraine im Jahr 1991 mitsamt der Krim zur Unabhängigkeit. Im Nachgang dazu entwickelten sich jedoch Konflikte um den Status der Halbinsel. Russland erklärte 1992 die 1954 erfolgte Abtretung für illegal und proklamierte die Krim aufgrund dessen als einen Teil des eigenen Landes.[502]

Die Streitigkeiten konnten jedoch durch das ukrainische Zugeständnis eines Autonomiestatus für die Krim beigelegt werden, dessen Bestand auch in der 1996 verabschiedeten ukrainischen Verfassung verankert wurde.[503]

Der seit 1991 entfachte Disput zwischen Russland und der Ukraine hatte vornehmlich seinen Grund in der Kontrolle über die Stützpunkte der Schwarzmeerflotte, die für beide Nationen von immenser Bedeutung waren.

Erst im Jahr 1997 konnte man sich auf einen Vertrag bezüglich der Flotte einigen, der Russland die Nutzung großer Teile des Hafens in Sewastopol bis 2017 erlaubt. Im Gegenzug verpflichtete sich Russland zur Achtung der bestehenden Grenzen. Der Vertrag wurde 2010 um weitere 25 Jahre bis 2042 verlängert.[504]

Das Zugeständnis der territorialen Integrität erfolgte dabei bereits zum zweiten Mal, denn bereits infolge des 1994 abgeschlossenen Budapester Memorandums zum Beitritt der Ukraine zum Vertrag über die Nicht-Verbreitung von nuklearen Waffen sicherten Russland, das Vereinigte Königreich und die USA den Bestand der Grenzen zu.[505]

Die daraus resultierende stabile politische Lage änderte sich mit der Präsidentschaft von Kuchma und Juschtschenko, die eine Ukrainisierungspolitik verfolgten und mit diesem Kurs bei der nicht-ukrainischen Bevölkerung auf Unverständnis stießen.

Der OSZE-Hochkommissar für Minderheitenrechte warnte daher bereits 2009 vor einer zunehmenden Radikalisierung und Fremdenfeindlichkeit auf der Krim.[506]

---

502 *Walter*, Postscript, S. 296, in: *Walter/Ungern-Sternberg/Abushov*, Self-Determination and Secession in International Law.

503 *Ebd.*, S. 296.

504 *Marxsen*, The Crimea Crisis – An International Law Perspective, ZaöRV 2014, S. 371.

505 *Ebd.*, S. 370.

506 *Walter*, Postscript, S. 296–297, in: *Walter/Ungern-Sternberg/Abushov*, Self-Determination and Secession in International Law.

In der Folge kam es zu steten Politikwechseln, die von der politischen Einstellung der jeweiligen Präsidenten abhängig waren. Die teils NATO und EU-freundliche Ausrichtung wich dabei zuweilen einer Annäherung an Russland. Diesen Weg verfolgte zuletzt auch der im Februar 2014 abgesetzte Präsident Janukowitsch, der mitsamt der ukrainischen Regierung die Unterzeichnung eines Assoziierungsabkommens mit der Europäischen Union verweigerte und damit eine Protestbewegung ukrainischer Bürger auslöste, die ihren Höhepunkt auf dem Maidan fand.[507]

Innerhalb dieser Proteste kam es zum erwähnten Sturz des ukrainischen Präsidenten in Kiew. Die Vorgänge in der Hauptstadt lösten zudem auch Unruhen auf der Krim-Halbinsel aus.[508] Am 27. Februar besetzten pro-russische Separatisten das Parlaments- und Regierungsgebäude von Simferopol[509] und wählten den Krim-Politiker Aksjonow von der Partei „Russische Einheit" bei gleichzeitiger Absetzung von Mohiljow zum Regierungschef.[510]

Anfang März kam es zu einem verstärkten Einsatz russischer Truppen auf der Krim, die sowohl den Flughafen als auch Flottenstützpunkte einnahmen und die pro-russischen Separatisten unterstützten.[511]

Die anfängliche Zurückweisung der Beteiligung von russischen Kräften wurde durch Präsident Putin später selbst revidiert und ausdrücklich anerkannt.[512]

Die Unterstützung der Separatisten durch Russland ermöglichte es Aksjonow, seine Sezessionspläne voranzutreiben und ein Referendum zur Unabhängigkeit vorzubereiten.

Dieses wurde schließlich am 16. März abgehalten und enthielt die folgenden Wahlmöglichkeiten:

---

507 *Marxsen,* The Crimea Crisis – An International Law Perspective, ZaöRV 2014, S. 368–369.

508 *Kriesberg,* Realizing Peace: A Constructive Conflict Approach, S. 254.

509 ORF News v. 24.1.2015, „Die Schlüsseldaten der Ukraine-Krise", http://orf.at/stories/2264936/2260848/ (Stand: 28.7.2016).

510 N-TV Online v. 6.3.2014, „Der kuriose Aufstieg Aksjonows, Putins Handlanger auf der Krim", http://www.n-tv.de/politik/Putins-Handlanger-auf-der-Krim-article12407016.html (Stand: 28.7.2016).

511 Gulf News v. 4.3.2014, „Russian special forces on Crimea frontline: experts", http://gulfnews.com/news/world/other-world/russian-special-forces-on-crimea-frontline-experts-1.1299168 (Stand: 28.7.2016); so auch Sergeyev in einer Sicherheitsratssitzung v. 1.3.2014, UN Doc. S/PV.7124, S. 3; *Luchterhandt,* S. 163.

512 UK Reuters v. 17.4.2014, „Putin admits Russian forces were deployed by Crimea", http://uk.reuters.com/article/2014/04/17/russia-putin-crimea-idUKL6N0N921H20140417 (Stand: 28.7.2016).

„1. Sind Sie für eine Wiedervereinigung der Krim mit Russland mit den Rechten eines Subjekts der Russischen Föderation?
2. Sind Sie für eine Wiederherstellung der Gültigkeit der Verfassung der Republik Krim von 1992 und für einen Status der Krim als Teil der Ukraine?"[513]

Die Fragestellung ist dabei geschickt gewählt, da sie eine Beibehaltung des *status quo ante* nicht vorsieht. Denn die Rechtslage von 1992 entspricht nicht der ukrainischen Verfassung von 1996, die beinhaltete, dass die Krim einen unveräußerlichen Teil der Ukraine darstellt.

Bereits an der Formulierung lässt sich daher die Tendenz feststellen, dass ein Anschluss an Russland um jeden Preis gewollt war.

Das amtliche Wahlergebnis wurde mit 96,77 % der abgegebenen Stimmen für die Wiedervereinigung mit Russland bekannt gegeben. Die Beteiligung lag nach Angaben der Behörden bei 83,1 %. Die Nichtbeteiligung von fast 17 % wurde dabei durch die vermeintliche Boykottierung des Referendums durch die Krim-Tataren erklärt.[514]

Unmittelbar im Anschluss an das Referendum verurteilte die UN-Generalversammlung das Vorgehen der Krim-Regierung aufs Schärfste und verabschiedete eine Resolution, in der es unter anderem heißt:

„5. Underscores that the referendum held in the Autonomous Republic of Crimea and the city of Sevastopol on 16 March 2014, having no validity, cannot form the basis for any alteration of the status of the Autonomous Republic of Crimea or of the city of Sevastopol;
6. Calls upon all States, international organizations and specialized agencies not to recognize any alteration of the status of the Autonomous Republic of Crimea and the city of Sevastopol on the basis of the above-mentioned referendum and to refrain from any action or dealing that might be interpreted as recognizing any such altered status."[515]

Trotz des Aufrufs der Generalversammlung kam es zwei Tage nach dem Referendum zur Inkorporation der Krim in den russischen Staatsverband durch einen Eingliederungsvertrag.[516]

---

513 Manager-Magazin v. 16.3.2014, „Das steht auf dem Wahlzettel", http://www.manager-magazin.de/politik/artikel/krim-referendum-das-steht-auf-dem-wahlzettel-a-958915.html (Stand: 28.7.2016).

514 Sputnik News v. 17.3.2014, „Krim-Referendum: 96,77 Prozent stimmen für Wiedervereinigung mit Russland- Endergebnis", http://de.ria.ru/politics/20140317/268050290.html (Stand: 28.7.2016).

515 A/RES/68/262.

516 Zeit Online v. 18.3.2014, „Krim-Konflikt – Vertrag über Eingliederung der Krim unterzeichnet", http://www.zeit.de/politik/ausland/2014-03/russland-putin-krim-referendum-sanktionen (Stand: 28.7.2016).

(b) Rechtliche Einordnung

Die rechtliche Einordnung der dargestellten Ereignisse soll sich auf die Beurteilung folgender Punkte konzentrieren:

(aa) Wie ist die Abtretung der Krim 1954 zu bewerten? Entfaltet diese Maßnahme Gültigkeit? Falls nein, gehört die Krim weiterhin zur Sowjetunion bzw. Russland als dessen Rechtsnachfolger?

(bb) Hat Russland durch die Entsendung militärischer Kräfte gegen das Gewaltverbot aus Artikel 2 (4) UN-Charta verstoßen? Falls ja, bestanden Rechtfertigungsgründe für das Vorgehen?

(cc) Ist das Referendum auf der Krim rechtmäßig? Falls nein, verstößt es nur gegen Staats-, oder auch gegen das Völkerrecht?

(dd) Wie ist die anschließende Inkorporation in den russischen Staatsverband zu bewerten?

(aa) Rechtliche Würdigung der Krim-Abtretung von 1954

Die Gültigkeit der Abtretung der Krim im Jahr 1954 auf Initiative des damaligen KPdSU-Parteichefs Chruschtschow wird insbesondere von russischen Kommentatoren bestritten.

Ein öffentlicher Disput über den Transfer der Halbinsel zur Ukraine entfachte sich allerdings erst nach Zerfall der Sowjetunion, da man zum Zeitpunkt der Entscheidung nicht davon ausging, dass sich die Verschiebung der Grenzen in einem späteren Stadium als nachteilig erweisen könnte. Sprich, man ging von einem ewigen Bestand der Sowjetunion aus.

Hauptsächlicher Angriffspunkt der Kritiker ist der vermeintlich verfassungswidrige Ablauf der Entscheidungsfindung.[517]

Die Rechtmäßigkeit einer solchen ist nach den damals gültigen Verfassungen der beteiligten Republiken, also der Verfassung der Russischen SFSR, der Ukrainischen SSR sowie der UdSSR zu beurteilen.

Die sowjetische Verfassung von 1936 erwähnt in ihrem Artikel 14 e), dass die Verschiebung bestehender Grenzen innerhalb der Sowjetrepubliken unter die Jurisdiktion des Obersten Sowjets der UdSSR fällt. Zudem bestimmt Artikel 18,

517 *Ozhiganov*, The Crimean Republic: Rivalries for Control, S. 92 ff., in: *Arbatov*, Managing Conflict in the Former Soviet Union: Russian and American Perspectives; *Sasse*, The Crimea Question: Identity, Transition, and Conflict, S. 111.

dass das Territorium einer Republik nicht ohne dessen Zustimmung geändert werden darf.[518]

Die Russische Konstitution, in ihrer damaligen Fassung von 1937, legt in Artikel 16 fest, dass das Gebiet der RSFSR nicht ohne selbige Zustimmung geändert werden darf.

Zudem zählt Artikel 19 den Kompetenzbereich der obersten Organe für bestimmte Entscheidungen innerhalb des Staatsverbandes auf, zu denen auch die Festsetzung der Grenzen bestimmter Gebiete gehört. Dabei ist jedoch zu berücksichtigen, dass der Wortlaut dieser Variante nahe legt, dass damit nur die Regelung der innerstaatlichen Grenzen gemeint sein kann, nicht aber die Veräußerung bestimmter Gebietsteile.

Eine solche Kompetenz ist im Katalog des Artikels 19 nicht ausdrücklich angeführt und auch der systematische Vergleich der bestehenden Varianten innerhalb des Katalogs macht deutlich, dass die Aufnahme einer solchen Kompetenzgrundlage nicht intendiert war.

Dies ergibt sich auch aus dem oben erwähnten Artikel 16, der zeigt, dass sich der Verfassungsgeber der Möglichkeit der Veräußerung und Änderung von Staatsgrenzen durchaus bewusst war, diese dem Obersten Sowjet als höchstem Organ aber nicht zugewiesen hat.

Andererseits muss man sich die Frage stellen, ob eine solche Interpretation wirklich zum Ziel führt. Denn wenn nicht der Oberste Sowjet für derart weitreichende Fragen verantwortlich ist, so fiele die Aufgabe womöglich in den Kompetenzbereich eines weniger einflussreichen Organs. Dies wird vom Willen des Gesetzgebers jedoch keinesfalls gedeckt gewesen sein. Denn zum einen wäre in diesem Fall eine ausdrückliche Kompetenzzuweisung in der Verfassung an das jeweilige Organ vorgenommen worden. Zum anderen zeigt auch der Aufgabenkatalog des Artikels 19, dass Gebietszessionen der Beschlussgewalt des Obersten Sowjets unterfallen müssen, denn dieser soll gerade die Entscheidungsgewalt über die zentralen Fragen der Außenpolitik und Gebietsstrukturierung haben.

Vor allem Artikel 19 c), der die Errichtung neuer Gebiete innerhalb der RSFSR nur mit Bestätigung des Obersten Sowjets der UdSSR zulässt, zeigt, dass die Entscheidung über Gebietserrichtungen und damit auch Veräußerungen nur von den höchsten Organen der Sowjetunion beschlossen werden durften.

Die Nicht-Aufnahme des konkreten Kompetenztitels in den Artikel 19 stellt meines Erachtens daher ein redaktionelles Versehen dar.

---

518 Die sowjetische Verfassung von 1936 ist zu finden unter: http://www.verfassungen.net/su/udssr36-index.htm (Stand: 28.7.2016).

Folglich hatte der Oberste Sowjet die Kompetenz zur Regelung von Gebietsabtretungen.

Die ukrainische Verfassung von 1937 bestimmte ebenso durch Artikel 49 i.V.m. Artikel 31, dass der Oberste Sowjet der USSR für eine Änderung der bestehenden Grenzen zuständig war.[519]

Die Entscheidung oblag demnach den jeweiligen Obersten Sowjets. Diese konstituierten sich aus jeweils zwei Kammern und wählten durch ihre Mitglieder ein Präsidium, das die legislativen Hauptaufgaben wahrnahm, das gesamte Organ jedoch nur in bestimmten Einzelfragen vertreten konnte.[520]

Im Rahmen der Entscheidung über die Veräußerung der Krim kam es zu einem gemeinsamen Beschluss der Präsidien der Obersten Sowjets der UdSSR, RSFSR und der USSR.[521]

Das Präsidium stellt jedoch nur einen Auszug der Obersten Sowjets dar. Wie oben gezeigt, hätte der Oberste Sowjet in seiner Gesamtheit handeln müssen, sodass eine ordnungsgemäße Vertretung nicht stattgefunden hat und die Abtretung damit verfassungswidrig war.[522]

Dagegen argumentiert *Kramer*[523], dass der Entscheidungslauf ordnungsgemäß verlief. So hätten die jeweils zuständigen Organe ihre notwendige Zustimmung gegeben, was hinreichend aus den Protokollen der Präsidiums-Sitzungen[524] hervorginge.

Dem ist jedoch entgegenzuhalten, dass aus den Protokollen allein hervorgeht, dass die jeweiligen Präsidien gehandelt haben und eine Zustimmung durch den Obersten Sowjet der UdSSR erfolgte.

Eine reine Präsidialvertretung genügt, zumindest nach der russischen Verfassung, aber nicht, um eine Gebietsänderung wirksam vollziehen zu können, denn

---

519 *Butkevych*, Who has a Right to Crimea: Khrushchev's „Gift“: The truth behind the calculation, Beitrag auf der Internetpräsenz der infoukes, zu finden unter: http://www.infoukes.com/history/crimea/page-12.html (Stand: 28.7.2016).

520 Siehe Artikel 33 Verfassung RSFSR.

521 *Sasse*, The Crimea Question: Identity, Transition, and Conflict, S. 110.

522 *Ebd.*, S. 111.

523 *Kramer*, Why Did Russia Give Away Crimea Sixty Years Ago? The Transfer of Crimea from Soviet Russia to Soviet Ukraine, 1954, Beitrag auf der Internetpräsenz des Wilson Center, zu finden unter: http://www.wilsoncenter.org/publication/why-did-russia-give-away-crimea-sixty-years-ago (Stand: 28.7.2016).

524 Meeting of the Presidium of the Supreme Soviet of the Union of Soviet Socialist Republics v. 19.2.1954, zu finden unter: http://digitalarchive.wilsoncenter.org/document/119638 (Stand: 28.7.2016).

diese ist nach Artikel 16 von der Zustimmung der RSFSR abhängig, die nur der Oberste Sowjet erteilen kann.

Eine endgültige Entscheidung, ob der Transfer aufgrund mangelnder innerstaatlicher Kompetenz rechtswidrig war, kann im Ergebnis jedoch dahinstehen, da eine nachträgliche Heilung des Kompetenzmangels in mehreren Verträgen bzw. Verfassungsänderungen gesehen werden kann.

So ermächtigte ein Gesetz des Obersten Sowjets vom 2. Juni 1954 das Präsidium der RSFSR zur Anpassung des Artikels 14 der Verfassung durch Streichung der Oblast Krim aus dem Katalog der zur RSFSR gehörenden Regionen, was als nachträgliche Zustimmung aufgefasst werden muss.[525]

Weiterhin erkannte Russland in mehreren bilateralen Verträgen die bestehenden Grenzen der Ukraine an. Dazu zählen insbesondere das Budapester Memorandum von 1994 und der Schwarzmeer-Flotten-Vertrag von 1997.

Zwar wurde bereits vor Abschluss dieser Verträge im Jahr 1992 beschlossen, die Zession für ungültig und nichtig zu erklären, um das Geschenk zurückfordern zu können.[526] Dies geschah jedoch wiederum zeitlich nach den so genannten „Belavezha Accords" von 1991 bezüglich der Auflösung der Sowjetunion, in der eine Anerkennung bestehender Grenzen ebenfalls vorgenommen wurde.

Respektive der ohnehin erfolgten nachträglichen Zustimmung zur Verfassungsänderung im Jahr 1954 kann damit offen bleiben, zu welchem Zeitpunkt eine Heilung exakt eintrat, da diese jedenfalls erfolgte.

Abgesehen davon ist zu berücksichtigen, dass eine mögliche Verfassungswidrigkeit aufgrund des Handelns eines unzuständigen Organs gemäß Art. 46 Abs. 1 WVK ohnehin nicht auf das Völkerrecht ausschlagen kann. Die Abtretung war damit zumindest völkerrechtlich nicht zu beanstanden.

Abschließend lässt sich festhalten, dass die genauen Umstände und die Rechtmäßigkeit der Zession der Krim an die Ukraine nach damals geltendem sowjetischem Recht zwar zum Teil ungeklärt bleiben. Dies ändert jedoch nichts an der Faktenlage, dass die Krim durch Abtretung im Jahr 1954 Teil der Ukraine geworden ist.

525 *Merezhko*, Crimea's Annexation by Russia – Contradictions of the New Russian Doctrine on International Law, ZaöRV 2015, S. 170.

526 New York Times v. 22.5.1992, "Russia Votes to Void Cession of Crimea to Ukraine", http://www.nytimes.com/1992/05/22/world/russia-votes-to-void-cession-of-crimea-to-ukraine.html (Stand: 28.7.2016).

(bb) Verstoß Russlands gegen das Gewaltverbot

Von besonderem Interesse ist die Frage nach der Rechtmäßigkeit des russischen Vorgehens im Zuge der Ukraine-Krise.

Innerhalb der oben angeführten Aufarbeitung der Ereignisse wurde bereits dargestellt, dass keine Zweifel daran bestehen, dass Russland militärische Kräfte auf die Krim entsandt hat, um die dort agierende separatistische Bewegung zu unterstützen.

Präsident Putin bat das Parlament bereits am 1. März, eine militärische Intervention zu genehmigen.[527]

Zwar blieb die Frage, ob Russland tatsächlich vor Durchführung des Referendums Truppen ins Nachbarland entsandte, lange Zeit umstritten, da die auf der Krim präsenten Soldaten keine offizielle russische Militärkleidung trugen. Die Nutzung russischen Militärequipments legte jedoch bereits früh nahe, dass es sich auch um russische Soldaten handelte.[528]

Spätestens aber durch das Eingeständnis Putins ist die Entsendung russischer Truppen auf ukrainisches Territorium eine Tatsache.[529]

Die Stationierung der Militärkräfte war dabei nicht durch den im Jahr 1997 abgeschlossenen Schwarzmeer-Flottenvertrag gedeckt, der zum Zwecke der Durchführung des Abkommens eine bestimmte Anzahl russischer Truppen auf ukrainischem Territorium erlaubt. Denn nach dessen Artikel 6 ist die Missachtung der ukrainischen Souveränität oder die Einmischung in innere Angelegenheiten untersagt. Die russischen Soldaten waren jedoch zu keinem anderen Zweck als diesem in ukrainisches Territorium entsandt worden.

Folglich war das Verhalten nicht nur nicht durch den Vertrag gedeckt, sondern es stellt gleichsam auch einen Bruch der Vereinbarung dar und mithin ein völkerrechtliches Delikt. Ferner verletzte Russland durch die Intervention seine Verpflichtungen nach dem Budapester Memorandum von 1994 und dem 1997 zustande gekommenen Freundschaftsvertrag mit der Ukraine. In beiden Abkommen sicherte Russland der Ukraine die Achtung seiner Grenzen zu. Das

---

527 TASS, Russian News Agency v. 1.3.2014, "Putin's letter on use of Russian army in Ukraine goes to upper house", http://en.itar-tass.com/russia/721586 (Stand: 28.7.2016).

528 *Marxsen,* The Crimea Crisis – An International Law Perspective, ZaöRV 2014, S. 369–370.

529 UK Reuters v. 17.4.2014, „Putin admits Russian forces were deployed to Crimea", http://uk.reuters.com/article/2014/04/17/russia-putin-crimea-idUKL6N0N921H20140417 (Stand: 28.7.2016); Tagesschau v. 9.3.2015, "Ukraine-Krise: Putin gibt Befehl zur Annexion der Krim zu", http://www.tagesschau.de/multimedia/video/video-68221.html (Stand: 28.7.2016).

Vorgehen Russlands könnte weiterhin auch Normen der UN-Charta verletzt haben. In Betracht kommt dabei vor allem das Gewaltverbot aus Artikel 2 (4):

> *„Alle Mitglieder unterlassen in ihren internationalen Beziehungen jede gegen die territoriale Unversehrtheit oder die politische Unabhängigkeit eines Staates gerichtete oder sonst mit den Zielen der Vereinten Nationen unvereinbare Androhung oder Anwendung von Gewalt.“*[530]

Als Gewalt gilt dabei zumindest die Anwendung militärischer oder physischwirkender Mittel.[531]

Diese Voraussetzung ist im vorliegenden Fall zweifelsfrei erfüllt, sodass ein Verstoß gegen das Gewaltverbot anzunehmen ist.[532]

Möglicherweise ist dieser Verstoß aber durch geschriebene oder ungeschriebene Rechtfertigungsgründe gedeckt und damit im Ergebnis völkerrechtskonform.

In Betracht kommt dabei die Berufung auf folgende Rechtfertigungen:
(aaa) Schutz der russischen Bevölkerung auf ukrainischem Territorium und
(bbb) Intervention auf Einladung des ukrainischen Präsidenten Janukowitsch.

(aaa) Rechtfertigung des Schutzes eigener Staatsangehöriger

Russland rechtfertigte sein Eingreifen in den ukrainischen Konflikt vornehmlich mit dem Argument, die russische Bevölkerung auf der Krim schützen zu wollen.[533]

Die Intervention zum Schutz eigener Staatsangehöriger im Ausland ist in der Völkerrechtslehre stark umstritten[534] und wird selbst von den Befürwortern nur in engen Grenzen als rechtmäßig zugelassen, da die Konstruktion schwer mit dem Interventionsverbot aus Artikel 2 (7) UN-Charta zu vereinbaren ist.

---

530 https://www.unric.org/html/german/pdf/charta.pdf (Stand: 28.7.2016).

531 *International Law Association,* Report on the Use of Force, Washington Conference 2014, S. 2.

532 So auch: *Kranz,* Imperialism, the Highest Stage of Sovereign Democracy: Some Remarks on the Annexation of Crimea by Russia, AVR 2014, S. 214; *Bílková,* The Use of Force by the Russian Federation in Crimea, ZaöRV 2015, S. 30–31; *Marxsen,* Territorial Integrity in International Law – Its Concept and Implications for Crimea, ZaöRV 2015, S. 26.

533 TASS, Russian News Agency v. 1.3.2014, "Putin's letter on use of Russian army in Ukraine goes to upper house", http://en.itar-tass.com/russia/721586 (Stand: 28.7.2016).

534 Dagegen u.a.: *Crawford,* Bownlie's Principles of Public International Law, 8. Aufl., S. 754; *Bothe,* Friedenssicherung und Kriegsrecht, S. 609, in: *Vitzthum/Proelß,* Völkerrecht, 7. Aufl.

Dogmatisch hergeleitet werden kann die so genannte „humanitäre Intervention im engeren Sinne“ auf zweierlei Art und Weise.

Zum einen wird auf eine gewohnheitsrechtliche Ausnahme zum Gewaltverbot rekurriert.[535]

Zum anderen wird die Möglichkeit einer extensiven Auslegung des Rechts auf Selbstverteidigung aus Artikel 51 UN-Charta vertreten.[536]

Da die Bevölkerung ein konstitutives Element des Staates darstellt, bedeute ein Angriff auf selbige automatisch auch einen Angriff auf den Staat als Ganzen, sodass ein Recht auf Selbstverteidigung ausgelöst werde.[537]

Die Problematik dieser Sichtweise ist, dass das herkömmliche Verständnis des Artikels 51 grundsätzlich eine Bedrohung der Existenz oder Sicherheit eines Staates voraussetzt.[538]

Der in Frage stehende Angriff muss demnach einen konkreten Bezug zum vermeintlich verletzten Staat aufweisen. Daran fehlt es aber zumeist, wenn eine Minderheit im Ausland Opfer von verletzenden Handlungen wird.

Andererseits kann es einem Staat auch nicht zugemutet werden, seine Bevölkerung sehenden Auges völkerrechtswidrigen Bedrohungen auszusetzen. Dies gilt vor allem unter der zunehmenden Bereitschaft in Lehre und Praxis, menschenrechtlichen Belangen vermehrt Rechnung zu tragen.[539]

In der Vergangenheit gab es zudem vereinzelt Beispiele, in denen eine Befreiung eigener Staatsangehöriger, wenn auch nicht ohne Widerstand, hingenommen wurde. Als bestes Beispiel dient dafür die Befreiung israelischer Geiseln auf dem Flughafen von Entebbe.[540]

Bejaht man die Möglichkeit solcher Interventionen, so muss dennoch eine Grenze gefunden werden, um eine missbräuchliche Berufung auf das Recht auf Selbstverteidigung zu vermeiden. So kann ein Vorgehen aus humanitären Gründen nur dann gerechtfertigt sein, wenn andere Möglichkeiten zur Rettung

---

535 *International Law Association,* Report on the Use of Force, Washington Conference 2014, S. 12.

536 *Eichensehr,* Defending Nationals Abroad: Assessing the Lawfulness of Forcible Hostage Rescues, Virginia Journal of International Law 2008, S. 465 ff.; *Bowett,* Self-Defense in International Law, S. 92.

537 *Marxsen,* The Crimea Crisis – An International Law Perspective, ZaöRV 2014, S. 372–373.

538 *Ebd.,* S. 373.

539 *Herdegen,* Völkerrecht, 15. Aufl., §34, Rn. 32; *Doehring,* Völkerrecht, 2. Aufl., §2 I, Rn. 193.

540 Siehe dazu: *Beyerlin,* Die israelische Befreiungsaktion von Entebbe in völkerrechtlicher Sicht, ZaöRV 1977, S. 213–243.

der Staatsangehörigen ausgeschlossen sind. Die Intervention muss folglich *ultima ratio* sein, sich auf das absolut Notwendigste beschränken und insgesamt verhältnismäßig sein.[541]

Ob das Vorgehen Russlands diese Anforderungen erfüllt, ist äußerst fraglich.[542] Zunächst müssten ernsthafte Verletzungen der russischen Zivilbevölkerung erfolgt oder zu befürchten gewesen sein.

Solch einen Nachweis blieb Russland jedoch bis zuletzt schuldig. Der pauschale Verweis auf die Gefährdung der russischen Minderheit genügt zumindest nicht, um eine humanitäre Intervention anzustrengen.

Dass die Lage auf der Krim und in der Ukraine die Schwelle für ein Vorgehen nicht überschritten hat, zeigt auch der Bericht des Hochkommissars der Vereinten Nationen für Menschenrechte, der eine ernsthafte Bedrohung der russischsprachigen Bevölkerung nicht ausmachen konnte.[543]

Im Gegensatz dazu argumentiert *Quigley*,[544] dass eine Verletzung der russischen Minderheit durch die Revidierung eines ukrainischen Gesetzes stattgefunden haben könnte.

Das Gesetz sah einen offiziellen Status für in der Ukraine gesprochene Minderheitensprachen vor. Im Jahr 2012 wurde das Gesetz jedoch durch das ukrainische Parlament gekippt, was nach Ansicht *Quigleys* gegen Artikel 12 des russisch-ukrainischen Freundschaftsvertrages von 1999 verstoße, der die kulturelle und sprachliche Ausübung der Minderheiten garantieren soll.[545]

Allerdings muss berücksichtigt werden, dass der Freundschaftsvertrag nur die Gewährleistung der kulturellen Identität vorsieht, jedoch keinen Anspruch auf weitergehenden Schutz oder Anerkennung vermittelt.

Zudem kann solch eine Maßnahme keine humanitäre Intervention begründen. Zwar führt *Quigley* an, dass sich die russische Minderheit aufgrund der nationalistischen Bestrebungen im ukrainischen Parlament und der gleichsamen Revidierung des Gesetzes bedroht fühlte; zu konkreten Übergriffen oder auch

---

541 *Eichensehr*, Defending Nationals Abroad: Assessing the Lawfulness of Forcible Hostage Rescues, Virginia Journal of International Law 2008, S. 465.

542 So auch: *Bílková*, The Use of Force by the Russian Federation in Crimea, ZaöRV 2015, S. 39; *Merezhko*, Crimea's Annexation by Russia – Contradictions of the New Russian Doctrine of International Law, ZaöRV 2015, S. 191–192.

543 United Nations High Commissioner for Human Rights, Report on the Human Rights Situation in Ukraine, 15 April 2014, Rn. 73–76.

544 *Quigley*, Finding a Way Forward to Crimea, Beitrag v. 5.3.2014 in Cambridge Journal of International and Comparative Law, Online Version.

545 *Ebd.*

nur der Andeutung solcher Aktivitäten kam es jedoch nicht, sodass diese Geschehnisse keine ausreichende Begründung für ein Eingreifen liefern.

Abgesehen vom Nichtvorliegen der tatbestandlichen Voraussetzungen fehlte es auch an der Verhältnismäßigkeit des russischen Vorgehens. Denn zum einen hätte Russland zunächst auf diplomatischem Wege versuchen müssen, eine Lösung der Konfliktsituation zu erzielen. Die Invasion wenige Tage nach den Ereignissen auf dem Maidan trug diesem Belang in keiner Weise Rechnung.[546]

Zum anderen beschränkte sich Russland nicht bloß auf den Schutz der eigenen Bevölkerung, sondern unterstützte in massiver Weise die separatistischen Kräfte auf der Krim. Damit bekommt die humanitäre Intervention eine politische Dimension, die über das eigentliche Ziel weit hinausgeht und damit allein deshalb rechtswidrig ist.[547]

Eine Rechtfertigung aufgrund des Schutzes der eigenen Bevölkerung liegt damit, unabhängig von der Zulässigkeit eines solchen Rechts, nicht vor.

(bbb) Rechtfertigung der Intervention auf Einladung

Neben der Berufung auf den Schutz eigener Staatsangehöriger führte Russland ebenfalls an, auf Einladung der ukrainischen Regierung interveniert zu haben.[548]

So soll der im Zuge des Regierungsumsturzes in Sewastopol an die Macht gelangte Aksjonow, mit Unterstützung des gestürzten ukrainischen Präsidenten Janukowitsch, das Nachbarland um Hilfe gebeten haben. Zudem legte der russische Vertreter im Sicherheitsrat, Vitaly Churkin, in einer Sitzung am 3. März die Kopie eines Briefes von Janukowitsch an Russland vor, in dem es heißt:

> *„As the legitimately elected President of Ukraine, I wish to inform you that events in my country and capital have placed Ukraine on the brink of civil war. Chaos and anarchy reign throughout the country. The lives, security and rights of the people, particularly in the south-east and in Crimea, are under threat. Open acts of terror and violence are being committed under the influence of Western countries. People are being persecuted on the basis of their language and political beliefs. I therefore call on President Vladimir Vladimirovich Putin of Russia to use the armed forces of the Russian Federation to establish legitimacy, peace, law and order and stability in defence of the people of Ukraine.“*[549]

---

546 *Etezazian*, Ukraine Insta-Symposium: The Crisis in Crimea- The Protection of Nationals Abroad and the Legality of Ukraine's Possible Use of Force in Self-Defense, Beitrag v. 9.3.2014 in Opinio Juris Online.

547 So auch: *Peters,* Crimea: Does „The West" Now Pay the Price for Kosovo?, Beitrag v. 22.4.2014 in EJIL:Talk! Online.

548 UN Doc. S/PV.7124, S. 5.

549 UN Doc. S/PV.7125, S. 3–4.

Erste Zweifel an der Authentizität des Schriftstückes wurden durch Janukowitsch ausgeräumt, der in einem Interview äußerte, das Nachbarland tatsächlich um Hilfe gebeten zu haben.[550]

Zu hinterfragen ist an dieser Stelle, ob die erwähnten Einladungen zur Intervention rechtmäßig waren und das Vorgehen Russlands legitimieren können.

Dafür soll zunächst geklärt werden, ob und unter welchen Voraussetzungen eine solche Einladung überhaupt möglich ist.

Der Internationale Gerichtshof erkennt die Möglichkeit einer Intervention auf Einladung grundsätzlich an.[551]

Jedoch macht dieser auch deutlich, dass, mit Rücksicht auf das in Artikel 2 (7) UN-Charta normierte Interventionsverbot, eine Einladung nur von der Regierung und nicht von der aufstrebenden Opposition ausgehen kann.[552]

Dies wird auch durch eine Resolution der Generalversammlung bezüglich der fragwürdigen Intervention Russlands in Ungarn im Jahr 1956 bestätigt, in der es heißt:

> *„The act of calling in the forces of a foreign State for the repression of internal disturbances is an act of so serious a character as to justify the expectation that no uncertainty should be allowed to exist regarding the actual presentation of such a request by a duly constituted Government.“*[553]

Demnach kann es nur dem höchsten Staatsorgan vorbehalten sein, eine fremde Regierung um Hilfe zu bitten.

Zumindest der Ministerpräsident der Krim, Sergei Aksjonow, kann diese Kompetenz nicht für sich beanspruchen. Zwar soll laut Churkin das Herantreten Aksjonows an Russland durch Janukowitsch unterstützt worden sein. Belege gibt es dafür jedoch bisher nicht.

Zum Zeitpunkt der Anfrage Aksjonows war die Krim unter allen Umständen noch ein Teil der Ukraine, sodass das Herantreten des Ministerpräsidenten der

---

550 Washington Examiner v. 2.4.2014, "AP Interview: Yanukovych admits mistakes on Crimea", http://www.washingtonexaminer.com/ap-interview-yanukovych-admits-mistakes-on-crimea/article/feed/2126924 (Stand: 28.7.2016).

551 Armed Activities on the Territory of the Congo (Democratic Republic of Congo v. Uganda), Judgment, I.C.J. Reports 2005, S. 168, Rn. 45.

552 Military and Paramilitary Activities in and against Nicaragua (Nicaragua v. United States of America), Merits, Judgment, I.C.J. Reports 1986, S. 14, Rn. 246.

553 Zu finden bei: *Nolte*, Intervention by Invitation, Rn. 2, in: *Wolfrum*, Max Planck Encyclopedia of Public International Law, Online Version 2010.

Krim nicht den Anforderungen einer rechtmäßigen Einladung zur Intervention entspricht.[554]

Anders könnte die Situation aber hinsichtlich der Einladung durch Janukowitsch liegen.

Denn dieser war Präsident und damit Staatsoberhaupt der Ukraine und könnte mithin die Kompetenz gehabt haben, Russlands Hilfe zu erbeten.

Dagegen könnten aber sowohl die Konstitution der Ukraine als auch die Tatsache sprechen, dass Janukowitsch zum Zeitpunkt der ausgesprochenen Einladung zumindest *de facto* entmachtet war.

Im Kontext der erfolgten Entmachtung ist allerdings wiederum fraglich, ob der Sturz des ukrainischen Präsidenten überhaupt verfassungsgemäß war und damit Wirksamkeit entfalten konnte.

Vorausgesetzt, dies wäre nicht der Fall, stellt sich die Frage, welche Regierung eine Einladung zur Intervention an Russland aussprechen durfte.

Entweder die effektiv kontrollierende oder die gesetzlich legitimierte Regierung.

Zu klären ist daher zunächst, ob Janukowitsch seine Macht nicht nur *de facto*, sondern auch *de iure* verloren hatte.

Am 22. Februar 2014 stimmte das ukrainische Parlament mit 328 zu 0 Stimmen für die Entlassung Janukowitschs aus dem Präsidialamt.

Nach der ukrainischen Verfassung bedarf es für diesen Schritt einer Dreiviertel-Mehrheit. Da das Parlament 449 Mitglieder zählte, hätten insgesamt 337 Stimmen für diese Entscheidung votieren müssen.[555]

Die notwendige Mehrheit wurde folglich nicht erzielt; Janukowitsch konnte mit dieser Entscheidung nicht seines Amtes enthoben werden.

Davon abgesehen fehlte es auch an der Einhaltung weiterer Voraussetzungen einer Amtsenthebung nach Artikel 111 der am 22. Februar 2014 geltenden Verfassung.[556]

Damit wird die eben aufgeworfene Frage relevant, ob Janukowitsch, trotz des Verlustes der effektiven Kontrolle, berechtigt war, Russland in den Konflikt zu involvieren.

---

554 *Wisehart*, The Crisis in Ukraine and the Prohibition of the Use of Force: A Legal Basis for Russia's Intervention?, Beitrag v. 4.3.2014 in EJIL:Talk! Online.

555 *Vermeer*, Intervention with the Consent of a Deposed (but Legitimate) Government? Playing the Sierra Leone Card, Beitrag v. 6.3.2014 in EJIL:Talk! Online.

556 *Bílková*, The Use of Force by the Russian Federation in Crimea, ZaöRV 2015, S. 41.

Nolte[557] vertritt die Ansicht, dass eine Berechtigung zum Ausspruch einer Einladung dann nicht mehr besteht, wenn die Regierung bzw. das Staatsoberhaupt keinerlei effektive Kontrolle über den Staat ausübt.

Genau dies war hier der Fall. Janukowitsch war aus der Ukraine geflohen und hatte keinerlei Einflussmöglichkeiten auf die Regierungsgeschäfte.

Zudem zeichnete sich ab, dass ein Teil der Staatengemeinschaft Erklärungen Janukowitschs in seiner Funktion als Präsident nicht weiter akzeptieren würde, sodass auch in dieser Hinsicht ein Rückhalt nicht bestand.[558]

Dennoch gibt es eine sich im Vordringen befindliche Ansicht, die die Befugnis, auswärtige Hilfe trotz des Verlustes jeglicher effektiver Kontrolle anzufordern, bejaht.

Dies gelte jedoch nur für solche Regierungen, die rechtmäßig gewählt und verfassungswidrig gestürzt wurden.[559]

Ihre Grundlage findet diese Theorie in einer vermeintlich entsprechenden Staatenpraxis.

Im Jahr 1991 wurde der durch demokratische Wahlen an die Macht gelangte haitianische Präsident Aristide Opfer eines Staatsstreiches des Militärs und floh nach Venezuela und in die USA. Die angeforderte internationale Hilfe wurde ihm trotz des Nicht-Bestehens einer effektiven Kontrolle zuteil.

Der Sicherheitsrat setzte Maßnahmen nach dem VII. Kapitel der UN-Charta fest[560] und erreichte 1994 die Wiedereinsetzung Aristides als Staatspräsident.

Ähnlich verlief die Situation in Sierra Leone. Der 1997 geputschte Präsident von Sierra Leone, Ahmad Tejan Kabbah, bat die in Afrika agierende ECOWAS aus dem Exil um Hilfe.

Diese nahm sich der Sache an und verhalf Kabbah zurück zu seiner ihm zustehenden Position als Regierungschef.[561]

---

557 *Nolte*, Intervention by Invitation, Rn. 17, in: *Wolfrum*, Max Planck Encyclopedia of Public International Law, Online Version 2010.

558 *Borgen*, Who speaks for Ukraine?. Beitrag v. 3.3.2014 in Opinio Juris Online.

559 *Vaypan*, (Un)Invited Guests: The Validity of Russia's Argument on Intervention by Invitation, Beitrag v. 5.3.2014 in Cambridge Journal of International and Comparative Law, Online Version; *LeMon*, Unilateral Intervention by Invitation in Civil Wars: The Effective Control Test Tested, New York University Journal of International Law and Politics 2003, S. 754.

560 S/RES/841; S/RES/873; S/RES/917.

561 *Fox*, Ukraine Insta-Symposium: Intervention in the Ukraine by Invitation, Beitrag v. 10.3.2014 in Opinio Juris Online.

Zuletzt ist das Beispiel der Elfenbeinküste anzuführen. Die im Jahr 2010 abgehaltene Präsidentschaftswahl gewann Alassane Ouattara gegen seinen Kontrahenten Gbagbo, der sich jedoch weigerte, seine Niederlage zu akzeptieren und die präsidialen Amtsgeschäfte für sich beanspruchte. Es kam zum Stillstand; in dieser Zeit konnte keiner der beiden Männer die Kontrolle über das Land ausüben.

Ouattara, der von den Vereinten Nationen und einem Großteil der Staatengemeinschaft als Sieger der Wahl anerkannt wurde, forderte, wie zuvor Kabbah, Hilfe von der ECOWAS und den Vereinten Nationen an.

Im April 2011 kam es sodann zu einer Intervention internationaler Truppen, die Gagbo absetzten und zu seiner Festnahme führten. Dies machte den Weg für Ouattara frei, seine Präsidentschaft ausüben zu können.[562]

Die Beispiele zeigen, dass die Staatenpraxis eine Intervention auf Einladung eines legitimierten Staatsoberhaupts, der jedoch keine effektive Kontrolle über sein Gebiet ausübt, grundsätzlich kennt.

Dennoch bestehen signifikante Unterschiede zwischen den dargestellten Fällen und der Situation in der Ukraine, die eine Übertragung der damals angewandten Prinzipien nicht möglich macht.

Allen voran ist herauszustellen, dass in Haiti, Sierra Leone und der Elfenbeinküste ein gewaltsamer Putschversuch den jeweils legitimierten Präsidenten stürzen sollte. In der Ukraine lässt sich von einem Putsch aber keinesfalls sprechen. Vielmehr übte Janukowitsch sein Amt völlig unzureichend aus und sollte aufgrund dessen abgewählt werden.[563]

Die Abstimmung im Parlament zeigt eindeutig, dass die Entmachtung auf einem legitimen Weg erfolgen sollte. Die Abwahl entsprach zwar nicht den formellen Anforderungen der ukrainischen Verfassung, dies rückt die Unrechtmäßigkeit des Vorgangs aber nicht in Sphären eines gewaltsamen Putsches, für den keinerlei rechtliche Grundlage besteht.

Weiterhin wurden in den oben angeführten Beispielen die Interventionen jeweils durch Maßnahmen des Sicherheitsrats nach dem VII. Kapitel der UN-Charta legitimiert. Zudem standen die vorausgegangenen Wahlen unter

---

562 *Ebd.*

563 Süddeutsche Zeitung v. 6.3.2014, "Feilschen um Legitimität", http://www.sueddeutsche.de/politik/machtfrage-in-der-krim-krise-feilschen-um-legitimitaet-1.1905856 (Stand: 28.7.2016).

UN-Beobachtung und der später geputschte Präsident war durch den Sicherheitsrat selbst als rechtmäßiger Vertreter des Staates anerkannt.[564]

Daraus kann gefolgert werden, dass a) ein Grundsatz, dass Interventionen auf Einladung eines Staatsoberhauptes, der keinerlei effektive Kontrolle mehr ausübt, nicht besteht und b) der Fall der Ukraine nicht den Ausnahmecharakter der Interventionen in Haiti, Sierra Leone und der Elfenbeinküste besitzt.

Diese Feststellungen führen zwar zu keiner Entscheidung, ob nun der legitime oder effektive Herrscher berechtigt sein soll, eine Einladung auszusprechen.

In der Literatur geht die Tendenz eindeutig in die Richtung, dass die Legitimität stärker zu gewichten ist.[565]

Jedoch bedarf es zumindest eines Mindestmaßes an Effektivität, um das Recht ausüben zu können.[566]

Genau diese Voraussetzung lag in Person Janukowitschs jedoch nicht mehr vor, als er Russland um Hilfe ersuchte.[567]

Damit bleibt festzuhalten, dass Russlands Intervention auch nicht aufgrund einer Einladung durch Janukowitsch gerechtfertigt war.

Abgesehen hiervon lässt sich auch die innerstaatliche Kompetenz Janukowitschs zur Ergreifung einer solchen Maßnahme anzweifeln, da Artikel 85 der ukrainischen Verfassung der Verkhovna Rada und nicht dem Präsidenten das Recht zuweist, ausländisches Militär einzuladen.[568] Eine vertiefte Erörterung dieser Frage kann aufgrund der oben getroffenen Feststellungen jedoch an dieser Stelle dahingestellt bleiben.

(cc) Rechtmäßigkeit des Referendums über den Status der Krim

Es bleibt ferner zu hinterfragen, ob das am 16. März abgehaltene Referendum und die anschließende Unabhängigkeitserklärung rechtmäßig waren.

In Betracht kommt ein Verstoß gegen

564 *Fox,* Ukraine Insta-Symposium: Intervention in the Ukraine by Invitation, Beitrag v. 10.3.2014 in Opinio Juris Online.

565 *Nolte,* Intervention by Invitation, Rn. 17, in: *Wolfrum*, Max Planck Encyclopedia of Public International Law, Online Version 2010.

566 Siehe auch: *International Law Association,* Report on the Use of Force, Washington Conference 2014, S. 13–14.

567 So auch: *Merezhko,* Crimea's Annexation by Russia – Contradictions of the New Russian Doctrine on International Law, ZaöRV 2015, S. 192.

568 *Bílková,* The Use of Force by the Russian Federation in Crimea, ZaöRV 2015, S. 41; *Merezhko,* Crimea's Annexation by Russia – Contradictions of the New Russian Doctrine on International Law, ZaöRV 2015, S. 192.

(aaa) nationales sowie
(bbb) internationales Recht.

(aaa) Vereinbarkeit mit nationalem Recht

Das Referendum könnte gegen die ukrainische Verfassung und damit gegen nationales Recht verstoßen haben.

Artikel 2 der Verfassung besagt, dass die Ukraine ein unitarischer Staat ist und seine Grenzen unteilbar und unantastbar sind.

Artikel 134 bestimmt darüber hinaus, dass die Krim einen untrennbaren Bestandteil der Ukraine darstellt. Zwar steht der Krim aufgrund ihres Autonomiestatus das Recht zu, Referenden über lokale Fragen abzuhalten. Über die Änderung der staatlichen Grenzen der Ukraine und damit auch der Abspaltung der Krim darf nach Art. 73 der Verfassung jedoch nur innerhalb des gesamten Staatsverbandes abgestimmt werden. Ebenso entschied das ukrainische Verfassungsgericht am 14. März 2014 auf Vorlage der Frage, ob das anstehende Referendum auf der Krim mit dem nationalen Recht vereinbar sei.[569]

Daraus folgt, dass das Referendum eindeutig gegen nationales Recht verstoßen hat.

Dies beantwortet jedoch keinesfalls die Frage, ob ein Verstoß gegen Völkerrecht ebenfalls anzunehmen ist.

(bbb) Vereinbarkeit mit internationalem Recht

Die Frage der internationalen Rechtmäßigkeit des Referendums bedarf einer gesonderten Betrachtung, da ihre Beantwortung unabhängig von nationalen Bestimmungen zu erfolgen hat.[570]

Grundsätzlich schweigt das Völkerrecht zur Rechtmäßigkeit von einseitigen Unabhängigkeitserklärungen. Hierzu bestehen weder ein Ge- noch ein Verbot im Völkerrecht.

Auf prononcierte Weise unterstreicht auch *Crawford* diese Situation, indem er in einer öffentlichen Sitzung vor dem IGH vorträgt:

---

569 Siehe dazu: Ministry of Foreign Affairs of Ukraine, Press Center v. 15.3.2014, "Judgment of the Constitutional Court of Ukraine on all-Crimean referendum", http://mfa.gov.ua/en/news-feeds/foreign-offices-news/19573-rishennya-konstitucijnogo-sudu-v-ukrajini-shhodo-referendumu-v-krimu (Stand: 28.7.2016).

570 *Marxsen*, The Crimea Crisis – An International Law Perspective, ZaöRV 2014, S. 381.

„Mr. President, Members of the Court, I am a devoted but disgruntled South Australian. „I hereby declare the independence of South Australia." What has happened? Precisely nothing. Have I committed an internationally wrongful act in your presence? Of course not."[571]

Anders ist dies aber zu beurteilen, sobald ein Referendum oder daran anknüpfend eine Unabhängigkeitserklärung gegen Normen des Völkerrechts verstößt, insbesondere wenn diese zwingenden Charakter besitzen.

Dazu führt auch der IGH in seinem Kosovo-Gutachten aus:

„[T]he illegality attached to [some other] declarations of independence [...] stemmed not from the unilateral character of these declarations as such, but from the fact that they were, or would have been, connected with the unlawful use of force or other egregious violations of norms of general international law, in particular those of a peremptory character (jus cogens)."[572]

Ein solcher Fall könnte hier aber vorliegen. Das Abhalten des Referendums und der Ausspruch der Unabhängigkeit infolge des erzielten Ergebnisses konnten nur durch die Unterstützung russischer Truppen erreicht werden.

Denn diese sicherten militärisch ab, dass ukrainische Kräfte keinen Einfluss auf die Vorgänge auf der Krim-Halbinsel nehmen konnten.[573]

Dieses Vorgehen Russlands stellt einen Verstoß gegen das Gewaltverbot aus Artikel 2 (4) UN-Charta und damit die Verletzung einer *ius cogens*-Norm dar, die, wie oben gezeigt, keiner Rechtfertigung zugänglich war.

Genau dieses völkerrechtswidrige Vorgehen machte sich das Regime der Krim-Halbinsel zunutze, um ein Referendum abzuhalten und den Anschluss an das Nachbarland voranzutreiben.[574] In der einseitigen Loslösung von der Ukraine, trotz Abhaltens einer demokratischen Abstimmung,[575] muss daher eine

571 Public Sitting on the Accordance with International Law of the Unilateral Declaration of Independence by the Provisional Institutions of Self-Government of Kosovo (Request for Advisory Opinion Submitted by the General Assembly of the United Nations), CR 2009/32, S. 47 (Dec. 10, 2009).

572 Accordance with International Law of the Unilateral Declaration of Independence in Respect of Kosovo, Advisory Opinion, I.C.J. Reports 2010, S. 403, Rn. 81.

573 *Fox,* Guest Post: The Russia-Crimea Treaty, Beitrag v. 20.3.2014 in Opinio Juris Online.

574 *Marxsen*, Crimea's Declaration of Independence, Beitrag v. 18.3.2014 in EJIL:Talk! Online.

575 Auch daran kann gezweifelt werden; siehe dazu u.a.: Washington Post v. 6.3.2014, „Russian government agency reveals fraudulent nature of the Crimean referendum results", http://www.washingtonpost.com/news/volokh-conspiracy/wp/2014/05/06/

Perpetuierung des *ius cogens*-Verstoßes gesehen werden, die das Referendum sowie die Unabhängigkeitserklärung unrechtmäßig macht.[576]

Unabhängig davon könnte die Abstimmung vom 16. März auch durch den Verstoß gegen internationale Standards in Bezug auf das Abhalten von Referenden rechtswidrig sein.

Sowohl das Erste Zusatzprotokoll zur Europäischen Menschenrechtskonvention als auch der Internationale Pakt über bürgerliche und politische Rechte enthalten Vorschriften, wie und unter welchen Umständen ein Referendum durchgeführt werden darf. Zudem existiert ein Kodex der Venedig-Kommission zur guten Praxis bezüglich abzuhaltender Referenden, der sowohl die verbindlichen internationalen Standards zusammenfasst als auch weitere, nicht verbindliche, Vorgaben macht.[577]

Dazu zählen vor allem der friedliche Verlauf der Abstimmung, eine freie, allgemeine und gleiche Wahl sowie die Beobachtung des Referendums durch eine unabhängige internationale Instanz.[578]

Keiner dieser Punkte konnte in dem Krim-Referendum eingehalten werden,[579] was im Nachgang auch durch die Venedig-Kommission selbst ausdrücklich festgestellt wurde.[580]

Allein aufgrund der Nicht-Einhaltung dieser Mindeststandards kann das Referendum keine Grundlage für die Änderung territorialer Grenzen bilden.[581]

Eine gegenteilige rechtliche Beurteilung der Ereignisse auf der Halbinsel könnte letztlich nur noch daraus folgen, dass der Krim ein Recht auf Sezession

---

russian-government-agency-reveals-fraudulent-nature-of-the-crimean-referendum-results/ (Stand: 28.7.2016).

576 *Vidmar,* Crimea's Referendum and Secession: Why it Resembles Northern Cyprus More than Kosovo, Beitrag v. 20.3.2014 in EJIL:Talk! Online.

577 *Marxsen,* The Crimea Crisis – An International Law Perspective, ZaöRV 2014, S. 381.

578 *Peters,* Sense and Nonsense of Territorial Referendums in Ukraine, and Why the 16 March Referendum in Crimea Does not Justify Crimea's Alteration of Territorial Status under International Law, Beitrag v. 16.4.2014 in EJIL:Talk! Online.

579 Im Detail: *Luchterhandt,* Der Anschluss der Krim an Russland aus völkerrechtlicher Sicht, AVR 2014, S. 157.

580 Venice Commission, 98th Plenary Session, 21–22.3.2014, Opinion No. 762/2014, CDL-AD(2014)002.

581 *Peters,* Sense and Nonsense of Territorial Referendums in Ukraine, and Why the 16 March Referendum in Crimea Does not Justify Crimea's Alteration of Territorial Status under International Law, Beitrag v. 16.4.2014 in EJIL:Talk! Online.

zugestanden und Russland dieses durch seine Intervention unterstützt und abgesichert hat.[582]

In Betracht kommt dabei allein ein Recht auf remedial secession, das, wie bereits dargestellt, nur in Fällen greifen kann, in denen es in systematischer Weise zur Missachtung und Verletzung fundamentaler Menschenrechte gekommen ist.

Solch eine Situation lag jedoch offensichtlich nicht vor.[583] Zwar einigte sich das ukrainische Parlament im Jahr 2012 auf die Revidierung eines Gesetzes, dass der Minderheitensprache Russisch einen offiziellen Status innerhalb der Ukraine zukommen ließ.[584] Dieser Schritt war jedoch keinesfalls dazu gedacht, die russische Minderheit weitergehend zu diskriminieren oder diese grundlegender Rechte zu berauben.

Ein externes Selbstbestimmungsrecht konnte die Krim daher nicht für sich beanspruchen.[585]

Damit ist sowohl das Referendum als auch die Unabhängigkeitserklärung rechtswidrig. Es liegt ein Verstoß gegen nationales und internationales Recht vor, der auch nicht dadurch geheilt werden kann, dass die Krim ein ihr ohnehin zustehendes Sezessionsrecht ausgeübt hat.

(dd) Rechtmäßigkeit der Inkorporation der Krim in den russischen Staatsverband

Aufgrund der vorangegangenen Feststellungen fällt es nicht schwer, die letzte aufgeworfene Problematik zu beantworten, die hinterfragt, ob die im Nachgang zum Referendum erfolgte Inkorporation in den russischen Staatsverband rechtmäßig erfolgt ist.

Denn die Aufnahme der Krim ist letztlich nur die Fortführung der begonnenen völkerrechtswidrigen Intervention unter Verstoß gegen das Gewaltverbot. Sie fußt auf der Verletzung einer *ius cogens*-Norm und kann daher nicht den Schein der Rechtmäßigkeit wahren.

---

582 *Marxsen*, Crimea's Declaration of Independence, Beitrag v. 18.3.2014 in EJIL:Talk! Online.

583 So auch: *Grant*, Annexation of Crimea, American Journal of International Law 2015, S. 75, 85.

584 Siehe dazu: *Quigley*, Finding a Way Forward to Crimea, Beitrag v. 5.2.2014 in Cambridge Journal of International and Comparative Law, Online Version.

585 So auch: *Christakis*, Self-Determination, Territorial Integrity and Fait Accompli in the Case of Crimea, ZaöRV 2015, S. 84–85; a.A.: *Kapustin*, Crimea's Self-Determination in the Light of Contemporary International Law, ZaöRV 2015, S. 117–119.

Durch den Verstoß gegen eine zwingende Norm des Völkerrechts könnte der Vertrag darüber hinaus sogar nichtig gemäß Artikel 53 der Wiener Vertragsrechtskonvention sein.[586]

Die Voraussetzungen der Vorschrift liegen dabei grundsätzlich vor, da der Vertrag erst durch den Verstoß gegen eine *ius cogens*-Norm ermöglicht wurde und damit auch im Widerspruch zu dieser steht.[587]

Allerdings finden die Grundsätze der Konvention nach Art. 1 nur dann Anwendung, wenn ein Vertrag zwischen Staaten geschlossen wurde.

Die Staatseigenschaft der Krim zum Zeitpunkt des Anschlussvertrages am 18. März 2014 ist jedoch höchst zweifelhaft und lässt sich weder nach der konstitutiven noch der deklaratorischen Theorie begründen, da es an internationaler Anerkennung und auch dem Vorliegen einer effektiven Herrschaftsgewalt fehlte.[588]

Damit greift Art. 53 WVK zwar nicht direkt, da aber die wesentlichen Bestandteile des Vertragswerkes und auch Art. 53 WVK Gewohnheitsrecht darstellen,[589] bedarf es eines Rückgriffs auf die Konvention nicht.

Der Vertrag zur Inkorporation der Krim ist folglich nach gewohnheitsrechtlichen Grundsätzen völkerrechtswidrig und auch nichtig.

Als Abschluss der rechtlichen Bewertung soll an dieser Stelle noch der Versuch unternommen werden, die Vorgänge auf der Krim-Halbinsel terminologisch einzuordnen.

Durch die Abspaltung, die allein mit dem Ziel einer späteren Aufnahme in den russischen Staatsverband unternommen wurde, könnte eine Fusion, Sezession, Inkorporation oder Annexion vorgelegen haben.[590]

Betrachtet man allein die einzelnen völkerrechtlichen Akte, so könnte man zu dem Schluss gelangen, dass das Referendum und die anschließende Unabhängigkeitserklärung eine Sezession darstellt. Der anschließende Vertragsabschluss mit Russland und die Aufnahme in den bestehenden Staatsverband wären wiederum als eine Inkorporation zu werten.

Richtet man hingegen den Blick auf die Gesamtheit der vorgefallenen Ereignisse, so erscheint es naheliegender, das Vorliegen einer Annexion anzunehmen.

---

586 *Fox,* Guest Post: The Russia-Crimea Treaty, Beitrag v. 20.3.2014 in Opinio Juris Online.

587 *Luchterhandt,* Der Anschluss der Krim an Russland aus völkerrechtlicher Sicht, AVR 2014, S. 172.

588 *Fox,* Guest Post: The Russia-Crimea Treaty, Beitrag v. 20.3.2014 in Opinio Juris Online.

589 *Herdegen,* Völkerrecht, 15. Aufl., §15, Rn. 4.

590 Dazu auch: *Peters,* Sense and Nonsense of Territorial Referendums in Ukraine, and Why the 16 March Referendum in Crimea Does not Justify Crimea's Alteration of Territorial Status under International Law, Beitrag v. 16.4.2014 in EJIL:Talk! Online.

Das Hauptziel der Vorgänge auf der Krim war ein Anschluss der Halbinsel an Russland. Die Krim strebte zu keiner Zeit ernsthaft nach Unabhängigkeit und der Konstituierung eines autonomen Staates.

Dies zeigt insbesondere und vor allem die Formulierung der Referendums-Frage, die allein darauf ausgerichtet war, eine Inkorporation in den russischen Staatsverband zu erreichen.

Letztlich lässt sich mit guten Gründen anführen, dass das zu großen Teilen abgestimmte Vorgehen zwischen Russland und Aksjonow allein dazu intendiert war, den Schein einer vermeintlich rechtmäßigen Abspaltung mit anschließender Inkorporation zu wahren.

Die Zielstrebigkeit der Einbindung der Krim in den russischen Staatsverband lässt aber erahnen, dass vielmehr eine Annexion vorgenommen wurde, die unter dem Deckmantel äußerst fragwürdiger Rechtfertigungsversuche den Anschein von Legitimität erwecken sollte.

Meines Erachtens ist im Falle der Krim daher von einer Annexion zu sprechen.[591]

(c) Internationale Nicht-Anerkennungspraxis

Infolge der Annexion, die auf einem Verstoß gegen das Gewaltverbot und damit der Verletzung einer *ius cogens*-Norm beruht, besteht nach der oben nachgewiesenen Rechtsüberzeugung der Staaten eine Pflicht zur Nicht-Anerkennung bezüglich der Eingliederung der Krim in die Russische Föderation.

In ihrer Resolution vom 27. März 2014 rief zunächst die UN-Generalversammlung zur Nicht-Anerkennung der völkerrechtswidrigen Situation auf. Darin heißt es:

> „*5. Underscores that the referendum held in the Autonomous Republic of Crimea and the city of Sevastopol on 16 March 2014, having no validity, cannot form the basis for any alteration of the status of the Autonomous Republic of Crimea or the city of Sevastopol;*
> *6. Calls upon all States, international organizations and specialized agencies not to recognize any alteration of the status of the Autonomous Republic of Crimea and the city of Sevastopol on the basis of the above-mentioned referendum and to refrain from any action or dealing that might be interpreted as recognizing any such altered status.*“[592]

Auch der Sicherheitsrat setzte sich mehrfach in seinen Sitzungen mit der Krim-Frage auseinander. Ein von den Vereinigten Staaten eingebrachter Resolutionsentwurf,[593]

---

591 So auch: *Ebd.*; *Luchterhandt*, Der Anschluss der Krim an Russland aus völkerrechtlicher Sicht, AVR 2014, S. 171–173; a.A.: *Geistlinger*, Der Beitritt der Republik Krim zur Russländischen Föderation aus der Warte des Selbstbestimmungsrechts der Völker, AVR 2014, S. 202–203.

592 A/RES/68/262.

593 UN Doc. S/2014/189.

der das geplante Referendum für illegal und nichtig erklären und eine Nicht-Anerkennungspflicht anordnen sollte, wurde jedoch in der Sitzung vom 15. März 2014 durch das Veto Russlands verhindert.[594]

Die internationale Staatengemeinschaft erkennt die Annexion der Krim bis *dato* fast kollektiv nicht an.[595]

Der Delegierte Frankreichs, Gérard Araud, ließ in einer Sitzung des Sicherheitsrates verlauten:

> *„The acquisition of territory resulting from the use of force or even from simple threats is simply unacceptable. […] All that remains is to make Russia understand that we will never accept the fait accompli that it has just imposed on the ground.“*[596]

In deutlicher Weise spricht sich auch die Vertreterin der Vereinigten Staaten, Samantha Power, für eine Nicht-Anerkennung des *fait accompli* aus:

> *„In conclusion, let me just emphasize again that what Russia has done is wrong as a matter of law, wrong as a matter of history, wrong as a matter of policy, and dangerous. What happened in Crimea cannot be recognized as valid. We must stand together denying recognition and imposing consequences for that illegal act. In doing so, we must also be very clear that what happened in Crimea cannot be repeated in other parts of Ukraine.“*[597]

Der Europäische Rat positionierte sich ebenfalls früh und verurteilte das Vorgehen Russlands unter Bekräftigung seines Standpunkts, die Annexion der Krim nicht anerkennen zu wollen.[598]

Zugleich verabschiedete der Rat eine Verordnung, gestützt auf den Beschluss 2014/386/GASP, die eine Wareneinfuhrbeschränkung als Reaktion und Sanktion auf die Krim-Eingliederung festsetzt.[599]

Die Annexion der Krim ist in der internationalen Praxis daher kaum auf Akzeptanz gestoßen. Vielmehr wird das Vorgehen Russlands ausdrücklich verurteilt und Sanktionen verabschiedet, um zum einen den *status quo ante* wiederherzustellen und zum anderen zu verhindern, dass auch Teile der östliche Ukraine durch das Nachbarland eingegliedert werden. Es wurden vor allem von amerikanischer und europäischer Seite Sanktionen ausgesprochen, die an dieser Stelle jedoch keine tiefergehende Betrachtung erhalten sollen.

---

594 UN Doc. S/PV.7138.

595 Anerkannt wurde die Annexion bisher allein durch: Afghanistan, Kirgisistan, Kuba, Nicaragua, Nordkorea, Russland, Syrien und Venezuela (Stand: 28.7.2016).

596 UN Doc. S/PV.7144, S. 7.

597 UN Doc. S/PV.7144, S. 11.

598 EUCO 7/1/14 REV 1, Rn. 29.

599 VO 692/2014/EU.

3) Ergebnis

Die im vorangegangenen Kapitel erläuterten Fälle zeigen vor allen Dingen die politische Brisanz des Ausspruchs einer Nicht-Anerkennung. Denn diese hat erheblichen Einfluss auf die künftigen bilateralen Beziehungen der betroffenen Staaten. Ein Abbruch dieser Kontakte infolge einer Nicht-Anerkennung ist häufig mit wirtschaftlichen Einbußen verbunden und damit grundsätzlich unerwünscht.

Dies erklärt letztlich auch, dass die Staatenpraxis nicht immer mit der entsprechenden Rechtsüberzeugung korreliert.

Dennoch lassen sich folgende Punkte festhalten:

(1) Trotz einer nicht konsistenten Staatenpraxis besteht eine gewohnheitsrechtliche Pflicht zur Nicht-Anerkennung in Fällen einer rechtswidrigen Annexion bzw. Okkupation. Diese Tendenz bestätigt auch der aktuelle Fall der Eingliederung der Krim in den russischen Staatsverband, die fast kollektiv nicht anerkannt wird.

(2) In Fällen einer Sezession besteht nicht automatisch eine Pflicht zur Nicht-Anerkennung. Diese wird erst dann ausgelöst, wenn die Abspaltung mit einem Verstoß gegen *ius cogens*-Normen, wie beispielsweise dem Apartheid- oder Gewaltverbot, verbunden ist.

(3) Die in den ILC-Artikeln zur Staatenverantwortlichkeit aufgestellte Regel, dass alle völkerrechtswidrigen Zustände, die eine Verletzung von *ius cogens*-Vorschriften implizieren, mit einer Nicht-Anerkennung zu sanktionieren sind, stellt kein Gewohnheitsrecht dar.

Denn zum einen gibt es *ius cogens*-Vorschriften, die unumkehrbar sind und denen aufgrund dessen nicht mit einer Nicht-Anerkennung begegnet werden kann.

Zum anderen lässt sich eine solche Regel weder durch eine entsprechende Rechtsüberzeugung noch Staatenpraxis belegen.

Kapitel 3: Pflicht zur Nicht-Anerkennung durch UN-Resolutionen

Eine Pflicht zur Nicht-Anerkennung könnte sich, neben Gewohnheitsrecht, auch aus UN-Resolutionen ergeben.

Zu unterscheiden ist dabei zwischen Resolutionen des Sicherheitsrates und der Generalversammlung.

1) UN-Generalversammlung

Die Generalversammlung hat in mehreren Resolutionen dazu aufgefordert, ein bestimmtes Gebiet nicht als eigenen Staat oder als einem anderen Staat zugehörig anzuerkennen.[600]

Zuletzt geschah dies in Zusammenhang mit dem Referendum auf der Krim.[601]

Zu klären ist, auf welcher Grundlage die Generalversammlung zur Verabschiedung solcher Resolutionen berechtigt ist und ob der Aufruf zur Nicht-Anerkennung die Mitgliedstaaten der Vereinten Nationen auch binden kann.

Als Kompetenzgrundlage kommen lediglich die Artikel 11 Abs. 2 und 10 der UN-Charta in Betracht.

Gemäß Art. 11 Abs. 2 kann sich die Generalversammlung mit allen Fragen auseinandersetzen, die die Wahrung des Weltfriedens und der internationalen Sicherheit betreffen, die ihr ein Mitglied der Vereinten Nationen oder der Sicherheitsrat oder nach Artikel 35 Abs. 2 ein Nichtmitgliedstaat vorlegt.

Zwar obliegt nach Art. 24 UN-Charta grundsätzlich dem Sicherheitsrat die Hauptverantwortung für die Wahrung des Weltfriedens und der internationalen Sicherheit, dies schließt ein Tätigwerden der Generalversammlung jedoch keineswegs aus.[602]

Die Kompetenz zur Verabschiedung von Resolutionen und Empfehlungen wird jedoch durch die Art. 12 Abs. 1 und Art. 11 Abs. 2 S. 2 begrenzt. Mittels dieser Regelungen soll der Aufgabenbereich der Generalversammlung konturiert und zum Sicherheitsrat abgegrenzt werden.[603]

Demnach darf die Versammlung keine Empfehlungen abgeben, solange der Sicherheitsrat in einer Streitigkeit oder einer sonstigen Angelegenheit die ihm in der Charta zugewiesenen Aufgaben wahrnimmt.

Weiterhin ist die Generalversammlung auch dazu angehalten, vor oder nach Erörterung einer Frage, die die Wahrung des Weltfriedens und der internationalen Sicherheit betrifft, diese an den Sicherheitsrat zu überweisen, falls die Ergreifung von Maßnahmen erforderlich wird.

---

600 U.a.: A/RES/2379; A/RES/3151 G (XXVIII); A/RES/3411 D (XXX); A/RES/31/6 A.

601 A/RES/68/262.

602 *Klein/Schmahl,* Art. 11, Rn. 18, in: *Simma/Khan/Nolte/Paulus,* United Nations Charter: A Commentary, 3. Aufl.

603 Siehe dazu ausführlich: *Talmon,* Kollektive Nichtanerkennung illegaler Staaten, S. 316–317.

Hat keine Vorlage nach Art. 11 Abs. 2 S. 1 stattgefunden, so ist es der Generalversammlung möglich, ihre Aufforderung zur Nicht-Anerkennung auf die Generalklausel des Art. 10 zu stützen.[604]

Dieser ermöglicht die Erörterung aller Fragen und Angelegenheiten, die in den Rahmen der UN-Charta fallen oder Befugnisse und Aufgaben eines in der Charta vorgesehenen Organs betreffen.

Unter diesen Artikel lassen sich demnach nahezu alle Fragen subsumieren, die nur irgendeinen internationalen Bezug aufweisen; dazu zählt auch die Empfehlung zur Ergreifung der Sanktion einer Nicht-Anerkennung.

Die Generalversammlung ist folglich durch Art. 11 Abs. 2 und 10 dazu berechtigt, entsprechende Resolutionen zu erlassen.

Diese können die Mitgliedstaaten nach einhelliger Auffassung jedoch nicht binden, sodass eine Pflicht aus Resolutionen der Generalversammlung nicht abgeleitet werden kann.

Denn das UN-Organ ist nach der UN-Charta[605] lediglich befugt, nichtbindende Empfehlungen an die Mitglieder zu richten.[606]

Selbst die Staaten, die in der Versammlung für eine Pflicht zur Nicht-Anerkennung gestimmt haben, können durch ihre Stimmabgabe nicht gebunden werden.[607]

Die Resolution verpflichtet die Staatengemeinschaft lediglich dazu, die Empfehlung gewissenhaft zu prüfen und eine Befolgung ernsthaft zu erwägen.[608]

Darüber hinaus ist den Resolutionen jedoch keine Bindungswirkung zu entnehmen. Eine Pflicht der Staaten kann daraus nicht hergeleitet werden.

2) UN-Sicherheitsrat

Da es sich bei der Nicht-Anerkennung um ein Sanktionsmittel im Rahmen der Staatenverantwortlichkeit handelt, ist die Kompetenzgrundlage für die Verabschiedung von Resolutionen mit dem Inhalt einer Aufforderung zur Nicht-Anerkennung durch den Sicherheitsrat zunächst im VII. Kapitel der UN-Charta zu suchen.

---

604 *Ebd.*, S. 317.

605 Siehe Art. 10, 11 Abs. 1 und 2, 12 Abs. 1, 13 Abs. 1 und 14.

606 *Dixon*, Textbook on International Law, 7. Aufl., S. 50–51; *Gioia*, Decisions of the UN Security Council of Indefinite Duration: How to Define the Limits of Their Validity, S. 172, in: *Hilpold*, Das Kosovo-Gutachten des IGH vom 22. Juli 2010.

607 *Talmon*, Kollektive Nichtanerkennung illegaler Staaten, S. 319.

608 *Ebd.*, S. 319.

In Betracht kommt dabei unter anderem Art. 41, da es sich bei der Nicht-Anerkennung offensichtlich um eine friedliche Sanktionsmaßnahme handelt.

Die Vorschrift enthält eine Aufzählung möglicher Gegenmaßnahmen, zu der die Nicht-Anerkennung zwar nicht gehört, der Wortlaut verdeutlicht jedoch, dass es sich dabei um einen nicht abschließenden Katalog handelt.[609] In diesem wird die Aufforderung zur Nicht-Anerkennung nicht ausgeschlossen.

Voraussetzung für die Verabschiedung einer Resolution auf Basis des Art. 41 ist, dass der Sicherheitsrat zuvor gemäß Art. 39 eine Bedrohung oder einen Bruch des Friedens oder eine Angriffshandlung festgestellt hat.[610]

Diese Feststellung muss ausdrücklich und eindeutig sein. Ist dies nicht der Fall, so sind die verabschiedeten Resolutionen eng zu interpretieren und dem VII. Kapitel im Zweifel nicht zuzuordnen.[611]

Legt man diese strengen Maßstäbe an, so muss man zu dem Schluss gelangen, dass die oben aufgestellten Voraussetzungen nur in den Resolutionen 277 und 662 vorlagen und eine Pflicht zur Nicht-Anerkennung, gestützt auf Artikel 41, deshalb auch nur in diesen beiden Resolutionen des Sicherheitsrats verabschiedet wurde.[612]

Es lässt sich dennoch festhalten, dass Art. 41 die wesentliche Kompetenzgrundlage bleibt, wenn das UN-Organ eine Maßnahme nach dem VII. Kapitel zu treffen beabsichtigt.

Daneben ist auch ein Handeln unter Art. 39 möglich,[613] auch wenn von dieser Kompetenzgrundlage bis *dato* noch kein Gebrauch gemacht wurde.

Hat der Sicherheitsrat, wie bisher üblich, einen Bruch oder die Bedrohung des Friedens nach Art. 39 nicht verbindlich festgestellt, so stellt sich die Frage, auf welche Norm der UN-Charta die Aufforderung zur Nicht-Anerkennung gestützt werden kann.

Außerhalb des VII. Kapitels bietet sich dabei lediglich ein Rückgriff auf die Generalklausel des Art. 24 Abs. 1 an.[614]

---

609 *Krisch,* Art. 41, Rn. 12, in: *Simma/Khan/Nolte/Paulus,* The Charter of the United Nations: A Commentary, 3. Aufl.

610 *Pellet,* The Charter of the United Nations: A Commentary of Bruno Simma's Commentary, Michigan Journal of International Law 2003, S. 146.

611 *Krisch,* Art. 39, Rn. 47, in: *Simma/Khan/Nolte/Paulus,* The Charter of the United Nations: A Commentary, 3. Aufl.

612 *Talmon,* Kollektive Nichtanerkennung illegaler Staaten, S. 311.

613 *Ebd.,* S. 312–313.

614 *Ebd.,* S. 313.

Nach dieser Vorschrift hat der Sicherheitsrat die Hauptverantwortung für die Wahrung des Weltfriedens und der internationalen Sicherheit durch die Mitgliedstaaten übertragen bekommen.

Auf dieser Grundlage ist er zur Sicherstellung seiner Aufgaben berechtigt, alle erforderlichen Maßnahmen zu ergreifen. Zu diesen kann selbstverständlich auch die Aufforderung zur Nicht-Anerkennung gezählt werden.[615]

Da bisher allein die Resolutionen 277 und 662 auf die Kompetenzgrundlage des Art. 41 gestützt wurden, kann gefolgert werden, dass die restlichen Aufforderungen zur Nicht-Anerkennung durch den Sicherheitsrat auf die Kompetenzgrundlage der Generalklausel zurückzuführen sind.

Fraglich bleibt, ob Resolutionen des Sicherheitsrates die Mitgliedstaaten auch binden können.

Zumindest bezüglich Maßnahmen, welche auf Grundlage der Artikel 41 und 39 getroffen werden und damit aus dem VII. Kapitel der UN-Charta herrühren, wird dies einhellig angenommen.[616]

Umstritten ist jedoch die Bindungswirkung von Resolutionen, die auf die Generalklausel gestützt wurden.

Zumindest der Wortlaut des Art. 25 legt eine Bindungswirkung zunächst nahe. Dieser bestimmt, dass die Mitgliedstaaten die Beschlüsse des Sicherheitsrats im Einklang mit der Charta anzunehmen und durchzuführen haben.

Auch der IGH geht davon aus, dass Resolutionen auf Basis des Art. 24 grundsätzlich bindende Wirkung entfalten können. Ob dies der Fall ist, sei für jeden Einzelfall separat festzustellen.[617]

Der Gerichtshof begründet dieses Vorgehen vor allem mit Wortlaut und Systematik des Art. 25 und einer entsprechenden Äußerung des UN-Generalsekretärs Trygve Halvdan Lie, der eine Bindungswirkung von Resolutionen des Art. 24 ausdrücklich annahm.[618]

---

615 Vgl. auch: Legal Consequences for States of the Continued Presence of South Africa in Namibia (South West Africa) notwithstanding Security Council Resolution 276 (1970), Advisory Opinion, I.C.J. Reports 1971, S. 16, Rn. 123–126.

616 *Öberg*, The Legal Effects of Resolutions of the UN Security Council and General Assembly in the Jurisprudence of the ICJ, European Journal of International Law 2006, S. 885.

617 Legal Consequences for States of the Continued Presence of South Africa in Namibia (South West Africa) notwithstanding Security Council Resolution 276 (1970), Advisory Opinion, I.C.J. Reports 1971, S. 16, Rn. 113.

618 Dieser äußerte sich folgendermaßen: „*The obligation of the Members to carry out the decisions of the Security Council applies equally to decisions under Article 24 and to the decisions made under the grant of specific powers.*“, SCOR, 91st Meeting, 10.01.1947, 44–45.

Die Ansicht des Gerichtshofs wurde jedoch überwiegend kritisiert. Sowohl in Sondervoten zum Namibia-Gutachten[619] als auch in der Literatur[620] wird angenommen, dass nur Resolutionen, die unter dem VII. Kapitel erlassen wurden, bindende Wirkung entfalten können.

Auch die Staaten scheinen eine solche Auslegung zu befürworten.[621]

Aus der Resolutionspraxis des Sicherheitsrates selbst lässt sich hingegen kein konkreter Rückschluss ziehen, ob mit Verabschiedung von Beschlüssen auf Grundlage des Art. 24 die Intention verfolgt wurde, die Mitgliedstaaten tatsächlich auch zu binden.[622]

Eine pauschale Aussage lässt sich daher kaum treffen. Vielmehr ist angezeigt, die Bindungswirkung der entsprechenden Resolutionen im Einzelfall zu beurteilen. Anhaltspunkte für die Feststellung der Verbindlichkeit können dabei vor allem der Wortlaut der Aufforderung („*calls upon*"; „*decides*") und auch begleitende Stellungnahmen des Sicherheitsrates sein.[623]

Abschließend ist festzuhalten, dass Resolutionen auf Grundlage des Art. 24 zumindest nicht automatisch bindende Wirkung entfalten. Eine solche ist jedoch auch nicht ausgeschlossen und muss für jeden Einzelfall gesondert festgestellt werden.

Kapitel 4: Ist die Pflicht zur Nicht-Anerkennung unmittelbar anwendbar?

Zuletzt wurde in der Literatur durch *Pert*[624] die Frage aufgeworfen, ob eine Pflicht zur Nicht-Anerkennung bereits durch das Vorliegen der Tatbestandsvoraussetzungen ausgelöst werde oder ob es eines entsprechenden Hinweises durch ein internationales Organ bedarf.

---

619 Legal Consequences for States of the Continued Presence of South Africa in Namibia (South West Africa) notwithstanding Security Council Resolution 276 (1970), Advisory Opinion, I.C.J. Reports 1971, S. 150, 165–166 (*Dillard*); Ebd., S. 220, 293 (*Fitzmaurice*); Ebd., S. 323, 340 (*Gros*).

620 U.a.: *Frowein*, Collective Enforcement of International Obligations, ZaöRV 1987, S. 69–70.; *Krisch*, Art. 39, Rn. 47, in: *Simma/Khan/Nolte/Paulus*, The Charter of the United Nations: A Commentary, 3. Aufl.; a.A.: *Peters*, Art. 25, Rn. 11–14, in: *Simma/Khan/Nolte/Paulus*, The Charter of the United Nations: A Commentary, 3. Aufl.

621 *Talmon*, Kollektive Nichtanerkennung illegaler Staaten, S. 322.

622 *Ebd.*, S. 324.

623 *Ebd.*, S. 323.

624 *Pert*, The „Duty" of Non-recognition in Contemporary International Law: Issues and Uncertainties, Sydney Law School, Legal Studies Research Paper No. 13/96, 12/2013.

Die Frage hat durchaus Berechtigung, da es schwer zu beurteilen ist, ob ein infrage stehendes völkerrechtswidriges Verhalten bereits die Schwelle zum schwerwiegenden Völkerrechtsverstoß überschritten hat, wie ihn Art. 41 (2) der ILC-Artikel voraussetzt.

Die Kommentierung der Entwürfe zu den Artikeln über die Staatenverantwortlichkeit verdeutlicht darüber hinaus, dass eine einzeln getroffene Entscheidung über die Schwere eines Rechtsbruches grundsätzlich nicht erwünscht ist. So wird angemerkt, dass

> *„[a] single State cannot take upon itself the role of „policeman" of the international community".*[625]

Diese Befürchtung ist nicht von der Hand zu weisen, da die Staaten, wie bereits gezeigt, oft politisch motiviert handeln, sodass die Feststellung eines sanktionsfähigen Tatbestandes missbräuchlich erfolgen kann.[626]

Aber auch der umgekehrte Fall ist denkbar: Fürchtet ein Staat durch die Anwendung einer Nicht-Anerkennungspolitik wirtschaftliche oder politische Einschnitte, so könnte er versuchen, den *fait accompli* zu verharmlosen. Eine Verurteilung würde aller Voraussicht nach zumindest nicht aus Eigeninitiative erfolgen.

Weiterhin ist aufgrund unsicherer Tatsachenlagen eine Entscheidung oft nur schwer möglich. Dies zeigt vor allem das besprochene Beispiel des Konfliktes in Süd-Ossetien. Ob die erste Aggression von georgischer oder russischer Seite ausging, ist bis heute nicht gänzlich geklärt.

Dies macht eine rechtliche Bewertung und damit auch das Ergreifen von Sanktionsmaßnahmen fast unmöglich.

Aufgrund dessen könnte sich der Schluss aufdrängen, dass eine Pflicht zur Nicht-Anerkennung erst dann greifen kann, wenn ein internationales Organ festgestellt hat, ob eine Pflicht tatsächlich besteht bzw. durch ein bestimmtes Ereignis ausgelöst wurde.

Auf diese Weise argumentierte auch Australien vor dem IGH im East Timor-Fall:

> *„There can be no obligation on other States to respond in a particular way to an illegal situation brought about by another State unless there has been a collective decision to that effect."*[627]

---

625 *Ebd.*, S. 13.

626 Darauf hinweisend auch Mexiko: UN Doc. A/C.6/56/SR.14, Rn. 12.

627 I.C.J. Pleadings, East Timor, (Portugal v. Australia), Counter-Memorial of the Government of Australia, 1.6.1992, Rn. 365, zu finden unter: http://www.icj-cij.org/docket/files/84/6837.pdf (Stand: 28.7.2016).

Dass der Gerichtshof in der zitierten Entscheidung offen ließ, ob Australien gegen die Pflicht zur Nicht-Anerkennung verstoßen hatte, bewegt *Pert* dazu anzunehmen, dass selbst bei schwerwiegendsten Völkerrechtsverstößen zunächst eine Kollektiventscheidung über die Illegalität des infrage stehenden Verhaltens erfolgen muss, um eine Pflicht auslösen zu können.[628]

Allerdings geht diese Interpretation zu weit. Denn der IGH ließ eine Beurteilung der Rechtmäßigkeit der indonesischen Präsenz in Ost-Timor gänzlich offen, da der annektierende Staat kein Verfahrensbeteiligter war.[629] Eine implizite Bejahung des durch Australien vorgebrachten Arguments ist darin nicht zu sehen.

Dies ergibt sich auch aus dem Sondervotum des Richters *Skubiszewski*.[630] Dieser führte ausdrücklich an, dass die Pflicht zur Nicht-Anerkennung *„self-exexutory"* sei.[631] Die Klarstellung erfolgte jedoch nicht aufgrund der abweichenden Ansicht des Gerichts. Der IGH hatte sich nämlich überhaupt nicht mit der unmittelbaren Anwendbarkeit des Prinzips auseinandergesetzt, wie es der Richter seinen Ausführungen voranstellt.[632]

Aufgrund dessen kann eine Aussage über die Notwendigkeit einer vorigen kollektiven Entscheidung dem Ost-Timor-Fall nicht entnommen werden.

Darüber hinaus ist auch zu bedenken, dass die Sanktionsmaßnahme der Nicht-Anerkennung an Durchsetzungskraft einbüßen würde, wenn diese erst durch eine Feststellung des Sicherheitsrates ausgelöst werden könnte.

Denn durch das Vetosystem kommt es nicht selten zu einer endgültigen Blockierung von Resolutionen. Das aktuellste Beispiel dafür ist das Veto Russlands gegen die Verabschiedung eines Beschlusses zur Nicht-Anerkennung der russischen Annektierung der Krim-Halbinsel.

Wenn aber der Rechtsbrecher selbst verhindern kann, dass sein völkerrechtswidriges Verhalten geahndet wird, so wäre das System der Nicht-Anerkennung *ad absurdum* geführt.

Die Staatenpraxis, die das Vorgehen Russlands bis *dato* nicht anerkannt hat, scheint dies ebenfalls anzunehmen. Denn es herrscht allgemeiner Konsens, dass,

---

628 *Pert*, The „Duty" of Non-recognition in Contemporary International Law: Issues and Uncertainties, Sydney Law School, Legal Studies Research Paper No. 13/96, 12/2013, S. 14–15.

629 East Timor (Portugal v. Australia), Judgment, I.C.J. Reports 1995, S. 90, Rn. 34–35.

630 East Timor (Portugal v. Australia), Judgment, I.C.J. Reports 1995, Dissenting Opinion of Judge Skubiszewski, S. 224.

631 Ebd., Rn. 125.

632 Ebd., Rn. 124.

trotz des Nichtbestehens einer entsprechenden Sicherheitsrats-Resolution, eine Pflicht zur Nicht-Anerkennung bezüglich der russischen Annexion besteht.[633]

Es ist daher sachgerechter anzunehmen, dass der Aufforderung des Sicherheitsrates lediglich Koordinierungsfunktion zukommt.[634]

Durch die Feststellung eines schwerwiegenden Völkerrechtsbruches im Sinne des Artikels 40 der ILC-Artikel durch internationale Organe bzw. den Sicherheitsrat schafft dieser für die Staatengemeinschaft ein gewisses Maß an Rechtsklarheit. Mittels der zentralisierten Entscheidung ist es für den einzelnen Staat daher leichter, sein Verhalten auszurichten und der internationalen Politik anzupassen. Er läuft damit keine Gefahr, dass eine (Nicht-)Anerkennung aufgrund falscher rechtlicher Wertung rechtswidrig ist und damit selbst ein völkerrechtliches Delikt darstellt.

Eine weitergehende Wirkung kann den Beschlüssen der Vereinten Nationen allerdings nicht entnommen werden.

---

633 Siehe dazu: Abschnitt über die Krim: Teil 2, Kapitel 2, 2d).

634 *Talmon,* Kollektive Nichtanerkennung illegaler Staaten, S. 365.

Teil 3: Internationale Rechtsbeziehungen bei Nicht-Anerkennung von Souveränitätsverschiebungen

Äußerst praxisrelevant und bisher nur spärlich beleuchtet ist der Inhalt der bestehenden Pflicht zur Nicht-Anerkennung.

Es stellt sich die Frage, ob ein Staat zu einer nicht anerkannten Einheit Beziehungen unterhalten darf und wenn ja, in welchem Maße.

Regeln hierzu sind bisher weder in völkerrechtlichen Verträgen oder Erklärungen noch in den ILC-Artikeln enthalten.

Dies führt für viele Staaten zu der Gefahr, durch die Aufnahme von Beziehungen oder die Anerkennung bestimmter Akte den Ausspruch einer konkludenten Anerkennung vorzunehmen und damit gleichsam auch ein völkerrechtliches Delikt zu begehen.

Ein Kontakt zur nicht anerkannten Einheit ist damit immer ein Drahtseilakt zwischen rechtmäßigem und rechtswidrigem Verhalten.

Bei der Ermittlung, welche Rechtsbeziehungen erlaubt oder verboten sind, kann und muss auf die Aussagen des IGH zur Namibia-Frage Rückgriff genommen werden, der unter anderem folgendes feststellte:

> *„In general, the non-recognition of South Africa's administration of the Territory should not result in depriving the people of Namibia of any advantages derived from international co-operation."*[635]

Die Nicht-Anerkennung darf folglich nicht auf dem Rücken der Bevölkerung ausgetragen werden. Vielmehr geht es darum, Handlungen zu unterlassen, die den Souveränitätsanspruch der nicht anerkannten Einheit festigen würden.[636]

Eine Abgrenzung anhand dieser beiden Extreme ist jedoch äußerst schwierig und hängt oftmals vom Einzelfall ab.

Auch die Formulierung der ILC-Artikel, den Völkerrechtsverstoß als nicht „rechtmäßig" anzuerkennen, ist konturenlos und lässt Auslegungen in beide Richtungen zu.

---

635 Legal Consequences for States of the Continued Presence of South Africa in Namibia, (South West Africa) notwithstanding Security Council Resolution 276 (1970), Advisory Opinion, I.C.J. Reports 1971, S. 16, Rn. 125.

636 *Talmon,* Kollektive Nichtanerkennung illegaler Staaten, S. 363; *Bindschedler,* Die Anerkennung im Völkerrecht, AVR 1962, S. 392.

Dieses Dilemma benennt auch der IGH-Richter *Koijmans* in seinem Sondervotum zum „Mauer-Gutachten":

> *„I have great difficulty, however, in understanding what the duty not to recognize an illegal fact involves. What are the individual addressees of this part of operative subparagraph (3) (D) ["All States are under an obligation not to recognize the illegal situation resulting from the construction of the wall"] supposed to do in order to comply with this obligation? That question is even more cogent considering that 144 States unequivocally have condemned the construction of the wall as unlawful (resolution ES-10/13), whereas those States which abstained or voted against (with the exception of Israel) did not do so because they considered the construction of the wall as legal. The duty not to recognize amounts, therefore, in my view to an obligation without real substance."*[637]

Im Folgenden soll daher anhand bestimmter Beispiele für Rechtsbeziehungen untersucht werden, wo die Grenze zwischen erlaubtem Kontakt und konkludenter Anerkennung verläuft.

Kapitel 1: Anerkennung privatrechtsgestaltender Hoheitsakte

Zumindest bezüglich privatrechtsgestaltender Hoheitsakte besteht weitgehende Einigkeit, diese anerkennen zu dürfen.

Der IGH formulierte dazu in seinem Namibia-Gutachten:

> *„In general, the non-recognition of South Africa's administration of the Territory should not result in depriving the people of Namibia of any advantages derived from international co-operation. In particular, while official acts performed by the Government of South Africa on behalf or concerning Namibia after the termination of the Mandate are illegal and invalid, this invalidity cannot be extended to those acts, such as, for instance, the registration of births, deaths and marriages, the effects of which can be ignored only to the detriment of the inhabitants of the Territory."*[638]

Durch die beispielhafte Nennung von Hoheitsakten, die Gegenstand einer Anerkennung sein dürfen und auch sollen, gibt der Internationale Gerichtshof eine klare Linie vor.

Aufgrund dessen überrascht es, dass dennoch vereinzelt Fälle existieren, in denen eine Anerkennung privatrechtsgestaltender Hoheitsakte abgelehnt wurde.

---

637 Legal Consequences of the Construction of a Wall in the Occupied Palestinian Territory, Advisory Opinion, I.C.J. Reports 2004, Dissenting Opinion of Judge Koijmans, S. 219, Rn. 200.

638 Legal Consequences for States of the Continued Presence of South Africa in Namibia, (South West Africa) notwithstanding Security Council Resolution 276 (1970), Advisory Opinion, I.C.J. Reports 1971, S. 16, Rn. 125.

So hatte ein italienisches Gericht eine Ehe-Scheidung innerhalb der DDR mit der Begründung nicht anerkannt, dass die DDR international keine Anerkennung gefunden habe, das handelnde Organ damit nicht existent und der Akt mithin nichtig sei.[639]

Auch der English High Court verweigerte die Anerkennung eines Scheidungsurteils, das von der TRNZ ausgestellt worden war.[640]

Diesen Beispielen steht jedoch eine Mehrzahl an anderslautenden Urteilen gegenüber, in denen staatliche Hoheitsakte Gegenstand einer Anerkennung waren; dies zumeist unter Hinweis auf das entsprechende IGH-Gutachten.[641]

Auch der EGMR machte in seinem Urteil im Fall *Cyprus v. Turkey* deutlich, dass die Anerkennung bestimmter Akte notwendig sei, um das Wohl der betroffenen Menschen zu schützen.[642]

In prononcierter Weise gibt ein amerikanisches Gericht im Fall *Kadic* eine Begründung für die Anerkennung solcher Rechtsakte:

> „*Although the Restatement's definition of statehood requires the capacity to engage in formal relations with other states, it does not require recognition by other states. [...] Recognized states enjoy certain privileges and immunities relevant to judicial proceedings, [...] but an unrecognized state is not a juridical nullity. Our courts have regularly given effect to the "state" action of unrecognized states [...].*"[643]

Im Hinblick auf die durch den IGH aufgestellte Regel lässt sich eine andere Entscheidung auch kaum vertreten. Denn privatrechtsgestaltende Hoheitsakte wie

---

639 *International Law Association,* Draft Report on Recognition/ Non-Recognition in International Law, Washington Conference 2014, S. 16; *Tribunal of Bolzano,* Kweton v. Ullmann, Judgment of 21 May 1971, (1972), 16 RDIPP 288–9.

640 *High Court,* B v. B (Divorce: Northern Cyprus), Family Division, 16 February 2000: [2000] 2 FLR 707; [2001] 3 FCR 331.

641 *International Law Association,* Draft Report on Recognition/ Non-Recognition in International Law, Washington Conference 2014, S. 16.

642 *ECHR,* Case of Cyprus v. Turkey, Judgment of 10 May 2001, Rn. 96: "*Life goes on in the territory concerned for its inhabitants. That life must be made tolerable and be protected by the de facto authorities, including their courts; and, in the very interest of the inhabitants, the acts of these authorities related thereto cannot be simply ignored by third States or by international institutions, especially courts, including this one. To hold otherwise would amount to stripping the inhabitants of the territory of all their rights whenever they are discussed in an international context, which would amount to depriving them even of the minimum standard of rights to which they are entitled.*"

643 *United States Court of Appeals,* Kadic v. Karadzic, Second Circuit, 13 October 1995: 70 F.3d 232, 64 USLW 2231.

Eheschließungen, Scheidungen und Geburten gehören zum absoluten Kernbereich des menschlichen Daseins. Eine Anerkennung hat mithin zwingend zu erfolgen.[644]

So führt auch der High Court in seinem Urteil *Gur Corporation v. Trust Bank of Africa Ltd.* aus:

> *"I see great force in this [private law] reservation, since it is one thing to treat a state or a government as being "without the law", but quite another to treat the inhabitants of its territory as "outlaws" who cannot effectively marry, beget legitimate children, purchase goods on credit or undertake countless day-to-day activities having legal consequences."*[645]

Neben den bereits im Namibia-Gutachten genannten Ausnahmen zur Nicht-Anerkennung für Geburtsurkunden sowie Eheschließungen und Scheidungen bestehen jedoch oftmals auch nicht derart eindeutige Fälle.

Da die Anerkennung interner Rechtsakte zwangsläufig zu einer gewissen Etablierung des illegalen Regimes führt, muss für jeden Einzelfall entschieden werden, ob eine Anerkennung erfolgen kann.

Ronen[646] argumentiert daher, das Namibia-Gutachten so auszulegen, dass grundsätzlich und als Ausgangspunkt jeder Überlegung alle Akte des illegalen Regimes nicht anerkannt werden dürfen.

Ausgehend von diesem umfassenden Anerkennungsverbot erfolgt eine *ex post*-Betrachtung bestimmter interner Rechtsakte. Sind diese für die Bevölkerung bzw. den Einzelnen unabdingbar und würde eine Nicht-Anerkennung zu schweren Nachteilen führen, so ist eine Anerkennung in Betracht zu ziehen bzw. zwingend zu erteilen.

Eine Anerkennung habe dabei jedoch stets in Abwägung zu den Folgen einer möglichen Etablierung des Regimes zu erfolgen.[647]

Dieser Ansatz hat den Vorteil, dass vor jeder Anerkennung zunächst eine Einzelfallbetrachtung vorgenommen wird und keine pauschalen Ausnahmen zur Nicht-Anerkennungspflicht existieren, derer es nicht unbedingt bedarf.

Denn Hauptziel der Nicht-Anerkennung bleibt die Isolation des illegalen Regimes und die damit verbundene Hoffnung auf eine Rückkehr zum *status quo ante*.

---

644 Dazu auch: *House of Lords,* Carl-Zeiss-Stiftung v. Rayner & Keeler, Ltd. And Others (No.2) 18 May 1966, [1967] 1 AC 853; [1966] 2 All E.R. 536; [1966] 3 WLR 125.

645 *High Court, Queen's Bench Division,* Gur Corporation v. Trust Bank of Africa Ltd., 22 May 1986: [1987] 1 QB 599, 622.

646 *Ronen,* Transition from Illegal Regimes under International Law, S. 87.

647 *Ebd.,* S. 87, 101.

Erst wenn gewichtige Nachteile für das Individuum zu befürchten sind, kann daher eine Aufweichung der Nicht-Anerkennungspolitik gerechtfertigt werden.

Ein weiterer Ansatz konstruiert hingegen eine implizite Mandatierung des illegalen Regimes durch die *de iure*-Regierung zur Erfüllung grundlegender administrativer Aufgaben, solange und soweit diese im Interesse der rechtmäßigen Regierung ausgeübt werden.[648]

Damit wäre das illegale Regime quasi vorab legitimiert, Rechtsakte vorzunehmen, die das alltägliche Leben der im kontrollierten Gebiet lebenden Menschen regeln.

Die Ansicht hat jedoch zwei signifikante Schwachstellen.

Zum einen bleibt unklar, was genau grundlegende administrative Aufgaben sind, sodass die zuvor aufgeworfene Problematik keiner konkreten Lösung zugeführt wird.

Zum anderen stellt die implizite Mandatierung durch die *de iure*-Regierung eine Fiktion dar und wird sich in nur wenigen Fällen mit dem tatsächlichen Willen decken.

Die erstgenannte Ansicht hat den Vorteil, dass eine Beurteilung der in Frage stehenden Hoheitsakte erst *ex post* vorgenommen wird. Die Annahme einer konkludenten Mandatierung überträgt einen bestimmten Umfang von verwaltungstechnischen Angelegenheiten direkt in den Machtbereich des unrechtmäßigen Regimes. Diese *ex ante*-Validierung von Hoheitsakten ist jedoch nicht notwendig und führt zu einer unberechtigten Besserstellung illegaler Regime.

Zudem ist fraglich, ob eine implizite Mandatierung überhaupt vom Willen der *de iure*-Regierung gedeckt sein würde. Vielmehr wird diese eher darauf bedacht sein, dem Aggressor keinerlei Anerkennung zu verschaffen.

Es sind damit vorzugswürdig keine pauschalen Ausnahmen für Rechtsakte aufzustellen, die Gegenstand einer Anerkennung sein dürfen. Vielmehr ist eine Einzelfallbetrachtung vorzunehmen, um einen effektiven Interessenausgleich erzielen zu können.

---

648 *Schoiswohl,* Status and (human Rights) Obligations of Non-recognized de Facto Regimes in International Law: The Case of "Somaliland": the Resurrection of Somaliland Against All International "odds": State Collapse, Secession, Non-recognition, and Human Rights, S. 271 ff.

Kapitel 2: Diplomatische und konsularische Beziehungen

Ausgehend vom Namibia-Gutachten sind weder diplomatische noch konsularische Beziehungen zum illegalen Regime zu unterhalten bzw. sind bereits bestehende Beziehungen umgehend zu beenden.[649]

Der Austausch diplomatischer oder konsularischer Missionen steht nämlich allein souveränen Staaten zu. Die Aufnahme derartiger Beziehungen wäre demnach ein konkludentes Zugeständnis und die Anerkennung der Souveränität des Staates.

Ein solches Verhalten würde den Gedanken der Nicht-Anerkennung jedoch konterkarieren und ist dementsprechend unzulässig.

Dies gilt insbesondere für die Begründung diplomatischer Beziehungen, die traditionell erst nach der Anerkennung eines Staates aufgenommen werden.[650]

Die Errichtung diplomatischer Vertretungen ist damit geradezu das Paradebeispiel für eine Anerkennung des Regimes und daher mit der Politik einer Nicht-Anerkennung schlichtweg nicht zu vereinbaren.

So stellt auch Richter *Petrén* in seinem Sondervotum zum Namibia-Gutachten fest, dass

> „*[n]on-recognition therefore excludes, above all else, diplomatic relations and those formal declarations and acts of courtesy through which recognition is normally expressed.*"[651]

Eine andere Beurteilung könnte jedoch bei konsularischen Vertretungen gerechtfertigt sein.

Diese erfüllen unter anderem die Aufgabe, den Angehörigen des Entsendestaates Hilfe und Beistand zu leisten.[652] Dieser Beistand ist nach Angaben des Auswärtigen Amtes insbesondere in Notsituationen vorgesehen.[653]

---

649 Legal Consequences for States of the Continued Presence of South Africa in Namibia, (South West Africa) notwithstanding Security Council Resolution 276 (1970), Advisory Opinion, I.C.J. Reports 1971, S. 16, Rn. 123; zustimmend: *Ronen,* Transition from Illegal Regimes under International Law, S. 77–78.

650 *Blomeyer-Bartenstein,* Diplomatic Relations, Establishment and Severance, S. 99–100, in: *Bernhardt,* Encyclopedia of Public International Law, Bd. 9, International Relations And Legal Cooperation In General: Diplomacy and Consular Relations.

651 Legal Consequences for States of the Continued Presence of South Africa in Namibia, (South West Africa) notwithstanding Security Council Resolution 276 (1970), Advisory Opinion, I.C.J. Reports 1971, Separate Opinion of Judge Petrén, S. 126, 134.

652 Vgl. Art. 5 WÜK.

653 http://www.auswaertiges-amt.de/DE/AAmt/Auslandsvertretungen/Konsulate_node.html (Stand: 28.7.2016).

Müsste man diesen Beistand aufgrund einer Nicht-Anerkennung seinen eigenen Staatsangehörigen versagen, würde dem einzelnen Staat und auch seinen Angehörigen eine immense Opferbereitschaft abverlangt werden.

Die Wichtigkeit und besondere Bedeutung konsularischen Beistands zeigt sich auch und vor allem im Fall der Brüder *LaGrand*.

Das deutsche Geschwisterpaar wurde in den USA wegen Raubmordes zum Tode verurteilt. Entgegen der Verpflichtungen aus Art. 36 des Wiener Übereinkommens über konsularische Beziehungen (WÜK) wurde weder die Bundesrepublik Deutschland auf die Verhaftung und Verurteilung hingewiesen noch wurden die Brüder über ihr Recht auf konsularischen Beistand unterrichtet.

Diese Versäumnisse rügte der Internationale Gerichtshof in einer späteren Entscheidung und urteilte, dass die unterbliebenen Maßnahmen der Vereinigten Staaten sowohl den Entsendestaat als auch die Festgenommenen selbst in ihren vertraglichen Rechten verletzten.[654]

Der IGH leitet mithin ein Individualrecht der Betroffenen auf konsularischen Beistand aus Art. 36 WÜK ab, das durch den jeweiligen Entsendestaat geltend gemacht werden kann.[655]

Vorausgesetzt, dass die Nicht-Anerkennung die Beibehaltung oder Schaffung konsularischer Missionen verbietet, könnte dieses Recht jedoch nicht effektiv durchgesetzt werden.

Aufgrund dessen lässt sich vertreten, dass eine Aufnahme bzw. die Beibehaltung konsularischer Vertretungen trotz Durchführung einer Nicht-Anerkennung möglich und zulässig bleibt.

Problematisch ist bei der Neuaufnahme solcher Beziehungen jedoch, dass der Leiter eines konsularischen Postens gemäß Art. 12 Abs. 1 des WÜK seine Aufgaben erst nach Erteilung einer so genannten „Exequatur“ durch den Empfangsstaat wahrnehmen darf.

Die Beantragung einer solchen Exequatur wird dabei zum Teil als konkludente Anerkennung gedeutet.[656]

Die herrschende Ansicht lehnt eine solche Rechtswirkung jedoch ab und begründet dies mit den zugewiesenen Aufgaben der Konsuln, deren Ausführung

---

654 LaGrand (Germany v. United States of America), Judgment, I.C.J. Reports 2001, S. 466.

655 *Dahm/Delbrück/Wolfrum*, Völkerrecht, Bd. I/2, 2. Auflage, S. 263.

656 *BGH*, Urt. v. 4.10.1951 – IV ZR 108/50, BGHZ 3, 178; *Chen*, The international law of recognition. With Special Reference to Practice in Great Britain and the United States, S. 200.

eine Aussage über die Staatsqualität bzw. Souveränität des Empfangsstaates nicht beinhalte.[657]

Gegen das Vorliegen einer konkludenten Anerkennung spricht auch eine von der Harvard Law School im Jahr 1932 herausgegebene „Draft Convention on legal position and functions of consuls", in der es unter anderem heißt:

> *„(a) A sending state shall not be presumed to have recognized the authority in actual control of a territory as entitled to such control because it has appointed a person or has permitted a person previously appointed to exercise consular functions within such territory, nor because such person has applied to that authority for permission to exercise consular functions. (b) A state shall not be presumed to have recognized a government because it has raised no objection to the exercise of consular functions within its territory by a person appointed for that purpose by such government."*[658]

Die Staatenpraxis ist hinsichtlich der Rechtswirkung der Beantragung einer Exequatur uneinheitlich.

Es existieren sowohl Fälle, in denen von einer direkten oder impliziten Anerkennung ausgegangen wird,[659] als auch solche, in denen eine solche Wirkung ausdrücklich ausgeschlossen wird.[660]

Eine Antwort auf die Frage, ob durch die Beantragung der Exequatur eine konkludente Anerkennung ausgesprochen wird, ist daher im Wege einer Gesamtbetrachtung der Umstände zu ermitteln.

Zunächst lässt sich die Aussage treffen, dass die Erteilung der Exequatur durch den Empfangsstaat in jedem Fall die Anerkennung des Entsendestaats beinhaltet. Denn die konsularischen Aufgaben knüpfen an die Personal- bzw. Flaggenhoheit des entsendenden Staates an.[661]

---

657 *Sen,* A Diplomat's Handbook of International Law and Practice, 3. Aufl., S. 532; *Loudwin,* Die konkludente Anerkennung im Völkerrecht, S. 114 ff.; *Talmon,* Kollektive Nichtanerkennung illegaler Staaten, S. 614; *Zivier,* Die Nichtanerkennung im modernen Völkerrecht. Probleme staatlicher Willensäußerung, 2. Aufl., S. 100; *Gowlland-Debbas,* Collective Responses to Illegal Acts in International Law. United Nations Action in Question of Southern Rhodesia, S. 298–300.

658 *Harvard Law School,* American Journal of International Law Suppl. 26 (1932), S. 194, 238.

659 BT-Drs. 9/499 v. 22.5.1981, S. 2–3; American Journal of International Law 1961, S. 705.

660 Siehe dazu: *Loudwin,* Die konkludente Anerkennung im Völkerrecht, S. 116–118; *Lauterpacht,* Recognition in International Law, S. 385–387; *Talmon,* Kollektive Nichtanerkennung illegaler Staaten, S. 614–615; *Lauterpacht/Greenwood/Oppennheimer/Lee,* International Law Reports, Vol. 133, S. 382–384.

661 *Talmon,* Kollektive Nichtanerkennung illegaler Staaten, S. 617.

Umgekehrt lässt sich diese Aussage jedoch nicht treffen. Diese Auslegung wäre auch mit dem oben aufgestellten Erfordernis der Unterhaltung eines konsularischen Beistands zum Schutze eigener Staatsangehöriger nicht vereinbar.

Würde die Sanktion der Nicht-Anerkennung die Aufnahme bzw. Beibehaltung konsularischer Vertretungen verbieten, so stände die Schutzlosigkeit staatseigener Bürger zu befürchten.

Da diese nach Ansicht des IGH jedoch sogar ein individuelles Anrecht auf konsularischen Beistand haben, kann nicht davon ausgegangen werden, dass die Beantragung einer Exequatur mit einer Politik der Nicht-Anerkennung unvereinbar ist.

Vorzugsweise ist anzunehmen, dass die Beantragung der Zustimmung nach Art. 12 WÜK lediglich eine *de facto*-Anerkennung beinhaltet, also die Anerkennung, dass der Aussteller der Exequatur die effektive Kontrolle über das in Frage stehende Gebiet ausübt.[662]

Überträgt man diese Wertungen beispielsweise auf die aktuelle Lage der Krim, so müsste man folgende Punkte für die Begründung oder Beibehaltung konsularischer Missionen beachten:

(1) Die Beibehaltung bestehender konsularischer Vertretungen ist zulässig. Zwar quittierten sowohl das polnische Konsulat in Sewastopol[663] als auch das israelische Konsulat in Simferopol[664] ihren Dienst, die weiteren bestehenden Konsulate hielten jedoch bisher ihre Stellung,[665] ohne die russische Annexion damit anzuerkennen.

(2) Die Neubegründung konsularischer Vertretungen ist zulässig und stellt keine *de iure*, sondern lediglich eine *de facto*-Anerkennung dar. Die Exequatur ist durch die Nicht-Anerkennung der russischen Annexion grundsätzlich von der ukrainischen Regierung einzuholen. Da diese jedoch keine effektive Kontrolle über die Krim ausübt, ist eine Zustimmung der russischen Regierung notwendig.

---

662 *Ebd.*, S. 617.

663 Welt Online v. 11.3.2014, „Polen will dicht an Westeuropa rücken", http://www.welt.de/politik/ausland/article125662986/Polen-will-dicht-an-Westeuropa-ruecken.html (Stand: 28.7.2016); http://www.msz.gov.pl/en/news/closing_of_sevastopol_consulate?channel=www (Stand: 28.7.2016).

664 Welches erst im Mai 2013 ihre Vertretung eröffnet hatte, Kyiv Post v. 18.12.2014, „Chubarov: Israeli honory consulate's work in Simferopol suspendend", http://www.kyivpost.com/content/ukraine/chubarov-isareli-honorary-consulates-work-in-simferopol-suspended-375539.html (Stand: 28.7.2016).

665 Beachte aber auch Aussage des Deutschen Auswärtigen Amtes auf der Internetpräsenz: „*Konsularischer Schutz kann deutschen Staatsangehörigen dort angesichts der aktuellen Lage derzeit nicht gewährt werden.*" (Stand 15.1.2015).

Kapitel 3: Internationale Rechtshilfe

Aufgrund der im Völkerrecht bestehenden Souveränität der Staaten ist die Vornahme von Hoheitsakten durch das Territorialitätsprinzip beschränkt.[666] Hoheitliches Handeln darf demnach nur auf eigenem Staatsgebiet ausgeübt werden.[667]

Es bestehen jedoch Situationen, in denen beispielsweise Zustellungen oder Beweisaufnahmen im Ausland begehrt werden.

Diese Handlungen müssen im Wege der internationalen Rechts- und Amtshilfe vorgenommen werden.

Eine Verpflichtung zur Rechts- oder Amthsilfe des zu ersuchenden Staates besteht nur im Rahmen abgeschlossener völkerrechtlicher Vereinbarungen. Existieren diese nicht, so ist der ersuchende Staat auf die höfliche Mithilfe des anderen Staates angewiesen („*Courtoisie*"),[668] auf die jedoch kein Rechtsanspruch besteht.[669]

Als mögliche Kontaktaufnahme zwischen den Behörden kommen folgende Geschäftswege in Betracht, die beispielhaft in Nr. 5 der Auslandsverkehr-Strafrechtsrichtlinie dargestellt werden und auch für andere Rechtsbereiche Geltung beanspruchen können:

(1) Der diplomatische Geschäftsweg, bei dem die Regierung eines der beiden beteiligten Staaten und die diplomatische Vertretung des anderen miteinander in Verbindung treten.

(2) Der ministerielle Geschäftsweg, bei dem die obersten Justiz- oder Verwaltungsbehörden in den beteiligten Staaten miteinander in Verbindung treten.

(3) Der konsularische Geschäftsweg, bei dem eine konsularische Vertretung im Gebiet des ersuchten Staates und die Behörden dieses Staates miteinander in Verbindung treten und

(4) der unmittelbare Geschäftsweg, bei dem die ersuchende und die ersuchte Behörde unmittelbar in Verbindung treten.

---

666 *Herdegen,* Völkerrecht, 15. Aufl., §26, Rn. 2; *Talmon,* Kollektive Nichtanerkennung illegaler Staaten, S. 624.

667 Siehe zu Ausnahmen: *Herdegen,* Völkerrecht, 15. Aufl., §26, Rn. 2 ff.

668 *Gersdorf,* §14, Rn. 17, in: *Posser/Wolff,* Beck'scher Online-Kommentar Verwaltungsgerichtsordnung.

669 *BVerwG,* Urt. v. 9.5.1983 – 9 B 10466/81, DVBl. 1983, S. 1001; *Talmon,* Kollektive Nichtanerkennung illegaler Staaten, S. 624.

Nach Absatz 2 der Bestimmung ist, sofern keine weiterführenden Absprachen zwischen den jeweiligen Staaten getroffen wurde, der diplomatische Weg einzuhalten.

Im Folgenden soll exemplarisch dargestellt werden, auf welche Art und Weise internationale Rechtshilfe von nicht anerkannten Regimen erlangt werden kann.

Grundsätzlich werden Behördenkontakte zwischen Staaten und nicht anerkannten Einheiten für möglich gehalten, ohne dass gleichsam eine Anerkennung erfolgt.

Jedoch sind bestimmte Formalien einzuhalten, die sicherstellen, dass eine implizite Anerkennung nicht doch begründet wird.[670]

Genauere Betrachtung findet dabei die Thematik der Zustellungen sowie der Auslieferungen.

Als Aufhänger und Beispiel für die Darstellung der Problematik sollen die möglichen Beziehungen zwischen der Bundesrepublik Deutschland und der annektierten Krim-Halbinsel fungieren.

1) Zustellungen

Im internationalen Zustellungsverkehr können insbesondere die Europäische Zustellungsverordnung, sowie außerhalb der Union das Haager Zustellungsübereinkommen einschlägig sein. Da weder die Ukraine noch Russland Teil der EU sind, ist eine Regelung nach der Zustellungsverordnung ausgeschlossen, da die Verordnung gemäß ihrem Artikel 1 nur dann Anwendung findet, wenn Schriftstücke zwischen Mitgliedstaaten übermittelt werden sollen.

§5 der Rechtshilfeordnung für Zivilsachen (ZRHO) definiert verschiedene Arten der Ersuchen innerhalb der internationalen Rechtshilfe.

§5 Nr. 1 ZRHO bezieht sich dabei auf Zustellungsanträge. Diese sind auf die Übergabe eines Schriftstücks und die amtliche Feststellung der Übergabe gerichtet.

Unterschieden wird dabei zwischen Anträgen auf formlose Zustellung, die durch einfache Übergabe an den Empfänger bewirkt wird und einem Antrag auf förmliche Zustellung. Letztere muss grundsätzlich in der Form erfolgen, die durch die Gesetzgebung des ersuchten Staates für gleichartige Zustellungen

---

670 Siehe dazu auch: http://www.konsularinfo.diplo.de/contentblob/2462970/Daten/4872934/Laenderliste.pdf.: „*Deutschland hat keine diplomatischen Beziehungen zu Taiwan. Es ist darauf zu achten, dass justizielle Kontakte nicht als Signale einer staatlichen Anerkennung Taiwans missverstanden werden können.*“ (Stand: 28.7.2016).

vorgeschrieben ist, außer der ersuchte Staat schreibt eine abweichende besondere Form ausdrücklich vor.[671]

Die formlose Zustellung kann entweder durch die Behörden des ersuchten Staates oder durch die zuständige diplomatische oder konsularische Vertretung vorgenommen werden.[672]

Die förmliche Zustellung ist hingegen nur durch die Behörden des ersuchten Staates möglich und kann auch Zwangsmaßnahmen beinhalten. Eine förmliche Zustellung findet im vertraglosen Verkehr jedoch nicht statt.[673]

Da Deutschland die Annexion der Krim durch Russland nicht anerkennt, findet der Rechtshilfeverkehr für Zustellungen auf das Gebiet der Krim grundsätzlich zwischen Deutschland und der Ukraine statt.

Die Rechtshilfe in Zivil- und Handelssachen zwischen der Ukraine und der Bundesrepublik Deutschland richtet sich, aufgrund der Nicht-Anwendbarkeit der EG-Zustellungsverordnung[674]und wie oben bereits erwähnt, nach dem Haager Zustellungsübereinkommen (HZÜ).

Der Übermittlungsweg findet direkt statt und ist an die ukrainische zentrale Behörde[675] zu richten.[676] Der übliche diplomatische Geschäftsweg ist damit nicht notwendig einzuhalten. Problematisch ist aber, dass aufgrund der effektiven Kontrolle Russlands über die Krim-Halbinsel eine Zustellung durch die ukrainischen Behörden nicht weiter uneingeschränkt gewährleistet werden kann.[677]

Zustellungsersuche dürfen deshalb jedoch nicht automatisch an russische Behörden gerichtet werden, sondern gemäß Art. 3 Abs. 1 HZÜ an die zuständige Behörde des ersuchten Staates. Vertritt man als Staat jedoch die Ansicht, dass die Krim weiterhin ein Teil des ukrainischen Staatsverbandes ist, so schließt sich die Übermittlung von Schriftstücken an russische Behörden zwingend aus.[678]

---

671 §5 ZRHO Nr. 1 a,b.

672 Vgl. §183 Abs. 2 ZPO.

673 *Sternal,* §15, Rn. 58, in: *Keidel,* FamFG Kommentar, 18. Aufl.

674 VO 1393/2007/EG.

675 Zuständige Behörde: Ministry of Justice of Ukraine, Directorate on International Law and Co-operation, Department on International Law, 13, Horodetskogo St. KYIV 01001, Ukraine.

676 http://www.konsularinfo.diplo.de/contentblob/2462970/Daten/4872934/Laenderliste.pdf (Stand: 28.7.2016).

677 S. beispielhaft dafür: Spiegel Online v. 3.4.2014, „Lieferprobleme: Deutsche Post stoppt Zustellung auf die Krim“, http://www.spiegel.de/wirtschaft/unternehmen/deutsche-post-stoppt-zustellung-auf-die-krim-a-962399.html (Stand: 28.7.2016).

678 Dies gilt hingegen nicht zwingend auch für Zustellungsanträge zwischen Gerichten: siehe mwN.: *Talmon,* Kollektive Nichtanerkennung illegaler Staaten, S. 641.

Die fehlende effektive Kontrolle der ukrainischen Behörden verhindert jedoch nicht die Möglichkeit einer wirksamen Zustellung gerichtlicher oder außergerichtlicher Schriftstücke.

Es besteht zum einen nach Art. 8 HZÜ die Möglichkeit einer formlosen Zustellung durch diplomatische oder konsularische Vertreter. Da die Ukraine zu diesem Konventionsartikel auch keinen Widerspruch bzw. Vorbehalt erklärt hat, ist eine Übermittlung auf diesem Wege zulässig.

Zum anderen ist an die Möglichkeit einer Zustellung durch unmittelbare postalische Übersendung zu denken.[679] Allerdings hat die Ukraine gegen diese Zustellungsart einen Widerspruch erklärt,[680] sodass allein die erste Alternative für eine sichere Zustellung in Betracht kommt.

Da die Zustellung im Wege des Art. 8 HZÜ nur formlos erfolgen kann, stellt sich eine besondere Problematik bei Zustellungen, die förmlich und zwangsweise übermittelt werden sollen, zum Beispiel in Fällen einer Annahmeverweigerung durch den Empfänger.

Da die ukrainischen Behörden dafür zwar zuständig sind, jedoch über das Gebiet auf der Krim keine Kontrolle ausüben, bleibt allein die Möglichkeit einer öffentlichen Zustellung im Sinne des §185 Nr. 3 ZPO,[681] der eine solche dann für zulässig erklärt, wenn die Zustellung im Ausland nicht möglich ist oder keinen Erfolg verspricht.

Die Voraussetzung der Unmöglichkeit der Zustellung wird dabei durch die Nicht-Anerkennung der russischen Annexion und damit auch der administrativen Kontrolle über die Krim begründet.[682]

Aufgrund des in Art. 103 GG verankerten Anspruchs auf rechtliches Gehör, das auch aus menschenrechtlicher Sicht garantiert ist,[683] muss das Gericht, um alle zur Verfügung stehenden Möglichkeiten auszunutzen, das Schriftstück ebenfalls durch einfachen Postbrief an den Empfänger versenden.[684]

---

679 Art. 10 Abs. 1 lit. a HZÜ.

680 https://www.bundesjustizamt.de/DE/SharedDocs/Publikationen/IRZH/Ukraine.pdf?__blob=publicationFile&v=3 (Stand: 28.7.2016).

681 Zum Fall der TRNZ ebenso: *Talmon,* Kollektive Nichtanerkennung illegaler Staaten, S. 632–633.

682 *Wittschier,* §185, Rn. 5, in: *Musielak/Voit,* Kommentar zur Zivilprozessordnung: ZPO, 13. Aufl.

683 *Geimer,* IZPR, 6. Aufl., Rn. 2087–2088; *Stöber,* §185, Rn. 5, in: *Zöller,* Zivilprozessordnung: ZPO, 31. Aufl.

684 *Geimer,* §183, Rn. 9, in: *Zöller,* Zivilprozessordnung: ZPO, 31. Aufl.; *Talmon,* Kollektive Nichtanerkennung illegaler Staaten, S. 632–633.

Anders als die förmliche Zustellung, die nach deutscher Rechtsansicht einen staatlichen Hoheitsakt darstellt und damit von der Zustimmung des Empfangsstaats abhängt,[685] ist die Zustellung durch einfachen Postbrief auch keine Verletzung der Souveränität des ausländischen Staates oder von dessen Seite zustimmungsbedürftig. Denn der Hoheitsakt wurde bereits in Deutschland vollzogen, sodass die Zustellung lediglich als informatorische Übersendung der Benachrichtigung anzusehen ist.[686]

Eine Zustimmung ist mithin weder durch die Ukraine noch durch Russland von Nöten.

Aus dem Vorstehenden lässt sich schließen, dass Zustellungen auch an Personen möglich sind, die sich auf nicht anerkanntem Territorium befinden.

Als Anknüpfungspunkt für das „Wie" der Zustellung muss sich primär an den bestehenden Zustellungsabkommen orientiert werden.

Bei annektiertem Gebiet sind dies die Abkommen mit dem Staat, dessen Territorium, oder Teile davon, gewaltsam besetzt sind.

Bei erfolgten Sezessionen ist sich wiederum an den Staat zu halten, dessen territoriale Integrität durch die Abspaltung verletzt worden ist und der weiterhin die *de iure*-Gewalt ausübt. Als Beispiel kann die Nicht-Anerkennung der TRNZ und die damit verbundene Angewiesenheit auf die Zusammenarbeit mit den zyprischen Behörden angeführt werden.

2) Auslieferungen

Eine Auslieferung ist die zwangsweise Entfernung einer Person aus dem Bereich der inländischen Hoheitsgewalt unter gleichzeitiger Überstellung an eine ausländische Hoheitsgewalt, damit ein dort betriebenes Strafverfahren abgeschlossen oder eine dort verhängte Strafe vollstreckt werden kann.[687]

Zwischen Deutschland und der Ukraine richtet sich der Auslieferungsverkehr nach dem Europäischen Auslieferungsübereinkommen (EuAlÜbk) vom 13. Dezember 1957 in Verbindung mit dem Zweiten Zusatzprotokoll vom 17. März 1978.

Art. 1 des EuAlÜbk normiert eine generelle Auslieferungsverpflichtung zwischen den Vertragsparteien, die jedoch durch Art. 6 dahingehend eingeschränkt

---

685 *Geimer*, IZPR, 6. Aufl., Rn. 2075.

686 *Ebd.*, §183, Rn. 4, in: Zöller, Zivilprozessordnung: ZPO, 31. Aufl.; *Talmon*, Kollektive Nichtanerkennung illegaler Staaten, S. 633.

687 *BVerfG*, Beschluss v. 18.7.2005 – 2 BvR 2236/04, NJW 2005, S. 2289, 2290.

wird, dass die Vertragsstaaten die Auslieferung eigener Staatsangehöriger ausschließen können. Von dieser Möglichkeit hat die Ukraine Gebrauch gemacht.[688]

Fraglich ist jedoch, ob diejenigen Personen auf der Krim, die im Wege der Annexion russische Pässe ausgestellt bekommen haben, weiterhin als ukrainische Staatsangehörige angesehen werden.

Denn aufgrund des Art. 4 des russischen Verfassungsgesetzes zur Integration der Krim werden alle ukrainischen Bürger und Staatenlose, die auf der Krim-Halbinsel wohnhaft sind, mit Wirkung vom 18.3.2014 als russische Staatsbürger anerkannt, außer diese erklären innerhalb einer Monatsfrist, dass die bis *dato* bestehende Staatsbürgerschaft oder Staatenlosigkeit fortbestehen soll. Von diesem Recht sollen jedoch insgesamt nur 3427 Personen Gebrauch gemacht haben.[689]

Ob die Bewohner der Krim dennoch als ukrainische Staatsangehörige anzusehen sind und (theoretisch) durch die Ukraine ausgeliefert werden könnten, bestimmt sich nach ukrainischem Recht.

Dies ergibt sich aus der ukrainischen Erklärung zum Art. 6 des EuAlÜbk, in der es heißt:

> *„Die Ukraine liefert ukrainische Staatsbürger nicht an andere Staaten aus. Im Sinne des Übereinkommens gilt jede Person als Staatsbürger der Ukraine, die nach ukrainischem Recht im Zeitpunkt der Entscheidung über die Auslieferung Staatsbürger der Ukraine ist.“*[690]

Die ukrainische Verfassung sieht in ihrem Art. 4 vor, dass die Inhaberschaft nur einer Staatsbürgerschaft möglich ist. Gründe für den Erwerb oder den Verlust der ukrainischen Staatsangehörigkeit werden dabei durch einfaches Gesetz geregelt.

Das Gesetz über die Staatsangehörigkeit der Ukraine konkretisiert das Verbot der doppelten Staatsbürgerschaft in seinem Artikel 2 Abs. 1.

In Art. 19 Ziff. 1) wird darüber hinaus normiert, dass die Annahme einer ausländischen Staatsbürgerschaft zum automatischen Verlust der ukrainischen Staatsbürgerschaft führen soll.

Nach Art. 19 Ziff 1 lit. d) gilt dies jedoch nicht, wenn die ausländische Staatsangehörigkeit gemäß der Gesetzgebung des ausländischen Staates automatisch erworben wird.

---

688 BGBl. 1998 II, S. 2749, 2750.

689 Bergmann Aktuell v. 25.4.2014, „Staatsangehörigkeitsverhältnisse auf der Krim“, https://www.bergmann-aktuell.de/news/staatsangehoerigkeitsverhaeltnisse-auf-krim (Stand: 28.7.2016).

690 BGBl. 1998 II, S. 2750.

Als Rückausnahme soll ein Verlust der ukrainischen Staatsbürgerschaft jedoch wiederum dann erfolgen, wenn die Annahme der ausländischen Staatsbürgerschaft freiwillig erfolgt.

Freiwillig ist die Annahme zumindest dann, wenn eine schriftliche Beantragung der anderweitigen Staatsangehörigkeit vorgenommen worden ist.

Zwar erlaubt die russische Verfassung grundsätzlich eine doppelte Staatsbürgerschaft, durch die ukrainische Regelung wird jedoch deutlich, dass die Bewohner der Krim entweder als Russen oder Ukrainer angesehen werden müssen.

Die Freiwilligkeit der Annahme der russischen Staatsbürgerschaft durch die Bewohner der Krim ist problematisch nachzuweisen, sodass eine Beurteilung nach dem ukrainischen Staatsangehörigkeitsgesetz schwierig ist.

Allein das Verstreichen der Frist nach Art. 4 des russischen Integrationsgesetzes und die damit verbundene automatische Annahme der russischen Staatsbürgerschaft wird für eine Freiwilligkeit wohl kaum ausreichen.

Anders kann der Fall jedoch liegen, wenn Bewohner der Krim einen Antrag auf Ausstellung eines russischen Passes stellen.

Allerdings muss auch hier berücksichtigt werden, dass die Beantragung nicht immer aus freien Stücken heraus geschehen wird, sondern auch oftmals, um erheblichen Nachteilen zu entgehen.[691]

Im Zweifel wird daher anzunehmen sein, dass die ukrainischen Behörden die Bewohner auf der Krim weiterhin als ukrainische Staatsangehörige ansehen werden. Offizielle Stellungnahmen zu dieser Problematik liegen jedoch noch nicht vor.

Auf Basis dieser Annahme ist es der Ukraine also auch weiterhin gestattet, die Auslieferung ihrer eigenen Staatsangehörigen und damit auch derjenigen auf der Krim-Halbinsel, die im Zuge der Annexion die russische Staatsbürgerschaft angenommen haben, zu verweigern.

Aufgrund der nicht vorhandenen effektiven Kontrolle über das Gebiet der Krim wird eine Auslieferung durch die ukrainischen Behörden jedoch scheitern.

Fraglich ist daher, wie Staaten dennoch eine Rechtshilfe in Strafsachen und speziell im Auslieferungsverkehr von nicht anerkannten Staaten oder Territorien erlangen können.

---

691 Neue Zürcher Zeitung v. 13.7.2014, „Wie die Krim russischer wird- Plötzlich Ausländer im eigenen Land", http://www.nzz.ch/international/europa/ploetzlich-auslaender-1.18341749 (Stand: 28.7.2016).

Als eine Möglichkeit des Kontaktes ist der Fall des US-Bürgers Steinberg anzuführen. Louis Steinberg flüchtete im April 1971 nach Begehung zahlreicher Vermögensdelikte in das durch die USA nicht anerkannte Rhodesien.

In *United States v. Steinberg* (1979) erläutert das zuständige Bundesbezirksgericht das aufgrund dieser speziellen Situation besondere Verfahren bezüglich des Ersuchens um Auslieferung:

> *„Because of these obligations [the obligation not to recognize Rhodesia], the responsible officials in the Department of State did not make a formal request to the Rhodesian government for Steinberg's return […]. The State Department decided, instead, to make an informal inquiry through other governments concerning the possibility of obtaining Steinberg's expulsion from Rhodesian territory. Rhodesia indicated some willingness to consider the United States request made through a third government; but it attached conditions which, in the opinion of the State Department officials, would have amounted to recognition of the illegal Rhodesian regime.“*[692]

Auch das OVG Münster befasste sich mit einem ähnlichen Fall, in dem ein deutscher Botschafter beim Führer der TRNZ vorstellig wurde, um die Abschiebung von zwei deutschen Straftätern in die Türkei zu erreichen. Von dort aus konnte auf Grundlage des EuAlÜbk eine Auslieferung an Deutschland unternommen werden.[693]

Das Gericht urteilte dazu:

> *„In dem angeblichen Ersuchen vom 22.7.1980 lag entgegen der Auffassung der Kläger nicht schon deswegen eine Verletzung nationalen oder gar Völkerrechts, die die Kläger als Verletzung eigener Rechte reklamieren könnten, weil die Beteiligten damals davon ausgingen, dass eine Auslieferung von Nordzypern in die Bundesrepublik wegen insoweit vertraglosen Zustandes nicht möglich sei. Denn es besteht kein Rechtssatz des Inhaltes, dass in einem solchen Fall die weitere Verfolgung der Betroffenen zu unterbleiben habe, namentlich nicht darauf hingewirkt werden dürfte, dass sie in einem Staat abgeschoben werden, mit dem eine einschlägige Vereinbarung besteht. […] Die von den Klägern demgegenüber vertretene Auffassung könnte im Einzelfall zu dem von der Rechtsordnung der Bundesrepublik Deutschland nicht gedeckten Ergebnis führen, dass eine Flucht von Straftätern in bestimmte Länder ohne Verfolgungsrisiko bliebe […].“*[694]

Wie bereits im Rahmen der Anerkennung privatrechtsgestaltender Hoheitsakte stellt sich auch hier die Frage einer Abwägung zwischen der ungewollten Etablierung des nicht anerkannten Regimes durch die Aufnahme von Behördenkontakten

---

692 *District Court for the Northern District of Illinois,* United States v. Steinberg, 3 October 1979: 478 F.Supp. 29, 31.

693 *Talmon,* Kollektive Nichtanerkennung illegaler Staaten, S. 639.

694 *OVG NRW,* Urt. v. 21.12.1988 – 17 A 2620/85, Rn. 57, 59.

und dem ebenso unerwünschten Ergebnis der Möglichkeit für Straftäter, in nicht anerkannte Staaten oder Gebiete zu flüchten, um einer Strafverfolgung zu entgehen.

Die Staatenpraxis zeigt, dass Auslieferungsersuche auf informellem Weg praktikabel sind und eine Anerkennung nicht unbedingt implizieren.[695]

So werden beispielsweise durch Deutschland mit dem nicht anerkannten Taiwan Einzelabsprachen getroffen, „*welche den Eindruck einer faktischen Anerkennung der Staatlichkeit vermieden.*“[696]

Die angeführten Fälle betreffen jedoch Konstellationen, in denen eine Staatsneugründung erfolgte.

Ob sich die Vorgehensweise informeller Auslieferungsersuche auch auf Situationen der Annexion, wie im Falle der Krim, übertragen lässt, ist an dieser Stelle zu hinterfragen.

Problematisch ist dies deshalb, da man mit den russischen Behörden für objektiv gleiche Sachverhalte unterschiedlich interagieren müsste.

Während Russland auf der einen Seite ebenfalls Vertragsstaat des EuAlÜbk ist und damit ein Auslieferungsverkehr stattfindet, solange sich Straftäter auf anerkanntem russischen Territorium aufhalten, dürfte ein formelles Ersuchen dann nicht erfolgen, sobald es um Straftäter geht, die sich auf der Krim-Halbinsel befinden.

Diese Aufspaltung in formelle und informelle Ersuche findet bei neu entstandenen und nicht anerkannten Staaten nicht statt, sodass die Frage nach der Übertragbarkeit der oben genannten Beispiele durchaus Berechtigung hat.

Zumindest mit Israel betreibt Deutschland einen regulären Auslieferungsverkehr, der sich ebenfalls nach dem EuAlÜbk richtet.

Die Auslieferungsersuche beziehen sich auch auf den östlichen Teil der Stadt Jerusalem, der von Israel völkerrechtswidrig annektiert wurde.[697]

Zumindest existieren keine Erklärungen und Vorbehalte deutscher Behörden, dass in Bezug auf Ost-Jerusalem lediglich informelle oder keinerlei Auslieferungsersuche gestellt werden.

---

695 Siehe mwN.: *Talmon*, Kollektive Nichtanerkennung illegaler Staaten, S. 639 f.

696 *Hartwig*, Völkerrechtliche Praxis der Bundesrepublik Deutschland im Jahre 2008, ZaöRV 2012, S. 614.

697 Vgl dazu im Allg.: *Dick*, Auslieferungsabkommen: Gesetz über die internationale Rechtshilfe in Strafsachen und die Richtlinien für den Verkehr mit dem Ausland in strafrechtlichen Angelegenheiten (RiVASt), IRS, Durchführungsgesetze- und bestimmungen, Vereinbarungen, Israel.

Auch ist der Fall der israelischen Besetzung des östlichen Stadtteils von Jerusalem mit der russischen Annexion vergleichbar. Zudem ist Russland ebenfalls Vertragsstaat des EuAlÜbk, sodass daraus geschlossen werden könnte, dass auch bezüglich der Krim Auslieferungsersuche nunmehr an russische Behörden zu stellen sind bzw. gestellt werden dürfen.

Im Ergebnis wird es jedoch vorzugswürdig sein, von formellen Auslieferungsersuchen abzusehen, um keine implizite Anerkennung des völkerrechtswidrigen Zustandes auszusprechen.

Zum einen ist eine unterschiedliche Behandlung illegaler Regime, die infolge rechtswidriger Sezessionen effektive Herrschaftsgewalt über ein Gebiet ausüben und solcher, die fremdes Gebiet rechtswidrig annektiert haben, nicht zu rechtfertigen. Denn in beiden Situationen würde ein formelles Auslieferungsersuchen zur Etablierung des Regimes führen. Zwar entsteht bei Annexionsprozessen dann das sonderbare Ergebnis, dass der annektierende Staat auf der einen Seite als rechtmäßiger Vertragspartner über sein anerkanntes Herrschaftsgebiet fungiert, auf der anderen Seite jedoch nur informelle Kontakte unterhalten kann, wenn Auslieferungen aus dem annektierten Teil erbeten werden. Jedoch rechtfertigt sich dies durch den Zweck des Mittels, den Völkerrechtsbrecher zu isolieren und eine Etablierung des Zustands erheblich zu erschweren.

Zum anderen sind formelle Auslieferungsersuche an illegale Regime auch nicht zwingend notwendig. Der Fall Steinberg oder das deutsche Vorgehen zur Ausweisung von Straftätern aus dem Gebiet der TRNZ verdeutlichen, dass die Strafverfolgung auch auf andere Weise gewährleistet werden kann. Dass diese vielleicht nicht immer erfolgsversprechend ist oder besonderer Anstrengungen bedarf, kann nicht als Rechtfertigungsgrund gelten, formelle Behördenkontakte aufzunehmen. Auch die Ausnahme des IGH im Namibia-Gutachten, dass eine Nicht-Anerkennung nicht zu schweren Nachteilen der Bevölkerung führen darf, kommt hier offensichtlich nicht zum Tragen, da Auslieferungen nicht dem Schutz individueller Interessen dienen.

Aufgrund dessen ist auch im Hinblick auf die Krim ein Auslieferungsersuchen zunächst an das Justizministerium der Ukraine oder den Generalstaatsanwalt zu stellen. Erst wenn dies keinen Erfolg verspricht, ist die Aufnahme informeller Kontakte zu den russischen Behörden zulässig.

Im gegensätzlichen Fall, also wenn beispielsweise ein annektierender Staat ein Auslieferungsersuchen für begangene Verbrechen auf dem nicht anerkannten

Gebiet stellt, ist die *Schtraks*-Entscheidung[698] des House of Lords wegweisend. In dieser geht es um ein Auslieferungsersuchen der israelischen Regierung an das Vereinigte Königreich auf Grundlage des mit dieser Regierung geschlossenen Auslieferungsabkommens. Der Kläger monierte jedoch die fehlende Anwendbarkeit des Abkommens, da die ihm zur Last gelegten Vergehen im nicht anerkannten, von Israel annektierten Gebiet von Jerusalem begangen wurden, sodass der territoriale Bezug zu israelischem Staatsgebiet fehle.[699]

Das House of Lords folgte der Argumentation des Klägers jedoch nicht und entschied, dass die effektive Kontrolle ohne *de iure*-Anerkennung ausreichend sei, um Auslieferungsersuche rechtmäßig zu stellen.[700]

Das alleinige Abstellen auf das Bestehen einer *de facto*-Kontrolle, um eine Kooperation in Auslieferungsfragen zu rechtfertigen, ist kritisch zu hinterfragen.

Zwar schließt die Rechtsprechung des House of Lords ein rechtliches Vakuum aus, das entstehen würde, wenn überhaupt kein Auslieferungsverkehr aufgrund der Nicht-Anerkennung stattfinden könnte.

Dennoch würde die konsequente Anwendung einer Nicht-Anerkennungspolitik verlangen, dass eine Auslieferung in nicht anerkanntes, annektiertes Territorium nicht erfolgen darf, da es grundsätzlich demjenigen Staat, dem die *de iure*-Hoheitsgewalt über das Gebiet zusteht, obliegt, Auslieferungsersuche für auf seinem Territorium begangene Straftaten zu stellen.

In diesem Sinne prallen zum einen das Bedürfnis nach effektiver Strafverfolgung und zum anderen die stringente Durchführung einer Negierung der territorialen Veränderung aufeinander.

Im Ergebnis wird durch eine Auslieferung eine *de iure*-Anerkennung jedoch nicht ausgesprochen, sondern allein bestätigt, dass der verletzende Staat die *de facto*-Kontrolle über das besetzte Gebiet hat. Die Auslieferung wird mithin nur durchgeführt, um eine Strafzuführung zu ermöglichen; eine Aussage über die Rechtmäßigkeit der territorialen Herrschaft über das Gebiet, in dem die Straftat begangen wurde, impliziert dies nicht.

Die Auslieferung in annektiertes Gebiet ist folglich mit der Pflicht zur Nicht-Anerkennung vereinbar.

Dieses Ergebnis muss, aufgrund des Vorliegens einer gleichen Interessenlage, auch für die Fälle einer Auslieferung in sezessionistische Gebiete gelten.

---

698 *House of Lords,* Schtraks v. Government of Israel and Others, 6 September 1962, [1964] AC 556; [1962] 3 All ER 529; [1962] 3 WLR 1013.

699 *Brownlie,* Principles of Public International Law, 7. Aufl., S. 112–113.

700 *Ebd.,* S. 113.

Kapitel 4: Menschenrechte

Neben der möglichen Aufnahme bilateraler Beziehungen stellt sich auch die Frage, ob, und wenn ja, wie umfassend nicht anerkannte Staaten oder annektierte Gebiete an menschenrechtliche Verpflichtungen und auch Verträge gebunden sind.

Die folgende Untersuchung soll dabei in zwei Bereiche unterteilt werden, von denen der erste menschenrechtliche Verpflichtungen in annektierten Gebieten und der letztere in sezessionistischen Gebieten thematisiert.

Die Unterscheidung rechtfertigt sich unter anderem dadurch, dass in Fällen einer Annexion zumeist nur Staaten in Aktion treten, während Sezessionen und neu entstehende Staaten die Besonderheit aufweisen, dass eine Einheit in Erscheinung tritt, der nicht unbedingt zugleich Staatsqualität zukommt.

Bei solchen nicht-staatlichen Akteuren ist es besonders schwer, menschenrechtliche Verpflichtungen auszumachen, da das klassische Völkerrecht im Grundsatz nur Staaten bindet und eine dogmatische Herleitung völkerrechtlicher Verantwortlichkeit für *de facto*-Regime und andere nicht-staatliche Akteure daher ein eigenes Problemfeld darstellt.

1) Annexionen

Bei Annexionen stellt sich die Frage, welche staatliche Einheit für die Einhaltung und Gewährleistung der Menschenrechte auf dem annektierten Gebiet verantwortlich ist.

Nimmt man das Beispiel der gewaltsamen Besetzung der Krim durch Russland, kommen als Adressat der Menschenrechtsverpflichtungen sowohl die Ukraine als auch Russland in Betracht.

Die Gewährleistung der Menschenrechte kann allerdings nur dann erfolgen, wenn ein Mindestmaß an effektiver Kontrolle über das annektierte Gebiet ausgeübt wird.

Ist ein Staat vom Zugriff ausgeschlossen und hat, wie auf der Krim geschehen, der Aggressor bereits seine Rechtsordnung auf das besetzte Gebiet erstreckt, so bleibt dem verletzten Staat keine Möglichkeit, seine eigenen Staatsangehörigen weiter zu schützen und für die Einhaltung der Menschenrechte zu sorgen.

Verantwortlich muss daher allein der annektierende Staat sein, der die Kontrolle über das Gebiet ausübt.[701] Dies muss zumindest dann gelten, wenn der

701 *Du Plessis/Gevers,* Expert Opinion to The Participation of Residents of Area C of the Occupied Palestinian Territory of the West Bank in the Planning Process Re

verletzte Staat jegliche Einflussmöglichkeiten verloren hat und von der Ausübung seiner Herrschaftsmacht damit gezwungenermaßen befreit ist und auch alle ihm möglichen Maßnahmen unternommen hat, um den rechtmäßigen *status quo ante* wiederherzustellen bzw. für eine fortlaufende Einhaltung der Menschenrechte zu sorgen.[702]

Die „Befreiung“ von der Verantwortlichkeit für die Einhaltung der Menschenrechte ist dabei jedoch allein Folge der faktischen Situation und kann nicht durch Rechtsakt abbedungen werden. Die Vorschrift des ukrainischen Gesetzes „Über die Gewährleistung der Rechte und Freiheiten von Bürgern sowie über das Rechtsregime in dem vorübergehend besetzten Gebiet der Ukraine“, das als Reaktion auf die russische Annexion am 9.5.2014 in Kraft getreten ist und die völkerrechtliche Verantwortlichkeit auf Russland abwälzt,[703] kann damit allein Klarstellungsfunktion inne haben, nicht aber unmittelbare rechtliche Wirkungen zeitigen.

Es wäre mit dem hohen Stellenwert der Menschenrechte kaum vereinbar, wenn sich eine staatliche Einheit durch eigene Entscheidung von zwingenden Pflichten befreien könnte.

Ähnlich ist auch die im Mai 2015 verabschiedete Resolution N462-VIII der ukrainischen Verkhovna Rada über die Befreiung von bestimmten Verpflichtungen unter dem Internationalen Pakt über bürgerliche und politische Rechte zu werten, die eine alleinige Verantwortung bestimmter Konventionsrechte auf die Russische Föderation überleiten will.[704]

Dass der Aggressor letztlich menschenrechtliche Verpflichtungen bezüglich des annektierten Gebietes hat, ist unbestritten. Über den Umfang der Pflichten besteht hingegen kein Konsens.

Housing, EIC.12IlI Add.90, Rn. 25, 27; Legal Consequences of the Construction of a Wall in the Occupied Palestinian Territory, Advisory Opinion, I.C.J. Reports 2004, S. 136, Rn. 112; *Ronen,* Transition from Illegal Regimes under International Law, S. 89; *ECHR,* Case of Al-Skeini and Others v. The United Kingdom, Judgment of 7 July 2011, Rn. 133–137.

702 Vgl. Rspr. *ECHR,* Case of Ilascu and Others v. Moldova and Russia, Judgment of 8 July 2004, Rn. 333.

703 Art. 5 (3).

704 Derogation contained in a Note verbale from the Permanent Representation of Ukraine, dated 5 June 2015, registered at the Secretariat General on 9 June 2015, abrufbar unter: https://wcd.coe.int/com.instranet.InstraServlet?command=com.instranet.CmdBlobGet&InstranetImage=2833408&SecMode=1&DocId=2278178&Usage=2 (Stand: 28.7.2016).

Neben der ohnehin bestehenden Bindung an menschenrechtliches Gewohnheitsrecht[705] wird zum einen vertreten, dass der annektierende Staat im selben Maße verantwortlich ist, wie auf seinem legitimen und anerkannten Staatsgebiet.

Zum anderen wird eine pauschale Aussage über den Grad der Verpflichtung abgelehnt und für den Einzelfall entschieden, wie weit die Bindungswirkung reichen soll. Dies soll von den vorliegenden Umständen und insbesondere der Kontrolldichte über das besetzte Gebiet abhängig sein.[706]

Es spricht vieles dafür, den annektierenden Staat zunächst in dem Umfang als verantwortlich anzusehen, in dem er auch seinen eigenen Staatsbürgern im rechtmäßigen Territorium verpflichtet ist.

Erstreckt ein Staat seine Rechtsordnung auf ein fremdes Gebiet, so bezweckt er eine Inkorporation in seinen Staatsverband und damit auch eine Gleichstellung des einverleibten Teils mit den anderen bereits bestehenden staatlichen Einheiten und Regionen.

Aufgrund dessen muss in jedem Fall der Anspruch bestehen, dass die Menschen auf dem besetzten Gebiet als vermeintlich neuer Teil des Staats dieselben Rechte genießen wie die anderen Staatsbürger auch.[707]

Diese Sichtweise findet auch in der Rechtsprechung internationaler Gerichte und den Entscheidungen menschenrechtlicher Ausschüsse eine ausreichende Stütze, die seit geraumer Zeit vertreten, dass das Bestehen einer effektiven Kontrolle ausreicht, um auch extraterritorial für Konventionsrechte verantwortlich zu sein.[708]

---

705 *Lubell,* Human rights obligations in military occupation, International Review of the Red Cross 2012, S. 335.

706 *Ronen,* Transition from Illegal Regimes under International Law, S. 89.

707 Im Ergebnis so auch: Legal Consequences of the Construction of a Wall in the Occupied Palestinian Territory, Advisory Opinion, I.C.J. Reports 2004, S. 136, Rn. 102–113.

708 Siehe u.a.: *ECHR,* Bankovic and Others v. Belgium and Others, Decision of 19 December 2001; *ECHR,* Case of Al-Skeini and Others v. The United Kingdom, Judgment of 7 July 2011; Application of the International Convention on the Elimination of all Forms of Racial Discrimination (Georgia v. Russian Federation), Provisional Measures, Order of 15 October 2008, I.C.J. Reports 2008, S. 353, Rn. 109; Legal Consequences of the Construction of a Wall in the Occupied Palestinian Territory, Advisory Opinion, I.C.J. Reports 2004, S. 136; siehe für eine Darstellung weitergehender Fälle: *Hathaway/Levitz/Nielsen/Nowlan/Perdue/Purvis/Solw/Spiegel,* Human Rights Abroad: When Do Human Rights Treaty Obligations Apply Extraterritorially?, Arizona State Law Journal 2011, S. 389–426; *Sinchak,* The Extraterritorial Application of Human Rights Treaties: Al-Skeini et al. v. United Kingdom (2011), Pace International Law Review Online Companion 2013, S. 416–445.

Darüber hinaus lässt sich vertreten, dass der annektierende Staat auch in die Verpflichtungen des verletzten Staates eintritt, sollten diese umfangreicher sein als die eigenen menschenrechtlichen Bindungen.

Nimmt man als fiktives Beispiel an, dass nur die Ukraine, nicht aber Russland Vertragsstaat der EMRK ist, so würde sich diese Frage zwingend stellen.[709]

Rückschlüsse lassen sich zu dieser Problematik unter Umständen aus dem Recht der Staatensukzession ziehen.

Auch in diesem Bereich ist umstritten, in welche Verträge der Nachfolgestaat eintreten darf bzw. muss.

Bezüglich der Übernahme von Menschenrechtsverträgen, im konkreten Fall des IPbpR, äußerte sich der UN-Menschenrechtsausschuss im Rahmen des Übergangs der Gebietshoheit über Hongkong vom Vereinigten Königreich auf die Volksrepublik China folgendermaßen:

> „*The Human Rights Committee – dealing with cases of dismemberment of States parties to the International Covenant on Civil and Political Rights – has taken the view that human rights treaties devolve with territory, and that States continue to be bound by the obligations under the Covenant entered by the predecessor State. Once the people living in a territory find themselves under the protection of the International Covenant on Civil and Political Rights, such protection cannot be denied to them by virtue of the mere dismemberment of that territory or its coming within the jurisdiction of another State or of more than one State.*“[710]

Im Wege eines *argumentum a fortiori* könnte man annehmen, dass eine Anwendung dieses Grundsatzes auch auf annektierte Gebiete möglich ist.

Dafür spricht, dass ein Staat, der ein Gebiet im Wege eines unrechtmäßigen Erwerbstitels akquiriert, weniger schützenswert ist als ein Staat, der im Wege rechtmäßiger Staatensukzession einen Herrschaftstitel erlangt hat.[711]

Weiterhin ist auch die Interessenlage der betroffenen Menschen gleich. Die Beibehaltung eines hohen menschenrechtlichen Standards kommt immer der Bevölkerung zugute.[712] Berücksichtigt man diese Wertung, so muss man auch hier zum Schluss kommen, dass Menschen auf annektiertem Gebiet nicht schlechter

---

709 Sowohl Russland als auch die Ukraine sind Vertragsstaaten der EMRK.

710 *Human Rights Committee*, CCPR/C/79/Add.57, Statement by the Chairperson.

711 So auch: *Herdegen*, Effektivität und Legalität im Völkerrecht – von Tibet bis zur Krim-, S. 209, in: *Ackermann/Köndgen*, Privat- und Wirtschaftsrecht in Europa, FS Roth.

712 a.A.: *Gross*, Human Proportions: Are Human Rights the Emperor's New Clothes of the International Law of Occupation?, European Journal of International Law 2007, S. 7–9.

gestellt werden dürfen als Menschen, die Gegenstand eines legitimen Herrschaftswechsels sind.

Problematisch an dieser Sichtweise ist jedoch, dass der annektierende Staat automatisch in vertragliche Beziehungen über ein Gebiet tritt, das ihm nicht zusteht.

Die Nicht-Anerkennung soll jedoch gerade verhindern, dass bi- oder multilaterale Beziehungen mit dem verletzenden Staat abgeschlossen werden, um den *fait accompli* nicht zu etablieren und festigen.

Diesem Einwand könnte man jedoch dadurch begegnen, dass der annektierende Staat durch den menschenrechtlichen Vertrag lediglich verpflichtet wird, jedoch keine Rechte ableiten kann, wie beispielsweise die Möglichkeit des Vorbringens einer Beschwerde auf Grundlage des Art. 33 EMRK.

Auf diesem Wege wäre eine Sicherstellung der Menschenrechte aktiv gewährleistet, ohne dem Staat selbst (Klage-)Rechte einzugestehen.

Auf die Situation auf der Krim lässt sich dieses Beispiel zwar nicht übertragen, da die Ukraine keine weitergehenden menschenrechtlichen Verpflichtungen eingegangen ist als Russland selbst.

Eine Übertragung auf zukünftige Annexionsfälle in gleicher Konstellation ist jedoch zumindest denkbar.

2) Sezessionen

Schwieriger ist die Begründung menschenrechtlicher Verpflichtungen bei neu entstandenen Einheiten.

Innerhalb dieser ist wiederum zu unterscheiden zwischen solchen, die Staatsqualität besitzen und solchen, die die Staatskriterien (noch) nicht erfüllt haben und mithin als nicht-staatliche Akteure zu behandeln sind.

Nach der herrschenden deklaratorischen Theorie kommt es bei der Beurteilung des Vorliegens der Staatskriterien auf die Anerkennung durch andere Staaten nicht an.[713]

Staat ist danach jede Einheit, die die klassischen drei Staatskriterien erfüllt; also das Vorhandensein eines Staatsvolkes, eines Staatsgebiets und einer effektiven Herrschaftsgewalt nachweisen kann.[714]

Zweifel würden sich diesbezüglich, trotz mehrheitlicher Anerkennung durch die internationale Gemeinschaft, beispielsweise beim Kosovo ergeben. Durch das UN-Protektorat und die teilweise Erfüllung administrativer Aufgaben durch

713 *Herdegen,* Völkerrecht, 15. Aufl., §8, Rn. 11.

714 *Jellinek,* Allgemeine Staatslehre, 3. Aufl., S. 396 ff.

UN-Organe kann der Kosovo noch nicht beanspruchen, eine effektive Kontrolle über sein beanspruchtes Territorium auszuüben.

Einen weiteren Beispielfall stellt Palästina dar. Zwar wurde die PLO 1974 durch die Vereinten Nationen als Repräsentant des palästinensischen Volkes anerkannt, eine effektive Herrschaftsgewalt über das beanspruchte Territorium besteht jedoch auch hier nicht, da Israel weite Teile des vermeintlichen Staates besetzt hält.

Die Unterscheidung, ob ein eigenständiger Staat exisitiert oder nicht, ist insoweit von Bedeutung, da nicht-staatliche Akteure für das Völkerrecht schwerer zu greifen sind als staatliche. Die meisten Mechanismen zur Sicherstellung menschenrechtlicher Verpflichtungen und auch die Vielzahl menschenrechtlicher Universalverträge richten sich primär und ausschließlich an Staaten, sodass eine dogmatische Grundlage für die Bindung nicht-staatlicher Akteure oftmals fehlt.[715]

Dass nicht-staatliche Akteure, die unterhalb der Schwelle zur Staatsqualität agieren, jedoch nicht vollkommen frei von menschenrechtlichen Verpflichtungen sein können, erscheint logisch, auch wenn die Staatenpraxis bisher eher zurückhaltend in der Auferlegung von Pflichten war, um den aufstrebenden Einheiten keine Legalität zu verleihen.[716]

Fraglich ist dabei aber, auf welcher Grundlage und in welchem Umfang eine Verantwortlichkeit bestehen kann.

a) Verantwortlichkeit des Mutterstaates

Bevor dieser Problematik nachgegangen wird, bleibt vorab zu klären, inwiefern derjenige Staat zur Gewährleistung der Menschenrechte verpflichtet bleibt, aus dessen Gebiet die neu entstandene Einheit ausgebrochen ist.

Als veranschaulichendes Beispiel für diese Situation kann das Verhältnis Zyperns zur TRNZ herangezogen werden.

Zypern beansprucht formell die Souveränität über die gesamte zyprische Insel; dieser Status wird der zyprischen Führung auch durch die internationale Gemeinschaft zuerkannt.[717]

Über den nördlichen Teil der Insel bzw. über das Gebiet der TRNZ hat Zypern jedoch keinerlei effektiven Einfluss.

---

715 Dazu: *McCorquodale*, Non-state Actors and International Human Rights Law, S. 100–103, in: *Joseph/McBeth*, Research Handbook on International Human Rights Law.

716 *Clapham*, Non-State Actors, S. 4, in: *Clapham*, Human Rights and Non-State Actors.

717 S/RES/541.

Genau diese Konstellationen schließen eine Verpflichtung des Mutterstaates letztlich aus.

Nur wenn dieser weiterhin die Möglichkeit hat, den nicht-staatlichen Akteur bzw. das *de facto*-Regime unter seiner staatlichen Gesetzgebung verantwortlich zu machen, kann weiterhin eine Verantwortlichkeit für die Einhaltung von Menschenrechten konstruiert werden.[718]

Ist der Mutterstaat von der effektiven Herrschaftsgewalt jedoch gänzlich ausgeschlossen, erlischt gleichsam auch die Verantwortlichkeit zur Einhaltung der menschenrechtlichen Verpflichtungen.[719]

Dennoch hat der Mutterstaat alle ihm zur Verfügung stehenden Maßnahmen zu ergreifen, um die Einhaltung der menschenrechtlichen Verpflichtungen durch das *de facto*-Regime auf dem entsprechenden Gebiet zu gewährleisten. Im Fall *Ilascu and Others v. Moldova and Russia*[720] wurde dem Staat Moldau die Nichteinhaltung dieser Verpflichtung durch den EGMR zur Last gelegt, da keine ausreichenden Bemühungen zu erkennen waren, die Behörden der nicht anerkannten Republik Transnistrien zur Einhaltung der EMRK-Bestimmungen zu bewegen.

Die EMRK beinhalte nämlich nicht nur das Verbot, die bestehenden Rechte zu verletzen, sondern auch die Pflicht, diese aktiv zu schützen, auch wenn

> *„a Contracting State is prevented from exercising its authority over the whole of its territory by a constraining de facto situation, such as obtains when a separatist regime is set up, whether or not this is accompanied by military occupation by another State."*[721]

Die extensive Auslegung des Begriffes der "Hoheitsgewalt" aus Art. 1 durch den EGMR im Vergleich zu seiner Rechtsprechung im Falle *Cyprus v. Turkey* (2001), in der die Hoheitsgewalt und Verantwortlichkeit Zyperns auf den kontrollierten südlichen Teil der Insel beschränkt wurde, ist als weiterer Ausbau des Menschenrechtsschutzes zu sehen, der in der internationalen Wahrnehmung immer höheren Stellenwert genießt.

---

718 *Ronen*, Human Rights Obligations of Territorial Non-State Actors, Cornell International Law Journal 2013, S. 22–23.

719 UN Doc. A/56/10, S. 112.

720 *ECHR*, Case of Ilascu and Others v. Moldova and Russia, Judgment of 8 July 2004, Rn. 331.

721 *Ebd.*, Rn. 333.

Denn in Folge der Rechtsprechung kommt es oftmals zu einer doppelten Verantwortlichkeit. Zum einen zu derjenigen des Mutterstaates und zum anderen zu derjenigen Einheit, die effektive Kontrolle über das Gebiet ausübt.[722]

Der Mutterstaat kann demnach nur dann nicht für die Verletzung von Menschenrechten verantwortlich gemacht werden, wenn *(i)* keine effektive Kontrolle mehr besteht und *(ii)* alle möglichen Maßnahmen unternommen wurden, um eine Einhaltung der Menschenrechte dennoch zu garantieren.

Die Rechtsprechung des EGMR ist dabei kritisch zu betrachten.[723]

Denn im Urteil des EGMR bleibt ungeklärt, welches Ausmaß die Anstrengungen des Mutterstaats annehmen müssen, um von einer Verantwortlichkeit befreit zu werden. Erst die Aufstellung eines abschließenden Maßnahmenkatalogs würde die Haftung für den Staat erkennbar machen. Die Abhängigkeit einer völkerrechtlichen Verantwortlichkeit von der Sichtweise des Gerichts im Einzelfall vermag dagegen nicht wirklich zu überzeugen.

b) Verantwortlichkeit der sezessionistischen Einheit

Vor allem dann, wenn der unterstützende Staat oder der Mutterstaat selbst von der völkerrechtlichen Verantwortlichkeit befreit ist, stellt sich die Frage, inwieweit die separatistische Einheit menschenrechtlichen Bindungen unterliegt.

Das Völkerrecht kennt, mit wenigen Ausnahmen, keine zwingenden menschenrechtlichen Verpflichtungen für nicht-staatliche Akteure.

Das Handeln dieser muss sich allein an wenigen Regeln des humanitären Völkerrechts und am Internationalen Strafrecht messen lassen, die für jede Einheit und teils auch für Individuen Geltung beanspruchen.[724]

Die darin enthaltenen Normen kommen jedoch nur in kriegerischen Auseinandersetzungen oder beim Vorliegen erheblicher Straftaten zur Anwendung und beinhalten folglich keine Aussage darüber, inwieweit nicht-staatliche Akteure an die gesamte Bandbreite der Menschenrechte gebunden sind.

Die einzige Konvention, die von ihrem Wortlaut einen Rückschluss darauf zulassen würde, dass auch nicht-staatliche Akteure durch die Menschenrechte gebunden sein sollen, ist die Allgemeine Erklärung der Menschenrechte. Diese

---

722 *Talmon,* Kollektive Nichtanerkennung illegaler Staaten, S. 832–833; *da Costa,* The Extraterritorial Application of Selected Human Rights Treaties, S. 167–173.

723 So auch: *Milanovic,* Extraterritorial Application of Human Rights Treaties: Law, Principles, and Policy, S. 106–107.

724 *Ronen,* Human Rights Obligations of Territorial Non-State Actors, Cornell International Law Journal 2013, S. 23.

sichert in ihren Artikeln *„jedermann"* das Recht auf die einzelnen Bestimmungen zu.

Zudem sieht Art. 30 der Erklärung vor, dass weder ein Staat, noch eine Gruppe oder eine Person berechtigt ist, Handlungen vorzunehmen, die auf die Vernichtung der aufgeführten Rechte zielt.

Die Allgemeine Erklärung für Menschenrechte richtet sich damit nicht allein an Staaten, sondern weitet seinen Geltungsbereich bewusst auch auf nicht-staatliche Akteure aus.

Das von der Generalversammlung am 10. Dezember 1948 verabschiedete Dokument weist jedoch keine unmittelbare Verbindlichkeit auf und kann daher auch keine Pflichten aufstellen.[725]

Die Errichtung der Erklärung war weiterhin nicht dazu gedacht, positives Recht zu begründen, sondern sollte lediglich Anstöße für die Entwicklung menschenrechtlicher Gewährleistungen geben.[726]

Zwar sind einige der aufgestellten Regeln mittlerweile zu Gewohnheitsrecht erstarkt; jedoch bleibt die Frage zu beantworten, ob Gewohnheitsrecht nicht-staatliche Akteure überhaupt binden kann. Dies soll unter anderem im Folgenden geklärt werden.

(1) Voraussetzungen für die Bindung nicht-staatlicher Akteure an Menschenrechte

Bevor tiefer in die Materie eingetaucht wird, auf welcher dogmatischen Grundlage eine Bindung nicht-staatlicher Akteure erfolgen kann, soll an dieser Stelle zunächst geklärt werden, unter welchen Voraussetzungen eine Verantwortlichkeit für Menschenrechte überhaupt bestehen kann.

Nicht-staatlicher Akteur ist ein weiter Oberbegriff, der sowohl Aufständische als auch *de facto*-Regime mit etablierten Regierungen beinhaltet.[727]

Gerade im Verlauf von Sezessionen und der Ausrufung neuer Staaten gibt es immense Bandbreiten von Etablierungsstufen und damit auch verbunden unterschiedliche Grade von effektiver territorialer Kontrolle.

---

725 *Herdegen,* Völkerrecht, 15. Aufl., §47, Rn. 3.

726 *Ronen,* Human Rights Obligations of Territorial Non-State Actors, Cornell International Law Journal 2013, S. 35–36.

727 *Alston,* The „Not-a-cat" Syndrome: Can the International Human Rights Regime Accommodate Non-State Actors?, S. 5, in: *Alston,* Non-state actors and human rights.

Die Gewährleistung menschenrechtlicher Verpflichtungen kann jedoch nicht von jedermann verlangt werden, da es oftmals am notwendigen Machtapparat fehlt, um die Verpflichtungen einzuhalten.

Ronen stellt für die Bindung an Menschenrechte daher folgende Voraussetzungen auf:

1) Der nicht-staatliche Akteur muss effektive territoriale Kontrolle ausüben.
2) Es muss ein funktionierender Verwaltungsapparat bestehen.
3) Der nicht-staatliche Akteur muss unabhängig sein, also nicht unter dem bestimmenden Einfluss eines anderen Staates stehen.[728]

Die Punkte 1 und 2 sind unabdingbar, um die Bindung an Menschenrechte anzunehmen.

Denn erst durch die Kontrolle über ein territoriales Gebiet und das Bestehen eines funktionierenden Gesetzes- und Verwaltungsapparates können Menschenrechte garantiert werden.[729]

Die effektive Kontrolle muss dabei einen Grad erreichen, der andere Einheiten weitläufig von der Kontrolle ausschließt.

Zwar ließe sich aus dieser Bedingung wiederum ableiten, dass beim Vorliegen einer effektiven Herrschaftsgewalt durch die Erfüllung der Staatskriterien eine nicht-staatliche Einheit gar nicht mehr vorliegt.

Dies ist grundsätzlich auch zutreffend, da die Staatswerdung ein reines Faktum ist und nicht von weiteren Faktoren abhängig gemacht werden kann.[730]

Im Gegensatz zu einem Staat liegen bei *de facto*-Regimen jedoch noch nicht abgeschlossene Auseinandersetzungen um die Herrschaft über ein bestimmtes Gebiet vor, sodass die effektive Herrschaftsgewalt zwar bestehen mag, aber weiterhin umkämpft ist und die endgültige Staatswerdung am weiterhin

---

728 *Ronen,* Human Rights Obligations of Territorial Non-State Actors, Cornell International Law Journal 2013, S. 25–29.

729 So auch: *Heintze,* Sind de-facto-Regime an die Menschenrechte gebunden?, S. 297, in: *Institut für Friedensforschung und Sicherheitspolitik an der Universität Hamburg,* OSZE-Jahrbuch 2009.

730 *Breuer,* Anerkennung, S. 30–32, in: *Schöbener,* Völkerrecht: Lexikon zentraler Begriffe und Themen; *Kau,* Der Staat und der Einzelne als Völkerrechtssubjekte, S. 196–199, in: *Vitzthum/Proelß,* Völkerrecht, 7. Aufl.; a.A.: *Hillgruber,* Die Aufnahme neuer Staaten in die Völkerrechtsgemeinschaft: das völkerechtliche Institut der Anerkennung von Neustaaten in der Praxis des 19. und 20. Jahrhunderts, S. 743 ff.

schwelenden Konflikt bzw. an der Unsicherheit der bestehenden Rechtslage, ob bereits ein Staat entstanden sein könnte, scheitert.[731]

Das weitere Kriterium der Unabhängigkeit folgt quasi aus dem Erfordernis einer effektiven Herrschaftsgewalt, denn eine Einheit kann bei Weisungsgebundenheit gegenüber einem anderen Staat nicht beanspruchen, einen effektiven Herrschaftstitel inne zu haben.

Wird der nicht-staatliche Akteur durch einen anderen Staat derart unterstützt, dass er entweder faktisch oder auch normativ abhängig ist, so besteht eine alleinige Verantwortung des unterstützenden Staates.

Solche Konstellationen gelten insbesondere für Gebiete mit gewissen Autonomierechten, die jedoch im Ergebnis unter der staatlichen Kontrolle des Mutterstaates stehen und daher keine endgültige Unabhängigkeit genießen.[732]

Bei nicht anerkannten neu entstandenen Staaten liegen die von *Ronen* aufgestellten Voraussetzungen, wie in den innerhalb der Staatenpraxis gezeigten Beispielen, zumeist vor.

(2) Rechtsgrundlagen für die Bindung nicht-staatlicher Akteure an Menschenrechte

Anknüpfungspunkte für die völkerrechtliche Verantwortlichkeit zur Einhaltung menschenrechtlicher Standards für nicht-staatliche Akteure könnten insbesondere folgende Punkte sein:

(a) Vertragsrecht
(b) Gewohnheitsrecht
(c) Sicherheitsratsresolutionen.

(a) Vertragsrecht

Bezüglich des bestehenden Vertragsrechts wurde unter dem Abschnitt über menschenrechtliche Verpflichtungen annektierender Staaten bereits die Aussage getroffen, dass eine Nachfolge in Verträge denkbar erscheint. Dies allerdings nur unter der Prämisse, dass daraus lediglich Verpflichtungen und nicht auch Rechte entstehen.

Diese Überlegung lässt sich auch auf Fälle übertragen, in denen eine Einheit aus einem Staat im Wege einer Sezession ausgebrochen ist.

---

731 *Herdegen*, Völkerrecht, 15. Aufl., §11, Rn. 1; *Dahm/Delbrück/Wolfrum*, Völkerrecht, Band I/2, 2. Aufl., S. 303.

732 *Ronen*, Human Rights Obligations of Territorial Non-State Actors, Cornell International Law Journal 2013, S. 27.

War dieser Staat Vertragspartei einer menschenrechtlichen Konvention, so ließe sich argumentieren, dass die dadurch einst begründeten Rechte für den Einzelnen durch politische Umbrüche nicht wieder zum Erlöschen kommen können.[733]

Dagegen spricht selbstverständlich, dass ein Individuum keinen dauerhaften Anspruch auf die Teilhabe an den Gewährleistungen einer Menschenrechtskonvention haben kann.

So sieht die EMRK in Art. 58 ein Kündigungsrecht vor, das an keine weitergehenden Voraussetzungen gebunden ist.

Die Gefahr, dass der Bürger durch die Ausübung eines Rücktritts seine Rechte verliert, ist damit ebenso real wie die Gefahr einer Sezession und des damit verbundenen Verlusts individueller Rechte.

Unterstützung für einen Übergang menschenrechtlicher Verträge lässt sich hingegen in der Wiener Konvention über die Staatennachfolge in Verträge von 1978 finden. Dort heißt es in Artikel 34:

> „*When a part or parts of the territory of a State separate to form one or more States, whether or not the predecessor State continues to exist:*
> *(a) any treaty in force at the date of the succession of States in respect of the entire territory of the predecessor State continues in force in respect of each successor State so formed*".[734]

Die Konvention geht demnach im Grundsatz von der Kontinuität bestehender Verträge aus.

Problematisch ist jedoch, dass das Vertragswerk äußerst umstritten ist und bis *dato* nur von 22 Staaten ratifiziert wurde. Die vorhandenen Regeln stellen weitestgehend kein Gewohnheitsrecht dar und können nicht als finale Begründung für eine Sukzession in Menschenrechtsverträge herangezogen werden.

Dennoch zeigt eine Tendenz in der Staatenpraxis,[735] dass eine Fortsetzung bestehender Menschenrechtsverträge von einem Konsens getragen wird.

Dies lässt sich zum einen mit der immer stärker werdenden Bedeutung der Menschenrechte und der damit einhergehenden Anspruchshaltung der Individuen begründen. Zum anderen besteht aber auch ein immenses Interesse der

733 So auch: *Kamminga*, State Succession in Respect of Human Rights Treaties, European Journal of International Law 1996, S. 483.

734 Die Konvention ist zu finden unter: http://legal.un.org/ilc/texts/instruments/english/conventions/3_2_1978.pdf (Stand: 28.7.2016).

735 Siehe dazu *Kamminga*, State Succession in Respect of Human Rights Treaties, European Journal of International Law 1996, S. 475–482; *Zimmermann*, State Succession in Treaties, Rn. 15, in: *Wolfrum*, Max Planck Encyclopedia of Public International Law, Online Version 2006.

Staatengemeinschaft an der Fortgeltung menschenrechtlicher Verträge in Gebieten, die im Wege einer Sezession oder ähnlichen Vorgängen auseinandergebrochen sind. Denn die Gefahr einer Nichteinhaltung humanitärer Standards ist zugleich auch eine Gefahr für die Stabilität des internationalen Friedens und der Sicherheit. Die Missachtung elementarer Menschenrechte kann zur Entstehung von Flüchtlingsströmen und dem Aufkeimen interner Konflikte führen, welche wiederum das Potential haben grenzübergreifenden Bezug zu entwickeln.

Die automatische Bindung neu entstehender Staaten an menschenrechtliche Verträge ist aufgrund dessen sinnvoll und eine logische Konsequenz aus dem zunehmenden Stellenwert der Menschenrechte im völkerrechtlichen Normgefüge.

Diese Annahme kann jedoch nur tragen, wenn der nicht-staatliche Akteur auch die Kapazitäten hat, um die Einhaltung der Pflichten zu gewährleisten. Dabei kann auf die oben gewonnenen Aussagen verwiesen werden, die klarstellen, unter welchen Voraussetzungen ein *de facto*-Regime menschenrechtlichen Bindungen überhaupt unterliegen kann.

Weiterhin muss angeführt werden, dass ähnlich wie in Fällen einer Annexion ein Eintritt allein in die Pflichten eines Vertrages konstruiert werden kann. Denn der automatische Vertragsbeitritt bleibt nicht-staatlichen Akteuren aufgrund der zumeist alleinigen Anwendbarkeit der Konventionen auf Staaten verwehrt. Auch würde die automatische Aufnahme als Vertragspartei zu einer unerwünschten Etablierung der nicht anzuerkennenden Einheit führen; dieses Ergebnis ist nicht nur unerwünscht, sondern auch mit der Pflicht zur Nicht-Anerkennung unvereinbar.

Neben der Frage eines automatischen Einrückens in vertragliche Pflichten stellt sich auch die Frage, ob nicht anerkannte *de facto*-Regime überhaupt Vertragsparteien bi- oder multilateraler menschenrechtlicher Verträge werden können.

De facto-Regime genießen eine beschränkte Völkerrechtssubjektivität[736] und können damit Träger von völkerrechtlichen Rechten und Pflichten sein. Dies schließt die Fähigkeit ein, Partei eines zwei- oder mehrseitigen Vertrages zu werden. Die Staatenpraxis zeigt, dass Staaten durchaus gewillt sind, vertragliche Regelungen über gemeinsame Interessen mit nicht-staatlichen Einheiten zu treffen, ohne dabei eine konkludente Anerkennung auszusprechen.[737]

---

736 Siehe dazu: *Schoiswohl*, Status and (human Rights) Obligations of Non-recognized de Facto Regimes in International Law: The Case of "Somaliland": the Resurrection of Somaliland Against All International "odds": State Collapse, Secession, Non-recognition, and Human Rights, S. 206–214.

737 *Ebd.*, S. 223–224.

Die Möglichkeit des Abschlusses von menschenrechtlichen Verträgen mit *de facto*-Regimen muss Drittstaaten m.E. auch möglich bleiben. Diese Wertung lässt sich unter Rückgriff auf die Namibia-Ausnahme des IGH begründen. Denn insbesondere Verträge zu Menschenrechten werden dem Wohle der Menschen unter dem illegalen Regime dienen. Der Abschluss solcher Verträge führt auch nicht zwingend und wenn, nur sekundär zur Stärkung und Etablierung der nicht anerkannten Einheit, da durch den Vertrag selbst nur Individualrechte und nicht Einrichtungen des Staates anerkannt werden.

(b) Gewohnheitsrecht

Eine Verantwortlichkeit ist weiterhin über das Institut des Gewohnheitsrechts denkbar. Zumindest bezüglich nicht anerkannter Einheiten, die bereits Staatsqualität erreicht haben, ist eine Bindung zu fordern. So heißt es auch im Urteil eines amerikanischen Berufungsgerichts zum Fall *Kadic v. Karadzic*:

> *„The customary international law of human rights, such as the proscription of official torture, applies to states without distinction between recognized and unrecognized states."*[738]

Anders könnte der Fall jedoch bei *de facto*-Regimen liegen, die (noch) unterhalb der Schwelle zur Staatsqualität agieren.

Diesen kommt jedoch ebenfalls partielle Völkerrechtssubjektivität und damit die Eigenschaft zu, Träger von Rechten und, für diesen Abschnitt von Relevanz, auch Pflichten zu sein.

Die Ausübung territorialer Herrschaft genügt dabei, um eine Bindung an Gewohnheitsrecht und damit einhergehend auch an Menschenrechte auszulösen.[739]

Denn die effektive Kontrolle über ein Territorium und damit auch über eine bestimmte Anzahl von Menschen muss eine entsprechende Verantwortung bereits umfassen.[740] Konstruktionen wie eine abgeleitete Mandatierung des *de facto*-Regimes durch die von der Kontrolle verdrängte *de iure*-Regierung zur

---

738 *United States Court of Appeals*, Kadic v. Karadzic, Second Circuit, 13 October 1995: 70 F.3d 232, 64 USLW 2231.

739 *Heintze*, Sind de-facto-Regime an die Menschenrechte gebunden?, S. 302–303, in: *Institut für Friedensforschung und Sicherheitspolitik an der Universität Hamburg*, OSZE-Jahrbuch 2009; *Frowein*, Das de facto-Regime im Völkerrecht. Eine Unterschung zur Rechtsstellung „nichtanerkannter Staaten" und ähnlicher Gebilde, S. 69–86.

740 *Constantinides*, Human Rights Obligations and Accountability of Armed Opposition Groups: The Practice of the UN Security Council, Human Rights & International Legal Discourse 2010, S. 110; *Frau*, Überlegungen zur Bindung nicht-staatlicher Gewaltakteure an internationale Menschenrechte, Humanitäres Völkerrecht: Informationsschriften, Journal of International Law of Peace and Armed Conflict 2013,

Achtung und Wahrung der elementaren Rechte von Menschen auf dem beanspruchten Gebiet[741] sind damit nicht notwendig.

Fraglich bleibt schließlich, in welchem Umfang eine Bindung anzunehmen ist.

Wie oben bereits erwähnt, besteht unstrittig eine Verantwortlichkeit in Bezug auf humanitäre Mindeststandards und das Internationale Strafrecht.

Aber auch andere grundlegende Menschenrechte sind nach Staaten- und auch gerichtlicher Praxis durch *de facto*-Regime zu gewährleisten,[742] wie beispielsweise das Verbot von Folter.

Als einen interessanten Ansatzpunkt zur Festlegung eines bestimmten Umfangs menschenrechtlicher Verpflichtungen führt *Schoiswohl* an, dass eine Bindung an diejenigen Menschenrechte besteht, die durch die Ausübung der Herrschaft des Regimes auch beeinträchtigt werden können.[743]

Treten nicht-staatliche Akteure demnach in staatsähnlicher Funktion auf und haben diese einen ebenwürdigen Machtapparat, so ist eine Bindung an das gesamte menschenrechtliche Gewohnheitsrecht die logische Folge.

Dieses Ergebnis rechtfertigt sich letztlich auch mit dem Anspruch des stabilisierten Regimes, sich als Staat in der internationalen Gemeinschaft zu integrieren. Es wäre widersprüchlich, wenn auf der einen Seite die Anerkennung als staatliche Einheit verlangt wird und man im internationalen Kontext als solche Achtung beansprucht und auf der anderen Seite Verpflichtungen ablehnt, die mit selbigem Status zwingend einhergehen.

(c) Sicherheitsratsresolutionen

Die Entstehung menschenrechtlicher Verpflichtungen ist weiterhin durch Resolutionen des Sicherheitsrates möglich.

S. 18–20; a.A.: *Ronen,* Human Rights Obligations of Territorial Non-State Actors, Cornell International Law Journal 2013, S. 50.

741 *Schoiswohl,* Status and (human Rights) Obligations of Non-recognized de Facto Regimes in International Law: The Case of "Somaliland": the Resurrection of Somaliland Against All International "odds": State Collapse, Secession, Non-recognition, and Human Rights, S. 275 ff.

742 *Ronen,* Human Rights Obligations of Territorial Non-State Actors, Cornell International Law Journal 2013, S. 39–46; *van Essen,* De Facto Regimes in International Law, Utrecht Journal of International and European Law 2012, S. 38.

743 *Schoiswohl,* Status and (human Rights) Obligations of Non-recognized de Facto Regimes in International Law: The Case of "Somaliland": the Resurrection of Somaliland Against All International "odds": State Collapse, Secession, Non-recognition, and Human Rights, S. 284.

Es ist anerkannt, dass der Sicherheitsrat auch nicht-staatliche Akteure durch Resolutionen unter dem VII. Kapitel der Charter binden kann.[744]

So hat das Organ der Vereinten Nationen wiederholt nicht-staatliche Akteure dazu aufgerufen, wesentliche Menschenrechte zu wahren.[745] Dies geschah jedoch zumeist nicht unter Bezugnahme auf das VII. Kapitel und damit unter Rückgriff auf die Generalklausel als Ermächtigungsgrundlage.

Ist dies der Fall, so kann zumindest keine automatische Bindungswirkung angenommen werden. Vielmehr ist unter Auslegung der in Frage stehenden Resolution zu erschließen, ob eine Bindungswirkung tatsächlich intendiert war. Anhaltspunkte liefern dabei insbesondere der Wortlaut und die vorangegangenen Beschlüsse und Beratungen des Sicherheitsrates.

c) Vereinbarkeit der Bindung an Menschenrechte mit Pflicht zur Nicht-Anerkennung

Problematisch ist jedoch, wie sich das Fordern der Bindung an Menschenrechte mit der Politik einer Nicht-Anerkennung vertragen kann.

Die Gewährleistung der Menschenrechte ist für einen Staat bzw. einen nichtstaatlichen Akteur nur möglich, indem ein funktionierender Gesetzes- und Verwaltungsapparat geschaffen wird.

Erkennt man die Rechtsordnung des illegalen Regimes jedoch an, so ist dieses seinem Ziel einer Anerkennung und der dauerhaften Etablierung seiner Einheit in der internationalen Gemeinschaft deutlich näher gekommen.

In welchem Ausmaß dieses unerwünschte Ergebnis gerechtfertigt ist, muss auch und insbesondere in Hinblick auf die wachsende Bedeutung der Menschenrechte beurteilt werden.

Diese stellen zumindest in ihrem Kernbestand Verpflichtungen *erga omnes* und zwingendes Gewohnheitsrecht dar, das unbedingt beachtet und eingehalten werden muss.[746]

---

744 *Krisch*, Introduction into Chapter VII, Rn. 68, in: *Simma/Khan/Nolte/Paulus,* The Charter of the United Nations: A Commentary, 3. Aufl.; Accordance with International Law of the Unilateral Declaration of Independence in Respect of Kosovo, Advisory Opinion of 22 July 2010, I.C.J. Reports 2010, S. 403, Rn. 116.

745 Siehe bspw.: S/RES/1193; S/RES/1213; S/RES/1721; S/RES/1427; S/RES/1494; S/RES/1554.

746 Barcelona Traction, Light and Power Company, Limited, Judgment, I.C.J. Reports 1970, S. 3, Rn. 34.

Es kommt folglich zu einer Kollision zweier Grundwerte, bei der im Wege einer Abwägung entschieden werden muss, welcher völkerrechtlichen Pflicht der Vorrang gewährt wird und vor allem in welchem Umfang.

Als Leitlinie bietet es sich zunächst an, *de facto*-Regime insoweit als verpflichtet anzusehen, als dass sie bestimmte Menschenrechte auch effektiv gewährleisten können.[747]

Inwieweit dies zur Anerkennung der Rechtsordnung oder auszuführender Hoheitsakte führen muss, ist jedoch nicht abschließend geklärt.

Korrelierend zur Problematik des Austarierens einer Grenze zwischen Anerkennung und dem Schutz der Menschenrechte bestehen verschiedene Urteile des EGMR betreffend einzelner Vorgänge auf dem Gebiet der TRNZ, die unter Umständen einen Beitrag zur Lösung der Fragestellung leisten können.

In *Loizidou v. Turkey* machte eine griechische Zyprerin eine Verletzung ihres Rechts auf Achtung der Wohnung und des Schutzes des Eigentums gegen die Türkei geltend. Bereits vor dem Einfall türkischer Truppen war Frau Loizidou in den griechischen Teil der Insel übergesiedelt, hatte jedoch auf dem heutigen Gebiet der TRNZ weiterhin Grundstücke in ihrem Eigentum. Nach der türkischen Invasion im Jahr 1974 war die Beschwerdeführerin daran gehindert, Zugriff auf ihr rechtmäßiges Eigentum auszuüben, insbesondere den Bau von Wohnungen fortzusetzen, von denen eine für ihre Familie bestimmt war.[748]

Die Türkei argumentierte, dass die *de facto*-Enteignung und letztlich auch die Zuweisung des Eigentums an türkische Zyprer, die aus dem südlichen Teil der Insel geflohen waren, durch die Notlage der Flüchtlinge auf Grundlage des Artikels 159 Abs. 1 b der TRNZ-Verfassung gerechtfertigt gewesen sei.[749]

Zwar fand dieser Einwand kein Gehör bei der Mehrheit der Richter; diese schlossen eine Anwendung bestimmter nationaler Regeln des illegalen Regimes zum Schutze der auf dem Territorium lebenden Menschen, unter Hinweis auf die Namibia-Ausnahme des IGH, jedoch nicht im Grundsatz aus.[750]

Insbesondere die Sondervoten der Richter *Pettiti* und *Baka* zeigen, dass die Anerkennung bzw. Beachtung bestimmter Normen zum Wohle der Menschen mit der Nicht-Anerkennung vereinbar sein kann:

> *„[...] Article 159 of the „TRNC" Constitution and certain other legal provisions cannot be completely set to one side as devoid of all effect merely on the basis of the international*

747 *Ronen,* Transition from Illegal Regimes, S. 90.

748 *ECHR,* Case of Loizidou v. Turkey, Judgment of 18 December 1996, Rn. 11.

749 *Ebd.,* Rn. 35, 18.

750 *Ebd.,* Rn. 45.

non-recognition of the entity in northern Cyprus. It is rightly said in paragraph 45 of the judgment that international law recognizes the legitimacy of certain arrangements and transactions in such a situation the effects of which can be ignored only to the detriment of the inhabitants of the territory".[751]

Eine Fortführung dieser Linie durch den EGMR erfolgte im Urteil *Foka v. Turkey.* In diesem Fall kam es zu einer kurzweiligen Festnahme und Befragung einer griechischen Zyprerin beim Überqueren der Grenze zur TRNZ bei gleichsamer Anwendung von Gewalt in Form von Schlägen.[752]

Bei der Frage, ob die Festnahme und die damit verbundene Freiheitsberaubung von Frau Foka gerechtfertigt waren, musste auf Art. 5 EMRK zurückgegriffen werden, der aussagt, dass die Freiheit einer Person nur auf die „*gesetzlich vorgeschriebene Weise*" entzogen werden darf.

Das Menschenrecht verweist mithin auf das nationale Recht, das die Ausnahme zur Freiheit der Person näher ausgestalten muss. Genau an diesem Punkt setzte die Argumentation der Beschwerdeführerin an, die anführte, dass das Recht der TRNZ aufgrund der internationalen Nicht-Anerkennung und der bestehenden Sicherheitsratsresolutionen als ungültig und damit nichtig anzusehen sei. Die nordzyprischen Behörden, die folglich unter zyprischem Recht hätten handeln müssen, waren jedoch nicht als staatliche Behörden anerkannt. Eine gesetzliche Grundlage bestünde somit nicht, sodass gleichsam auch eine Verletzung des Rechts auf Freiheit vorläge.[753]

Der Gerichtshof lehnte diese Argumentationslinie ab und kam zu dem Entschluss, dass die Türkei, die als vermeintliche Besatzungsmacht für die Vorgänge auf dem nördlichen Teil der Insel verantwortlich sei, auf die nationalen Regelungen der TRNZ zurückgreifen könne, soweit diese der EMRK dienen und damit die Einhaltung und Gewährleistung der Menschenrechte bezwecken.[754]

Zwar bekräftigte der EGMR ausdrücklich, dass diese Auffassung nicht die Nicht-Anerkennung der TRNZ oder den alleinigen Anspruch der zyprischen Regierung über die gesamte Insel anzuzweifeln versucht. Jedoch geht die Anwendung des Rechts der TRNZ in diesem Urteil außergewöhnlich weit und es fragt

---

751 *Ebd.,* Dissenting opinion of Judge Baka.

752 *ECHR,* Case of Foka v. Turkey, Judgment of 24 June 2008, Rn. 10–19.

753 *Ebd.,* Rn. 66–67.

754 *Ebd.,* Rn. 83.: „*It would not be consistent if the adoption by the authorities of the „TRNC" of civil, administrative or criminal law measures, or their application or enforcement within that territory, were to be denied any validity or regarded as having no „lawful" basis in terms of the Convention.*"

sich, ob eine Überdehnung der Namibia-Ausnahme zuungunsten der Pflicht zur Nicht-Anerkennung stattgefunden hat.

Denn im vorliegenden Fall ging es nicht um den Schutz und speziell das Wohl der auf dem Territorium lebenden Menschen, sondern um die Inhaftierung einer Person, die als griechische Zyprerin die Grenze überqueren wollte.

Allerdings darf nicht missachtet werden, dass die Inhaftierung von Personen in bestimmten Fällen unerlässlich ist, um die öffentliche Sicherheit gewährleisten zu können.

Unabhängig von der Rechtfertigung zur Inhaftierung im vorliegenden Einzelfall muss es einer nicht-staatlichen Einheit möglich sein, Sicherheitsmaßnahmen durchzuführen, um Verbrechen aufzuklären oder zu vereiteln. Würde eine in diesem Interesse durchgeführte Maßnahme aufgrund der für ungültig erklärten Gesetze *per se* rechtswidrig sein, würde man die Ziele des Menschenrechtsschutzes konterkarieren.

Dass als Konsequenz daraus die Politik der Nicht-Anerkennung an Durchsetzungskraft verliert, ist keine Entscheidung gegen die stringente Anwendung der rechtlichen und politischen Isolation des illegalen Regimes, sondern für den Stellenwert der Menschenrechte.

In seinem Urteil *Protopapa v. Turkey* festigte der EGMR seine Foka-Rechtsprechung, indem er die Durchführung eines Strafverfahrens in der TRNZ für mit den Zielen der Konvention vereinbar hielt.

Die Beschwerdeführerin hatte an einer Demonstration in der UN-Pufferzone teilgenommen, die durch die nordzyprischen Behörden als illegale Zusammenrottung angesehen und damit Gegenstand strafrechtlicher Konsequenzen wurde. Zudem wurde der Klägerin vorgeworfen, ohne Erlaubnis in nordzyprisches Territorium eingedrungen zu sein.

Wie auch schon Frau Foka versuchte die griechische Zyprerin zu argumentieren, dass ihre Inhaftierung aufgrund der nicht anerkannten und ungültigen Rechtsordnung in Nordzypern gegen Art. 5 EMRK verstoße. Die spätere Verurteilung sei zudem mit Art. 7 EMRK[755] unvereinbar.

Jedoch stellte sich der Gerichtshof, wie zuvor, auf den Standpunkt, dass die Etablierung strafrechtlicher bzw. strafprozessualer Rahmenbedingungen gerechtfertigt sei, um das Ziel zu erreichen, die Bestimmungen der Konvention zu sichern.[756]

755 Art. 7 EMRK: Keine Strafe ohne Gesetz.

756 *ECHR*, Case of Protopapa v. Turkey, Judgment of 24 February 2009, Rn. 60, 61, 94.

In der Literatur sind die beiden Urteile äußerst kritisch aufgefasst worden. So wird bemängelt, dass von dem Prinzip der Nicht-Anerkennung wenig übrig bleibe, wenn man die Aussagen des EGMR konsequent zur Anwendung gelangen ließe.

Vielmehr sei bei der Beurteilung an den einzelnen Hoheitsakt anzuknüpfen. Nur wenn dieser die Intention verfolge, Menschenrechte zu schützen bzw. dem Wohl der Menschen zu dienen, könne eine Ausnahme zur Nicht-Anerkennung erklärt werden.[757]

Die Fälle Foka und Protapapa erfüllten dieses Kriterium jedoch nicht, sondern seien lediglich dazu geeignet und bestimmt gewesen, die nationalen Grenzkontrollen zu stärken.[758]

Grundsätzlich ist dieser Auffassung zuzustimmen. Eine Differenzierung, ob der Akt letztlich der Erfüllung von Menschenrechten dient oder allein zur Etablierung von Staatsstrukturen im illegalen Staat führt, ist sinnvoll.

Dabei muss jedoch berücksichtigt werden, dass die Fälle nicht immer klar liegen und Maßnahmen des *de facto*-Regimes immer auch dazu bestimmt sein werden, der Etablierung eigener Staatsstrukturen zu dienen.

Anders als der EGMR es annimmt wird jedoch zu verlangen sein, dass die in Frage stehende Maßnahme konkrete Auswirkungen auf das Wohl der Menschen aufweisen muss, um unter die Namibia-Ausnahme zu fallen.

Dies ist im Fall Protopapa beispielsweise nicht für die strafrechtlichen Konsequenzen aufgrund des illegalen Betretens der TRNZ anzunehmen.

Denn dieses Verhalten hat keinen Einfluss auf das Wohlergehen von Menschen auf dem Gebiet der TRNZ. Anders liegt es hingegen im Falle der Inhaftierung aufgrund der illegalen Zusammenrottung in der Pufferzone. Diese kann nach dem Strafrecht der TRNZ nämlich dazu geeignet sein, Menschen einzuschüchtern oder konkret zu gefährden. Eine ausreichende Anknüpfung an das menschliche Wohl liegt in diesen Fällen mithin vor.[759]

Der EGMR beließ es allerdings nicht bei der ohnehin schon sehr großzügigen Auslegung der Namibia-Regel, sondern weitete seine Rechtsprechungslinie im Fall *Demopoulos and Others v. Turkey* noch aus.

Der Fall betrifft die Klage mehrerer griechischer Zyprer gegen die Türkei aufgrund der Verletzung ihres Eigentumsrechts und des Rechts auf Zugang zu ihrer Wohnung.[760]

---

757 *Ronen*, Transition from Illegal Regimes, S. 93.

758 *Ebd.*, S. 94.

759 *Ebd.*, S. 94.

760 *ECHR*, Demopoulos and Others v. Turkey, Decision of 5 March 2010, Rn. 41.

Der Gerichtshof hielt die Klagen jedoch für unzulässig, da die Kläger es unterlassen hatten, den innerstaatlichen Rechtsweg auszunutzen.

Der EGMR wendete demnach die „*local remedies rule*" an und verwies die griechischen Zyprer auf den Instanzenweg in der TRNZ, im konkreten Fall an die Immovable Property Commission (IPC), eine lokale Behörde der TRNZ, die für Beschwerden dieser Art zuständig ist.

Der nicht unberechtigte Einwand der Kläger, dass dies dem illegalen Regime Legitimität verleihen würde, wurde vom EGMR nicht gehört.

Begründet wurde auch diese Entscheidung unter Rückgriff auf die Namibia-Ausnahme. Die Einrichtung der Immovable Property Commission sei geeignet, Opfern von Menschenrechtsverletzungen ausreichende Kompensationsregeln an die Hand zu geben. Die Anerkennung dieser Institution und auch der damit verbundenen nationalen Regelungen sei notwendig, um einer Benachteiligung derjenigen Menschen zu entgehen, die gezwungen sind, auf dem Territorium der TRNZ zu leben.[761]

Einleuchtend ist an dieser Argumentation, dass die IPC dem Wohle der Menschen auf der TRNZ dient, da diesen die Möglichkeit gegeben wird, ungerechtfertigte Eingriffe in ihre Grundstücksrechte geltend zu machen.

Dass sich jedoch auch Ausländer an die Institution wenden müssen, bevor sie Individualbeschwerde einlegen können, ist mit der Namibia-Ausnahme jedoch kaum zu begründen.

Denn die Ausschöpfung des nationalen Rechtsweges durch Menschen, die nicht unter der Herrschaft des illegalen Regimes leben, ist weder für das Wohl der In- noch Ausländer notwendig, sondern festigt allein das Regime der IPC.

Die Problematik an diesem Urteil und an der Spruchpraxis des EGMR insgesamt ist, dass diese den Gesetzen und bestimmten Hoheitsakten *ex ante*-Gültigkeit verleihen will.

Wie auch schon im Bereich des Strafrechts und damit in den Fällen Foka und Protopapa kann dieses Rechtsgebiet notwendig sein, um Menschenrechte auf eigenem Territorium zu schützen und gewährleisten. Damit muss jedoch nicht die automatische Anerkennung der Rechtsordnung verbunden werden.

Es genügt vielmehr, wenn die Akte illegaler Regime *ex post* beurteilt werden. Dies würde dem Gericht ermöglichen, eine Einzelfallbetrachtung vorzunehmen, ob allein bzw. unter anderem die Intention vorlag, tatsächlich Menschenrechte zu schützen.

---

761 *Ebd.*, Rn. 96.

Die pauschale Validierung bestimmter Normbereiche kommt zwar auch der Einhaltung von Menschenrechten zugute, lässt von dem Ziel einer Isolation durch eine kollektive Nicht-Anerkennung im Ergebnis jedoch nicht viel übrig und ist von daher abzulehnen.

d) Ergebnis

Im Ergebnis lässt sich festhalten, dass auch nicht-staatliche Akteure an Menschenrechte gebunden sind. Dies rechtfertigt sich durch die zunehmende Bedeutung menschenrechtlicher Aspekte im Völkerrecht, die mittlerweile zu großen Teilen (zwingendes) Gewohnheitsrecht und Verpflichtungen *erga omnes* darstellen.

Damit haben sowohl nicht anerkannte Staaten, als auch Einheiten, die effektive Kontrolle über ein Gebiet ausüben, jedoch noch keine Staatsqualität erreicht haben, weitreichende menschenrechtliche Verpflichtungen, die nach Art und Umfang jedoch variieren können und vom Einzelfall abhängig sind.

Um die effektive Gewährleistung der Menschenrechte durch den illegalen Staat zu garantieren, ist es dabei unausweichlich, gewisse Hoheitsakte und staatliche Einrichtungen der Einheit anzuerkennen. Denn ohne eine funktionierende Rechtsordnung und einen intakten Verwaltungsapparat ist Menschenrechtsschutz kaum möglich. Entgegen der Rechtsprechung des EGMR genügt es jedoch, die in Frage stehenden Akte *ex post* anzuerkennen. Eine *ex ante*-Validierung bestimmter Rechtsbereiche ist weder notwendig noch mit einer Politik der Nicht-Anerkennung vereinbar.

Kapitel 5: Luftverkehr

> *„Today we received a letter from the ICAO, which denies all of the statements in the Russian mass media that any negotiations between ICAO and Russia are being held. The ICAO again confirmed that Crimea is the territory of Ukraine.“*[762]

Diese Erklärung des ukrainischen Verkehrsministers Makysm Burbak vom 7. Juli 2014 unterstreicht den Anspruch der Ukraine, trotz des Verlustes der effektiven Kontrolle über die Krim-Halbinsel weiterhin Souveränität über den Luftraum in dem besetzten Gebiet zu haben.

---

762 Washington Post v. 8.7.2014, "Crimean airspace belongs to Ukraine, aviation group says", http://www.washingtonpost.com/news/checkpoint/wp/2014/07/08/crimean-airspace-belongs-to-ukraine-icao-says/ (Stand: 28.7.2016).

Dieser Anspruch scheint international auch Anerkennung zu finden. So fliegen bis heute allein russische Linien auf die Krim, die aufgrund der geschehenen Inkorporation jedoch als Inlandsflüge gelistet sind.[763]

Flüge aus dem russischen Ausland fliegen die Krim hingegen nicht oder zumindest nicht direkt an.

Es wird grundsätzlich ein Zwischenstopp auf einem russischen Flughafen, zumeist Sankt Petersburg oder Moskau, eingelegt, um dann weiter nach Simferopol oder Sewastopol zu fliegen.

Es fragt sich, ob und auf welcher Grundlage die Ukraine dazu berechtigt ist, Flugverkehr mit der annektierten Krim zu unterbinden. Weiterhin ist problematisch, ob bestehende bi- oder multilaterale Luftverkehr-Verträge mit der Ukraine weiterhin Anwendung auf die Halbinsel finden und ob trotz eines möglicherweise bestehenden Flugverbots dennoch Flugverkehr mit der Krim und im Allgemeinen mit Territorien, die Gegenstand nicht anerkannter Gebietsverschiebungen sind, unterhalten werden kann.

1) Fortgeltung bestehender Luftverkehr-Verträge im zivilen Luftverkehr

a) Chicago-Abkommen

Das Abkommen über die internationale Zivilluftfahrt (Chicago-Abkommen) vom 7. Dezember 1944 hat den privaten kommerziellen wie auch nicht-kommerziellen Flugverkehr zum Gegenstand und wurde bisher von 191 Staaten ratifiziert.[764]

Allein Liechtenstein, Tuvalu und Dominica sind keine Parteien der damit quasi-universell geltenden Konvention.

Folglich sind auch Russland und die Ukraine durch die Bestimmungen des Chicago-Abkommens gebunden.

Dieses erkennt in seinem Artikel 1 die volle und ausschließliche Lufthoheit der Vertragsstaaten über ihr Hoheitsgebiet an.

Dabei fragt sich, ob auch besetztes Gebiet oder Teile des Landes vom Hoheitsbereich umfasst sind, die von einem *de facto*-Regime bzw. einer Sezessionseinheit kontrolliert werden.

---

763 Zeit Online v. 26.3.2014, „Russlands Krim-Übernahme wird teuer“, http://www.zeit.de/politik/ausland/2014-03/krim-russland-tourismus-infrastruktur-kosten (Stand: 28.7.2016).

764 http://www.icao.int/secretariat/legal/List%20of%20Parties/Chicago_EN.pdf (Stand: 28.7.2016).

Artikel 2 definiert das staatliche Hoheitsgebiet als die der Staatshoheit, der Oberheit, dem Schutze oder der Mandatsgewalt dieses Staates unterstehenden Landgebiete und angrenzenden Hoheitsgewässer.

Dabei bleibt unklar, ob die der Staatshoheit unterliegenden Landgebiete auch effektiv kontrolliert werden müssen, oder ob beim Vorliegen einer Besatzung die Anwendung des Vertrages auf das jeweilige Gebietsteil ausgeschlossen ist.

In der Literatur wird zur Begründung einer Anwendung des Abkommens auf das gesamte Gebiet, unabhängig vom Bestehen einer effektiven Kontrolle, auf Artikel 89 abgestellt.[765]

Dieser trifft jedoch lediglich eine Aussage darüber, dass im Falle eines Krieges die Bestimmungen der Konvention nicht außer Kraft treten.

Ob sich diese weiterhin auf das gesamte beanspruchte Territorium erstrecken, wird damit nicht geklärt.

Als weiteres Argument für die Geltungskraft des Abkommens auch auf besetzte oder umkämpfte Gebiete wird Artikel I Abschnitt 1 der Transitvereinbarung angeführt, in dem es heißt:

> *„Jeder Vertragsstaat gewährt den anderen Vertragsstaaten im planmäßigen internationalen Fluglinienverkehr folgende Freiheiten der Luft: [...] Die Ausübung dieser Rechte in Gebieten, in denen offene Feindseligkeiten stattfinden oder die militärisch besetzt sind, und in Kriegszeiten längs der Nachschubwege zu diesen Gebieten, ist von der Zustimmung der zuständigen militärischen Behörden abhängig."*

In den letzten Satz des Artikels wird das Wort „auch von der Zustimmung [...] abhängig" hineininterpretiert. Eine andere Lesart könnte jedoch auch zu dem Schluss kommen, dass die Ausübung der Rechte ausschließlich und allein von der Zustimmung der militärischen Behörden abhängig ist.

Mit der vorstehend erwähnten Problematik, ob es für die Anwendung der Konvention einer effektiven territorialen Kontrolle bedarf, befasste sich der High Court von England und Wales in der Rechtssache *Kibris Turk Hava Yollari & CTA Holidays v. Secretary of State for Transport.*

Mit seinem Urteil vom 28. Juli 2009 entschied das Gericht, dass der Begriff der Souveränität in Artikel 1 der Konvention ebenso zu verstehen sei wie im Völkergewohnheitsrecht und damit keine effektive territoriale Herrschaft voraussetzt.[766]

---

765 *Talmon*, Luftverkehr mit nicht anerkannten Staaten: Der Fall Nordzypern, AVR 2005, S. 9.

766 *High Court of Justice*, Kibris Turk Hava Yollari & CTA Holidays v. Secretary of State for Transport, [2009] EWHC 1918, Approved Judgment, 28 July 2009, Rn. 38–41.

Die klagenden Parteien, eine in der Türkei registrierte Fluglinie der TRNZ, die unter anderem den Flughafen Ercan in Nordzypern anfliegt, und eine britische Reisevermittlung, wendeten sich mit ihrer Klage gegen eine Entscheidung des Secretary of State for Transport. In dieser hatte die englische Behörde einen Antrag der Parteien abgelehnt, Direktflüge auf den besetzten Nordteil der zyprischen Insel anzubieten. Begründet wurde der negative Bescheid durch die Feststellung der Souveränität der zyprischen Regierung im Sinne des Art. 1 der Konvention über den gesamten Teil der Insel und dem damit verbundenen Recht, nach Art. 10 Flughäfen auf dem Staatsgebiet zu benennen, die durch ausländische Fluglinien angeflogen werden dürfen. Von diesem Recht hat die Regierung Zyperns derart Gebrauch gemacht, dass allein Flughäfen auf dem südlichen Teil der Insel als solche erklärt wurden. Die existierenden Flughäfen Ercan und Lefkoniko auf dem nördlichen Teil der Insel wurden hingegen als illegal deklariert.[767] Das Anfliegen dieser Flughäfen würde mithin eine Verletzung des Chicago-Abkommens bedeuten.

Aufgrund dessen fliegen seit der Invasion türkischer Truppen im Jahr 1974 und der Nicht-Anerkennung des dort regierenden *de facto*-Regimes keine internationalen Fluglinien das besetzte Gebiet per Direktflug an.

Es besteht allein die Möglichkeit eines Zwischenstopps in der Türkei, die als einziger Staat die TRNZ anerkennt und folglich keine Vorbehalte bezüglich des Unterhaltens von Flugverkehr mit dem illegalen Regime hat.[768]

Die durchgeführte Zwischenlandung macht den Flug auf den nördlichen Teil der Insel zu zwei rechtlich voneinander unabhängigen Flügen, was in zwei unterschiedlichen Flugnummern zum Ausdruck kommt. Der Weiterflug von der Türkei in die TRNZ gilt dabei im internationalen Verkehr als Inlandsflug, wird von der Türkei selbst jedoch aufgrund der Anerkennung der TRNZ als unabhängiger Staat als Auslandsflug deklariert.[769]

Entgegen der Ansicht des Secretary of State for Transport argumentierten die Kläger, dass die Souveränität im Sinne des Art. 1 des Abkommens im Zusammenhang mit Art. 2 zu lesen sei, der das Hoheitsgebiet eines Staates definiert und somit einen territorialen Bezug zur geforderten Souveränität herstellt. Ohne effektive Kontrolle könne eine solche territoriale Souveränität jedoch nicht

---

767 Ministry of Foreign Affairs of the Republic of Cyprus, Restrictions imposed by the Republic of Cyprus on vessels illegally at ports in the occupied areas of Cyprus, zu finden unter: http://www.mfa.gov.cy/mfa/mfa2006.nsf/cyprus16_en/c&print (Stand: 28.7.2016).

768 *Talmon*, Kollektive Nichtanerkennung illegaler Staaten, S. 782.

769 *Ebd.*, S. 783.

ausgeübt werden. Da der zyprischen Regierung jegliche Herrschaftsmacht über den nördlichen Teil der Insel seit 1974 fehlt, könne die Konvention auf dieses Staatsgebiet folglich nicht angewendet werden.

Weiterhin wurde angeführt, dass durch den Verlust der effektiven Kontrolle eine automatische Suspendierung der vertraglichen Rechte zuungunsten der Republik Zypern eintreten würde. Dies sehe zumindest Art. 61 (1) der WVK vor, der auch völkerrechtliches Gewohnheitsrecht darstellt.

Darüber hinaus sei die Etablierung von Direktflügen in das besetzte Gebiet der TRNZ keine implizite Anerkennung des *de facto*-Regimes, da die Zubilligung der Flugrechte nicht ausreichend sei, um einen solchen Akt zu begründen.[770]

Wie eingangs erwähnt, lehnte der High Court die Ausführungen des Klägers in allen Punkten ab.

So kam das Gericht zu dem Schluss, dass ein anderes Verständnis von Souveränität im Rahmen des Chicago-Abkommens im Vergleich zum Völkergewohnheitsrecht nicht begründet werden könne und führte unter anderem dazu aus:

> „*First, nothing in the Treaty itself, its words, aims and objects, suggest that sovereignty is to be understood in any way differently from the way it is normally understood in public international law. Second [...], Article 1 of the Chicago Convention was intended to be and is declaratory of customary international law. In those circumstances it seems very unlikely that the word sovereignty should be given a different meaning from that normally understood in international law.*“[771]

Die Konvention liefere letztlich keinerlei Anhaltspunkte dafür, dass der Begriff der Souveränität im Bereich des Luftverkehrsrechts anders ausgelegt werden solle. Vielmehr seien Wortwahl und Entstehung der Art. 1 und 2 derart zu interpretieren, dass diese lediglich gewohnheitsrechtliche Begriffe widerspiegeln sollen.[772]

Folglich sei eine effektive Kontrolle über das Herrschaftsgebiet der Republik Zypern, die gesamte Insel, nicht notwendig. Die Konvention sei demnach auf die TRNZ anwendbar.

Darauf basierend sei es der Republik Zypern auch unbenommen, nach Art. 10 festzulegen, welche Flughäfen auf ihrem Herrschaftsgebiet angeflogen werden dürfen. Die fehlende Deklarierung des Flughafens Ercan als Zollflughafen sei

---

770 *Franklin/Porter*, Sovereignty over Airspace and the Chicago Convention: Northern Cyprus, Air & Space Law 2010, S. 65.

771 *High Court of Justice,* Kibris Turk Hava Yollari & CTA Holidays v. Secretary of State for Transport, [2009] EWHC 1918, Approved Judgment, 28 July 2009, Rn. 41.

772 *Ebd.*, Rn. 41.

damit durch die Vertragsstaaten zu akzeptieren. Ein dennoch durchgeführter Flug zu diesem Flughafen würde demnach eine Vertragsverletzung darstellen und mithin ein völkerrechtliches Delikt.[773]

Der High Court entschied weiterhin, dass die Rechte der Republik Zypern auch nicht nach Art. 61 WVK suspendiert sind. Demnach sei der Wortlaut der Vorschrift eindeutig so konzipiert, dass dieser dem Vertragsstaat lediglich das Recht einräume, eine Suspendierung vertraglicher Bestimmungen zu verlangen. Das automatische Eintreten einer solchen Rechtsfolge sei jedoch nicht vorgesehen und könne auch nicht auf Verlangen einer anderen Partei erfolgen.[774]

Da die zyprische Regierung eine Aussetzung vertraglicher Rechte jedoch keineswegs vornehmen wollte, sei ein Ausschluss der Anwendbarkeit des Abkommens auf Grundlage des Art. 61 (1) WVK nicht gerechtfertigt.

Abschließend stellte das Gericht fest, dass die Einführung von Direktflügen zudem auch eine Anerkennung der TRNZ begründen würde.

Denn diese Maßnahme würde letztlich eine Souveränität der TRNZ über den ihr nicht zustehenden Luftraum anerkennen und gleichsam der rechtmäßigen zyprischen Regierung das Recht verwehren, ihre ihr zustehenden Souveränitätsrechte aus der Chicago-Konvention auszuüben.

Darüber hinaus falle die Aufnahme von Flugverkehr auch nicht unter eine Ausnahme zur Politik der Nicht-Anerkennung, da der Luftverkehr weder im Zusammenhang mit der Herstellung eines alltäglichen Lebens im besetzten Gebiet stehe, noch unabdingbar für das Wohl der dort lebenden Menschen sei.[775]

Gegen die Entscheidung des High Court legten die Kläger Berufung ein. Das Berufungsgericht bestätigte die Entscheidung jedoch in allen Punkten und festigte damit die Ansicht, dass die Souveränität im Sinne des Chicago-Abkommens keine effektive territoriale Kontrolle voraussetzt.[776]

Die Ausführungen der Gerichte zu den Artikeln 1 und 2 der Konvention vermögen insgesamt zu überzeugen.

Zwar lässt sich m.E. aus dem Wortlaut der Konvention nicht eindeutig entnehmen, ob der Begriff der Souveränität nicht auch eine territoriale Kontrolle

773 *Franklin/Porter*, Sovereignty over Airspace and the Chicago Convention: Northern Cyprus, Air & Space Law 2010, S. 67–68.

774 *Ebd.*, S. 69.

775 *High Court of Justice*, Kibris Turk Hava Yollari & CTA Holidays v. Secretary of State for Transport, [2009] EWHC 1918, Approved Judgment, 28 July 2009, Rn. 68–90.

776 *Court of Appeal (Civil Division)*, Kibris Turk Hava Yollari & CTA Holidays v. Secretary of State for Transport, [2010] EWCA Civ. 1903, 12 October 2010.

voraussetzt. Wieso eine andere Auslegung als im herkömmlichen völkerrechtlichen Verständnis vorgenommen werden sollte, ist jedoch kaum begründbar.

Hätte dies der Fall sein sollen, hätte eine klarere Formulierung der Artikel gewählt werden müssen.

Denn in der Staatenpraxis besteht Konsens darüber, dass Souveränität nicht gleichbedeutend ist mit tatsächlich ausgeübter Herrschaftsgewalt. Hätten die unterzeichnenden Vertragsparteien, die allesamt Staaten sind, eine Anwendung der Konvention auf Gebiete, die der effektiven Kontrolle der rechtmäßigen Regierung entzogen sind, ausschließen wollen, so ist anzunehmen, dass eine Formulierung dahingehend auch getroffen worden wäre.[777]

Die Sichtweise des Gerichts findet zudem auch Rückhalt in der Staatenpraxis. Das Nichtanfliegen der Flughäfen nicht anerkannter Staaten wurde bisher mit wenigen Ausnahmen durch die Staatengemeinschaft eingehalten. Auch die ICAO als zentrale Flugverkehrsinstitution bestätigt durch ihre Resolutionspraxis, dass die Souveränität keine territoriale Kontrolle voraussetzt.

So wurde den Vertragsstaaten durch die ICAO vorgegeben, keine Fluglinien zu unterstützen, die Flugverkehr in das durch Israel besetzte Jerusalem anbieten;[778] auch die geplante Inbetriebnahme des Flughafens Khojaly in der Region Nagorno-Karabach wurde in einer Erklärung des Generalsekretärs der ICAO, Raymond Benjamin, verurteilt.[779]

Weiterhin bestätigte die ICAO im aktuellen Fall der Annektierung der Krim die weiter bestehende Lufthoheit der Ukraine und das damit verbundene Recht, den Flugverkehr auch für die durch Russland besetzte Halbinsel zu regulieren.[780]

Abschließend kann damit festgehalten werden, dass das Chicago-Abkommen auch auf Gebiete Anwendung findet, die nicht unter effektiver Kontrolle der *de iure*-Regierung stehen. Dies trifft sowohl auf annektierte, als auch auf sich abspaltende Territorien zu.

---

777 So auch: *High Court of Justice,* Kibris Turk Hava Yollari & CTA Holidays v. Secretary of State for Transport, [2009] EWHC 1918, Approved Judgment, 28 July 2009, Rn. 41.

778 *Abeyratne,* Convention on International Civil Aviation: A Commentary, S. 20.

779 ICAO Sixth World Air Transport Conference v. 3.4.2013, http://www.caa.gov.az/index.php?option=com_k2&view=item&id=90:icao-sixth-world-air-transport-conference&Itemid=118&lang=en (Stand: 28.7.2016).

780 Washington Post v. 8.7.2014, "Crimean airspace belongs to Ukraine, aviation group says", http://www.washingtonpost.com/news/checkpoint/wp/2014/07/08/crimean-airspace-belongs-to-ukraine-icao-says/ (Stand: 28.7.2016).

Auf dieser Grundlage kann der durch die Annexion oder Sezession verletzte Staat daher seine Konventionsrechte dahingehend ausüben, dass ein Flugverkehr in das besetzte Gebiet verboten wird.

Dies geschieht entweder in der Form, dass die existierenden Flughäfen im besetzten Gebiet nicht als Flughäfen im Sinne des Artikels 10 deklariert werden und damit nicht angeflogen werden dürfen oder durch die Verweigerung der Erteilung einer flugrechtlichen Erlaubnis, die für planmäßige Flüge nach Art. 6 zwingend erforderlich ist.

Zudem ist es internationalen Flugorganisationen verboten, Anweisungen der besetzenden Einheit entgegen zu nehmen oder gar zu befolgen. Dieses Verständnis zeigt sich in prononcierter Weise in einer Erklärung der Eurocontrol zu den Vorgängen auf der Krim:

> *„Eurocontrol is strictly following [the] ICAO Convention on International Civil Aviation and will not recognize any unilateral declaration of air navigation service provision over any part of Ukrainian airspace other than from the Ukrainian authority."*[781]

Bezüglich der Entscheidung des Gerichts, dass die Einführung von Direktflügen eine Anerkennung der TRNZ bzw. nicht anerkannter Gebiete begründen würde, ist zu differenzieren.

Die Etablierung von Direktflügen ohne vorige Konsultation der *de iure*-Regierung würde in jedem Fall einen Verstoß gegen Rechte aus der Chicago-Konvention begründen.

Ob die Aufnahme von Flugverkehr mit nicht anzuerkennenden Staaten jedoch auch die Pflicht zur Nicht-Anerkennung verletzt, ist fraglich.

So bestimmt Artikel I, Abschnitt 1 des Transit-Abkommens zum Chicago-Abkommen, dass Kontaktaufnahmen zu militärischen Behörden möglich und auch erforderlich sind, um einen Überflug oder eine Zwischenlandung zu nichtgewerblichen Zwecken in das besetzte Gebiet durchzuführen.[782] Dies folgt aus der effektiven Kontrolle des *de facto*-Regimes über die Flughäfen und auch den Luftraum über dem besetzten Territorium.

Die Aufnahme technischer Kontakte ist dabei unerlässlich, um die Sicherheit des Flugverkehrs gewährleisten zu können. Eine Anerkennung kann darin nicht gesehen werden, wie auch ein Blick auf die Staatenpraxis zeigt. So führten mehrere Staaten mit der DDR Flugverkehr aus, ohne diese bereits anerkannt zu haben. Ebenso besteht internationaler Flugverkehr mit dem von einem Großteil

---

781 TASS, Russian News Agency v. 2.4.2014, "European air traffic regulator suspends flights to Crimea", http://tass.ru/en/russia/726248 (Stand: 28.7.2016).

782 Siehe auch: *Talmon,* Kollektive Nichtanerkennung illegaler Staaten, S. 794.

der Staatengemeinschaft nicht anerkannten Taiwan.[783] Dementsprechend muss es möglich sein, Flugverkehr durchzuführen, ohne gleichsam eine Anerkennung zu implizieren.[784]

Dass die Aufnahme von Kontakten zum *de facto*-Regime ohne vorige Konsultation mit der *de iure*-Regierung eine Verletzung der Chicago-Konvention darstellt, bedeutet daher nicht automatisch einen Verstoß gegen die Pflicht zur Nicht-Anerkennung.

Die Ansicht des Gerichts, dass die Aufnahme von Flugverkehr mit der TRNZ dennoch eine Anerkennung impliziert hätte, resultierte letztlich aus dem Umstand, dass sich diese dazu gerierte, konventionsmäßige Rechte auszuüben. So wurde der Flughafen Ercan durch die Flugbehörden der TRNZ als internationaler Zollflughafen ausgewiesen.[785] Diese Kompetenz steht jedoch allein der zyprischen Regierung zu. Das Zugeständnis an die TRNZ, vertragliche Rechte auszuüben, die dem eigentlichen Souverän vorbehalten sind, würde in der Tat eine Anerkennung bedeuten. Die technischen Kontakte müssen sich daher auf ein Mindestmaß beschränken und allein das Nachsuchen um eine Überflug- oder Landeerlaubnis auf neutraler Basis enthalten. Sowohl der Abschluss von Verträgen als auch die sonstige Vereinbarung genereller Überflug- und Landerechte muss daher unterbleiben.

b) Bilaterale Luftverkehrsabkommen

Bilaterale Luftverkehrsabkommen werden trotz des Bestehens des Chicago Abkommens geschlossen und basieren zumeist auf der näheren Ausgestaltung der erforderlichen Erlaubnis nach Art. 6 der Konvention,[786] indem zumeist und unter anderem Überflug-, Landerechte und Fluglinienpläne vereinbart werden.

Diese bilateralen Abkommen müssen sich bei Nicht-Anerkennung rechtswidriger Gebietsverschiebungen konsequenterweise auf das gesamte der Souveränität des Mutterstaats unterstehende Staatsgebiet beziehen.[787]

Als Beispiel sind daher bilaterale Luftverkehrsabkommen mit der Ukraine auch auf das Gebiet der Krim weiter anzuwenden.

---

783 *Ebd.*, S. 795–796.

784 Siehe dazu unten, 3.

785 *High Court of Justice*, Kibris Turk Hava Yollari & CTA Holidays v. Secretary of State for Transport, [2009] EWHC 1918, Approved Judgment, 28 July 2009, Rn. 80.

786 *Diederiks-Verschoor*, An Introduction to Air Law, S. 49.

787 *Talmon*, Kollektive Nichtanerkennung illegaler Staaten, S. 792.

Dies ergibt sich alleine bereits daraus, dass im Eingang der bilateralen Verträge meist eine Vorschrift klarstellt, dass Rechte und Pflichten aus der Chicago-Konvention durch den Abschluss des zweiseitigen Vertrages nicht berührt werden sollen.[788] Damit wird folglich auch die Souveränität des Vertragspartners über sein ihm zustehendes Territorium anerkannt, sodass Anweisungen im Flugverkehr allein vom Vertragspartner befolgt und entgegen genommen werden dürfen.

Wird in den Verträgen nicht die Erlaubnis erteilt, auch Flughäfen auf besetztem Gebiet anzufliegen, so ist das bilaterale Abkommen geeignet, einen direkten Flugverkehr auf das in Frage stehende Territorium wirksam zu unterbinden.

2) Staatsluftverkehr

Grundsätzlich beziehen sich die abgeschlossenen bi- und multilateralen Verträge allein auf den Privatluftverkehr zwischen den Vertragsstaaten.[789]

Aufgrund dessen kann aus den oben genannten Punkten nicht automatisch der Schluss gezogen werden, dass die fortlaufende Anwendbarkeit der Luftfahrtverträge auf das besetzte Gebiet auch den Staatsluftverkehr regelt und verbietet.

Das Chicago-Abkommen schließt seine Anwendbarkeit auf den Staatsluftverkehr zwar ausdrücklich in Art. 3a aus, trifft aber dennoch eine Aussage darüber, was unter dem Begriff des Staatsluftfahrzeugs zu verstehen ist und was der Staatsflug für Voraussetzungen erfüllen muss, um über den Luftraum eines Vertragsstaats fliegen zu dürfen.

Nach Art. 3b sind Staatsluftfahrzeuge alle Luftfahrzeuge, die im Militär-, Zoll- und Polizeidienst verwendet werden.[790]

Diese dürfen das Hoheitsgebiet eines Vertragsstaates nur auf Grund einer durch besondere Vereinbarung oder auf andere Weise erteilten Ermächtigung und nur nach Maßgabe der in dieser festgesetzten Bedingung überfliegen oder dort landen.[791]

---

788 Siehe bspw Luftverkehrsabkommen zwischen Ukraine und dem Vereinigten Königreich vom 21.11.2011, Art. 2, zu finden unter: https://www.gov.uk/government/uploads/system/uploads/attachment_data/file/190223/Ukraine.1.2013.AirServices.pdf (Stand: 28.7.2016).

789 *Talmon,* Kollektive Nichtanerkennung illegaler Staaten, S. 793.

790 Siehe zur näheren Erläuterung der teils umstrittenen, hier aber nicht relevanten Einzelbegriffe: *Wouters/Verhoeven,* State Aircraft, Rn. 6–10, in: *Wolfrum,* Max Planck Encyclopedia of Public International Law, Online Version 2008.

791 Art. 3c Chicago-Abkommen.

Zu beachten ist in diesem Kontext auch Artikel I, Abschnitt 1 des Transit-Abkommens zur Chicago-Konvention, der folgendes bestimmt:

> *„Jeder Vertragsstaat gewährt den anderen Vertragsstaaten im planmäßigen internationalen Fluglinienverkehr folgende Freiheiten der Luft:*
> *1. Das Recht sein Hoheitsgebiet ohne Landung zu überfliegen;*
> *2. Das Recht, zu nicht-gewerblichen Zwecken zu landen.*
> *[...] Die Ausübung dieser Rechte in Gebieten, in denen offene Feindseligkeiten stattfinden oder die militärisch besetzt sind, und in Kriegszeiten längs der Nachschubwege zu diesen Gebieten, ist von der Zustimmung der zuständigen militärischen Behörden abhängig."*

Anders als im Chicago-Abkommen selbst sieht die Transit-Vereinbarung nicht die Zustimmung der *de iure*-Regierung, sondern, zumindest auch, diejenige des *de facto*-Regimes vor.

Dabei muss jedoch berücksichtigt werden, dass das Transit-Abkommen auf den Staatsluftverkehr keine Anwendung finden kann. So regelt das Abkommen lediglich den internationalen Fluglinienverkehr. Fluglinienverkehr ist aber nach Art. 96a Chicago-Abkommen nur jeder planmäßige Luftverkehr, der von Luftfahrzeugen für die öffentliche Beförderung von Fluggästen, Post oder Fracht durchgeführt wird, sprich lediglich ziviler Luftverkehr.[792]

Damit bedürfen auch Staatsflüge der Zustimmung der rechtmäßigen Regierung, wenn sie über besetztes Gebiet fliegen oder dort sogar landen wollen.

3) Möglichkeit von Flugverkehr trotz Nicht-Anerkennung

Neben der gängigen Praxis, nicht anerkanntes Gebiet entweder gar nicht oder mit einem Zwischenstopp anzufliegen, der die zwei Flüge rechtlich voneinander trennt, stellt sich die Frage, ob es auch weitere Möglichkeiten gibt, Flugverkehr mit nicht anerkannten Territorien zu betreiben, ohne gleichzeitig eine Anerkennung zu implizieren oder die Souveränität des Mutterstaates zu verletzen.

Aufschluss kann bei dieser Problematik möglicherweise der Fall Taiwan geben. Taiwan ist ein nicht anerkannter Staat, der nach Ansicht der Staatengemeinschaft weiterhin Teil der Volksrepublik China ist. Dennoch findet mit der chinesischen Provinz planmäßiger Flugverkehr in Form von Direktflügen statt. Zwar wurden im Rahmen der Nicht-Anerkennung zunächst quasi global alle Flüge auf die Insel eingestellt; nach und nach nahmen verschiedene Staaten die Flugverbindung jedoch wieder auf; dies allerdings unter der Prämisse, dass diese Maßnahme keine Anerkennung impliziere und China auch weiterhin als *de*

792 Siehe auch: *Wouters/Demeyere*, Overflight, Rn. 31, in: *Wolfrum*, Max Planck Encyclopedia of Public International Law, Online Version 2008.

iure-Regierung über die Volksrepublik und Taiwan als Bestandteil dieser anerkannt bleibt.[793]

Wie bereits oben erläutert, impliziert der technische Kontakt zu Flugbehörden nicht anzuerkennender bzw. nicht anerkannter Staaten nicht automatisch eine Anerkennung. Aufgrund der Flugsicherheit ist bei dem Ersuchen um Überflug und Landung eine Kontaktaufnahme zum *de facto*-Regime nicht nur zulässig, sondern auch unerlässlich.

Dies folgt aus der bestehenden effektiven Kontrolle über die Lufthoheit.[794]

Die Erlaubnis zum Überflug und zur Landung in Taiwan ist daneben jedoch auch abhängig von der Zustimmung der Regierung der Volksrepublik China. Dies folgt aus dem Chicago-Abkommen, das bei der Nicht-Anerkennung Taiwans auch auf dessen Gebiet Anwendung findet und in Artikel 6 das Bestehen der Erlaubnis eines Staates voraussetzt, planmäßigen Flugverkehr über oder in das Hoheitsgebiet eines Vertragsstaates vorzunehmen.

Die vorige Konsultation mit der chinesischen Regierung ist daher notwendig, um keine Vertragsverletzung zu riskieren.[795]

Anders als beispielsweise Zypern im Hinblick auf die TRNZ ist die Volksrepublik China auch grundsätzlich bereit, eine Erlaubnis zum Anfliegen der taiwanesischen Insel zu erteilen. So heißt es im chinesischen Weißbuch zur „Taiwanfrage und zur Wiedervereinigung Chinas“:

> *„Airspace is an inalienable part of a country's territory. The 1919 Paris Aviation Convention and the 1944 Chicago Convention affirm the principle of complete and exclusive sovereignty of each country over its airspace. Therefore, the opening of aviation services with Taiwan by any airlines, including privately-operated ones, of countries having diplomatic relations with China is a political issue affecting China's sovereignty and cannot be regarded as a non-political transaction. State-run airlines of countries having diplomatic relations with China certainly must not operate air services to Taiwan. Privately-operated airlines must seek China's consent through consultations between their government and the Chinese Government before they can start reciprocal air services with privately-operated airlines of Taiwan. As a matter of fact, according to the afore-said principle the Chinese Government has consented to such services between privately-operated airlines of Britain, Germany, Canada, etc. and their counterparts in Taiwan.*

793 Siehe bspw. Aufnahme Flugverbindung Moskau-Taipeh: Taipei Times v. 20.8.2002, „Flights, but no recognition: Moscow“, http://www.taipeitimes.com/News/taiwan/archives/2002/08/20/0000164875 (Stand: 28.7.2016).

794 *Talmon*, Kollektive Nichtanerkennung illegaler Staaten, S. 817.

795 *Ebd.*, S. 815–816.

As for countries which already had aviation services with Taiwan before the establishment of diplomatic relations with the People's Republic of China, they can negotiate with the Chinese Government to change the official nature of such services so as to be able to continue the operations as privately-run commercial transportation undertakings.“[796]

Neben einer bestehenden Erlaubnis ist es für die Einhaltung der vertraglichen Bestimmungen nach der Chicago-Konvention außerdem notwendig, dass der Flughafen im nicht anerkannten Territorium auch nach Art. 10 als Zollflughafen deklariert ist.

Dies ist beim Flughafen Taipeh in Taiwan allerdings der Fall, der beim ICAO mit dem Flughafencode „RCTP“ ausgestattet ist. Ausländische Fluggesellschaften sind daher berechtigt, diesen mit Erlaubnis der chinesischen Regierung und nach Abstimmung mit den lokalen Behörden in Taiwan anzufliegen.

Liegen die aufgezählten Voraussetzungen vor, also eine Erlaubnis des *de facto*-Regimes, eine Zustimmung der *de iure*-Regierung sowie die Ausweisung des Zielflughafens als Zollflughafen im Sinne des Art. 10 der Chicago-Konvention, so sind Direktflüge auch in besetztes Gebiet möglich.

Sollte diese Möglichkeit genutzt werden, ist jedoch darauf zu achten, dass keine weiteren Handlungen vorgenommen werden, die dazu geeignet sind, eine implizite Anerkennung auszudrücken.[797]

Übertragen auf die aktuelle Situation bedeutet dies, dass mit Erlaubnis der ukrainischen Regierung die Flughäfen Sewastopol und Simferopol für den internationalen planmäßigen Flugverkehr genutzt werden dürften, da diese auch Zollflughäfen im Sinne des Art. 10 darstellen.

Um den Flugverkehr zu unterbinden, könnte die Ukraine jedoch jederzeit erklären, dass die beiden Flughäfen nicht weiter als Zollflughäfen fungieren und damit auch nicht weiter angeflogen werden dürfen.

Nach derzeitigem Stand hat die Ukraine von diesem Recht keinen Gebrauch gemacht. Vielmehr wurde im Wege eines NOTAM[798] der Luftraum über der Krim ab dem 21.8.2014 bis auf weiteres gesperrt, unter gleichzeitigem Hinweis auf alternative Flugrouten.[799]

---

796 PRC Whitebook, Several Questions Involving Taiwan in International Relations, http://www.china.org.cn/e-white/taiwan/10-6.htm (Stand: 28.7.2016).

797 *Talmon,* Luftverkehr mit nicht anerkannten Staaten: Der Fall Nordzypern, S. 16–17.

798 Notice(s) to Airmen.

799 Antwort des Bundesministeriums für Verkehr und digitale Infrastruktur v. 20.2.2015 auf schriftliche Anfrage des Verfassers.

4) Erlass von Flugverboten bzw. Erlaubnissen durch den UN-Sicherheitsrat

Auch der UN-Sicherheitsrat kann Einfluss auf den Flugverkehr nehmen, indem er in seinen Resolutionen entweder Flugverbote oder auch Erlaubnisse erlässt.

Als Beispiel für den Ausspruch eines umfassenden Flugverbotes mit bindender Wirkung gegenüber allen Mitgliedstaaten können die Resolutionen 661 und 670 betreffend der irakischen Invasion in Kuwait dienen.

Interessanter ist jedoch im Zusammenhang mit der bereits aufgeworfenen Frage, ob und wie Flugverkehr mit nicht anzuerkennenden Staaten durchgeführt werden kann, ob der Sicherheitsrat auch befugt ist, die Aufnahme von Luftverkehr zu gestatten.

In Betracht kommt auch hier das Handeln unter dem VII. Kapitel und damit die Auferlegung verbindlicher Regelungen für alle Mitgliedstaaten.

Denkbar wäre eine Formulierung, die zwar weiterhin dazu verpflichtet, die illegale Gebietsverschiebung nicht anzuerkennen, gleichsam aber gestattet, den Flugverkehr wieder aufzunehmen, auch entgegen der fehlenden Zustimmung des verletzten Mutterstaates.[800]

Die darin liegende Verletzung der Rechte des Mutterstaates aus der Chicago-Konvention würde gemäß Art. 103 UN-Charta durch die bindende Entscheidung des UN-Sicherheitsrates überwunden und geheilt werden.[801]

5) Ergebnis

Abschließend lässt sich als Ergebnis folgendes festhalten:

(1) Die Chicago-Konvention findet auch dann Anwendung, wenn Gebiete eines Staates durch den Souverän nicht effektiv kontrolliert werden.

(2) Die Rechtmäßigkeit einer Landung in bzw. des Überflugs von besetztem Gebiet ist abhängig von *(i)* der Zustimmung des Vertragsstaates nach Art. 6, *(ii)* der Zustimmung der lokalen Behörden des *de facto*-Regimes aufgrund der bestehenden effektiven Kontrolle über den Luftraum, *(iii)* im Falle einer Landung, ob der Flughafen als Zollflughafen im Sinne des Art. 10 ausgewiesen wurde.

(3) Der UN-Sicherheitsrat kann unter Kapitel VII der UN-Charta den Mitgliedstaaten die Aufnahme von Flugverkehr in besetztes Gebiet erlauben und damit die fehlende Zustimmung des verletzten Mutterstaates überwinden.

---

800 Siehe auch: *Talmon,* Kollektive Nichtanerkennung illegaler Staaten, S. 813.

801 *Ebd.,* S. 813.

Kapitel 6: Investitionsschutz

Die Nicht-Anerkennung völkerrechtswidriger Gebietsverschiebungen wirkt sich auch stark auf das Investitionsklima in der betroffenen Region aus.

Die rechtlich unsichere Lage, welcher Staat oder welche Einheit für den Investitionsschutz verantwortlich ist, macht bereits erfolgte ausländische Investitionen unsicher und hält Investoren insbesondere davon ab, neue Projekte zu beginnen, um nicht das Risiko einzugehen, ohne Kompensation oder Regressmöglichkeiten finanzielle Verluste zu erleiden.

Davon abgesehen ist es Investoren aufgrund nationaler Sanktionsmaßnahmen- und Regelungen oftmals auch verboten, in annektiertes oder sezessionistisches Territorium zu investieren.

So beinhalten sowohl EU- als auch US-Sanktionen[802] Investitionsverbote in das durch Russland annektierte Gebiet der Krim.

Die am 20. Dezember 2014 in Kraft getretene EU-Verordnung Nr. 1351/2014 sieht ein umfassendes Investitionsverbot in Sewastopol und dem gesamten Gebiet der Krim vor. Ausdrücklich aufgeführt sind dabei Verbote wie der Erwerb bzw. die Ausweitung der Beteiligung am Eigentum an Immobilien oder die Gründung von Gemeinschaftsunternehmen.[803]

Die nationalen bzw. EU-weiten Sanktionsmaßnahmen mögen zwar neue Investitionen in das Krim-Gebiet verbieten, sie treffen jedoch keine Aussage über die grundsätzliche Verantwortlichkeit für den Investitionsschutz in der betroffenen Region.

Die weitere Anwendbarkeit bilateraler Investitionsschutzabkommen (BITs) ist ebenso denkbar wie der Rückgriff auf allgemeine völkerrechtliche Regeln.

Bezüglich des Investitionsschutzes in Gebieten, die Gegenstand völkerrechtswidriger, nicht anerkannter Territorialverschiebungen sind, stellen sich daher unter anderem die folgenden Fragen, die einer Klärung zugeführt werden sollen:

1) Gelten bestehende BITs trotz einer erfolgten Annexion oder Sezession weiter fort? Kann der verletzte Staat für Verstöße gegen die BITs weiterhin verantwortlich gemacht werden?

---

802 Siehe für US-Sanktionen: Statement by the President on Executive Order "Blocking Property of Certain Persons and Prohibiting Certain Transactions with Respect to the Crimea Region of Ukraine" v. 19.12.2014, http://www.whitehouse.gov/the-press-office/2014/12/19/statement-president-executive-order-blocking-property-certain-persons-an (Stand: 28.7.2016).

803 VO (EU) Nr. 1351/2014 v. 18.12.2014, L 365/46.

2) Können die bestehenden BITs des annektierenden Staates auf das annektierte Gebiet angewendet werden?
3) Wie kann außerhalb bestehender BITs Investitionsschutz erlangt werden?
4) Ist der Abschluss neuer BITs mit nicht anerkannten Einheiten oder über Gebiet, das annektiert wurde, möglich? Wenn ja, unter welchen Voraussetzungen ist dies zulässig?

1) Fortgeltung bestehender BITs

Bilaterale Investitionsschutzabkommen erfreuen sich im internationalen Investitionsschutzrecht seit einigen Jahrzehnten großer Beliebtheit, da sie im Vergleich zu allgemeinen Freundschafts- und Handelsverträgen ein hohes Maß an Konturenschärfe bieten. So können in den so genannten „Musterverträgen" konkrete vertragliche Rechte und Pflichten festgesetzt werden, die auf die spezielle Thematik des Investitionsschutzes perfekt zugeschnitten sind und damit die Gefahr von Unsicherheiten durch allgemeine Vorschriften in sonstigen Verträgen umgehen.[804]

Nach dem Abschluss des ersten BITs zwischen Deutschland und Pakistan am 25. November 1959[805] hat sich daher ein breites Netz an solchen Verträgen etabliert, das mittlerweile auf eine Anzahl von über 2900 gestiegen ist.[806]

Damit ist äußerst wahrscheinlich, dass auch ein durch Annexion oder Sezession verletzter Staat solche BITs abgeschlossen hat, sodass sich zwangsläufig die Frage stellt, ob eine weitere Verantwortlichkeit nach den bestehenden Verträgen auch für das abtrünnige bzw. besetzte Gebiet besteht.

Betrachtet man den Aufbau der existierenden Musterverträge, so fällt auf, dass sich der Anwendungsbereich dieser immer auf das „Hoheitsgebiet" oder „Gebiet" des jeweiligen Vertragsstaates bezieht.[807]

Dabei ist, ähnlich wie im Falle des oben besprochenen Chicago-Abkommens, fraglich, ob das Hoheitsgebiet allein die Teile umfasst, die auch effektiv kontrolliert werden, oder das gesamte rechtmäßige Staatsgebiet.

804 *Herdegen,* Internationales Wirtschaftsrecht, 10. Aufl., S. 332, Rn. 7–8.
805 BGBl. 1961 Nr. 33, S. 793–803.
806 Stand: 28.7.2016; siehe dazu: http://investmentpolicyhub.unctad.org/IIA mit Auflistung aller bestehenden BITs.
807 Vgl. bspw. Art. 2 des Deutsch-ukrainischen BITs v. 15.2.1993; http://investmentpolicyhub.unctad.org/Download/TreatyFile/1442 (Stand: 28.7.2016).

Zumindest im deutschen Mustervertrag wurde im Jahr 2008 eine Definition des Begriffes des Hoheitsgebietes eingeführt,[808] die wie folgt lautet:

> *„Hoheitsgebiet [ist] das Gebiet jedes Vertragsstaats einschließlich der ausschließlichen Wirtschaftszone und des Festlandsockels, soweit das Völkerrecht dem jeweiligen Vertragsstaat die Ausübung von souveränen Rechten oder Hoheitsbefugnissen in diesen Gebieten erlaubt."*[809]

Entscheidend ist dabei der Bezug auf das Völkerrecht, das über die Ausübung souveräner Hoheitsbefugnisse zu entscheiden hat.

Das Völkergewohnheitsrecht knüpft das Recht zur Ausübung souveräner Rechte an das anerkannte Hoheitsgebiet des jeweiligen Staates. Über das Hoheitsgebiet muss jedoch keine dauerhafte effektive Kontrolle bestehen, sodass auch besetztes, annektiertes oder sich abspaltendes Gebiet weiter zum Hoheitsgebiet zählt.[810]

Nach der oben angeführten Definition fällt damit beispielsweise auch die Krim weiterhin in das Hoheitsgebiet der Ukraine, sodass sich die Gewährleistungen der abgeschlossenen BITs auf dieses Gebiet erstrecken.

Eine Verantwortlichkeit für den Verstoß gegen die Prinzipien und Pflichten aus einem Investitionsschutzvertrag könnte damit für die Ukraine, aber auch für jeden anderen verletzten Mutterstaat, theoretisch hergeleitet werden.

Es ist jedoch offensichtlich, dass bei dem schuldlosen Verlust der effektiven Kontrolle über Teile des Staatsgebiets eine Verantwortlichkeit unbillig wäre.

Die Verantwortlichkeit des Mutterstaates für Verletzungen des Investitionsschutzes durch *de facto*-Einheiten oder durch einen annektierenden Staat muss letztlich aber ohnehin an der fehlenden Zurechenbarkeit scheitern. Denn mangels Kontrolle über das Verhalten des Aggressors fehlt jeglicher Anhaltspunkt für eigenständiges rechtswidriges Verhalten.

Voraussetzung für eine fehlende Zurechenbarkeit ist jedoch nicht nur das tatsächliche Vorliegen eines Verlustes der effektiven Kontrolle, sondern auch die Distanzierung von der illegal agierenden Einheit, indem unter anderem versucht

---

808 *Dolzer/Kim,* Germany, S. 306, in: *Brown,* Commentaries on Selected Model Investment Treaties.

809 Art. 1 Nr. 4 des Deutschen Mustervertrags: http://www.iilcc.uni-koeln.de/fileadmin/institute/iilcc/Dokumente/matrechtinvest/VIS_Mustervertrag.pdf (Stand: 28.7.2016).

810 *Herdegen,* Völkerrecht, 15. Aufl., §23, Rn. 1–2.

wird, alle zur Verfügung stehenden Möglichkeiten auszuschöpfen, um die illegale Machtübernahme zu verhindern.[811]

Liegen diese Voraussetzungen vor, so muss auch eine Zurechenbarkeit der Handlungen des illegalen Regimes ausgeschlossen sein.

Denkbar ist jedoch, dass der verletzte Staat dafür einstehen muss, dass es überhaupt zum Verlust der territorialen Kontrolle gekommen ist.

Die meisten BITs enthalten eine „*full protection and security*"-Klausel,[812] die vollen Schutz und volle Sicherheit für alle bestehenden Investitionen zusichert, also eine Pflicht statuiert, negative Einflüsse abzuwehren, wie beispielsweise Ausschreitungen von Privatpersonen oder staatlichen Organen.[813]

Ob die Abwehrpflicht auch für Einflüsse von außen, also Aggressionen gegen die territoriale Integrität des Staates gilt, ist aber unwahrscheinlich.

Geht man mit dem Schiedsgericht im Fall *Suez, Sociedad de Aguas de Barcelona & Vivendi v. Argentina*[814] und der mehrheitlichen Meinung[815] davon aus, dass der Grundsatz des „*full protection and security*" lediglich ein Unterfall des „*fair and equitable treatment*"-Prinzips ist, so muss die Haftung für extraterritoriale Einflüsse außer Betracht bleiben. Denn eine faire und gleiche Behandlung beinhaltet nicht auch den Schutz vor Übergriffen durch annektierende oder sezessionistische Einheiten.

Zwar könnte man bei sezessionistischen Einheiten zunächst anderes annehmen, da diese ihren Ursprung im staatsinternen Bereich haben. Eine Haftung wird jedoch nur dann möglich sein, wenn die Handlungen der Einheit dem Staat auch zurechenbar sind. Dies ist zumindest dann nicht anzunehmen, wenn der Mutterstaat alle Möglichkeiten ausgeschöpft hat, um die Sezessionstendenzen zu beenden und gleichsam auch den Investitionsschutz sicherzustellen.[816]

Denn eine uneingeschränkte Haftung für erlittene Schäden beinhaltet der „*full protection and security*"-Grundsatz nicht. So führte auch das Schiedsgericht im Fall *Wena Hotels v. Egypt* aus:

---

811 *Técnicas Medioambientales Tecmed, S. A. v. The United Mexican States*, ICSID Case No. ARB (AF)/00/2, Award, 29 May 2003.

812 Siehe bspw. Art. 4 Abs. 1 des Deutsch-ukrainischen BITs.

813 *Schreuer*, Full Protection and Security, Journal of International Dispute Settlement 2010, S. 353.

814 *Suez, Sociedad de Aguas de Barcelona & Vivendi v. Argentina*, ICSID Case No ARB/03/19, Decision on Liability, 30 July 2010.

815 Siehe dazu mwN.: *Herdegen*, Internationales Wirtschaftsrecht, 10. Aufl., S. 342–343.

816 Vgl. dazu: *Técnicas Medioambientales Tecmed, S. A. v. The United Mexican States*, ICSID Case No. ARB (AF)/00/2, Award, 29 May 2003.

„[…] a host state's promise to accord foreign investment such protection is not an absolute obligation which guarantees that no damages will be suffered, in the sense that any violation thereof creates automatically a "strict liability" on behalf of the host State.“[817]

Geht man dennoch davon aus, dass das Prinzip auch Schutz gegen Einwirkungen vermittelt, die einem Staat nicht zurechenbar sind, so wäre das Rekurrieren des Staates auf den Rechtfertigungsgrund der höheren Gewalt denkbar, der in Artikel 23 der ILC-Artikel wie folgt definiert ist:

„1. The wrongfulness of an act of a State not in conformity with an international obligation of that State is precluded if the act is due to force majeure, that is the occurrence of an irresistible force or of an unforeseen event, beyond the control of the State, making it materially impossible in the circumstances to perform the obligation.“[818]

Die ILC-eigene Kommentierung des Artikels 23 zählt die militärische Intervention eines anderen Staates ausdrücklich zu den Paradebeispielen des Vorliegens von höherer Gewalt,[819] sodass das Berufen auf das Prinzip mit aller Wahrscheinlichkeit Aussicht auf Erfolg hätte.

Eine Verantwortlichkeit des durch eine Annexion oder Sezession verletzten Staates ist daher im Grundsatz ausgeschlossen. Entweder durch die fehlende Zurechenbarkeit der Handlungen des auf dem Hoheitsgebiet illegal agierenden *de facto*-Regimes oder durch die Möglichkeit des Berufens auf höhere Gewalt unter den Voraussetzungen des Artikels 23 der ILC-Artikel. Eine Haftung bleibt damit nur in engen Grenzen möglich. So sieht beispielsweise Artikel 4 Absatz 3 des deutschen Mustervertrages folgende Gewährleistung vor:

„Investoren eines Vertragsstaates, die durch Krieg oder sonstige bewaffnete Auseinandersetzungen, Revolution, Staatsnotstand oder Aufruhr im Hoheitsgebiet des anderen Vertragsstaates Verluste an Kapitalanlagen erleiden, werden von diesem Vertragsstaat hinsichtlich der Rückerstattungen, Abfindungen, Entschädigungen oder sonstigen Gegenleistungen nicht weniger günstig behandelt als seine eigenen Investoren.“[820]

---

817 *Wena Hotels Ltd. v. Arab Republic of Egypt*, ICSID Case No. ARB/98/4, Award, 8 December 2000, Rn. 84, 41 ILM 896 (2002).

818 UN Doc. A/56/10.

819 Report of the International Law Commission on the work of its fifty-third session, S. 76, Article 23 (3).

820 Artikel 4 Abs. 3 des Deutschen Mustervertrages, http://www.iilcc.uni-koeln.de/fileadmin/institute/iilcc/Dokumente/matrechtinvest/VIS_Mustervertrag.pdf (Stand: 28.7.2016).

2) Anwendung der BITs eines annektierenden Staates auf das betroffene Gebiet

Als eine Möglichkeit für die Begründung bzw. Aufrechterhaltung des Investitionsschutzes ist an die Anwendung bestehender BITs des Aggressors zu denken. Dies wird in aller Regel nur in Fällen einer Annexion von Gebieten durch einen anderen Staat in Betracht zu ziehen sein, da Sezessions-Einheiten, die einen neuen Staat begründen wollen, zumeist noch keine BITs abgeschlossen haben werden; unabhängig von der Frage, ob dies überhaupt zulässig ist.

Problematisch für die Anwendbarkeit der BITs des annektierenden Staates ist ebenfalls die Auslegung des Begriffes des „*Hoheitsgebiets*". Dieses ist nach allgemeinem Völkerrecht zu bestimmen. Zwar wird dies in bestehenden Musterverträgen und BITs nicht immer klar konkretisiert. Viele der neueren Musterverträge, wie derjenige Deutschlands, machen jedoch deutlich, dass der Begriff „*Hoheitsgebiet*" unter Rückgriff auf geltendes Völkergewohnheitsrecht zu bestimmen ist. Dieser Wille lässt sich darüber hinaus nicht nur durch die neuere Tendenz der vertraglichen Aufnahme einer klaren Definition ausmachen, sondern ebenfalls durch andere Bestimmungen bestehender BITs. So heißt es im deutsch-russischen BIT vom 13.6.1989:

> *„Dieser Vertrag erstreckt sich auch auf die ausschließliche Wirtschaftszone und den Festlandsockel, über welche die jeweilige Vertragspartei in Übereinstimmung mit dem Völkerrecht souveräne Rechte und Hoheitsbefugnisse [...] ausüben kann."*[821]

Der Investitionsschutz erstreckt sich demnach nur auf diejenigen Gebiete, in denen der Vertragsstaat nach Völkerrecht berechtigt ist, souveräne Rechte auszuüben.

Die Annexion ist nach geltendem Völkerrecht nicht als rechtmäßiger Erwerb eines Herrschaftstitels angesehen. Das Gebiet nach einem BIT erstreckt sich folglich nicht auch auf annektiertes Gebiet, sondern nur auf das dem Vertragsstaat rechtmäßig zustehende Territorium.

Bei Anrufung des ICSID-Schiedsgerichtes nach Art. 25 ICSID-Konvention müsste dieses daher erklären, dass mangels Anwendbarkeit des in Frage stehenden BITs eine Sachentscheidung nicht möglich ist.

Übertragen auf den aktuellen Fall auf der Krim bedeutet dies, dass Investitionsschutz nicht nach russischen BITs möglich ist, da diese aufgrund der völkerrechtswidrigen Annexion und der damit verbundenen Nicht-Anerkennung auf

---

821 Art. 1 Abs. 2 Deutsch-russischer BIT v. 13.6.1989, http://investmentpolicyhub.unctad.org/Download/TreatyFile/1399 (Stand: 28.7.2016).

die Krim-Halbinsel nicht anwendbar sind. Im Rahmen der mittlerweile durch ukrainische Investoren angestrengten Verfahren gegen die Russische Föderation wegen der Beeinträchtigung von Investitionen auf der von Russland annektierten Krim-Halbinsel[822] dürfen die Schiedsgerichte auf die entsprechenden BITs daher nicht zurückgreifen.

Die damit verbundene Schutzlücke für ausländische Investitionen auf der Krim bzw. annektiertem Gebiet im Allgemeinen, die daraus resultiert, dass auch die BITs des verletzten Staates außer Kraft gesetzt sind, muss daher durch den Rückgriff auf allgemeine völkerrechtliche Regeln geschlossen werden.

3) Wie kann außerhalb bestehender BITs Investitionsschutz erlangt werden?

Ist ein Investitionsschutz nach BITs nicht einschlägig oder möglich, so stellt sich die Frage, inwiefern Investitionen auf Territorien, die Gegenstand völkerrechtswidriger Gebietsverschiebungen sind, Schutz erlangen können.

Grundsätzlich sind zwei Alternativen denkbar, in denen Kompensation vom Aggressor verlangt werden kann.

Zunächst kann der annektierende Staat bzw. die sezessionistische Einheit nach den Regeln über die völkerrechtliche Verantwortlichkeit haftbar gemacht werden.

Erfolgt beispielsweise eine Enteignung auf völkerrechtswidrigem Wege, d.h. unter Verstoß gegen die gewohnheitsrechtlichen Regeln des Fremdenrechts, so liegt ein völkerrechtliches Delikt vor, für das der Rechtsbrecher Kompensation leisten muss.

Der Anspruch auf Schadensausgleich enthält dabei eine Verpflichtung zur umfassenden Wiedergutmachung, die auf die Wiederherstellung des vor dem Rechtsverstoß bestehenden Zustandes oder finanziellen Ersatz gerichtet ist. Die Restitutionspflicht schließt neben dem Ausgleich des aktuellen Vermögensverlustes auch den Ersatz entgangenen Gewinns ein.[823]

Der Vermögensschaden ist jedoch nicht individuell einklagbar. Der private Investor wird den Heimatstaat daher anhalten müssen, seine Rechte auf diplomatischem Wege geltend zu machen.[824]

---

822 Siehe bspw.: PJSC Ukrnafta v. The Russian Federation, Permanent Court of Arbitration, Case No. 2015-34; Stabil LLC and Others v. The Russian Federation, Permament Court of Arbitration, Case No. 2015-35.

823 *Herdegen,* Internationales Wirtschaftsrecht, 10. Aufl., §20, Rn. 9.

824 *Ebd.,* §23, Rn. 1.

Problematisch ist in diesem Falle wiederum, dass die Geltendmachung von Ansprüchen auf diplomatischem Wege unter Umständen gegen das Prinzip der Nicht-Anerkennung verstoßen könnte. So wird mit sezessionistischen Einheiten bzw. im annektierten Gebiet diplomatischer Verkehr ausgeschlossen sein, um keine Anerkennung zu implizieren.

Möglich bleibt aber zumindest im Falle einer Annexion durch einen Drittstaat, diesen vor dem IGH auf Kompensation zu verklagen.[825]

Im Falle der völkerrechtlichen Verantwortlichkeit von *de facto*-Regimen und insbesondere von Sezessions-Einheiten, die bei der Ausübung staatlicher Gewalt zweifelsfrei auch deliktsfähig sind,[826] ergibt sich abgesehen von der fehlenden Möglichkeit des Zugangs zum IGH nichts anderes.[827]

Auch gegen diese können Schadensersatzforderungen durch den Heimatstaat der Investoren geltend gemacht werden. Eine Anerkennung implizieren diese Maßnahmen nicht, da eben nicht nur Staaten deliktsfähig sind.[828]

Allerdings hat die Aufforderung zur Kompensation auf informellem Wege zu geschehen. Die Anrufung von Schiedsgerichten oder ordentlichen Gerichten ist nicht möglich, ohne gleichsam gegen die Pflicht zur Nicht-Anerkennung zu verstoßen.[829]

Als weitere Alternative zur Kompensation erlittener Investitionsschäden kommt die Geltendmachung von Verstößen gegen menschenrechtliche Verträge in Betracht.

So enthält Art. 1 des 1. Zusatzprotokolls zur EMRK eine Schutzvorschrift zum Eigentum.[830] Sollte ein annektierender Drittstaat an das Zusatzprotokoll

825 *Kryvoi*, Protecting Foreign Investors in Crimea: Is Investment Arbitration an Option?, Beitrag v. 29.7.2014 in CIS Arbitration Forum Online.

826 *Talmon*, Kollektive Nichtanerkennung illegaler Staaten, S. 835.

827 Die mangelnde Parteifähigkeit ergibt sich dabei aus Art. 34 (1) IGH-Statut: „*Nur Staaten sind berechtigt, als Parteien vor dem Gerichtshof aufzutreten.*"

828 *Talmon*, Kollektive Nichtanerkennung illegaler Staaten, S. 837.

829 *Ebd.*, S. 837.

830 Art. 1 des 1. Zusatzprotokolls der EMRK: „*Every natural or legal person is entitled to the peaceful of his possessions. No one shall be deprived of his possessions except in the public interest and subject to the conditions provided for by law and by the general principles of international law.*
The preceding provisions shall not, however, in any way impair the right of a State to enforce such laws as it deems necessary to control the use of property in accordance with the general interest or to secure the payment of taxes or other contributions or penalties."

gebunden sein, so liegt eine Verantwortlichkeit nach der Menschenrechtskonvention vor.

Denn anders als im Gewohnheitsrecht wird die EMRK zum effektiven Schutz der Menschenrechte dahingehend ausgelegt, dass Hoheitsgewalt im Sinne des Art. 1 der EMRK die Gebiete umfasst, die von einem Konventionsstaat auch kontrolliert werden.[831]

Damit besteht im Falle der Anwendbarkeit der EMRK eine Verantwortlichkeit des annektierenden Staates in Bezug auf Verstöße gegen das Eigentumsrecht.

Übertragen auf die aktuelle Situation auf der Krim-Halbinsel bedeutet dies, dass Investoren zum einen über die EMRK als auch über die allgemeinen Regeln der Staatenverantwortlichkeit Schutz erlangen können, wobei die Rechtsschutzmechanismen über die EMRK deutlich günstiger ausgestaltet sind und damit größere praktische Relevanz aufweisen werden.

4) Ist der Abschluss neuer BITs mit nicht anerkannten Einheiten oder über Gebiet, das annektiert wurde, möglich?

Im Folgenden soll dargestellt werden, ob, und wenn ja, unter welchen Voraussetzungen BITs mit nicht anerkannten Staaten abgeschlossen werden können.

Bestehende Investitionsschutzabkommen mit beispielsweise Taiwan und Palästina zeigen, dass die Möglichkeit bestehen könnte, solche Verträge abzuschließen, ohne gleichsam eine Anerkennung auszusprechen oder zu implizieren.

Grundsätzlich sind BITs derart aufgebaut, dass offizielle Regierungsvertreter den Vertrag unterzeichnen, die Regierungen als Vertragspartner bezeichnet werden und vom gegenseitigen „Hoheitsgebiet" gesprochen wird.

Die (wenigen) existierenden BITs, die mit nicht anerkannten Einheiten abgeschlossen wurden, bemühen sich in weiten Teilen, einen offiziellen Charakter des Vertrages zu vermeiden.

Um dies im Einzelnen zu verdeutlichen, sollen an dieser Stelle Beispiele von BITs mit nicht anerkannten Staaten untersucht werden. Davon ausgehend soll der Versuch unternommen werden, Regeln aufzustellen, auf welche Art und Weise rechtsgültige Investitionsschutzabkommen ohne Ausspruch einer Nicht-Anerkennung geschlossen werden können.

---

831 *Meyer-Ladewig,* Art. 1, Rn. 5, in: *Meyer-Ladewig,* EMRK, Europäische Menschenrechtskonvention Handkommentar, 3. Aufl.

a) BIT zwischen Taiwan und Thailand

Das am 30.4.1996 unterzeichnete und am selben Tag in Kraft getretene BIT zwischen Thailand und Taiwan weist von seinem Inhalt keine signifikanten Unterschiede zu gewöhnlichen BITs auf und enthält weitestgehend die gleichen Gewährleistungen zum Investitionsschutz.[832]

Dennoch wurden auf beiden Seiten gewisse Formalia eingehalten, um einen offiziellen Charakter des Vertrages zu verhindern.

So sind die Vertragsparteien nicht etwa die jeweiligen Regierungen,[833] sondern zum einen das „Thailand Trade & Economic Office" in Taipeh und zum anderen das „Taipei Economic and Trade Office" in Thailand.[834]

Es handelt sich dabei jeweils um quasi-staatliche Organisationen, die Visa- und konsularische Angelegenheiten regeln und für die Unterhaltung wirtschaftlicher Beziehungen zwischen den beiden Staaten zuständig sind.[835]

Durch die Übertragung der Kompetenz zum Abschluss solcher Verträge soll offensichtlich vermieden werden, dass offizielle Beziehungen auf höchster Ebene stattfinden.

Dennoch sind beide Behörden durch den Staat gegründet und legitimiert worden, sodass eine Zurechnung ohne Weiteres angenommen werden kann.

Dieser Umstand begründet letztlich damit auch die Verpflichtung zur Einhaltung der vertraglichen Bestimmungen für die beiden Staaten. Ein Verstoß gegen das BIT würde mithin ein völkerrechtliches Delikt darstellen, das zur Restitution verpflichtet.

Weiterhin fällt auf, dass der Investitionsvertrag nicht explizit vom Hoheitsgebiet, sondern vom „*relevant place*" spricht. Auf diese Art und Weise kann verhindert werden, dass Taiwan souveräne Rechte über sein effektiv kontrolliertes Gebiet nicht zugesprochen werden. Denn der Begriff „*place*" ist äußerst neutral

---

832 Zum Fehlen bestimmter Klauseln: *Liu*, A Missing Part in International Investment Law: The Effectivness of Investment Protection of Taiwan's BITs vis-à-vis ASEAN States, University of California Davis Journal of International Law & Policy 2009, S. 131–169.

833 Vgl. im Gegensatz dazu z.B. den BIT zwischen Paraguay und Taiwan v. 6.4.1992, in dem die Regierungen als Vertragsparteien auftreten. Dies kann dadurch erklärt werden, dass Paraguay offizielle diplomatische Beziehungen zu Taiwan unterhält und den Inselstaat daher anerkennt.

834 Siehe Eingangsformel des BIT zwischen Taiwan und Thailand. Zu finden unter: http://investmentpolicyhub.unctad.org/Download/TreatyFile/2338 (Stand: 28.7.2016).

835 http://www.taiwanembassy.org/TH/ct.asp?xItem=387276&CtNode=1790&mp=232&xp1= (Stand: 28.7.2016).

gehalten und impliziert daher keinerlei Aussage über die Rechtmäßigkeit der taiwanesischen territorialen Kontrolle.

Interessant ist darüber hinaus Art. 9, der Regelungen zur Streitbeilegung enthält und unter anderem den Zugang zu einem Schiedsgericht nach gescheiterten Verhandlungen vorsieht. Die Möglichkeit des Verklagens des Staates Taiwan vor einem Gericht aufgrund begangener Vertragsverletzungen könnte dabei unter Umständen jedoch gegen eine Pflicht zur Nicht-Anerkennung verstoßen.

b) BIT zwischen Taiwan und Indien

Ähnlich aufgebaut ist der BIT zwischen Taiwan und Indien vom 17.10.2002. Auch hier sind die Vertragsparteien nicht etwa die Regierungen selbst, sondern erneut quasi-staatliche Organisationen. Es handelt sich dabei zum einen um die „India-Taipei Association" in Taipeh und zum anderen um das „Taipei Economic and Cultural Center" in Neu-Delhi.

Im Gegensatz zum BIT zwischen Taiwan und Thailand finden sich in diesem Vertrag klare Hinweise auf die Anerkennung der Souveränität Taiwans über sein kontrolliertes Gebiet. So wird nicht etwa von *„relevant places"*, sondern vom *„territory"* gesprochen, das folgender Definition zugeführt wurde:

> *„"territory" in respect of the Contracting Parties means the territory, including the territorial seas and any maritime areas situated beyond the territorial seas, over which the authorities of the respective territories of the Contracting Parties exercise jurisdiction in accordance with international law and its relevant laws."*[836]

Die Aufnahme dieser Definition in den Investitionsschutzvertrag ist geeignet, eine implizite Anerkennung Taiwans zu begründen.

Würde Indien die Kontrolle Taiwans über sein Gebiet nach Völkerrecht nicht anerkennen, so wäre der Vertrag *ad absurdum* geführt. Denn nach dem eigentlichen Standpunkt Indiens übt Taiwan über das Hoheitsgebiet keine rechtmäßige Herrschaftsgewalt aus, sodass der Vertrag in diesem Gebiet keine Geltung erlangen könnte.

Das BIT ergibt daher nur Sinn, wenn Indien die Souveränität Taiwans anerkennt.

Auch in anderen vertraglichen Vorschriften wird deutlich, dass der Abschluss des Vertrages durch quasi-staatliche Organisationen allein nicht genügt, um eine implizite Anerkennung zu vermeiden.

---

836 Taiwan-Indien BIT, Art. 1, Nr. 4, zu finden unter: http://investmentpolicyhub.unctad.org/Download/TreatyFile/1606 (Stand: 28.7.2016).

In Art. 9 wird beispielsweise auf die geltenden nationalen Regeln im jeweiligen Hoheitsgebiet Bezug genommen, die den rechtsgültigen Regelungsrahmen für die jeweiligen Investitionen darstellen sollen. Allein dies stellt eine ausdrückliche und auch bewusste Anerkennung der Rechtsordnung Taiwans dar.

Weiterhin ist neben einem möglichen Investor-Staat-Schiedsverfahren auch die Möglichkeit einer zwischenstaatlichen gerichtlichen Auseinandersetzung vorgesehen, die, wie oben bereits angeführt, ebenfalls mit einer Pflicht zur Nicht-Anerkennung konfligieren könnte.

Zuletzt ist auch der Anhang zum BIT zu berücksichtigen, der eine einseitige Erklärung der indischen Regierung enthält, die eine direkte Zurechnung des gesamten Vertrages zum Staat Indien ohne weiteres zulässt.[837]

Der vorliegende Vertrag ist insgesamt daher nicht dazu geeignet, Investitionsschutz mit der Aufrechterhaltung einer Nicht-Anerkennung zu vereinbaren.

c) BIT zwischen Palästina und Deutschland

Der Staat Palästina wurde bisher durch den Großteil der internationalen Gemeinschaft anerkannt.[838] Deshalb ist es verwunderlich, dass bis *dato* nur drei Staaten bilaterale Investitionsschutzabkommen mit der staatlichen Einheit abgeschlossen haben, von denen einer Deutschland ist, das den Staat Palästina jedoch nicht anerkennt.

Zwar fallen die Begründungen für die Nicht-Anerkennung sowohl Taiwans als auch Palästinas[839] weit auseinander und haben ihren Ursprung in differenten Grundpositionen, dennoch lassen sich aus dem BIT zwischen Palästina und Deutschland Aussagen entnehmen, wie mit nicht anerkannten Staaten Investitionsschutzverträge geschlossen werden könnten, ohne eine Anerkennung implizit auszusprechen. Dass im Falle Palästinas keine Pflicht zur Nicht-Anerkennung besteht, ist dabei an dieser Stelle nicht von Bedeutung.

Der BIT zwischen Deutschland und dem besetzten palästinensischen Gebiet wurde am 10.7.2000 unterzeichnet und ist am 19.9.2008 in Kraft getreten.

Anders als in den unter Punkt a) und b) erläuterten BITs treten die Bundesregierung und die PLO selbst als Vertragsparteien auf. Der fehlende Rückgriff auf

---

837 *Wu,* The Many Faces of States in International Investment Law: Supranational Organizations, Unrecognized States and Sub-state Entities, S. 417, in: *Lalani/Lazo,* The Role of the State in Investor-State Arbitration.

838 Anerkennungsstand zu finden unter: http://palestineun.org/about-palestine/diplomatic-relations/ (Stand: 28.7.2016).

839 Siehe dazu: BT-Drs. 17/6006 v. 27.5.2011.

quasi-staatliche oder private Organisationen lässt den Vertrag ohne Umwege in die staatliche Verantwortungssphäre fallen.

Der Vertrag enthält darüber hinaus eine Definition über das jeweilige „*Gebiet*". Dieses soll bezüglich der Bundesrepublik Deutschland das Hoheitsgebiet sein, während das palästinensische Gebiet als das unter der Selbstverwaltung der Behörde stehende Gebiet deklariert wird.[840]

An der unterschiedlichen Definition der bestehenden Gebiete zeigt sich der Wille der BRD, eine Anerkennung der palästinensischen Gebiete als legitimes Hoheitsgebiet der PLO ausdrücklich nicht vorzunehmen.

Auch an anderer Stelle wird deutlich, dass das Abkommen eine Anerkennung nicht begründen soll. So sieht Art. 12 vor, dass der Vertrag unabhängig von der Aufnahme diplomatischer oder konsularischer Beziehungen ist, sprich durch eine mögliche spätere Anerkennung nicht beeinflusst werden soll.

Hätte durch den Vertrag eine implizite Anerkennung erklärt werden sollen, so wäre die Vorschrift überflüssig gewesen.

Die BRD ist demnach insgesamt darauf bedacht, die Formulierungen im Vertrag derart zu wählen, dass keine direkte Anerkennung angenommen werden kann.

d) Ergebnis

Es lässt sich festhalten, dass folgende Punkte angewandt werden, um eine Anerkennung im Zuge des Abschlusses von BITs zu verhindern:

(1) Vertragsparteien sind nicht die Regierungen, sondern quasi-staatliche Organisationen oder teils sogar nur private NGOs.[841]
Durch die staatliche Beteiligung oder Rückführung auf den Gründungsakt besteht auf diese Art und Weise dennoch eine Zurechenbarkeit des Vertragsabschlusses zu dem Staat.[842] Dies ist auch sinnvoll, um einen effektiven Investitionsschutz überhaupt sicherstellen zu können. Wäre dem

840 Art. 1 Nr. 4; BIT BRD-Palästinensische Gebiete, http://www.dis-arb.de/files/bit/20050504-2005-II-526.pdf (Stand: 28.7.2016).

841 Siehe dazu bspw.: Japan-Taiwan BIT.

842 So auch: *Wu*, The Many Faces of States in International Investment Law: Supranational Organizations, Unrecognized States and Sub-state Entities, S. 416–417, in: *Lalani/Lazo*, The Role of the State in Investor-State Arbitration; *Liu*, A Missing Part in International Investment Law: The Effectivness of Investment Protection of Taiwan's BITs vis-à-vis ASEAN States, University of California Davis Journal of International Law & Policy 2009, S. 168.

Staat der Vertrag auf keinerlei Art und Weise zurechenbar, so wäre eine Verletzung der vertraglichen Pflichten kein völkerrechtliches Delikt und mithin wertlos.

(2) Der Begriff „Hoheitsgebiet" wird versucht zu vermeiden. Denn dieser impliziert die rechtmäßige Ausübung souveräner Rechte über das in Frage stehende Territorium. Indem über den *„relevant place"* oder allein das *„(kontrollierte) Gebiet"* gesprochen wird, wird eine Aussage über die Rechtmäßigkeit der territorialen Kontrolle nicht getroffen.

Meines Erachtens genügt die Einhaltung der oben genannten Punkte nicht, um eine Anerkennung des Vertragspartners effektiv auszuschließen.

Die Zurechenbarkeit des Vertragsabschlusses und die damit verbundene Verantwortlichkeit für Abschluss und Einhaltung des Vertrages sind mit einer Politik der Nicht-Anerkennung grundsätzlich zu vereinen. Denn auf diese Weise werden völkerrechtliche Pflichten manifestiert bzw. aufgestellt, nach denen die nicht anerkannte Einheit verantwortlich ist. Da auch *de facto*-Regierungen deliktsfähig sind, ist die Aufstellung vertraglicher Verpflichtungen mit einer damit verbundenen Verantwortlichkeit unschädlich.

Die Möglichkeit, in den bestehenden BITs ein Staat-Staat-Schiedsverfahren einzuleiten und damit ein gerichtliches Verfahren anzustrengen, widerspricht jedoch dem Grundsatz einer Nicht-Anerkennung.[843]

Denn auf diese Weise wird es der nicht anerkannten Einheit möglich, konkrete Ansprüche aus dem Vertrag gegen den Vertragspartner abzuleiten. Dieses Privileg stellt die beiden Einheiten auf Augenhöhe und ist darüber hinaus nicht notwendig, um effektiven Investitionsschutz herzustellen. Die Möglichkeit eines Investor-Staat-Schiedsverfahrens ist ausreichend, um eine wirtschaftliche Sicherheit für den privaten Investor zu garantieren.

Ein Staat-Staat-Schiedsverfahren kann nur dann mit einer Nicht-Anerkennung konvergieren, wenn verbindliche Entscheidungen oder Pflichten durch das Schiedsgericht nicht erlassen werden können, sondern eine nur mediale Tätigkeit durch das Gericht ausgeübt wird.[844]

Als Vorbild kann dafür der Art. 16 des japanisch-taiwanesischen BITs herangezogen werden, der die, rechtlich unverbindliche, Vorgehensweise enthält, dass die Parteien verpflichtet sind

---

843 Vgl.: *Talmon,* Kollektive Nichtanerkennung illegaler Staaten, S. 837.

844 Vgl. dazu: *Wu,* The Many Faces of States in International Investment Law: Supranational Organizations, Unrecognized States and Sub-state Entities, S. 419–422, in: *Lalani/Lazo,* The Role of the State in Investor-State Arbitration.

„to accord sympathetic consideration to, and adequate opportunity for, consultations regarding any matter affecting the interpretation, application or implementation of the Taiwan-Japan BIT.“[845]

Zusammenfassend lässt sich festhalten, dass mit nicht anerkannten Staaten bilaterale Investitionsschutzverträge durchaus abgeschlossen werden können. Dabei muss jedoch darauf geachtet werden, dass die Verträge vor allem terminologisch eine Anerkennung souveräner Rechte über das kontrollierte Gebiet der nicht anerkannten Einheit vermeiden.

Zudem darf der nicht anerkannte Staat keine verbindlichen Ansprüche gegen den Vertragspartner ableiten, die ihn dazu berechtigen, diesen vor ordentlichen Gerichten oder Schiedsgerichten zu verklagen.

845 *Ebd.*, S. 419–420.

Teil 4: Das Erlöschen der Pflicht zur Nicht-Anerkennung

Die Politik einer Nicht-Anerkennung ist die Reaktion auf ein schwerwiegendes völkerrechtliches Delikt. Als solche soll sie den Rechtsbrecher isolieren und dazu anhalten, die unrechtmäßige Situation aufzugeben und den *status quo ante* wiederherzustellen.

Von ihrem Grundgedanken zielt die Sanktion auf die Rückkehr zum rechtmäßigen Zustand und ist daher zeitlich unbegrenzt.

Zu hinterfragen ist aber, ob die oben festgestellte Pflicht zur Nicht-Anerkennung durch bestimmte Faktoren erlöschen bzw. eine zeitliche Begrenzung erfahren kann.

Solche Faktoren könnten, unter anderem, die anhaltende Stabilisierung völkerrechtswidriger territorialer Akquisitionen oder aber auch der Wille der Bevölkerung zur Beibehaltung des *fait accompli* sein.

Grundsätzlich wird auch in der neueren Literatur nicht bestritten, dass die Pflicht zur Nicht-Anerkennung keine Ewigkeitsdauer besitzen kann.[846] Eine tiefergehende Auseinandersetzung mit der Problematik, aus welchem Anlass bzw. aus welchen Gründen die völkerrechtliche Gegenmaßnahme zu einem Ende gelangt, hat bisher jedoch nicht stattgefunden und soll im Folgenden vorgenommen werden.

Dabei sprechen zunächst gute Gründe dafür, dass die Nicht-Anerkennungspflicht auf unbestimmte Zeit existiert und erst durch Beendigung der völkerrechtswidrigen Situation aufgehoben wird.

So wurden beispielsweise die südafrikanische Präsenz in Namibia über 20 Jahre, die Errichtung Süd-Rhodesiens 15 Jahre und die Etablierung der südafrikanischen Banthustans fast 20 Jahre mit der Politik einer Nicht-Anerkennung sanktioniert, bis eine Rückkehr zum *status quo ante* und zur Rechtmäßigkeit schließlich erfolgte.

Auch die anhaltende Nicht-Anerkennung der israelischen Annexion Ost-Jerusalems und der weiteren durch Israel besetzten Gebiete zeigt eine Tendenz in der Staatenpraxis, dass die Rückkehr zur Rechtmäßigkeit als einzig gangbarer

---

846 *Talmon,* Kollektive Nichtanerkennung illegaler Staaten, S. 867–868; *Pert,* The „Duty“ of Non-recognition in Contemporary International Law: Issues and Uncertainties, Sydney Law School, Legal Studies Research Paper No. 13/96, 12/2013, S. 18; *Scholz,* Die Behandlung der Goa-Frage durch die Vereinten Nationen, S. 191.

Weg angesehen wird und die Aufgabe der Nicht-Anerkennung folglich keine Alternative ist.

Neben diesen Beispielen existieren jedoch auch Fälle, in denen eine Nicht-Anerkennung nur über bestimmte Zeit durchgeführt oder in denen über die Aufgabe der Sanktion zumindest ernsthaft diskutiert wurde.

Ob aus diesen eine allgemeine Regel extrahiert werden kann und, wenn ja, unter welchen Voraussetzungen das Erlöschen einer Pflicht zur Nicht-Anerkennung eintritt, ist Gegenstand des folgenden Abschnitts.

Die Kernproblematik betrifft dabei im Allgemeinen und in den einzelnen Fällen konkret das schwierige Verhältnis zwischen Effektivität und Legalität. Besteht ein völkerrechtswidriges Konstrukt über eine bestimmte Dauer und beginnt die Bevölkerung selbst oder andere Staaten der illegalen Einheit Beachtung zu schenken, indem bilaterale Beziehungen hergestellt oder ausgebaut werden, so verliert der Punkt der Illegitimität der Herrschaftsgewalt an Gewicht und gleichsam nimmt die Rechtfertigungskraft für das Herausrücken aus der Isolation bzw. dem rechtlichen Vakuum zu.

Im Rahmen der Entscheidung, ob die Effektivität oder Legalität im Einzelfall stärker wiegt, werden durch die Staatenpraxis unterschiedliche Faktoren berücksichtigt.

So kommt es insbesondere auf das politische Interesse an der Aufhebung einer Isolation an, aber auch auf den historischen Kontext, der zur Nicht-Anerkennung geführt hat sowie auf die weitere Verhaltensentwicklung des illegalen Regimes.

Kapitel 1: Die TRNZ und der Annan-Plan

1) Entwicklung und Ansätze zur Lösung des Zypern-Konflikts

Da sich die Situation auf der zyprischen Insel durch die Ausrufung der Unabhängigkeit der TRNZ im Jahr 1984 immer weiter zugespitzt hatte und eine interne Lösung des Konflikts durch die vergangenen Geschehnisse und fortwährenden Auseinandersetzungen undenkbar schien, ergriffen die Vereinten Nationen weiterhin die Initiative, um neue Friedensgespräche durchzuführen und mögliche Alternativen für beide Seiten auszuloten.

Bereits im Jahr 1964 wurde der damalige UN-Generalsekretär U Thant im Wege der Sicherheitsratsresolution 186 damit beauftragt, eine internationale Friedenstruppe in das Krisengebiet zu entsenden (UNFICYP),[847] die nach der

847 S/RES/186, Nr. 4.

de facto-Teilung der Insel die Kontrolle über die Pufferzone an der Grenze übernahm und bis heute mandatiert und in Zypern aktiv ist.[848]

Nachdem bereits vor der Unabhängigkeitserklärung der türkischen Zyprer Gespräche unter der Schirmherrschaft der Vereinten Nationen stattgefunden hatten, wurden diese auch nach der Sezession fortgesetzt.

So kam es im selben Jahr zur Aufnahme der so genannten „proximity talks" zwischen dem UN-Generalsekretär und den jeweiligen Volksgruppenführern,[849] die jedoch größtenteils ergebnislos verliefen, da die griechischen Zyprer die Aufgabe der Unabhängigkeit einforderten, was durch den türkisch-zypriotischen Volksgruppenführer Denktaş entschieden abgelehnt wurde.[850]

Zwar konnte man sich in der Folgezeit immer wieder annähern und sich auch auf das Abhalten direkter Verhandlungen einigen, greifbare Kompromisse oder Lösungen konnten aber aufgrund unterschiedlicher Differenzen nicht gefunden werden, was die türkischen Zyprer immer mehr bekräftigte, an einer Zweistaaten-Lösung festzuhalten.[851]

Die Bemühungen der Vereinten Nationen zur Lösung des Konfliktes traten durch die Vorlage des Annan-Plans in eine neue Dimension ein.

Nach zahlreichen gescheiterten Verhandlungsrunden, sowohl indirekter als auch direkter Art, unterbreitete UN-Generalsekretär Kofi Annan den beiden Volksgruppenführern am 11. November 2002 einen umfassenden Plan über die „Grundlagen für eine umfassende Lösung des Zypern-Problems" (Annan-I), auf dessen Grundlage in der Folgezeit verhandelt wurde.[852]

Der Zeitpunkt der Veröffentlichung des Planes war dabei kein Zufall, sondern bewusst an die anstehende Entscheidung der EU-Aufnahme der Republik Zypern gekoppelt. So war eine schnelle Einigung beider Volksgruppen intendiert, um im Frühjahr 2003 als geeinte Republik als EU-Mitgliedstaat aufgenommen zu werden.[853]

---

848 S/RES/2168.

849 *Migdalovitz*, Cyprus: Status of U.N. Negotiations, 19.3.2002, CRS Issue Brief for Congress, zu finden unter: http://fpc.state.gov/documents/organization/9418.pdf (Stand: 28.7.2016).

850 *Poew*, Der Beitritt Zyperns zur EU- Probleme des Völkerrechts, des Europarechts und des zypriotischen Rechts, S. 41–42.

851 *Ebd.*, S. 42 ff.; vgl. auch im Detail: *v. Laffert*, Die völkerrechtliche Lage des geteilten Zypern und Fragen seiner staatlichen Reorganisation, S. 16–23.

852 *Asmussen*, Cyprus after the failure of the Annan-Plan, European Centre for Minority Issues, ECMI Brief #11 2004, S. 6.

853 *Talmon*, Kollektive Nichtanerkennung illegaler Staaten, S. 27.

Nachdem die ersten Stellungnahmen beider Seiten eingearbeitet wurden, verabschiedete der Generalsekretär am 10. Dezember 2002 eine überarbeitete Version (Annan-II), die nach weiteren intensiven Verhandlungen erneut modifiziert und am 26. Februar 2003 als endgültige Fassung vorgelegt wurde (Annan-III).[854]

Während der griechische Volksgruppenführer Papadopoulos sich grundsätzlich dazu bereit erklärte, die finale Version zur Volksabstimmung zu stellen, lehnte der nordzyprische Führer Denktaş den Vorschlag des Generalsekretärs in Den Haag ab und brachte die Verhandlungen zum zwischenzeitlichen Scheitern.[855]

Annan erklärte daraufhin den Verhandlungsprozess für beendet und machte in seinem Bericht an den UN-Sicherheitsrat deutlich, dass vor allem die türkisch-zyprische Seite unter der Führung von Rauf Denktaş für die Nichtannahme seines Plans und damit auch für das Scheitern des Friedensprozesses verantwortlich sei.[856]

Die anfängliche Aussichtslosigkeit der Lage wandelte sich schlagartig durch verschiedene Ereignisse im Jahr 2003. So beschloss die nordzyprische Regierung am 21. April überraschend die Öffnung bestimmter Grenzpunkte zum südlichen Teil der Insel. Zudem erklärte sie sich zu neuen konstruktiven Verhandlungen bereit, was unter anderem dem Umstand geschuldet war, dass Ali Talat als Ministerpräsident und Koalitionspartner von Denktaş gewählt wurde. Dieser stand dem Annan-Plan weitaus offener gegenüber als Denktaş selbst.

Und auch die Türkei änderte ihre Haltung gegenüber einer Wiedervereinigung, da sie fürchtete, dass ein Beitritt allein Südzyperns zur EU negative Folgen für die eigenen Beitrittsbemühungen haben könnte.[857]

Durch die Haltungsänderung sah Generalsekretär Annan eine Chance für einen neuen Anlauf und lud zu Gesprächen nach New York, Zypern und Bürgenstock in der Schweiz ein, deren Ergebnis die Anfertigung des Annan-IV Plans am 29. März 2004 und dessen Überarbeitung (Annan-V) vom 31. März war.[858]

Die schlussendlich finale amtliche Fassung des Plans wurde beiden Volksgruppenvertretern am 23. April vorgelegt und umfasste mehr als 9000 Seiten, einschließlich eines Gründungsabkommens mit neun Anhängen.[859]

---

854 *Engert,* EU Enlargement and Socialization: Turkey and Cyprus, S. 63.

855 BBC News v. 11.3.2003, "Cyprus peace process collapses", http://news.bbc.co.uk/2/hi/europe/2838535.stm (Stand: 28.7.2016).

856 UN Doc. S/2003/398, Rn. 57.

857 *Hoffmeister,* Legal Aspects of the Cyprus Problem: Annan Plan and EU Accession, S. 162–163.

858 *Talmon,* Kollektive Nichtanerkennung illegaler Staaten, S. 28.

859 *Ebd.,* S. 28–29.

Der Annan-V-Plan sah eine neue „Vereinigte Republik Zypern“ vor, die von ihrer Staatsstruktur der Schweiz ähneln sollte.[860] So sollte es neben einer zentralen Bundesregierung zwei gleichberechtigte Teilstaaten (griechisch-zyprischer Staat; türkisch-zyprischer Staat) geben, die in einer „unauflöslichen Partnerschaft“ verbunden sind.[861] Völkerrechtssubjekt sollte hingegen allein der Gesamtstaat sein, sodass den beiden Teilstaaten zwar weitreichende Selbstverwaltungs- und Selbstbestimmungsrechte, jedoch keine Souveränität zukommen sollte.[862]

Auf zentralstaatlicher Ebene war die Einrichtung eines Präsidialrats als Exekutivgewalt vorgesehen, der aus sechs (stimmberechtigten) Mitgliedern bestehen sollte. Zwei dieser sechs Sitze sollten den türkischen Zyprern zufallen.

Der Vorsitzende des Rats sollte zugleich Staatspräsident und Regierungschef sein; dabei sollten die beiden Volksgruppen sich in einem Turnus von 20 Monaten in dem Vorsitzenden Amt abwechseln, was bei der vorgesehenen fünfjährigen Amtsperiode eine Zuteilung von 40 Monaten für die griechisch-zyprische und 20 Monaten für die türkisch-zyprische Seite ergibt.[863]

Legitimiert wird der Präsidialrat durch Wahlen des Senats. Dieser umfasst 48 Sitze, die je zur Hälfte aus griechischen und türkischen Zyprern besetzt sein sollte. Dieselbe Anzahl von Sitzen entfällt auch auf das Abgeordnetenhaus, das im Unterschied zum Senat jedoch proportional zur Bevölkerungspopulation der beiden Teilstaaten besetzt werden sollte und damit einen Überschuss an griechischen Zyprern aufgewiesen hätte.[864]

Das Verfassungsgericht sollte wiederum mit einer gleichen Anzahl von Richtern aus beiden Teilstaaten zusammengesetzt werden, wobei noch drei weitere ausländische Richter durch den Präsidialrat bestimmt werden sollten.

Sowohl der Türkei als auch Griechenland war es nach dem Plan erlaubt, dauerhaft Truppen auf zypriotischem Hoheitsgebiet zu stationieren, bei gleichsamer Vereinbarung einer kontinuierlichen Reduzierung der vorhandenen Soldaten.[865]

Als weiteres wichtiges Element sah der Annan-V-Plan in seinem Dokument E vor, dass der Sicherheitsrat einen Vorab-Beschluss zu treffen habe, der bedingt durch die Annahme des Plans durch beide Volksgruppen in Kraft treten sollte.

---

860 *Ebd.*, S. 29.

861 *Poew,* Der Beitritt Zyperns zur EU- Probleme des Völkerrechts, des Europarechts und des zypriotischen Rechts, S. 211–212.

862 *Talmon,* Kollektive Nichtanerkennung illegaler Staaten, S. 29.

863 *Poew,* Der Beitritt Zyperns zur EU- Probleme des Völkerrechts, des Europarechts und des zypriotischen Rechts, S. 209.

864 *Ebd.*, S. 211.

865 *Talmon,* Kollektive Nichtanerkennung illegaler Staaten, S. 30.

Beabsichtigt war eine Resolution über den Abzug der UNFICYP und das bindende Verbot der Lieferung von Waffen- und Rüstungsgütern. Darüber hinaus sollte eine UN-Mission zur Durchführung der Regelung in Zypern (UNSIMIC) konstituiert werden, die zur Beobachtung und Unterstützung der Wiedervereinigung auf der Insel fungieren sollte.[866]

Die Durchführung der Vorab-Resolution scheiterte letztlich jedoch am Veto Russlands, das eine vorweggenommene Entscheidung des Sicherheitsrats als illegitime Druckausübung auf die anstehenden Referenden verurteilte.[867]

Am 24. April 2004 kam es schlussendlich zu der angestrebten Abstimmung der beiden Volksgruppen über die amtliche Fassung des Annan-V-Plans.[868]

Die türkischen Zyprer stimmten mit einer Mehrheit von 64,91% für die Annahme des Plans und die damit verbundene Wiedervereinigung der Insel, während die griechischen Zyprer, auf Anraten der politischen Führung,[869] das Abkommen mit 75,83% ablehnten und das Vorhaben damit zum Scheitern verurteilten.[870]

Bereits wenige Tage zuvor war durch die ablehnende Haltung der griechisch-zyprischen Führung zum Annan-Plan ein negativer Ausgang zu erwarten.[871] Die Gründe dafür gab Papadopoulos in einem späteren Schreiben an die Generalversammlung und den Sicherheitsrat bekannt.[872] Ein wesentlicher Punkt war dabei, dass der Plan den türkischen Zyprern eine Rückkehr in den Südteil ohne Weiteres ermöglichte, eine gegenteilige Bestimmung aber nicht vorhanden war.

Am Ende trat die Republik Zypern am 1. Mai 2004 als Mitgliedstaat der Europäischen Union bei, allerdings ohne vorige Zusammenführung der beiden Inselteile.

---

866 UN Doc. S/2004/437, Rn. 42 E.

867 UN Doc. S/PV.4947, S. 2.

868 *Talmon,* Kollektive Nichtanerkennung illegaler Staaten, S. 31.

869 *Asmussen,* Cyprus after the failure of the Annan-Plan, European Centre for Minority Issues, ECMI Brief #11 2004, S. 10.

870 BBC News v. 25.4.2004, "Cyprus "spurns historic chance"", http://news.bbc.co.uk/2/hi/europe/3656753.stm (Stand: 28.7.2016).

871 The Guardian v. 22.4.2004, "Greek Cypriot leaders reject Annan plan", http://www.theguardian.com/world/2004/apr/22/eu.cyprus (Stand: 28.7.2016).

872 UN Doc. A/58/835-S/2004/464.

Annan war ob des negativen Ausgangs enttäuscht und bezeichnete das griechisch-zyprische Referendum als eine verpasste historische Gelegenheit, den Zypern-Konflikt einer dauerhaften Lösung zuzuführen.[873]

Im Nachgang kam es zwar immer wieder zu Annäherungen, vor allem nachdem 2008 Christofias Papadopoulos als Präsident der Republik Zypern ablöste. Eine abschließende Einigung konnte dennoch bis *dato* nicht erzielt werden. Nachdem die Gespräche im Jahr 2014 einen zwischenzeitlichen Höhepunkt erreicht hatten und eine Einigung in greifbarer Nähe schien, brach der aktuelle Präsident Zyperns, Anastasiadis, die Verhandlungen Anfang 2015 aufgrund eines Vorfalls vor der Küste Zyperns ab, bei dem die Türkei militärische Präsenz zeigte.[874]

2) Auswirkungen des gescheiterten Referendums auf die Pflicht zur Nicht-Anerkennung

Durch die Bereitschaft der türkischen Zyprer, einer Wiedervereinigung zuzustimmen und durch die gleichsame überwältigende Ablehnung des Vorschlags durch Südzypern könnte die Pflicht zur Nicht-Anerkennung unter Umständen beeinflusst worden sein.

Denn der durch die TRNZ ausgehende völkerrechtswidrige Zustand hätte auf Grundlage des Willens des Aggressors aufgelöst werden können.

Diese Entwicklung könnte die Überlegung stützen, die Sanktionen gegen das *de facto*-Regime auf dem nördlichen Teil der Insel zu lockern oder gar aufzuheben.

So gab der Europäische Rat bereits zwei Tage nach dem Referendum folgende Erklärung ab:

> *„The Turkish Cypriot community have expressed their clear desire for a future within the European Union. The Council is determined to put an end to the isolation of the Turkish Cypriot community and to facilitate the unification of Cyprus by encouraging the economic development of the Turkish Cypriot community.“*[875]

Die Aufnahme wirtschaftlicher Beziehungen und vor allem die konkrete Ankündigung, die Isolation der TRNZ in der internationalen Gemeinschaft aufzuheben,

---

873 *„A unique and historic chance to resolve the Cyprus problem has been missed.“*, in: UN Doc. S/2004/437, Annex III.

874 Entschließung des Europäischen Parlaments zur Lage in der ausschließlichen Wirtschaftszone der Republik Zypern, (2014/2921(RSP)), zu finden unter: http://www.europarl.europa.eu/sides/getDoc.do?type=MOTION&reference=B8-2014-0217&language=DE (Stand: 28.7.2016).

875 C/04/115, Luxembourg 26 April 2004, 2576th Council meeting.

lässt durchblicken, dass die Aufrechterhaltung der Sanktionen in Form einer Nicht-Anerkennung nicht weiter als gerechtfertigt angesehen wurde.

Ähnliche Reaktionen folgten auch von anderer Seite. In seinem Daily Press Briefing äußerte sich das Department of State wie folgt:

> *„[...] the United States supports the UN Secretary General's recommendation in his report on his Good Offices Mission to Cyprus that members of the Security Council should cooperate both bilaterally and in international bodies to eliminate barriers that have the effect of isolating Turkish Cypriots and impeding their developments. Our goal is to help ease their isolation.*
>
> *In coordination with the European Union, we are examining our policies, including in aviation, in line with this goal. And that's as much as – that is the official State Department position on this issue.*"[876]

Mit den USA und der Europäischen Union als supranationale Organisation votierten demnach zwei politische Schwergewichte für eine Lockerung bzw. Aufhebung bestehender Sanktionen.

Dabei ist offensichtlich, dass die Aufnahme von Flugverkehr oder der Beginn weitreichender wirtschaftlicher Beziehungen eine Politik der Nicht-Anerkennung zunichte gemacht hätten. Auch wenn man sich generell davor hütete, eine solche Wirkung öffentlich zu proklamieren.

Auch der UN-Generalsekretär sprach sich für eine Reintegration der türkischen Zyprer in die Staatengemeinschaft aus:

> *„In opting for a settlement, the Turkish Cypriots have broken with the decades-old policies of seeking recognition of the „state" they purported to create in 1983. [...] In the meantime, I believe that the members of the Council should encourage the Turkish Cypriots, and Turkey, to remain committed to the goal of reunification. In this context and for that purpose and not for the purpose of affording recognition or assisting secession, I would hope they can give a strong lead to all States to cooperate both bilaterally and in international bodies to eliminate unnecessary restrictions and barriers that have the effect of isolating the Turkish Cypriots and impeding their development, deeming such a move consistent with Security Council resolutions 541 (1983) and 550 (1984).*"[877]

---

876 Daily Press Briefing v. 11.8.2004, U.S. Department of State; siehe auch: Press Statement v. 26.4.2004, State Secretary of Netherlands, Mr Nicolai: "*Turkish Cypriots must not be punished because of this result. The Regulation to be issued by the Commission will serve this aim. About trade, I must say that there have never been embargoes against Northern Cyprus. Nevertheless, now we have to end the isolation of the North. The Commission is ready to take various measures for that aim.*"

877 UN Doc. S/2004/437, Rn. 87, 93.

In Annan's Bericht fällt auf, dass dieser zwar dafür plädiert, die Isolation der TRNZ aufzuheben, gleichzeitig jedoch ausdrücklich dazu aufruft, an der Politik einer Nicht-Anerkennung festzuhalten. Durch den Rückgriff auf die entsprechenden Resolutionen des Sicherheitsrates schließt er die Aufhebung der Pflicht zur Nicht-Anerkennung explizit aus. Von der Sanktionsmaßnahme der Nicht-Anerkennung bleibt bei Aufhebung der Isolation und der Aufnahme bilateraler Beziehungen jedoch wenig übrig. Die Nicht-Anerkennung würde damit nur rechtlich aufrecht erhalten bleiben, faktisch wäre sie allerdings außer Vollzug gesetzt.

Die Aussage des Generalsekretärs ist daher eher dahingehend zu lesen, dass der völkerrechtswidrigen Sezession keine *ex post*-Rechtmäßigkeit zukommen soll, dass die mit einer Nicht-Anerkennung verbundenen Sanktionen bzw. die Isolation jedoch aufgehoben werden sollen.

Umgesetzt wurden die angekündigten Maßnahmen auf unterschiedlichem Wege.

So erging durch die EU eine offizielle Einladung an den Kultur- und Bildungsminister der TRNZ, Canan Oztoprak, zur Teilnahme an der „Adult Learning Conference" in Norfolk, an der Minister aus allen EU-Mitgliedstaaten teilnahmen.[878]

Nur wenig später, am 28. Oktober 2005, wurde der Ministerpräsident Talat nach Washington D.C. eingeladen.[879]

Die offiziellen Einladungen stellen dabei einen Wendepunkt in der Kommunikation mit den Staatsoberhäuptern und Ministern der TRNZ dar. Zuvor waren lediglich indirekte Kontakte unterhalten worden bzw. es wurde bewusst auf den offiziellen Charakter des Empfanges verzichtet, um keine Anerkennung zu implizieren.

Die Einladungen zu offiziellen EU-Ministerkonferenzen oder zu einem Staatsbesuch in die Vereinigten Staaten zeigen, dass die Zusage zum Annan-Plan durch die türkisch-zypriotische Seite einen Schub aus der Isolation bewirkte.

Dabei muss natürlich berücksichtigt werden, dass die Aufnahme offizieller Kontakte auch als Provokation gegenüber der Republik Zypern gedacht war, die für die Ablehnung der Wiedervereinigung abgestraft werden sollte.

---

878 Todays Zaman v. 10.9.2005, "First Official EU Invitation for TRNC Minister", http://www.todayszaman.com/international_first-official-eu-invitation-for-trnc-minister_23896.html (Stand: 29.7.2015).

879 Todays Zaman v. 18.10.2005, "Another Blow on Isolation: Talat Heads to US on Oct. 28", http://www.todayszaman.com/international_another-blow-on-isolation-talat-heads-to-us-on-oct-28_25477.html (Stand: 29.7.2015).

Neben offiziellen Kontakten zu den TRNZ-Behörden kam auch die Frage auf, Direktflüge zum Flughafen Ercan zu gestatten und den Hafen von Famagusta für den internationalen Seeverkehr zu öffnen.

Das britische House of Commons erklärte beispielsweise am 22. Februar 2005 in ihrem Ausschuss zu auswärtigen Angelegenheiten:

> „*Cyprus Turkish Airlines, a Turkey-registered carrier, flies between the UK and Turkey about 50 times a week. These flights then fly on to Ercan. HMG policy to date has been to refuse to issue permits for direct flights to north Cyprus. We have not yet reached a decision on whether to change this policy in response to the new situation created by the referenda of 24 April.*“[880]

Auch der damalige britische Premierminister Tony Blair sprach sich für die Aufnahme des Reiseverkehrs aus.[881]

Die islamische Konferenz verabschiedete sogar eine Resolution, die es den Mitgliedstaaten erlaubt hätte, Direktflüge zum Flughafen Ercan zu unternehmen.[882]

Abgesehen von Aserbaidschan[883] nahm im Ergebnis jedoch keine Nation Direktflüge mit der TRNZ auf.

Auch wurden die vorhandenen Seehäfen nicht geöffnet, sodass die TRNZ bis heute isoliert bleibt, auch wenn sich die Situation im Vergleich zur Lage vor 2004 durch die Zusage von europäischen Finanzhilfen etc. entschieden gelockert hat.[884]

Insgesamt zeigt die Staatenpraxis im Hinblick auf die Aufhebung der Isolation der TRNZ ein inkonsequentes Bild.

So wird erklärt, die Isolation des *de facto*-Regimes aufzuheben und wirtschaftliche Beziehungen zu konstituieren. Auch wird die Aufnahme von See- und Luftverkehr in Aussicht gestellt.

Konkrete Handlungen haben in diese Richtung jedoch kaum stattgefunden.

---

880 Suppl. Written evidence submitted by the Foreign and Commonwealth Office, 22.2.2005, Rn. 5.

881 UK Telegraph v. 18.5.2004, „Blair backing for Turkey's attempt to join the EU“, http://www.telegraph.co.uk/news/worldnews/europe/turkey/1462203/Blair-backing-for-Turkeys-attempt-to-join-the-EU.html (Stand: 28.7.2016).

882 RES/5/32-P.

883 Turkish Weekly v. 29.7.2005, "First Direct Flight Between TRNC-Azerbaijan", http://www.turkishweekly.net/news/16146/first-direct-flight-between-trnc-azerbaijan.html (Stand: 28.7.2016).

884 Siehe zu den Finanzhilfen: *Kramer*, EU-Türkei: Der Konflikt um Zypern schwelt weiter, Diskussionspapier der FG 2, SWP, Januar 2007, S. 1–13.

Dies mag primär daran liegen, dass man der Sezession von 1984 keine *ex post*-Legalität zukommen lassen wollte. Die Beibehaltung der Nicht-Anerkennung bei gleichsamer Aufhebung der Isolation und Aufnahme von bilateralen Beziehungen ist jedoch ein Drahtseilakt, der kaum erfolgreich gemeistert werden kann.

Die grundsätzliche Überlegung, die Sanktionen gegen die TRNZ zu lockern, zeigt jedoch, dass die Pflicht zur Nicht-Anerkennung nicht unantastbar ist.

Gerade in einem Konflikt wie demjenigen auf der zyprischen Insel, bei dem nicht nur eine Partei schuldhaft gehandelt hat und die Verantwortung für den *fait accompli* auf beiden Seiten liegt, kann die konsequente Durchführung einer Isolation nicht dauerhaft gerechtfertigt werden.

Die Annahme des Annan-Plans durch die türkisch-zyprische Seite und der damit verbundene Wille zur Wiedervereinigung und zur Rückkehr in die Rechtmäßigkeit liefern schlagkräftige Argumente für die Annullierung der Nicht-Anerkennung.

Durch die Verhinderung der Konfliktlösung durch die griechisch-zyprische Seite hätte sich die Schuldfrage auch negativ zu deren Lasten entwickeln können. Denn schlussendlich bleibt es in der Verantwortungssphäre Südzyperns, dass sich der finale Lösungsvorschlag nicht durchsetzen konnte.

Man könnte demnach annehmen, dass eine Nicht-Anerkennung dann nicht weiter verpflichtend ist, wenn der (ehemalige) Rechtsbrecher sich bereit erklärt, einen rechtmäßigen Status wiederherzustellen, dies jedoch an Faktoren scheitert, die ihm selbst nicht zurechenbar sind.

Kapitel 2: Der Wille einer betroffenen Bevölkerung

Ein weiterer „Weichspüler" für die Pflicht zur Nicht-Anerkennung könnte darin zu sehen sein, dass ein völkerrechtswidriger Zustand durch die betroffene Bevölkerung allgemein akzeptiert bzw. sogar gefördert wird.

1) Das Krim-Referendum

Das jüngste und auch konkreteste Beispiel für diesen Fall ist die völkerrechtswidrige Abspaltung der Krim-Halbinsel aus der Ukraine bei anschließender Inkorporation in den russischen Staatsverband.

Diese Ereignisse wurden erst durch ein Referendum der auf der Krim ansässigen Bevölkerung möglich gemacht, die sich mit überwältigender Mehrheit für einen Anschluss an Russland aussprach.

Das offizielle Wahlergebnis des Referendums über den Status der Krim, das am 16. März 2014 abgehalten wurde, hätte eindeutiger nicht ausfallen können.

Demnach stimmten 96,77% für einen Anschluss der Halbinsel an Russland; die Wahlbeteiligung soll indes bei 83,1% gelegen haben.[885]

Es fragt sich, ob ein so klar ausgedrückter Wille der Bevölkerung auf Dauer durch die Staatengemeinschaft ignoriert werden kann.

Wie oben gezeigt, waren sowohl das Referendum und die folgende Unabhängigkeitserklärung als auch die anschließende Inkorporation durch Russland illegal und mit dem Völkerrecht unvereinbar. Eine Pflicht zur Nicht-Anerkennung bestand damit zweifelsfrei.

Es muss jedoch denkbar sein, dass der Wunsch einer Bevölkerung, zu einem anderen Staat gehören zu wollen, auf Dauer berücksichtigungsfähig ist.

Voraussetzung dafür sollte jedoch zumindest sein, dass ein einheitlicher Wille vorliegt, der freiwillig gebildet wurde und sich auch fortlaufend perpetuiert.

Als Ausdruck eines entsprechenden Willens kann durchaus ein Referendum dienen, wie es auch auf der Krim stattgefunden hat. Allerdings wird man verlangen müssen, dass die jeweilige Abstimmung nach Maßgabe der internationalen Regeln über die Abhaltung von Referenden erfolgt ist. Bei der Nichterfüllung dieses Erfordernisses kann ein Wille der Bevölkerung nämlich kaum verlässlich ausgemacht werden. Eine legitimierende Wirkung kann von den Wahlen dann nicht ausgehen.

Bereits an dieser Grundvoraussetzung könnte es im Falle der Abspaltung der Krim schon fehlen.

Zwar lässt sich bei 96,77% von einem nahezu einheitlichen Willen sprechen. Ob dieses Ergebnis auch der Realität entspricht und ob der Willensbildungsprozess der Bevölkerung nicht rechtswidrig manipuliert wurde, ist jedoch kritisch zu hinterfragen.

Bereits die Einhaltung der internationalen Regeln über die Abhaltung von Referenden ist im Falle der Abstimmung auf der Krim nicht gewahrt.

Demnach wird unter anderem verlangt, dass das Referendum die Grundsätze der allgemeinen, gleichen und freien Teilnahme, die Möglichkeit der geheimen Stimmabgabe sowie friedliche Rahmenbedingungen des Referendumsablaufs gewährleistet. Zudem ist erforderlich, dass vor und während des Referendums die Möglichkeit besteht, auch in der Öffentlichkeit für beide Referendumsalternativen zu plädieren, ohne Sanktionen fürchten zu müssen.[886]

---

885 Sputnik News v. 17.3.2014, „Krim-Referendum: 96,77 Prozent stimmen für Wiederverinigung mit Russland- Endergebnis", http://de.sputniknews.com/politik/20140317/268050290.html (Stand: 28.7.2016).

886 *Luchterhandt*, Der Anschluss der Krim an Russland aus völkerrechtlicher Sicht, AVR 2014, S. 156.

Ein wesentlicher Mangel des Krim-Referendums ist allein darin zu sehen, dass das Verfahren durch mehrfache Verkürzungen auf insgesamt nur 10 Tage gestrafft wurde (6. bis 16. März).

Aufgrund dessen war es für die Bevölkerung nur schwer möglich, sich über die beiden Referendumsalternativen ausreichend zu informieren und letztlich eine Meinung zu bilden, die durch sorgfältiges Überlegen und Abwägen geprägt ist.[887] Ein erforderlicher Willensbildungsprozess konnte mithin nicht stattfinden, da durch das rasante Verfahren auch eine mediale Auseinandersetzung über die Abstimmung und das Aufkeimen einer Kontroverse effektiv verhindert worden ist.

Zuletzt ist auch die völkerrechtswidrige Präsenz russischer Soldaten vor und während des Referendums zu monieren. Durch den Verstoß gegen das Gewaltverbot und die Kontrollierung der Halbinsel durch die ausländischen Kräfte lag eine Okkupation vor, unter der ein gültiges Referendum *per se* nicht durchgeführt werden konnte.[888]

Darüber hinaus ist zweifelhaft, ob das Ergebnis des Referendums auch mit dem tatsächlichen Abstimmungsverhalten der Bevölkerung kongruiert hat. Der Verdacht liegt nahe, dass die Auszählung zugunsten der Stimmen für einen Anschluss an Russland manipuliert worden ist.

Zum einen ist die hohe Wahlbeteiligung von über 83% unwahrscheinlich und fällt quasi exakt mit dem Anteil von Großrussen und Ukrainern an der Gesamtbevölkerung der Krim zusammen.[889]

Zum anderen ist auch die Zustimmungsquote von über 96% für einen Anschluss an Russland in Frage zu stellen. So kommen gegenläufige Berichte auf deutlich abweichende Abstimmungswerte, die den Schluss nahe legen, dass das offizielle Wahlergebnis, zumindest nicht in vollem Umfang, der Wahrheit entspricht.[890]

---

887 *Ebd.*, S. 157.

888 *Peters,* Sense and Nonsense of Territorial Referendums in Ukraine, and Why the 16 March Referendum in Crimea Does not Justify Crimea's Alteration of Territorial Status under International Law, Beitrag v. 16.4.2014 in EJIL:Talk! Online.

889 *Luchterhandt,* Der Anschluss der Krim an Russland aus völkerrechtlicher Sicht, AVR 2014, S. 158.

890 Washington Post v. 6.5.2014, „Russian government agency reveals fraudulent nature of the Crimean referendum results", http://www.washingtonpost.com/news/volokh-conspiracy/wp/2014/05/06/russian-government-agency-reveals-fraudulent-nature-of-the-crimean-referendum-results/ (Stand: 28.7.2016); Berlin-Visual v. 30.4.2014,

Unabhängig von dem fragwürdigen Ergebnis des Referendums ist eine legitimierende Wirkung der Volksabstimmung bereits deshalb zu verneinen, da sowohl demokratische Mindeststandards nicht eingehalten wurden als auch eine Wahl unter russischer Okkupation stattfand.

Demnach kann die vermeintliche Willensäußerung der Krim-Bevölkerung keine Grundlage für die Staatengemeinschaft bilden, um die völkerrechtswidrige Gebietsverschiebung *ex post* zu tolerieren. Nur wenn der tatsächliche Wille zur Zugehörigkeit zu einem anderen Staat außer Frage steht, ist eine solche Möglichkeit denkbar.

Zwar erkannten wenige Staaten den freien Willen der Krim-Bevölkerung an, sich für einen Anschluss an Russland zu entscheiden.[891] Diese stehen jedoch größtenteils im politischen Lager Russlands und müssen mehr als Solidaritätsbekundung gesehen werden.

Im Folgenden soll daher versucht werden, anhand weiterer Beispiele zu analysieren, ob die Auflösung einer Pflicht zur Nicht-Anerkennung völkerrechtswidriger Gebietsverschiebungen durch den Willen einer Bevölkerung bedingt sein kann.

2) Das Unabhängigkeitsreferendum in Ost-Timor

Ost-Timor erklärte nach über 400 Jahren unter portugiesischer Kolonialherrschaft im Jahr 1975 seine Unabhängigkeit. Die dabei federführende revolutionäre Kraft war die Frente Revolucionária de Timor-Leste Independente (FRETELIN), die aufgrund ihrer sozialistischen Grundeinstellung jedoch wenig Sympathien außerhalb der Staatsgrenzen fand.[892]

Der Konflikt der FRETELIN mit weiteren Bürgerrechtsbewegungen innerhalb Ost-Timors und die daraus resultierende politisch instabile Lage nutzte Indonesien aus, um am 7. Dezember 1975 die Insel gewaltsam einzunehmen und wenig später als Teil Indonesiens zu deklarieren.[893]

---

http://www.berlin-visual.com/de/node/1231 (Stand: 28.7.2016); *Luchterhandt*, Der Anschluss der Krim an Russland aus völkerrechtlicher Sicht, AVR 2014, S. 158–159.

891 Afghanistan, Kirgisistan, Kuba, Nordkorea, Nicaragua, Venezuela, Syrien.

892 *Krieger*, East Timor and the International Community: Basic Documents, S. 318 f, 326–327.

893 *Simpson*, "Illegally and Beautifully": The United States, the Indonesian Invasion of East Timor and the International Community, 1974–76, Cold War History 2005, S. 297; *Aucoin/Brandt*, East Timor's Constitutional Passage to Independence, in: *Miller*, Framing the State in Times of Transition: Case Studies in Constitution Making, S. 247.

Die Vereinten Nationen verurteilten das Vorgehen Indonesiens. Sowohl der Sicherheitsrat[894] als auch die Generalversammlung[895] riefen dazu auf, die territoriale Integrität Ost-Timors zu achten und das Selbstbestimmungsrecht der timoresischen Bevölkerung zu respektieren.

Ab 1981 erneuerte die Generalversammlung diesen Aufruf jährlich und erinnerte damit kontinuierlich an den existierenden *fait accompli*.[896]

Zwar kam es während der fast 25-jährigen Besatzung durch Indonesien zu verschiedenen Handlungen mehrerer Staaten, die eine implizite Anerkennung der indonesischen Annexion beinhalteten,[897] eine breite Anerkennung der völkerrechtswidrigen Annexion fand jedoch zu keinem Zeitpunkt statt.

Im Hinblick auf das Bestehen einer gewohnheitsrechtlichen Pflicht zur Nicht-Anerkennung durch die Staatengemeinschaft durfte anderes jedoch auch nicht erwartet werden.

Obgleich Indonesien seine Okkupation Ost-Timors im Laufe der 1980er und 1990er manifestiert hatte und eine Lösung des Konflikts weit entfernt schien, änderte sich die Lage schlagartig mit dem Sturz des indonesischen Präsidenten Suharto im Jahr 1998.

Dieser dankte aufgrund einer gravierenden Wirtschaftskrise sowie Studentenprotesten ab und übergab die Geschäfte dem Vizepräsidenten Habibie,[898] der sich kurz nach seinem Amtsantritt zu Gesprächen über den Status Ost-Timors bereit erklärte.[899]

Zwar lehnte auch Habibie eine Unabhängigkeit Ost-Timors ab, im Gegenzug bot er der annektierten Provinz jedoch weitreichende Autonomierechte an, wenn diese die Integration in den indonesischen Staatsverband endgültig akzeptiere.[900]

---

894 S/RES/384; S/RES/389.

895 U.a.: A/RES/3485; A/RES/31/35.

896 *Aucoin/Brandt*, East Timor's Constitutional Passage to Independence, in: *Miller*, Framing the State in Times of Transition: Case Studies in Constitution Making, S. 247.

897 Siehe allen voran das Continental Shelf Agreement zwischen Australien und Indonesien v. 11.12.1989.

898 New York Times v. 21.5.1998, "The Fall of Suharto: The Overview; Suharto, Besieged, Steps Down After 32-Year Rule in Indonesia", http://www.nytimes.com/1998/05/21/world/fall-suharto-overview-suharto-besieged-steps-down-after-32-year-rule-indonesia.html (Stand: 28.7.2016).

899 *Aucoin/Brandt*, East Timor's Constitutional Passage to Independence, in: *Miller*, Framing the State in Times of Transition: Case Studies in Constitution Making, S. 247.

900 *Aspinall/Fealy*, Soeharto's New Order and Its Legacy: Essays in honour of Harold Crouch, S. 112.

Die mittlerweile zur Conselho Nacional de Resistência Timorense (CNRT) fusionierten ost-timoresischen Bewegungen lehnten den Vorschlag Habibies jedoch ab und pochten auf ein Unabhängigkeitsreferendum.[901]

Ab August 1998 kam es sodann zu intensiven Verhandlungen zwischen UN-Generalsekretär Kofi Annan und den Außenministern Indonesiens und Portugals über den zukünftigen Status der okkupierten Insel.

Eine Vereinbarung konnte am 5. Mai 1999 erzielt werden, die vorsah, dass die Bevölkerung Ost-Timors über die Zubilligung eines Autonomiestatus innerhalb Indonesiens abstimmte. Im Falle der Ablehnung dieser Alternative sollten die Vereinten Nationen mandatiert werden, Ost-Timor auf die Unabhängigkeit vorzubereiten; dies selbstverständlich bei gleichzeitigem Rückzug der indonesischen Truppen und der Aufgabe der bestehenden Verwaltung auf dem besetzten Gebiet.[902]

Auf Grundlage dieses Übereinkommens verabschiedete der Sicherheitsrat seine Resolution 1246, mit der er die United Nations Mission in East Timor (UNAMET) konstituierte, die mit der Aufgabe betraut wurde, ein entsprechendes Referendum in Ost-Timor durchzuführen.[903]

Am 30. August 1999 kam es schließlich zur Abstimmung. Die timoresische Bevölkerung wurde dabei aufgefordert, für eine der beiden folgenden Alternativen mit „Ja" zu stimmen:

> *„1) Do you accept the proposed special autonomy for East Timor within the Unitary State of the Republic of Indonesia?*
> *2) Do you reject the proposed special autonomy for East Timor, leading to East Timor's separation from Indonesia?"*[904]

Eine überwältigende Anzahl von 98% der zuvor registrierten Wahlberechtigten folgte dem Ruf an die Urne. Dabei stimmten 21,5% für die erste Alternative, während sich die große Mehrheit von 78,5% für den Weg in die Unabhängigkeit entschied.[905]

---

901 The United Nations and East Timor – A Chronolgy, http://www.un.org/en/peacekeeping/missions/past/etimor/Untaetchrono.html (Stand: 28.7.2016).

902 *Aucoin/Brandt*, East Timor's Constitutional Passage to Independence, in: *Miller*, Framing the State in Times of Transition: Case Studies in Constitution Making, S. 248.

903 S/RES/1246.

904 BBC News v. 24.8.1999, "What will people be voting for?", http://news.bbc.co.uk/2/hi/special_report/1999/05/99/east_timor/429053.stm (Stand: 28.7.2016).

905 East Timor – UNTAET Background, http://www.un.org/en/peacekeeping/missions/past/etimor/UntaetB.htm (Stand: 28.7.2016).

Die darauf folgende UN-Verwaltung endete im Jahr 2002 mit der endgültigen Entlassung Ost-Timors in die Unabhängigkeit und damit auch der Durchsetzung des lange unterdrückten Selbstbestimmungsrechts der timoresischen Bevölkerung.

Interessant für dieses Kapitel ist jedoch nicht das Ergebnis der Abstimmung, sondern es sind die zur Abstimmung stehenden Alternativen.

Denn die erste Alternative sah die finale Eingliederung Ost-Timors in den indonesischen Staatsapparat vor. Aufgrund der Unterstützung des Referendums durch die Vereinten Nationen[906] wäre bei einer Mehrheit für diese Alternative eine Perpetuierung des 1975 entstandenen völkerrechtswidrigen Zustandes eingetreten.

Zwar hätte Ost-Timor einen Autonomiestatus erhalten, die indonesische Annexion wäre durch den Willen der Bevölkerung zur Zugehörigkeit zur Besatzungsmacht jedoch für die Zukunft legitimiert worden.

Dieses Ergebnis stünde mit einer konsequenten Durchführung einer Pflicht zur Nicht-Anerkennung im Widerspruch.

Denn Indonesien hatte weder 1975 noch 1999 ein Recht, Hoheitsgewalt auf dem Gebiet Ost-Timors auszuüben.

Dieses Recht stand allein der timoresischen Bevölkerung bzw. vor deren Ausübung des Selbstbestimmungsrechts nur Portugal zu.

Wendet man die Politik der Nicht-Anerkennung zielgerichtet an, so hätte im Referendum höchstens danach gefragt werden können, ob eine Rückkehr zur portugiesischen Herrschaft über Ost-Timor gewünscht ist. Da Indonesien, aufgrund der illegalen Annexion von 1975, völkerrechtlich keinerlei Rechtsbeziehungen zu Ost-Timor aufweisen konnte, ist die Referendumsalternative zur Inkorporation in den indonesischen Staatsverband daher als mögliche *ex post*-Akzeptanz des *fait accompli* zu werten; dies jedoch unter dem Vorbehalt der ausdrücklichen Zustimmung der betroffenen Bevölkerung.

Die Meinung der Bevölkerung spielte im Falle Ost-Timors daher die zentrale Rolle für die zukünftige Haltung der Staatengemeinschaft.

Die Entscheidung für eine Eingliederung in Indonesien als Provinz mit Autonomierechten hätte die Manifestierung der völkerrechtswidrigen Gebietsverschiebung endgültig gemacht und nachhaltig legitimiert.

Die Bevölkerung hätte ihr zustehendes Selbstbestimmungsrecht sachgerecht ausgeübt und damit für eine Auflösung der bestehenden Pflicht zur Nicht-Anerkennung gesorgt.

---

906 Siehe bspw.: UN Doc. A/54/654.

Denn niemand in der Staatengemeinschaft hätte ein Referendum, das unter der Leitung der Vereinten Nationen und einer extra dafür eingerichteten Mission abgehalten wurde, als illegitim angesehen.

Das Referendum in Ost-Timor aus dem Jahr 1999 kann daher als Beispiel angesehen werden, dass eine Pflicht zur Nicht-Anerkennung in der Staatenpraxis keine Ewigkeitsgarantie besitzt, sondern auch von dem nachhaltigen Willen der Bevölkerung beeinflusst werden kann.

3) Das geplante Referendum in der West-Sahara

Als ein weiteres mögliches Beispiel für den Konflikt zwischen einer Pflicht zur Nicht-Anerkennung und dem Willen der von einer völkerrechtswidrigen Gebietsverschiebung betroffenen Bevölkerung könnte die Situation in der West-Sahara dienen.

Seit 1884 stand das heutige Gebiet der West-Sahara unter spanischer Kolonialherrschaft, die bis weit in das 20. Jahrhundert reichte und erst durch die Verabschiedung der Entkolonialisierungs-Resolutionen der Generalversammlung[907] im Jahr 1960 ins Wanken geriet.[908]

Mitte der 1970er Jahre zog sich Spanien schlussendlich aus dem Gebiet zurück und bereitete durch Erhebung eines Zensus ein Referendum in der West-Sahara vor, um der Bevölkerung die Möglichkeit zu geben, ihr zustehendes Selbstbestimmungsrecht auszuüben und um zuletzt auch den Forderungen der Vereinten Nationen gerecht zu werden.[909]

Sowohl Mauretanien als auch Marokko hatten im Verlauf der Dekolonialisierung historische Ansprüche auf das Gebiet der West-Sahara geltend gemacht und verfolgten diese sogar vor dem IGH, der den territorialen Amibitionen jedoch eine Absage erteilte.[910]

Dennoch fiel Marokko wenig später mit dem „Grünen Marsch“ in die West-Sahara ein. Dem Königreich gelang es auf diese Weise, am 14. November 1975 mit Spanien und Mauretanien ein Dreierabkommen zu schließen, das eine

---

907 A/RES/1514; A/RES/1541.

908 *Dawidowicz,* Trading fish or human rights in Western Sahara? Self-Determination, non-recognition and the EC-Morocco Fisheries Agreement, S. 251–252, in: *French,* Statehood and Self-Determination: Reconciling Tradition and Modernity in International Law.

909 *Ebd.,* S. 253; A/RES/2229.

910 Western Sahara, Advisory Opinion, I.C.J. Reports 1975, S. 12, Rn. 161–162.

sofortige Beteiligung Marokkos an der Verwaltung in der West-Sahara vorsah[911] und damit einen wesentlichen Schritt zur Einverleibung des Gebietes darstellte.

Die formale Annexion der West-Sahara durch die Einführung und Anwendung des marokkanischen Rechtssystems erfolgte im Jahr 1976. Als Mauretanien 1979 aus dem Konflikt ausschied, besetzte Marokko auch das durch sein Nachbarland ehemals beanspruchte Territorium.[912]

Das Vorgehen Marokkos wurde durch die internationale Gemeinschaft verurteilt[913] und nicht anerkannt. Ähnlich wie im Falle Ost-Timors konstituierte der Sicherheitsrat im Jahr 1991 zur Durchsetzung des Selbstbestimmungsrechts eine internationale Mission, die United Nations Mission for the Referendum in Western Sahara (MINURSO).[914]

Bis heute hat eine Abstimmung über den zukünftigen Status der West-Sahara jedoch nicht stattgefunden, auch wenn immer wieder neue Versuche unternommen werden, ein Referendum abzuhalten.[915]

Ein konkreter Entwurf für das geplante Referendum liegt zwar weiterhin nicht vor, es ist jedoch unbestritten, dass die Sahrauis die Möglichkeit bekommen sollen, zwischen der Unabhängigkeit und der fortwährenden Integration in den marokkanischen Staatsverband zu wählen.[916]

Würde im Falle eines Referendums die Mehrheit für den Verbleib im Königreich Marokko stimmen, so würde auch dies eine legitimierende Wirkung auf die völkerrechtswidrige Annexion haben.

Die Schirmherrschaft der Vereinten Nationen bzw. der eingesetzten MINURSO verleiht der geplanten Abstimmung automatisch den Schein der Rechtmäßigkeit und macht es für die internationale Staatengemeinschaft selbstverständlich, den Vorgang zu akzeptieren und nicht weiter zu hinterfragen.

Der Wille der sahrauischen Bevölkerung, egal welcher Alternative der Vorzug gegeben wird, wird international anerkannt und respektiert werden.

Die durch die Annexion Marokkos entstandene Pflicht zur Nicht-Anerkennung würde mithin erlöschen, da sich die Bevölkerung mit dem *status quo* einverstanden erklärt hätte.

---

911 *Oeter,* Die Entwicklung der Westsahara-Frage unter besonderer Berücksichtigung der völkerrechtlichen Anerkennung, ZaöRV 1986, S. 56.

912 *Ebd.,* S. 58.

913 A/RES/30/3458 A; A/RES/31/45; A/RES/33/31 A.

914 S/RES/690.

915 UN Docs. S/2014/258, Rn. 93.

916 http://www.un.org/en/peacekeeping/missions/minurso/ (Stand: 28.7.2016).

Auch hier ist der Wille der betroffenen Bevölkerung folglich dazu geeignet, die gewohnheitsrechtliche Nicht-Anerkennungspflicht entfallen zu lassen.

Berücksichtigt werden muss abschließend jedoch, dass sowohl das Beispiel Ost-Timors als auch das geplante Referendum in der West-Sahara die Besonderheit aufweisen, dass ein Fall von „non-self-governing territories" (NSGT) vorliegt.

Es handelt bzw. handelte sich demnach um ehemalige Kolonien, die das ihnen zustehende Selbstbestimmungsrecht noch nicht ausgeübt haben.

Die Ausübung kann dabei, nach der Resolution 1541 der Generalversammlung, auf unterschiedliche Weise erfolgen.

Im Anhang der Resolution heißt es zum Prinzip Nr. 6:

> *„A Non-Self-Governing Territory can be said to have reached a full measure of self-government by:*
> *(a) Emergence as a sovereign independent State;*
> *(b) Free association with an independent State; or*
> *(c) Integration with an independent State."*[917]

Es ist daher ausdrücklich vorgesehen, dass nicht allein das Erreichen einer staatlichen Unabhängigkeit Ziel des Willensbildungsprozesses der Bevölkerung eines NSGT sein kann.

Vielmehr steht es dieser frei, sich auch einem anderen Staat anzuschließen.

Diese Option steht anderen Bevölkerungsgruppen nicht zu. So hätte die Krim-Bevölkerung, selbst bei Erfüllung der Voraussetzungen zur Durchführung eines ordnungsgemäßen Referendums, nicht ohne vorige Konsultation mit der ukrainischen Regierung über einen Anschluss an Russland abstimmen können.

Die Bereitschaft der internationalen Gemeinschaft, den Willen der Bevölkerung von NSGT zu akzeptieren, auch wenn dadurch ein völkerrechtswidriger Zustand perpetuiert wird, lässt sich daher nicht ohne Weiteres auf Gebiete übertragen, die keinen kolonialen Hintergrund aufweisen.

Dennoch zeigen die oben genannten Beispiele, dass die Möglichkeit besteht, mit der Politik einer Nicht-Anerkennung zu brechen, wenn die betroffene Bevölkerung in den *fait accompli* explizit einwilligt.

Denn trotz der bestehenden Alternative Ost-Timors und der West-Sahara, auch für die Integration in einen existierenden Staatsverband zu stimmen, können Zweifel aufkommen, warum allein die Referendumsalternative bestand bzw. bestehen wird, sich dem ehemaligen Aggressor anzuschließen.

917 A/RES/1541, Annex, Principle VI.

Weder Indonesien noch Marokko hatten berechtigte territoriale Ansprüche zum Zeitpunkt der jeweiligen gewaltsamen Annexion.

Allein die geographisch benachbarte Lage kann auch kein Ausschließlichkeitskriterium für den Anschluss an die beiden Länder bieten.

Im Falle der West-Sahara wäre zudem beispielsweise auch ein Anschluss an Mauretanien oder Algerien aus rein geographischen Überlegungen denkbar.

Algerien pflegt seit der Invasion marokkanischer Kräfte freundschaftliche Beziehungen mit der sahrauischen Widerstandsbewegung POLISARIO, was eine größere Nähe als zum dauerhaften Feind und Kriegsgegner Marokko vermuten lässt.

Dementsprechend sind sowohl das Referendum in Ost-Timor als auch das künftig abzuhaltende Referendum in der West-Sahara als Kompromisslösungen mit der Besatzungsmacht anzusehen.

Der betroffenen Bevölkerung wird die Möglichkeit genommen, sich einem anderen Staat anzuschließen. Es verbleibt allein der Weg in die Unabhängigkeit oder das Festhalten am *status quo.*

Wird letzterer Weg gewählt, so wird die Annexion aufgrund eines entsprechenden Willens legitimiert.

Damit wird der über Jahre hinweg effektiv ausgeübten Herrschaftsgewalt des Aggressors Rechnung getragen. Die Staatengemeinschaft kann sich dem Faktum nicht verschließen, dass eine Lösung des Konflikts nach völkerrechtmäßigen Grundsätzen aussichtlos ist.

So formulierte auch Kofi Annan in seinem Report 2006 zur Situation in der West-Sahara:

> *„[T]he Security Council recognized the political reality that no one was going to force Morocco to give up its claim of sovereignty over Western Sahara [...].“*[918]

Eine Anwendung dieser Praxis liegt damit auch nicht in anderen Situationen völlig fern.

Sollten beispielsweise auf der Krim erneute Abstimmungen erfolgen, die über Jahre hinweg erkennen lassen, dass ein Anschluss an Russland wirklich gewollt war und weiterhin ist, so kann dies zu einer Akzeptanz durch die Staatengemeinschaft führen.

Als Ergebnis lässt sich mithin festhalten, dass der Wille einer durch völkerrechtswidrige Gebietsverschiebungen betroffenen Bevölkerung die Kraft haben kann, eine Pflicht zur Nicht-Anerkennung aufzulösen.

---

918 Report of the Secretary-General on the situation concerning Western Sahara, UN Doc. S/2006/249, Rn. 32.

Kapitel 3: Stabilisierte effektive Herrschaftsgewalten und die Bedeutung der Zeit – Von Taiwan bis Tibet

Wenn sich völkerrechtswidrige Zustände derart stabilisiert haben, dass eine Rückkehr zum *status quo ante* aussichtlos ist, könnten die bestehende Effektivität der Herrschaftsgewalt und die Existenz funktionierender Staats- und Verwaltungsstrukturen vorhandene Legitimitätsmängel aufwiegen.

Ob dies tatsächlich der Fall ist, soll durch einen Blick auf verschiedene Beispiele gezeigt werden, in denen effektive Herrschaftsstrukturen vorliegen bzw. vorlagen, deren Etablierung jedoch erst durch einen vorausgegangenen schwerwiegenden Völkerrechtsbruch ermöglicht wurden.

1) Taiwan

Taiwan ist ein ostasiatischer *de facto*-Staat, der international bis *dato* jedoch kaum Anerkennung gefunden hat. Dies hat seinen Grund zwar nicht darin, dass eine Pflicht zur Nicht-Anerkennung aufgrund eines schwerwiegenden Völkerrechtsbruchs besteht. Dennoch ist Taiwan, trotz des zweifelsfreien Vorliegens der Staatsmerkmale, aufgrund der „Ein-China-Politik" fast kollektiv nicht anerkannt, auch wenn mehrere Staaten intensive wirtschaftliche Beziehungen mit dem Inselstaat unterhalten. Diese besondere Situation ermöglicht unter Umständen ebenfalls Rückschlüsse auf die Aufweichung einer Nicht-Anerkennung, sodass auch der Fall Taiwans an dieser Stelle untersucht werden soll.

Im Jahr 1895 gelangte Taiwan unter japanische Besatzung,[919] sodass neben der ohnehin bestehenden geographischen auch eine territoriale Abkopplung zum chinesischen Festland stattfand.

Die chinesische Revolution, die zum Sturz der Qing-Dynastie und zur Gründung der Republik China im Jahr 1912 führten,[920] tangierte die taiwanesische Insel folglich nicht.

Bis zum Ende des Zweiten Weltkrieges blieb Taiwan unter der kolonialen Herrschaft Japans, bis die Kuomintang Ansprüche auf das taiwanesische Territorium erhoben und nach der japanischen Kapitulation mit Hilfe der USA auch durchsetzen konnten.[921]

---

919 *Wang,* Legal Reform in Taiwan under Japanese Colonial Rule, 1895–1945: The Reception of Western Law, S. 106.

920 *Kuhn,* Die Republik China von 1912 bis 1937: Entwurf für eine politische Ereignisgeschichte, 3. Aufl., S. 101.

921 *Carolan,* The "Republic of Taiwan": A Legal-Historical Justification for a Taiwanese Declaration of Independence, New York University Law Review 2000, S. 434.

Bereits 1949 änderten sich die Situation und vor allem der Status Taiwans erneut. Die Kommunisten unter Mao Zedong konnten den Bürgerkrieg gegen die Kuomintangs für sich entscheiden und riefen die Volksrepublik China aus. Die Kuomintangs flüchteten daraufhin zum Schutz nach Taiwan und erklärten sich trotz des Verlustes der effektiven Kontrolle über das Festland zur einzig legitimierten Regierung Chinas.[922] Die Volksrepublik China sah Taiwan hingegen als Teil seines Staatsgebiets an, verzichtete aufgrund anderer Streitpunkte jedoch vorerst auf eine gewaltsame Rückeroberung der Insel, auf der durch die Kuomintang in der Folgezeit eine Einparteienherrschaft etabliert und staatliche Strukturen unter der Bezeichnung „Republik China" aufgebaut wurden.[923]

Die mehrheitliche Ablehnung des kommunistischen Regimes Maos durch die westlichen Länder hatte zunächst eine Unterstützung der Inselrepublik zur Folge.

Das politische und wirtschaftliche Potential der Volksrepublik China war auf Dauer jedoch kaum zu ignorieren, sodass im Laufe der Jahre eine Annäherung, auch des Westblocks, an das kommunistisch geführte Land erfolgte.

Die Aufnahme diplomatischer Beziehungen machte die Volksrepublik jedoch davon abhängig, dass die ersuchenden Staaten die so genannte „Ein-China-Politik" akzeptierten, also dass nur die Regierung der Volksrepublik China als einziger Souverän über das gesamte chinesische Festland und auch die taiwanesische Insel akzeptiert wird, was eine Nicht-Anerkennung der Republik China automatisch mit beinhalten musste.[924]

Die dadurch einsetzende Isolation der Republik China verstärkte sich immens durch den Beschluss der UN-Generalversammlung, die Volksrepublik als einzig rechtmäßigen Vertreter Chinas anzusehen und ihre Vertreter in den UN-Organen gegen diejenigen der Kuomintangs auszutauschen. Darüber hinaus wurde der Volksrepublik der ständige Sitz im Sicherheitsrat übertragen,[925] was einer politischen Vernichtung der Republik China gleichkam, da man ob des Veto-Rechts des Konkurrenten künftige UN-Beziehungen *ad acta* legen konnte.

Trotz der diplomatischen Nicht-Anerkennung Taiwans unterhält ein Großteil der Staatengemeinschaft informelle Beziehungen mit dem Inselstaat. Insbesondere wirtschaftliche Kontakte sind keine Seltenheit. So wurden bisweilen sogar

922 *Ebd.*, S. 436.

923 *Ebd.*, S. 436.

924 *Erikson/Chen*, China, Taiwan, and the Battle for Latin America, The Fletcher Forum of World Affairs 2007, S. 71.

925 A/RES/2758.

bilaterale Investitionsschutzabkommen abgeschlossen, was eine Anerkennung grundsätzlich voraussetzt oder zumindest nach sich ziehen könnte.

Die Bereitschaft des Kontaktes mit Taiwan ist auf die ökonomische Stärke der Insel zurückzuführen. Taiwan ist ein starker Produzent und verlässlicher Handelspartner,[926] sodass die Motivation zur Aufnahme und Beibehaltung wirtschaftlicher Beziehungen nahe liegt.

Zu hinterfragen ist nun, wie die bestehenden Beziehungen zu werten sind. Es steht außer Zweifel, dass Taiwan alle Anforderungen an einen unabhängigen Staat erfüllt und eine effektive Herrschaftsgewalt über sein Gebiet seit nunmehr 1949 ausübt.

Eine Rückkehr in den Staatsverband der Volksrepublik erscheint momentan fernliegend, sodass sich die Frage stellt, ob China selbst und auch die Staatengemeinschaft diese Situation akzeptieren müssen bzw. werden oder bereits akzeptiert haben.

a) Die Beziehung der Volksrepublik China zu Taiwan

Die Beziehung der Volksrepublik China zu Taiwan ist von mehrfachen Annäherungsversuchen und auch Zerrüttung geprägt.

Nach Trennung der beiden Staaten im Jahr 1949 entspannte sich die Situation zunächst in den 1990er Jahren.

Stellvertretend für diese Entwicklung ist der Konsens von 1992. Dieser ging aus einem Treffen von Vertretern der Volksrepublik und Taiwans hervor. Man einigte sich, dass nur ein China existiere, dieses jedoch verschiedentlich interpretiert werden kann.[927]

Der Konsens ließ demnach viel Spielraum in der Auslegung der Staatsgrenzen zu und erkannte damit indirekt die jeweils konträre Sichtweise an.

Dennoch wurde auch in der Folgezeit das bilaterale Verhältnis von zahlreichen Krisen überschattet und war stark abhängig davon, welche Parteien bzw. Staatspräsidenten in den beiden Ländern regierten.

Der aktuell amtierende taiwanesische Präsident Ma verfolgt eine eher prochinesische Haltung und bemüht sich um eine kontinuierliche Annäherung an die Volksrepublik. So wurden in den letzten Jahren 21 bilaterale Abkommen

---

926 Siehe u.a.: Platz 24 in der Weltbank Logistik-Rangliste, http://lpi.worldbank.org/international/global (Stand: 28.7.2016).

927 *Wacker*, Wahlen in Taiwan: Votum für den Status quo, kein Mandat für engere Bindung an China, SWP-Aktuell, Januar 2012, S. 2.

geschlossen, die den Handel und Personenverkehr zwischen den beiden Ländern erheblich erleichtern.[928]

Hinzukommend ist China zum mit Abstand wichtigsten Handelspartner Taiwans gewachsen. Der Exportanteil in das benachbarte Land beträgt 40% und begründet damit quasi eine ökonomische Abhängigkeit.[929]

Trotz des Florierens der wirtschaftlichen Kontakte bleiben Taiwan offizielle Treffen bzw. die Anerkennung verwehrt. Das durch Ma erwünschte Präsidententreffen mit Xi beim APEC-Gipfel in Peking im November 2014 scheiterte an der Zustimmung des chinesischen Staatsoberhaupts, um eine implizite Anerkennung der Republik China zu vermeiden.[930]

Für die Volksrepublik ist und bleibt die Anerkennung Taiwans als eigenständiger Staat undenkbar.

Allein die Einräumung eines Autonomiestatus wie Hongkong ihn seit der Abtretung durch das Vereinigte Königreich 1997 inne hat wird von chinesischer Seite als akzeptabel angesehen. Dies lehnt Taiwan jedoch ab, sodass die Fronten auf offizieller Ebene weiter verhärtet bleiben.[931]

China ist damit nicht gewillt, die Souveränität Taiwans trotz der jahrzehntelangen effektiven Ausübung von Herrschaftsgewalt anzuerkennen.

Dies ist jedoch nicht überraschend, da ein solcher Schritt den automatischen Verlust von beanspruchtem Territorium nach sich ziehen würde.

b) Internationale Beziehungen zu Taiwan

Interessanter sind aufgrund dessen die Beziehungen anderer Staaten zu Taiwan.

Dies ist insbesondere ab dem Zeitpunkt relevant, nach dem die Volksrepublik durch die Generalversammlung als einzig legitime Regierung Chinas anerkannt wurde und Taiwan gleichsam seinen Status in den Vereinten Nationen verlor.[932]

Die Republik China wird aktuell von 22 Staaten anerkannt, der Großteil davon entfällt auf karibische und ozeanische Staaten; der Vatikan ist der einzige europäische Staat, der diplomatische Beziehungen mit Taiwan unterhält.

---

928 *Krumbein*, Hongkongs Proteste und Taiwans Zukunft, SWP-Aktuell, 7. Februar 2015, S. 2.

929 *Ebd.*, S. 2.

930 *Ebd.*, S. 2.

931 Frankfurter Allgemeine Zeitung v. 10.10.2014, „Taiwan – Das fremde Land auf der anderen Seite des Meeres", http://www.faz.net/aktuell/politik/ausland/asien/taiwan-das-fremde-land-auf-der-anderen-seite-des-meeres-13199056.html (Stand: 28.7.2016).

932 A/RES/2758.

Nach 1976 verringerte sich die Anzahl der Anerkennungen stetig, da nach der Verabschiedung der Resolution 2758 beinahe alle Staaten ihre Politik änderten und die Volksrepublik als rechtmäßigen Souverän anerkannten.

Dennoch unterhält eine große Anzahl von Staaten nicht-diplomatische Beziehungen zur Inselrepublik. Dies geschieht durch beiderseitige inoffizielle Niederlassungen im jeweiligen Land.[933]

Die starken wirtschaftlichen Beziehungen spiegeln sich unter anderem darin wieder, dass Taiwan bis heute 24 BITs abgeschlossen hat, darunter auch mit Staaten, die eine Anerkennung bisher verweigert haben.[934]

Darüber hinaus besteht mit Taiwan reger internationaler Flugverkehr, was jedoch nur dadurch ermöglicht wird, dass der Flughafen Taipeh weiterhin als Zollflughafen durch China gemäß der Chicago-Konvention deklariert wird.[935]

Trotz der Bereitschaft, kulturelle und wirtschaftliche Kontakte mit Taiwan zu unterhalten, ziert sich die Staatengemeinschaft, die Republik China anzuerkennen.

Dies wäre grundsätzlich durchaus möglich, da Taiwan selbst nicht mehr auf der „Ein-China-Politik" beharrt und damit den Weg frei gemacht hat für ein mögliches duales System.

Dennoch hält die Volksrepublik an ihrer „Ein-China-Politik" fest und verhindert so effektiv, dass Taiwan als staatlicher Akteur anerkannt und akzeptiert wird.[936]

Trotz der immensen weltweiten wirtschaftlichen Bedeutung und der Verfestigung staatlicher und auch demokratischer Strukturen ist die Staatengemeinschaft nicht bereit, Taiwan als eigenständigen Staat anzuerkennen.

So begründete auch der UN-Generalsekretär Ban Ki-moon auf die Vorlage einer Ratifikationsurkunde Taiwans zur UN-Konvention zur Beseitigung jeder Form von Diskriminierung der Frau im Jahr 2007 durch Nauru seine ablehnende Haltung folgendermaßen:

---

933 Siehe bspw.: European Economic and Trade Office; German Institute Taipei; Spanish Chamber of Commerce; French Office in Taipei.

934 http://investmentpolicyhub.unctad.org/IIA/CountryBits/205#iiaInnerMenu (Stand: 28.7.2016).

935 Siehe dazu oben: Teil 3, Kapitel 5, 3.

936 Die Ein-China-Politik ist damit Hauptgrund für das Ausbleiben einer Anerkennung. Siehe dazu bspw.: BT-Drs. 16/11252 v. 3.12.2008; ebenso USA: US Department of State, U.S. Relations with Taiwan, Fact Sheet v. 12.2.2015, http://www.state.gov/r/pa/ei/bgn/35855.htm (Stand: 28.7.2016); dazu auch: *Rich,* Status for Sale: Taiwan and the Competition for Diplomatic Recognition, Issues & Studies 2009, S. 160–161.

„In accordance with that resolution [Resolution 2758], the United Nations considers Taiwan for all purposes to be an integral part of the People's Republic of China."[937]

Das Beispiel Taiwan zeigt demnach, dass das Vorliegen effektiver Herrschaftsstrukturen über einen längeren Zeitraum nicht automatisch zur Auflösung einer Nicht-Anerkennung führen muss.

2) Israel und die Ausübung effektiver Herrschaftsgewalt in Ost-Jerusalem

Der aktuelle Status der Stadt Jerusalem knüpft nach wie vor an die Ereignisse des Sechs-Tage-Krieges im Jahr 1967 an.

Vor dieser bewaffneten Auseinandersetzung kontrollierte Jordanien den östlichen Teil der Stadt und beabsichtigte eine Machtausdehnung auch auf West-Jerusalem.

Im Rahmen einer Militäroffensive Israels verteidigte dieses erfolgreich den westlichen Teil der Stadt gegen die jordanischen Truppen und nahm zudem auch das dem Land nicht zustehende Ost-Jerusalem ein.[938]

Dieses Vorgehen wurde sowohl durch den Sicherheitsrat[939] als auch durch die Generalversammlung[940] missbilligt und für null und nichtig erklärt.

Die im Rahmen des Sechs-Tage-Krieges erzielte Annektierung des Ostteils der Stadt wurde durch Israel im Jerusalemgesetz vom 30. Juli 1980 schlussendlich formalisiert, indem beide Stadtteile zusammengefasst und Jerusalem zur untrennbaren Hauptstadt Israels erklärt wurde.[941]

Der Sicherheitsrat reagierte umgehend auf die formelle Annexion der Stadt und rief die Staatengemeinschaft dazu auf, den Schritt Israels nicht anzuerkennen und möglicherweise bestehende diplomatische Missionen in der vermeintlichen Hauptstadt aufzulösen, um diese nach Tel Aviv zu verlegen.[942]

---

937 *Tkacik*, Taiwan's status remains "unsettled", Beitrag v. 1.10.2007 in The Heritage Foundation.

938 *Lapidoth*, Jerusalem: Some Legal Aspects, S. 66, in: *Breger/Ahimeir*, Jerusalem: A City and Its Future.

939 S/RES/252; S/RES/267; S/RES/298; S/RES/446; S/RES/465.

940 A/RES/2253; A/RES/2254; A/RES/31/106A; A/RES/33/113.

941 *Crane*, Middle East: Status of Jerusalem, Harvard International Law Journal 1980, S. 792.

942 S/RES/478.

Die Ausübung israelischer Hoheitsgewalt in Ost-Jerusalem wurde in weiteren Resolutionen und bis heute wiederholt als rechtswidrig und nicht akzeptabel dargestellt.[943]

Im Zuge des Baus einer Sperrmauer, die auch durch Teile Jerusalems führt, erstellte der IGH ein Rechtsgutachten, in dem ebenfalls festgestellt wurde, dass die Annektierung des östlichen Teils der Stadt rechtswidrig und illegal war.[944]

Das Vorgehen Israels wird damit durch die Vereinten Nationen und durch deren Organe weiterhin als völkerrechtswidrig angesehen.

Auch die Staatengemeinschaft erkennt die Annexion Jerusalems nicht an.[945]

Vereinzelt kam es dennoch zu Situationen, in denen eine ausdrückliche oder zumindest implizite Anerkennung vorgelegen haben könnte.

Insbesondere in den USA gibt es immer wieder Vorstöße, Jerusalem als untrennbare Hauptstadt Israels anzuerkennen.[946]

Bereits 1995 wurde der „Jerusalem Embassy Act" verabschiedet, der die diplomatische Rückkehr nach Jerusalem begründen sollte, jedoch von der Zustimmung des Präsidenten abhängig war, der die Verlegung bis *dato* immer aus Sicherheitsgründen ablehnte.[947]

Im Januar 2015 starteten die republikanischen Senatoren Ted Cruz und Dean Heller eine erneute Offensive und legten einen neuen Gesetzesvorschlag vor. Der geplante „Jerusalem Embassy and Recognition Act" soll dabei die unwiderrufliche Rückkehr der diplomatischen Mission von Tel Aviv nach Jerusalem bezwecken. Gleichsam soll Jerusalem auch als untrennbare Hauptstadt Israels anerkannt werden;[948] ein Schritt, der mit der bestehenden Pflicht zur Nicht-Anerkennung freilich konfligieren würde.

Der mehrheitlich republikanisch besetzte Senat macht eine Verabschiedung des Anerkennungs-Aktes jedenfalls nicht unwahrscheinlich.

---

943 Siehe zuletzt: A/RES/69/24.

944 Legal Consequences of the Construction of a Wall in the Occupied Palestinian Territory, Advisory Opinion, I.C.J. Reports 2004, S. 136, Rn. 78, 97.

945 Siehe dazu u.a. die neuen EU-Richtlinien zu den durch Israel besetzten Gebieten v. 19.7.2013, C 205/9 sowie die Ausführungen in Teil 2, Kapitel 2, 2), (4).

946 Israel-Netz v. 15.1.2015, „USA: Gesetzesvorschlag zu Jerusalem als Hauptstadt Israels", http://www.israelnetz.com/aussenpolitik/detailansicht/aktuell/usa-gesetzesvorschlag-zu-jerusalem-als-hauptstadt-israels-90727/ (Stand: 28.7.2016).

947 Diese Kompetenz steht ihm nach Section 7 des Gesetzes zu: Jerusalem Embassy Act of 1995, Public Law 104–45- Nov. 8, 1995.

948 Times of Israel v. 14.1.2015, "Senate bill seeks to force embassy move to Jerusalem", http://www.timesofisrael.com/senate-bill-seeks-to-force-embassy-move-to-jerusalem/ (Stand: 28.7.2016).

Beeinflusst werden wird die Entscheidung des Senats aller Voraussicht nach jedoch auch von dem anstehenden Urteil des Supreme Court im Fall *Zivotofsky v. Kerry*. Dieser betrifft die Klage der Eltern eines in Jerusalem geborenen Kindes, das in seinem Pass als Geburtsland Jerusalem ausgewiesen hat. Angestrebt wird die Einfügung Israels als Geburtsland. Nach einem Bundesgesetz ist das US Secretary of State zu diesem Schritt auch verpflichtet, weigert sich jedoch bisher dagegen, um das dem Präsidenten zustehende Recht, fremde Nationen anzuerkennen, nicht zu nehmen und auszuhöhlen.[949]

In einer „Slip Opinion" vom 8. Juni 2015 entschied der Supreme Court mittlerweile, dass die entsprechende Vorschrift des Bundesgesetzes, die das Secretary of State zur Eintragung Israels als Geburtsland verpflichten könnte, verfassungswidrig ist, da dem Präsidenten der Vereinigten Staaten das exklusive Recht zustehe, über die Anerkennung ausländischer Staaten zu entscheiden.[950] Damit erteilt das Gericht der Klage der Eltern und letztlich auch dem Kongress eine klare Absage, die gleichsam auch eine Stärkung der Nicht-Anerkennungspolitik gegenüber der israelischen Annexion bewirken wird.

Neben der Diskussion über eine ausdrückliche Anerkennung bestehen auch Fälle, die eine Anerkennung impliziert haben könnten.

Zu nennen ist dabei unter anderem das Deutsch-Israelische Sozialversicherungsabkommen von 1973, das für den Bereich der Rentenversicherung Bestimmungen über die Gleichstellung der beiderseitigen Staatsangehörigen, die Zusammenrechnung der Versicherungszeiten für den Anspruchserwerb und die Leistungsgewährung im anderen Vertragsstaat enthält.[951]

Über die Auslegung der Begrifflichkeit des „Gebietes des Staates Israel" entstand nach Einreichung von Anträgen durch Bürger aus (Ost-)Jerusalem Streit, da die deutschen Behörden diese aufgrund der Nicht-Anerkennung nicht positiv bescheiden wollten.

Frowein und *Oeter* vertreten in einer Exegese des Vertrages, dass dieser aus teleologischen Gesichtspunkten auch auf das Gebiet Ost-Jerusalems zu erstrecken sei[952]; eine Ansicht, die das Bundessozialgericht in einem späteren Urteil

949 *Supreme Court of the United States,* Zivotofsky v. Kerry, Secretary of State, Slip Opinion of 8 June 2015, No. 13–628, S. 1.

950 *Supreme Court of the United States,* Zivotofsky v. Kerry, Secretary of State, Slip Opinion of 8 June 2015, No. 13–628.

951 *Frowein/Oeter*, Ost-Jerusalem und das deutsch-israelische Sozialversicherungsabkommen: Die Nicht-Anerkennung der Eingliederungsmaßnahmen und die Frage nach der Methodik der Vertragsauslegung, ZaöRV 1988, S. 18–19.

952 *Ebd.*, S. 32–33.

nicht teilte und von einer Unanwendbarkeit des Abkommens auf Ost-Jerusalem ausging.[953]

Unabhängig davon, ob der ersten Interpretation zuzustimmen ist, wird wegen der ablehnenden Haltung der Bundesrepublik gegenüber dieser Auslegung eine implizite Anerkennung aus dem Vertrag im Ergebnis aber ohnehin nicht abzuleiten sein.

Die USA bleiben damit bisher der einzige „namhafte Staat", der über eine Akzeptanz des *status quo* diskutiert, ohne diesen bisher allerdings verbindlich als rechtmäßig angenommen zu haben.

Trotz der nunmehr fast 50-jährigen Besatzung des Ostteils der Stadt und der Ausübung effektiver Herrschaftsgewalt ist die Staatengemeinschaft nicht bereit, den *fait accompli* hinzunehmen.

Dies mag in großen Teilen aber auch daran liegen, dass der Nahost-Konflikt nie zur Ruhe gekommen ist. Durch die anhaltenden bewaffneten arabisch-israelischen Auseinandersetzungen wird die Rechtswidrigkeit immer wieder neu ins Bewusstsein und damit auch auf die Agenda der Generalversammlung gerufen.

Die Zeit und auch die Effektivität der Herrschaftsgewalt Israels sind daher nicht geeignet, die Legitimitätsmängel aufzulösen.

3) Die Eingliederung Ost-Timors in den indonesischen Staatsverband

Ein Beispiel für die Auflösung einer Pflicht zur Nicht-Anerkennung durch das Zusammenspiel von Zeitablauf und dem Vorliegen von effektiven Herrschaftsstrukturen könnte auch die indonesische Annexion Ost-Timors liefern.

Zwischen 1975 und 1999 und damit über einen Zeitraum von fast 25 Jahren übte Indonesien effektive Herrschaftsgewalt über die Insel aus, die nach ihrer Einnahme als 27. Provinz Indonesiens proklamiert wurde.[954]

Wie in Kapitel 2 bereits beschrieben, kam es äußerst kurzfristig und aufgrund verschiedener Faktoren zu dem Abhalten eines Referendums in Ost-Timor, in dem sich die Bevölkerung für den Weg in die Unabhängigkeit entschied. Die ebenfalls zur Wahl stehende fortführende Inkorporation in den indonesischen

---

953 Bundessozialgericht, Urteil v. 26.10.1989 – 12 RK 44/88, BeckRS 1989, 06647, Rn. 10.

954 *Simpson*, "Illegally and Beautifully": The United States, the Indonesian Invasion of East Timor and the International Community, 1974–76, Cold War History 2005, S. 297; *Aucoin/Brandt*, East Timor's Constitutional Passage to Independence, in: *Miller*, Framing the State in Times of Transition: Case Studies in Constitution Making, S. 247.

Staatsverband hätte spätestens zur Auflösung der Pflicht zur Nicht-Anerkennung geführt.

Fraglich ist hier jedoch, ob bereits zuvor eine Pflicht zur Nicht-Anerkennung erloschen sein könnte.

Anders als in den zuvor genannten Fällen lässt die Staatenpraxis einen solchen Schluss durchaus zu.

Insbesondere Australien bemühte sich im durch Portugal erzwungenen IGH-Verfahren von 1995 um einen Nachweis, dass eine Anerkennung der indonesischen Kontrolle über Ost-Timor bereits durch mehrere Staaten stattgefunden habe.[955]

Australien selbst bezeichnete die gewaltsame Annektierung Ost-Timors bereits im Jahr 1979 als einen Fakt, dem man sich nicht weiter verschließen könne.[956]

Die durch Australien im Counter-Memorial weiterhin angeführten Nachweise einer Anerkennung durch verschiedene Staaten[957] sind zwar grundsätzlich richtig; diese basieren jedoch größtenteils auf einer anderen Motivation.

So wird durch die Mehrheit der aufgezählten Staaten als Grund für eine *de facto* bzw. *de iure*-Anerkennung angeführt, dass Ost-Timor sein Selbstbestimmungsrecht rechtsgültig ausgeübt hat, indem man sich für einen Anschluss an Indonesien entschieden habe.[958]

Zwar teilten nur wenige Staaten die Sichtweise Australiens. Diese stellen von ihrer Größe und Bedeutung jedoch politische Schwergewichte dar.

So knüpfte Kanada seine Anerkennung ebenfalls an die bestehende Situation und nicht an die Einschätzung, dass das timoresische Volk sein Selbstbestimmungsrecht ausgeübt habe.[959]

Auch die USA nahmen eine ähnliche Position ein. So wurde 1977 von einem Gesandten des Department of State vor dem Ausschuss für internationale Beziehungen des Repräsentantenhauses folgendes geäußert:

> „*The US Government did not question the incorporation of East Timor into Indonesia at the time. This did not represent a legal judgment or endorsement of what took place. It was,*

955 *Ronen,* Transition from Illegal Regimes, S. 56.

956 *East Timor Case,* Counter-memorial of the Government of Australia (1.6.1992), Rn. 175, S. 78.

957 Dies betrifft folgende Staaten: Bangladesch, Kanada, Indien, Iran, Irak, Japan, Jordanien, Malaysia, Mauretanien, Marokko, Oman, Papua-Neuguinea, Philippinen.

958 *East Timor Case,* Counter-memorial of the Government of Australia (1.6.1992), Rn. 175, S. 78–86.

959 *Ebd.,* Rn. 175, S. 78.

simply, the judgment of those responsible of our policy in the area that the integration was an accomplished fact, that the realities of the situation would not be changed by our opposition to what occurred [...]."[960]

Dass die Vereinigten Staaten in diesem Fall die bestehende Effektivität stärker gewichten als die mangelnde Legitimität, zeigt sich besonders signifikant in einer weiteren Erklärung vor demselben Ausschuss durch den Ministerialdirektor für ostasiatische und pazifische Belange:

„*We accept the incorporation of East Timor into Indonesia, without recognizing that a valid act of self-determination has taken place there.*
We simply say it is impossible and impractical to turn back the clock. Our efforts now are concentrated on doing what we can to improve the welfare of the Timorese people. Particularly, we have found that progress can be achieved only by working closely with the Indonesian Government and with the international organizations active in East Timor."[961]

Auch Neuseeland bezeichnete die indonesische Inkorporation als "*irreversible*", da man nicht glaube, dass eine Rückkehr zur Rechtmäßigkeit noch möglich bzw. durchführbar sei.[962]

Zwar lehnte die Mehrheit der Staatengemeinschaft sowohl eine *de facto* als auch eine *de iure*-Anerkennung der indonesischen Annexion ab, die oben angeführten Erklärungen zeigen jedoch, dass die Auflösung einer Pflicht zur Nicht-Anerkennung aufgrund einer Stabilisierung des *fait accompli* nicht abwegig ist.

Australien, USA und auch Kanada sind, trotz Rücksicht auf die souveräne Gleichheit aller Staaten, politische Schwergewichte. Die Einstellung dieser Nationen kann katalysatorische Wirkung haben für die Politik anderer Staaten.

Aufgrund der Minderheit, in der sich die Meinung im Beispiel Ost-Timors befindet, dass eine Akzeptanz der völkerrechtswidrigen Lage aufgrund der nachhaltigen Stabilisierung des Zustands zulässig ist, kann eine völkerrechtliche Regel allein aus diesem Fall nicht gefiltert werden.

Dennoch zeigen die unterschiedlichen Reaktionen auf die indonesische Annexion, dass das Vorliegen effektiver Herrschaftsstrukturen und die Stabilisierung der völkerrechtswidrigen Lage die Auflösung einer Pflicht zur Nicht-Anerkennung möglich erscheinen lassen.

Die Untersuchung der folgenden Fälle wird dabei Aufschluss geben können, ob dahingehend sogar eine völkerrechtliche Regel anzunehmen ist.

960 *East Timor Case*, Rejoinder of the Government of Australia (1.7.1993), Rn. 47, S. 26.
961 *Ebd.*, Rn. 47, S. 27.
962 *Ebd.*, Rn. 48, S. 27.

4) Die anhaltende Okkupation der West-Sahara durch Marokko

Ähnlich wie im Falle Ost-Timors bestehen auch Tendenzen in der Staatengemeinschaft, die anhaltende Besatzung der West-Sahara durch Marokko zu dulden und akzeptieren.

Diese besteht seit nunmehr fast 40 Jahren, erstreckt sich allerdings lediglich auf den Westteil des umstrittenen Territoriums; das gesamte östliche Gebiet sowie Teile des Südens werden durch die POLISARIO kontrolliert.[963]

Insbesondere der durch Marokko besetzte Westteil der West-Sahara ist von wirtschaftlichem Interesse für die Staatengemeinschaft. Denn das sich anschließende Küstenmeer weist einen artenreichen Fischbestand auf und ist damit (potentieller) Gegenstand bi- und multilateraler Fischereiabkommen. Dieser Umstand ist zu berücksichtigen, um mögliche Anerkennungs-Tendenzen der marokkanischen Annexion nachvollziehen zu können.

Bevor auf die Bereitschaft einzelner Staaten eingegangen wird, die marokkanische Hoheitsgewalt nachträglich anzuerkennen, soll zunächst die Haltung der Vereinten Nationen gegenüber der völkerrechtswidrigen Annexion skizziert werden.

Seit 1991 und basierend auf der Resolution 690 des Sicherheitsrats haben die Vereinten Nationen die MINURSO in das Gebiet der West-Sahara entsandt, um zum einen den Waffenstillstand der Konfliktparteien sicherzustellen und zum anderen, um der sahrauischen Bevölkerung ein Referendum über den künftigen Status des Territoriums zu ermöglichen.[964]

Zwar wurde ein Referendum bis heute nicht durchgeführt, eine Resignation der Vereinten Nationen ist damit und aufgrund dessen jedoch nicht verbunden. Stattdessen wurde das Mandat der MINURSO stets verlängert, zuletzt durch die Resolution 2152 vom 29. April 2014.

Die Bemühungen zeigen, dass auch weiterhin der Wille besteht, der sahrauischen Bevölkerung das ihr zustehende Selbstbestimmungsrecht zukommen zu lassen. Die marokkanische Okkupation wird daher nicht ohne weiteres hingenommen und als gegeben akzeptiert.

Zwischenzeitlich konnte man dennoch durchaus auch einen anderen Eindruck gewinnen. So formulierte der UN-Generalsekretär Kofi Annan in seinem Report 2006 zur Situation in der West-Sahara:

963 Graphische Darstellung der Zonen hier: http://www.jmu.edu/cisr/journal/11.2/profiles/mccoull/McCoullIMG1.jpg (Stand: 28.7.2016).

964 S/RES/690.

„[T]he Security Council recognized the political reality that no one was going to force Morocco to give up its claim of sovereignty over Western Sahara […]".[965]

Die Erklärung Annans verdeutlicht die festgefahrene Situation und das erfolglose Streben nach einer politischen Lösung des Konflikts.

Daraus zugleich eine uneingeschränkte Akzeptanz der unrechtmäßigen marokkanischen Herrschaftsgewalt ableiten zu wollen, ginge hingegen zu weit.

Denn in den jährlich zu erstattenden Berichten des Generalsekretärs über die Situation in der West-Sahara wird immer wieder das Ziel bekräftigt, den Konflikt einer finalen Lösung zuführen zu wollen.[966] Im gleichen Atemzug werden nicht nur die Konfliktparteien, sondern auch die internationale Gemeinschaft aufgerufen, zur Lösung aktiv beizutragen.[967]

Es besteht folglich nicht die Intention, den Gebietsanspruch Marokkos aufgrund seiner (zeitlichen) Verfestigung hinzunehmen.

Allerdings wird in den Berichten auch offen angesprochen, dass eine gänzliche Zufriedenstellung beider Parteien nicht zu erreichen ist; vielmehr müsse man sich auf eine Kompromissformel einigen, die durch gegenseitiges Geben und Nehmen geprägt ist.[968]

Man verschließt sich demnach nicht der Tatsache, dass Marokko in naher Zukunft wohl kaum den Willen zeigen wird, seine Gebietsansprüche aufzugeben, um das gesamte Territorium den Weg in eine Unabhängigkeit gehen zu lassen.[969]

Die Akzeptanz dieses Umstands zeigt sich zu einem gewissen Grad auch in den Plänen des UN-Sonderbeauftragten James Baker. In diesen beabsichtigte Baker, den Konflikt derart zu lösen, dass der West-Sahara ein spezieller Autonomiestatus mit Selbstverwaltungsrechten innerhalb des marokkanischen Staatsverbands zukommen sollte. Ein Referendum über den finalen Status sollte im Anschluss daran nach fünf Jahren erfolgen.[970]

Eine Umsetzung des Plans scheiterte allerdings am Widerstand Marokkos, das die Option einer Unabhängigkeit im geplanten Referendum als nicht haltbar ansah.

---

965 Report of the Secretary-General on the situation concerning Western Sahara, UN Doc. S/2006/249, Rn. 32.

966 Zuletzt: UN Doc. S/2014/258, Rn. 93.

967 UN Doc. S/2014/258, Rn. 94, 97.

968 UN Doc. S/2013/220, Rn. 111.

969 Siehe Zitat Baker, zu finden bei: *Solà-Martín,* Conflict resolution in Western Sahara, African Journal on Conflict Resolution, S. 121.

970 UN Doc. S/2003/565, Annex II.

Die Vereinten Nationen haben durch den Vorschlag des Planes dennoch zu einem gewissen Grad einer Konsolidierung des völkerrechtswidrigen Zustands beigetragen, denn die fünfjährige Integration in den marokkanischen Staatsverband hätte nichts anderes bedeutet als eine Perpetuierung des *fait accompli*.

Dabei muss natürlich Berücksichtigung finden, dass die Vorschläge vornehmlich das Ziel verfolgten, eine zufriedenstellende Lösung für die betroffene sahrauische Bevölkerung, in Form der Durchführung eines Referendums, ermöglichen zu können.[971]

Die Beibehaltung dieses Ziels änderte sich auch in der Folgezeit nicht. Ob der späteren positiven Ansätze in der Konfliktentwicklung wäre dies auch äußerst fragwürdig und kontraproduktiv gewesen. So wurden zwischen 2007 und 2008 mehrere Gesprächsrunden in New York abgehalten, in denen Marokko den Vertretern der POLISARIO die Option eines weitreichenden Autonomiestatus innerhalb des Königreichs anbot. Die Aufnahme dieser Möglichkeit in ein künftiges Referendum wurde durch die POLISARIO grundsätzlich akzeptiert, allerdings beharrte man weiterhin auch auf dem Recht, bei einer entsprechenden Resonanz der Bevölkerung den Weg der Unabhängigkeit zu gehen, was durch Marokko jedoch vehement abgelehnt wurde und wird.[972] Die Verhandlungen befinden sich mithin in einer Patt-Situation, jedoch ist bereits der stattfindende Austausch zwischen den beiden Parteien als Fortschritt zu werten, auf dem aufgebaut werden kann und muss.

Der Wille zur Anerkennung der marokkanischen Okkupation kann aus dem Verhalten der Vereinten Nationen insgesamt zwar nicht gefolgert werden, der Vorschlag der Pläne des Sonderbeauftragten James Baker zeigt jedoch, dass die Herrschaftsgewalt Marokkos ein Fakt ist, der aus Sicht der Vereinten Nationen nahezu unumkehrbar ist. Die Vorlage von Kompromissvorschlägen ist daher ein erster und entscheidender Schritt zur Respektierung der politischen Realität und Auflösung der Pflicht zur Nicht-Anerkennung.

Durch die Einführung von Vorschlägen zur Integration der West-Sahara in das Königreich Marokko wird die völkerrechtswidrige Annexion zwar nicht ausdrücklich anerkannt, aber auf eine bestimmte Art und Weise „salonfähig“ gemacht. Dieser Prozess führt zwangsläufig zu einer Lockerung bis hin zu einer Auflösung der bestehenden Pflicht zur Nicht-Anerkennung.

---

971 Dies zeigt sich ebenfalls in den Resolutionen der Generalversammlung. Zuletzt: A/RES/69/101.

972 Siehe zu den Entwicklungen der Gespräche seit 2007: UN Doc. PRS/2010/CRP.17, S. 7 ff.

Denn die konsequente Befolgung der Nicht-Anerkennung würde auch die vorübergehende Akzeptanz bzw. Hinnahme des völkerrechtswidrigen Zustands verbieten. Durch die offen geführte Diskussion, die West-Sahara unter marokkanischer Herrschaftsgewalt zu belassen, sei es gemäß dem Baker-Plan auch nur für eine Zeit von fünf Jahren, wird der marokkanischen Stabilisierung der Annexion folglich implizit Rechnung getragen.

Noch deutlicher als die anfängliche Akzeptanz der Vereinten Nationen könnte aber die Praxis einzelner Staaten ausfallen.

Interessant ist dabei vor allem die Haltung der Europäischen Union. Die supranationale Organisation eint einen Großteil der europäischen Staaten; eine promarokkanische Haltung der EU könnte daher als Katalysator für andere Staaten wirken, sich dieser Politik anzuschließen.

Eine Akzeptanz der marokkanischen Annexion wurde zwar auch durch die EU formell ausgeschlossen, während zugleich das Recht der sahrauischen Bevölkerung auf Selbstbestimmung unterstrichen wurde;[973] dies hielt die Union jedoch nicht davon ab, Verträge mit Marokko über die Ausbeutung der natürlichen Ressourcen der West-Sahara abzuschließen.

Konkret geht es um die Vereinbarung eines Fischereiabkommens mit dem Königreich aus dem Jahr 2006, das im Februar 2011 und 2015 erneuert wurde und bezüglich der Fischereirechte das zum Gebiet der West-Sahara gehörende Küstenmeer nicht explizit ausnimmt.

In dem Abkommen ist in Artikel 2 die Rede von der marokkanischen Fischereizone. Diese beinhaltet „ [...] *the waters falling within the sovereignty or jurisdiction of the Kingdom of Morocco.*“[974]

Die Definition lässt sowohl eine Lesart zu, die sich auf das marokkanische Küstenmeer bezieht, als auch eine solche, die sich auf das Küstenmeer entlang der besetzten Zone erstreckt.[975] Zumindest in der Praxis wird jenseits der international anerkannten maritimen Grenzen gefischt, sodass der letzten Lesart scheinbar konkludent der Vorzug gegeben wird.[976]

---

973 Summary, EU-Presidency Statement – Question of Western Sahara, 11.10.2005, http://www.western-sahara.dk/Statements (Stand: 28.7.2016).

974 Art. 2 (a) Fisheries Partnership Agreement v. 29.5.2006, L 141/5.

975 *Milano*, The New Fisheries Partnership Agreement between the European Community and the Kingdom of Morocco: fishing too South?, Anuario Espanol de Derecho Internacional 2006, S. 457.

976 *Dawidowicz*, Trading fish or human rights in Western Sahara? Self-Determination, non-recognition and the EC-Morocco Fisheries Agreement, S. 270, in: *French,*

Begleitet wird das Abkommen durch ein Protokoll, das die Fischerei-Möglichkeiten konkretisiert und eine Finanzhilfe für die Fischereipolitik in Marokko festsetzt. Auch dieses wurde im Februar 2011 mit nahezu gleichbleibendem Wortlaut erneuert. Das Europäische Parlament verweigerte dem Zusatzprotokoll im Dezember 2011 zwar seine Zustimmung und beauftragte in seiner Resolution zugleich die Kommission mit der Aushandlung eines neuen Protokolls, welches

„*fully respects international law and benefits all the local population groups affected.*"[977]

Die Zurückweisung des Protokolls durch das Parlament zeigt die Sensibilität für die Einhaltung der Pflicht zur Nicht-Anerkennung und damit auch den grundsätzlichen Willen, die anhaltende Okkupation Marokkos nicht anzuerkennen.

Als ein wesentlicher Rückschritt ist dann jedoch das daraufhin im Jahr 2014 neu ausgehandelte Protokoll zwischen der EU und Marokko anzusehen. Dieses ist von seinem Wortlaut wenig unterschiedlich zum Vorausgegangenen und begegnet damit keineswegs den berechtigten Bedenken gegen die völkerrechtliche Konformität des Abkommens.[978]

Das Fischereiabkommen in seiner aktuellen Form orientiert sich damit weiterhin an der ursprünglichen Form von 2006, die als implizite Anerkennung der marokkanischen Okkupation angesehen werden kann.[979]

Ähnlich ordnete auch Annan das Abkommen in seinem Report von 2006 ein. Dieses trage der Tatsache Rechnung, dass Marokko seine Kontrolle über die

Statehood and Self-Determination: Reconciling Tradition and Modernity in International Law.

977 European Parliament resolution of 14 December 2011 on the future Protocol setting out the fishing opportunities and financial compensation provided for in the Fisheries Partnership Agreement between the European Community and the Kingdom of Morocco (2011/2949(RSP)).

978 So auch: *Pertile,* The Changing Environmental and Emerging Resource Conflicts, S. 1089, in: *Weller,* The Oxford Handbook of the Use of Force in International Law.

979 So auch: *Dawidowicz,* Trading fish or human rights in Western Sahara? Self-Determination, non-recognition and the EC-Morocco Fisheries Agreement, S. 274, in: *French,* Statehood and Self-Determination: Reconciling Tradition and Modernity in International Law; *Pertile,* The Changing Environmental and Emerging Resource Conflicts, S. 1089, in: *Weller,* The Oxford Handbook of the Use of Force in International Law; *Milano,* The New Fisheries Partnership Agreement between the European Community and the Kingdom of Morocco: fishing too South?, Anuario Espanol de Derecho Internacional 2006, S. 444; *Kamel,* Is the EU Adopting a Double-Standards Approach toward Israel and the Palestinian Territories? (Part 1), Beitrag v. 9.1.2014 in Opinio Juris Online.

West-Sahara festige und sich eine politische Lösung, aufgrund der Unbeweglichkeit auf beiden Konfliktseiten, nicht abzeichne.[980]

Die Aussichtslosigkeit der Rückkehr zur Rechtmäßigkeit wird damit als Rechtfertigung für eine Anerkennung der faktischen Verhältnisse ins Spiel gebracht.

Das Nichtaufgreifen einer solchen These in weiteren UN-Berichten und die konsequente Fortführung des MINURSO-Mandates zeigt jedoch, dass die Stabilisierung einer völkerrechtswidrigen Lage durch Zeitablauf, zumindest nach Ansicht der Vereinten Nationen, nicht ernsthaft als Kriterium geachtet wird, um eine Pflicht zur Nicht-Anerkennung auflösen zu können.

Neben dem bezeichnenden Fischereiabkommen der EU kam es auch zum Abschluss anderer bilateraler Beziehungen, die eine Anerkennung der marokkanischen Annexion implizierten.

Ein Beispiel ist das deutsch-marokkanische Sozialversicherungsabkommen vom 25. März 1981.[981] In diesem wird der Begriff des Hoheitsgebietes Marokkos definiert als „*das nationale Hoheitsgebiet, wie es durch die marokkanische Gesetzgebung bestimmt wird.*“[982]

Zu diesem Zeitpunkt hatte Marokko die West-Sahara bereits durch Gesetz als eine Verwaltungsregion in das Königreich eingegliedert, sodass nationales Recht auf die annektierte Region anwendbar und die West-Sahara damit, aus Sicht Marokkos, ein Teil seines Staates war.[983]

Deutschland anerkannte mithin eindeutig die Hoheitsgewalt Marokkos über das Gebiet der West-Sahara,[984] ohne jedoch jemals formell eine *de iure*-Anerkennung ausgesprochen zu haben bzw. auszusprechen.[985]

Auch das russisch-marokkanische Fischereiabkommen führt zu einer konkludenten Anerkennung marokkanischer Hoheitsrechte über das okkupierte

---

980 UN Doc. S/2006/817, Rn. 20.

981 BGBl. 1986 II, S. 552.

982 Art. 1, Nr. 1 Deutsch-marokkanisches Sozialversicherungsabkommen.

983 *Dawidowicz,* Trading fish or human rights in Western Sahara? Self-Determination, non-recognition and the EC-Morocco Fisheries Agreement, S. 260, in: *French,* Statehood and Self-Determination: Reconciling Tradition and Modernity in International Law.

984 *Frowein/Oeter,* Ost-Jerusalem und das deutsch-israelische Sozialversicherungsabkommen: Die Nicht-Anerkennung der Eingliederungsmaßnahmen und die Frage nach der Methodik der Vertragsauslegung, ZaöRV 1988, S. 21.

985 Vgl. BT-Drs. 17/13602, S. 4–5, 9.

Territorium, da dieses, ähnlich wie das EU-Abkommen, in seiner praktischen Umsetzung Fischerei im Küstenmeer der West-Sahara zulässt.[986]

Die geschlossenen Abkommen zeigen, dass die internationale Gemeinschaft zunehmend bereit ist, die marokkanische Annexion der West-Sahara zu akzeptieren, um eigene politische sowie wirtschaftliche Interessen verfolgen zu können. Zwar wird durch das Fehlen einer ausdrücklichen *de iure*-Anerkennung nach außen der Schein einer Nicht-Anerkennung gewahrt, die Realität sieht bei näherer Betrachtung jedoch anders aus.

Die Staatengemeinschaft sieht im fortlaufenden Konflikt kein Ende und ist auf Dauer nicht bereit, sich dem ökonomischen Potential der Region zu verschließen. Dies geht zwar eindeutig auf Kosten der sahrauischen Bevölkerung; da dem Konflikt international jedoch kaum Beachtung geschenkt wird, ist die Gefahr der Staaten gering, als Brecher internationalen Rechts abgestempelt zu werden, was die Bereitschaft erhöht, den *fait accompli* als gegeben hinzunehmen.

Die Stabilisierung der völkerrechtlichen Lage ist im Sahara-Konflikt daher, unter Berücksichtigung der Politik der Vereinten Nationen und der Praxis einzelner Staaten, durchaus eine Option, um eine Pflicht zur Nicht-Anerkennung auflösen zu können.

Abschließend kann als Ausdruck dieser Entwicklung ein bezeichnendes Zitat des ehemaligen US-Präsidenten Bush aus dem Jahr 2008 angeführt werden, der erklärt, dass „*an independent state in the Sahara is not a realistic option.*“[987]

Die Kraft des Faktischen bricht sich damit Bahn und ist unter Berücksichtigung der Zukunftsperspektiven des Konflikts und der anhaltenden Stabilisierung des völkerrechtswidrigen Zustandes geeignet, eine Pflicht zur Nicht-Anerkennung gegenüber der Annexion der West-Sahara zu annullieren.

5) Das de facto-Regime der Türkischen Republik Nordzypern

Eine ähnlich lange Zeit wie im Fall der West-Sahara besteht das illegale Regime der TRNZ auf der Insel Zypern. Zwar wurde die Unabhängigkeit des Staates erst 1984 ausgerufen, die faktische Teilung der Insel entstand jedoch bereits 1974 infolge der türkischen Invasion, sodass sich seit Mitte der 70er Jahre staatsähnliche Strukturen etablieren konnten.

---

986 *Pertile*, The Changing Environmental and Emerging Resource Conflicts, S. 1089, in: *Weller*, The Oxford Handbook of the Use of Force in International Law; Vertragstext zu finden unter: http://www.wsrw.org/files/dated/2013-04-30/russia-morocco_fisheries_agreement_2013.pdf (Stand: 28.7.2016).

987 *Zunes/Mundy*, Western Sahara: War, Nationalism, and Conflict Irresolution, S. 74.

Die TRNZ hat sich mittlerweile zu einer Einheit entwickelt, die alle klassischen Staatsmerkmale in sich vereint und stabilisierte effektive Gebietshoheit ausübt.[988]

Tendenzen einer Anerkennung bzw. zur Auflösung der bestehenden Isolation aufgrund der kollektiven Nicht-Anerkennung gibt es derzeit jedoch keine.

Einzig nach dem Referendum im Jahr 2004, bei dem allein die griechisch-zyprische Seite für das Scheitern der Wiedervereinigung der Insel verantwortlich gemacht wurde, kam eine Diskussion auf, die TRNZ für ihre Verhandlungsbereitschaft zu belohnen und aus der sanktionsbedingten Isolation zu entlassen.[989]

Die Nicht-Anerkennung wurde in der Folgezeit dennoch aufrecht erhalten.

Darüber hinaus war die Überlegung zur Auflösung der Nicht-Anerkennung an das positiv ausgefallene Votum der türkisch-zyprischen Seite zum Annan-Plan geknüpft, nicht aber an die zunehmende Stabilisierung der effektiven Herrschaftsgewalt des *de facto*-Regimes.

Die TRNZ erlebt damit, zumindest bis *dato*, keinen ähnlichen Verlauf wie die schleichende Anerkennung der völkerrechtswidrigen Annektierung der West-Sahara durch Marokko.

Dies kann auf unterschiedliche Faktoren zurückgeführt werden.

Zum einen bestehen, anders als im Konflikt um die West-Sahara, Resolutionen des Sicherheitsrates zur völkerrechtswidrigen Sezession der TRNZ. Dies ändert zwar nichts daran, dass auch bezüglich der Annexion Marokkos eine gewohnheitsrechtliche Pflicht zur Nicht-Anerkennung besteht, der direkte Aufruf des obersten Organs der Vereinten Nationen begründet jedoch, allein psychologisch, eine Intensivierung des völkerrechtlichen Gebots.

Zum anderen besteht ein Unterschied in der Zukunftsperspektive des Konfliktes. Während die Situation in der West-Sahara festgefahren ist und sich eine Lösung aufgrund der unflexiblen Positionen der Parteien nicht abzeichnet, hat in Zypern ein Referendum über die Wiedervereinigung bereits stattgefunden.

Immer wieder kam es zu direkten Gesprächsrunden und der Bereitschaft, sich im Konflikt anzunähern.

Die neuesten Entwicklungen aus dem Jahr 2014[990] unterstreichen dies, auch wenn die Ankündigung der Türkei, seismische Untersuchungen in der Ausschließlichen

988 *Herdegen*, Völkerrecht, 15. Aufl., §11, Rn. 1.

989 Siehe dazu oben in Teil 4, Kapitel 1.

990 Prägnant zusammengefasst hier: „Aktuelle Lage im Zypernkonflikt – Stand: Juni 2016“, http://www.auswaertiges-amt.de/DE/Aussenpolitik/Laender/Laenderinfos/Zypern/AktuelleLageInZypern_node.html (Stand: 28.7.2016).

Wirtschaftszone Zyperns durchführen zu wollen, zu einer Suspension der Gespräche führte.

Durch die anhaltenden Prozesse im Konflikt besteht die berechtigte Erwartung, dass dieser in nächster Zeit einer für beide Seiten zufriedenstellenden Lösung zugeführt werden kann. Die Aufhebung der Pflicht zur Nicht-Anerkennung würde der TRNZ jegliche Motivation nehmen, sich auf Kompromisse einzulassen, da eine Anerkennung als Staat das seit 1984 angestrebte Ziel realisieren und eine weitere Verständigung mit der Republik Zypern nicht mehr notwendig machen lassen würde.

Das Beispiel der TRNZ fügt sich daher nicht in eine potentielle Staatenpraxis ein, die entweder aufgrund einer stabilisierten effektiven Gebietshoheit oder durch Zeitablauf oder im Falle des kumulierten Zusammenwirkens beider Faktoren eine Pflicht zur Nicht-Anerkennung aufweichen lässt.

6) Die Annexion der Krim-Halbinsel durch Russland

Nicht durch Zeitablauf, sondern aufgrund der bereits eingetretenen Stabilisierung der Herrschaftsgewalt über die Krim-Halbinsel, muss auch das Beispiel der im Jahr 2014 erfolgten Annektierung durch Russland an dieser Stelle erörtert werden.

Nachdem sich die Krim am 16. März für unabhängig erklärt hatte, folgte zwei Tage darauf, am 18. März 2014, die gesetzliche Inkorporation in den russischen Staatsverband.

Die Annexion besteht demnach seit nunmehr über einem Jahr. Trotz der beinahe kollektiven Nicht-Anerkennung des völkerrechtswidrigen Vorgangs und entsprechender Resolutionen der UN-Generalversammlung[991] und anderer internationaler Organisationen ist eine Rückgabe der Halbinsel an die Ukraine momentan und auch in naher Zukunft nicht absehbar und als unwahrscheinlich einzuschätzen.

Russland trotzt selbst den teils massiven Sanktionen, die durch die EU und die Vereinigten Staaten auferlegt werden, um seine Geopolitik zu sichern und im internationalen Kräftemessen nicht sein Gesicht zu verlieren.

Aufgrund dessen drängt sich die Frage auf, ob die durch Russland geschaffenen Tatsachen nicht Gegenstand einer Anerkennung sein können.

Die bisher vergangene kurze Zeitspanne von einem Jahr macht eine Abkehr von der bestehenden Pflicht zur Nicht-Anerkennung zwar noch nicht zumutbar;

991 A/RES/68/262.

im Folgenden soll jedoch geklärt werden, ob bereits Tendenzen bestehen, die russische Annexion als gegeben hinzunehmen.

Anknüpfend an die bereits verfestigte faktische Situation erklärte beispielsweise der weißrussische Präsident Lukaschenko folgendes:

> „*Today Crimea is part of the Russian Federation. No matter whether you recognize it or not, the fact remains. [...] I think the situation will develop the same way de-facto. Whether Crimea will be recognized as a region of the Russian Federation de-jure does not really matter.*“[992]

Ähnliche Erklärungen durch Regierungen oder Staatsoberhäupter erfolgten bislang allerdings nicht.

Ein Indiz für eine mögliche Auflösung der Pflicht zur Nicht-Anerkennung könnte unter Umständen aber im teilweisen Schweigen der Staatengemeinschaft zum Konflikt gesehen werden.

Momentan erstreckt sich das alleinige Interesse der Vereinten Nationen auf die Deeskalation in der Ost-Ukraine, in der separatistische pro-russische Kräfte versuchen, eine Loslösung von der Ukraine zu erreichen.

Bereits kurz nach der im März erfolgten Annektierung der Krim ebbten daher auch im Sicherheitsrat die Diskussionen um die Verurteilung des völkerrechtswidrigen Gebietserwerbs ab und konzentrierten sich allein auf die Lage im östlichen Teil der Ukraine.[993]

Das Abkommen von Minsk vom 12. Februar 2015 unterstreicht dies zusätzlich, in dem zwar Befriedungs- und Deeskalationsmaßnahmen bezüglich des bewaffneten Konfliktes in der Ost-Ukraine gefunden wurden, die vorausgegangene Annexion der Krim jedoch keinerlei Erwähnung findet.[994]

Daraus eine Hinnahme des völkerrechtswidrigen Zustands abzuleiten, wäre dennoch verfehlt.

Zwar liegt der weltpolitische Fokus derzeit auf den Unruhen in der Ost-Ukraine, die Unrechtmäßigkeit des russischen Vorgehens bezüglich der Krim-Halbinsel macht dies jedoch nicht vergessen.

---

992 Antwort Lukaschenkos auf Frage der Zeitung Interfax v. 23.3.2014, http://president.gov.by/en/news_en/view/president-of-the-republic-of-belarus-alexander-lukashenko-answers-questions-of-mass-media-representatives-on-8348/ (Stand: 28.7.2016).

993 UN Doc. S/PV.7154 v. 13.4.2014, in dem Gegenstand der Sitzung fast ausschließlich die Lage in der Ost-Ukraine ist.

994 Text in Englisch zu finden unter: http://www.unian.info/politics/1043394-minsk-agreement-full-text-in-english.html (Stand: 28.7.2016).

So äußerte die deutsche Kanzlerin Angela Merkel am Rande eines Treffens mit dem ukrainischen Präsidenten Poroschenko in Berlin:

> *„Ich will noch einmal deutlich machen, dass wir das [die Annexion der Krim] nicht vergessen werden.“*[995]

Auch der kanadische Premierminister Stephen Harper erinnerte in einer Rede am 18. März 2015 daran, an der Nicht-Anerkennung der Annexion festzuhalten:

> *„A year ago this week, the so-called Crimean referendum was held under the Putin regime's influence to legitimize the illegal annexation of Crimea by Russia two days later.*
> *Whether it takes five months or 50 years, Canada will never recognize this annexation as being the genuine will of the Ukrainian people. We have instead maintained our call that the Putin regime cease the destabilization campaign it has orchestrated and fully withdraw from Crimea and eastern Ukraine.“*[996]

Neben den vereinzelten Erklärungen zeigen insbesondere auch die anhaltenden Sanktionen der EU und der Vereinigten Staaten, dass der *fait accompli* keineswegs als feststehende Tatsache akzeptiert wird.

So wurden seitens der EU die bereits bestehenden Sanktionen gegen die Krim und Sewastopol gemäß der Verordnung Nr. 692/2014 durch die am 20. Dezember 2014 in Kraft getretene Verordnung Nr. 1351/2014 erneut verstärkt. Dies betrifft weitreichende Investitionsverbote, die Ausweitung sektorspezifischer Ausfuhrverbote und Dienstleistungsverbote.

Darauf abgestimmt verschärften auch die Vereinigten Staaten am 19. Dezember 2014 ihre Sanktionen gegenüber der annektierten Halbinsel, nachdem am Vortag bereits der so genannte „Ukraine Freedom Support Act of 2014“ erlassen wurde.[997]

---

995 Welt Online v. 16.3.2015, „Wir werden das nicht vergessen“, http://www.welt.de/politik/deutschland/article138462390/Wir-werden-das-nicht-vergessen.html (Stand: 28.7.2016).

996 Statement by the Prime Minister of Canada one year after the Crimean "Referendum" and Russian Annexation of Crimea v. 18.3.2015, http://canada.mfa.gov.ua/en/press-center/news/34564-zajava-premjer-ministra-kanadi-z-nagodi-richnici-provedenya-tak-zvanogo-referendumu-v-krimu (Stand: 28.7.2016).

997 The White House, Office of the Press Secretary v. 18.12.2014, "Statement by the President on the Ukraine Freedom Support Act", zu finden unter: https://www.whitehouse.gov/the-press-office/2014/12/18/statement-president-ukraine-freedom-support-act (Stand: 28.7.2016).

Insgesamt bestehen damit keinerlei Tendenzen der internationalen Staatengemeinschaft, den völkerrechtswidrigen Zustand anzuerkennen bzw. eine Pflicht zur Nicht-Anerkennung aufzulösen.

Zwar lenken die Ereignisse in der Ost-Ukraine von einer konsequenten Auseinandersetzung mit der Annexion ab, in Vergessenheit gerät das russische Vorgehen allerdings bereits aufgrund der festgesetzten Sanktionen nicht.

Dennoch wird es mit Interesse zu verfolgen sein, ob sich an der Haltung einzelner Staaten etwas ändert, wenn die Eingliederung der Krim sich im Laufe der Jahre weiter verfestigt und sich damit weiter effektiviert.

7) Die Inkorporation Tibets durch China

Als abschließendes Beispiel dieser Fallgruppe soll die chinesische Annexion Tibets erörtert werden. Diese ist ebenfalls durch die effektive Verfestigung illegaler Herrschaftsstrukturen über einen verhältnismäßig langen Zeitraum gekennzeichnet.

Im Jahr 1950 regte sich in Tibet Widerstand gegen die geplante Eingliederung in den neuen kommunistischen Staat der Volksrepublik China.

Dies nahm die Regierung unter Mao zum Anlass, in die tibetische Provinz einzufallen, um diese zu annektieren und so für einen gewaltsamen Anschluss zu sorgen.[998]

Trotz wiederholter Hilferufe des Dalai Lama an die internationale Gemeinschaft und des Ersuchens der UN-Generalversammlung durch Tibet intervenierten weder die Vereinten Nationen noch einzelne Staaten in den Konflikt.

Ein durch El Salvador zusätzlich gestellter Antrag auf Aufnahme des Punktes „Invasion Tibets durch ausländische Kräfte" in die Tagesordnung der Generalversammlung wurde zunächst vertagt und später nicht weiter aufgegriffen.[999] Die internationale Gemeinschaft ließ die gewaltsame Eingliederung daher sehenden Auges zu.

Erst infolge anhaltender Menschenrechtsverletzungen rückte das Thema Tibet wieder auf die Agenda der Vereinten Nationen, die zu der Problematik insgesamt drei Resolutionen zwischen 1959 und 1965 verabschiedeten, die jedoch keinen weitergehenden Bezug auf die Vorfälle von 1950 nahmen.[1000]

---

998 *Dickinson,* Twenty-First Century Self-Determination: Implications of the Kosovo Status Settlement for Tibet, Arizona Journal of International & Comparative Law 2009, S. 549.

999 *Schmitz,* Tibet und das Selbstbestimmungsrecht der Völker, S. 25–26.

1000 A/RES/1353; A/RES/1723; A/RES/2079.

Dies überrascht deshalb, da im Jahr 1959, also exakt zur Zeit der Verabschiedung der ersten Tibet-Resolution, ein Bericht der Internationalen Juristenkommission veröffentlicht wurde, der die Staatseigenschaft und Unabhängigkeit Tibets vor der erfolgten Invasion bestätigte und das chinesische Vorgehen gleichsam als völkerrechtswidrig verurteilte.[1001]

Allerdings darf auch nicht übersehen werden, dass Tibet die Anforderungen an die Staatseigenschaft nur faktisch erfüllte; denn zum Zeitpunkt der Invasion Chinas bestand kein unabhängiger *de iure* anerkannter tibetischer Staat, was als Erklärung dafür dienen kann, dass sich sowohl die Vereinten Nationen als auch die einzelnen Staaten eher auf die Seite Chinas schlugen.[1002]

Als ein Grund für die fehlende Nicht-Anerkennung der Annexion kann weiter angeführt werden, dass die Staaten nicht ihre politischen und wirtschaftlichen Beziehungen mit der Volksrepublik aufs Spiel setzen wollten.[1003]

Sloane stellt dazu treffend fest, dass der Staatengemeinschaft bewusst gewesen sein muss, dass China einen Völkerrechtsbruch begangen hat, da dies übereinstimmend durch Lehre und unabhängige Expertenkommissionen festgestellt wurde.[1004] Die Weigerung zur Nicht-Anerkennung geschah mithin allein aus politischen, nicht aber aus rechtlichen Gründen.

Trotz der nicht erfolgten Sanktionierung des chinesischen Vorgehens durch eine Politik der Nicht-Anerkennung wurde die Unterdrückung der tibetischen Minderheit durch die internationale Gemeinschaft in der Folgezeit stetig moniert.

So rief die UN-Generalversammlung in ihren Resolutionen 1723 und 2079 dazu auf, das Recht der tibetischen Minderheit auf Selbstbestimmung zu respektieren.[1005]

Damit war freilich nicht das Recht auf Ausübung eines externen Selbstbestimmungsrechts gemeint, sondern das Recht auf freie Entfaltung der Minderheit in Form von sozio-kulturellen und religiösen Aspekten.

1001 *International Commission of Jurists*, The Question of Tibet and the Rule of Law, 1959, S. 99.

1002 *Dickinson,* Twenty-First Century Self-Determination: Implications of the Kosovo Status Settlement for Tibet, Arizona Journal of International & Comparative Law 2009, S. 559; so auch die Erklärung der Bundesregierung: BT-Drs. 15/3630, S. 2.

1003 *Sloane,* The Changing Face of Recognition in International Law: A Case Study of Tibet, Emory International Law Review 2002, S. 131.

1004 *Ebd.,* S. 131.

1005 A/RES/1723; A/RES/2079.

Auch das EU-Parlament verabschiedete im Jahr 2000 eine Resolution, in der weitgehende Autonomierechte für Tibet gefordert werden, jedoch ausdrücklich nicht die Möglichkeit einer staatlichen Unabhängigkeit.

Interessant ist dabei, dass die Resolution ausdrücklich davon spricht, dass Tibet 1950 durch China annektiert wurde:

> „*The European Parliament […]*
> *C. recalling that Tibet was invaded and occupied in 1949 and 1950 by the Chinese armed forces,*
> *D. recalling that, whilst the "seventeen-point agreement" signed in Beijing under duress by the Tibetan authorities sanctioned the annexation of Tibet by the People's Republic of China […].*"[1006]

Die Feststellung des Parlaments, dass eine Annektierung offensichtlich vorlag, müsste konsequent bedeuten, dass diese auch nicht Gegenstand einer Anerkennung sein kann. Dennoch sieht die EU in ihrer Resolution nicht vor, dass Tibet ein eigenständiger Staat werden kann.

Eine Begründung wird dafür nicht gegeben, allerdings liegt es auf der Hand, dass das Einbringen eines solchen Vorschlags immense politische Spannungen mit sich bringen und damit eher zu einer Destabilisierung der Lage beitragen würde.[1007]

Die Konsolidierung des völkerrechtswidrigen Zustandes hat mit der Zeit eine Rückkehr zur Rechtmäßigkeit damit quasi zunichte gemacht.

Kaum jemand wird heutzutage ernsthaft in Betracht ziehen, Tibet das Recht zuzugestehen, sich aus dem chinesischen Staatsverband zu lösen und einen unabhängigen Staat zu konstituieren. Allein die Stärkung der Minderheitenrechte ist seriöses Anliegen der Staaten, die nicht weniger, aber eben auch nicht mehr als die Einführung einer Autonomielösung verlangen.

Signifikant wird diese Sichtweise durch das US Department of State formuliert:

> „*The United States recognizes the Tibet Autonomous Region (TAR), and Tibetan autonomous prefectures (TAPs) and counties in other provinces, as part of the People's Republic of China. […] The United States continues to be concerned for the preservation and*

1006 European Parliament resolution on the Western China Poverty Reduction Project and the future of Tibet, 6.7.2000.

1007 Dahingehend auch: *Sloane*, The Changing Face of Recognition in International Law: A Case Study of Tibet, Emory International Law Review 2002, S. 145–146.

development of the Tibetan people's unique religious, cultural, and linguistic heritage and the protection of their fundamental human rights."[1008]

Es wird daher zwar anerkannt, dass Tibet von China gänzlich verschieden ist und ein Recht auf Selbstbestimmung hat, dieses jedoch innerhalb des chinesischen Staatsverbandes ausüben muss.[1009]

Die mittlerweile vermehrt auftretenden offiziellen Staatsempfänge des Dalai Lama ändern an dieser Haltung nichts. Es wird immer wieder betont, dass eine Unabhängigkeit Tibets keine Alternative sei. Dies insbesondere deshalb, da man anstrebt, starke politische und wirtschaftliche Beziehungen mit der Weltmacht China zu unterhalten.[1010]

Die Entwicklung der Tibet-Frage zeigt, dass auch hier ehemals geschaffene Fakten nach Ablauf einer gewissen Zeitspanne zu unumkehrbaren Sachverhalten wachsen können.

Zwar war die Annexion Tibets zu keiner Zeit Gegenstand einer Nicht-Anerkennung; die später aufkeimenden Diskussionen über das Recht der tibetischen Minderheit auf Selbstbestimmung zeigen jedoch, dass eine Rückkehr zum rechtmäßigen *status quo ante* nicht weiter gewollt ist.

Die Unabhängigkeit, die Tibet vor 1950 faktisch inne hatte, ist für die Staatengemeinschaft keine Lösungsmöglichkeit; allein die Einräumung weitreichender Autonomierechte wird angemahnt.

1008 US Department of State, China (Includes Tibet, Hong Kong, Macau), July-December, 2010 International Religious Freedom Report v. 13.9.2011, http://www.state.gov/j/drl/rls/irf/2010_5/168351.htm#tibet (Stand: 28.7.2016).

1009 So auch der US Tibetan Policy Act 2002, zu finden unter: http://2001-2009.state.gov/p/eap/rls/rpt/20699.htm (Stand: 28.7.2016); und Deutschlands völkerrechtlicher Standpunkt: *Grote*, Völkerrechtliche Praxis der Bundesrepublik Deutschland im Jahre 1995, ZaöRV 1997, S. 930.

1010 So ausdrücklich der britische Premierminister David Cameron in: BBC News v. 8.5.2013, „China and Tibet: Cameron says UK policy has not changed", http://www.bbc.com/news/uk-politics-22457242 (Stand: 28.7.2016); zudem auch die deutsche Bundeskanzlerin Angela Merkel in: Frankfurter Allgemeine Zeitung v. 21.11.2007, „Merkel: „Ich entscheide selbst, wen ich empfange und wo"", http://www.faz.net/aktuell/politik/inland/nach-kritik-am-dalai-lama-besuch-merkel-ich-entscheide-selbst-wen-ich-empfange-und-wo-1491981.html (Stand: 28.7.2016); ähnlich auch Obama in: The Wall Street Journal v. 21.2.2014, „Shrugging off Chinese Protests, Obama meets Dalai Lama", http://www.wsj.com/articles/SB10001424052702303636404579396051765911332 (Stand: 28.7.2016).

Dies überrascht mit Blick auf die teils ausdrückliche Bezeichnung des chinesischen Vorgehens als Annexion. Jedoch überwiegen die politischen Interessen der Staatengemeinschaft, weitergehende Forderungen nicht zu stellen.

Neben diesen spielt selbstverständlich auch die Tatsache in die Überlegungen hinein, dass die Forderung nach Unabhängigkeit die Situation weiter eskalieren lassen würde. Die chinesische Herrschaftsgewalt über Tibet hat sich in einem Maße stabilisiert, dass die Auflösung der bestehenden Strukturen als eher kontraproduktiv angesehen werden müsste.

Im Falle Tibets wirken jedoch zusätzlich auch noch andere Faktoren, die verhindern, dass eine Nicht-Anerkennung der chinesischen Annexion vorgenommen wird. Die Stabilisierung des *fait accompli* und der Zeitablauf ist demnach nur ein Umstand in einem weit spannenden Gefüge. Auf die jeweils anderen Faktoren ist in den folgenden Kapiteln näher einzugehen.

8) Zwischenergebnis

Die dargestellten Fälle lassen keinen eindeutigen Schluss darauf zu, dass die Pflicht zur Nicht-Anerkennung durch Zeitablauf und das Bestehen bzw. die Festigung effektiver Herrschaftsstrukturen zwangsläufig erlischt. Die Mehrheit der aufgezeigten Beispiele lässt eher auf das Gegenteil schließen.

Jedoch zeigt die Staatenpraxis bezüglich Ost-Timor und vor allem der West-Sahara, dass die Aufgabe der völkerrechtlichen Pflicht nicht undenkbar erscheint.

Viel hängt hierbei vom politischen und wirtschaftlichen Interesse der Staatengemeinschaft ab; dies wird eindrucksvoll durch die Akzeptanz der chinesischen Annexion Tibets gezeigt.

Insbesondere die Interessenlage eines Staates wird demnach häufig darüber entscheiden, ob ein *fait accompli* nach Ablauf einer gewissen Zeitspanne als gegeben hingenommen wird oder eben nicht.

Die Möglichkeit des Erhalts von Fischereirechten vor der Küste der West-Sahara oder die Hinnahme eines Völkerrechtsbruchs, um nicht die politischen Kontakte zu einer Weltmacht zu gefährden, verdeutlichen dies.

Aus der Rückschau auf die Beispiele Ost-Timors und der West-Sahara lässt sich jedenfalls festhalten, dass die Pflicht zur Nicht-Anerkennung nicht mit einer Ewigkeitsgarantie ausgestattet ist. Der Vergleich zwischen diesen beiden Fällen und demjenigen der TRNZ zeigt aber auch, dass die Stabilisierung des völkerrechtswidrigen Zustands oder der Ablauf von Zeit die Auflösung der Pflicht allein nicht immer bewirken wird.

Hinzukommen müssen meist noch weitere Umstände, wie beispielsweise ein nicht abzusehendes Ende des in Frage stehenden Konfliktes oder die Hinnahme des *fait accompli* durch Staatsoberhäupter oder die betroffene Bevölkerung.

Kapitel 4: Hinnahme einer Annexion durch Staatsoberhäupter – Hyderabad und Tibet

Ob die soeben erwähnte Hinnahme des völkerrechtswidrigen Zustandes durch Staatsoberhäupter einen Faktor bilden kann, die Pflicht zur Nicht-Anerkennung aufzuweichen oder sogar zum Erlöschen zu bringen, soll konkret an den Beispielen Hyderabad und Tibet diskutiert werden.

1) Der Nizam von Hyderabad und die Hinnahme der indischen Annexion

Der Status Hyderabads entschied sich im Wesentlichen nach dem Rückzug Großbritanniens aus Asien.

Im Zuge dessen stimmte die Kolonialmacht im Jahr 1947 der Unabhängigkeit Indiens und Pakistans zu und überließ es den weiteren Fürstenstaaten, sich einem der beiden Länder anzuschließen oder selbst den Weg einer Unabhängigkeit zu gehen.[1011]

Der Fürstenstaat Hyderabad befand sich daraufhin in dem Dilemma, geographisch näher an Indien zu liegen, aber durch den überwiegend muslimischen Glauben eine stärkere innere Verbundenheit zu Pakistan aufzuweisen.[1012]

Da ein Anschluss an letztere Nation aufgrund der geographischen Lage jedoch nahezu ausgeschlossen war, entschied man sich dazu, den Wunsch einer Unabhängigkeit zu formulieren, der durch Indien im Ergebnis jedoch konsequent unterdrückt und nicht respektiert wurde.

Im September 1948 kam es sodann im Zuge der „Operation Polo" zum Einmarsch indischer Truppen und der Annexion des Fürstenstaats durch gewaltsame Inkorporation in den indischen Staatsverband.[1013]

Bereits am 21. August 1948, also noch vor der endgültigen indischen Invasion, machte der Nizam von Hyderabad die Vereinten Nationen in einem Kabelgramm

---

1011 *Eagleton*, The Case of Hyderabad before the Security Council, American Journal of International Law 1950, S. 282.

1012 *Sharma/Goria/Mishra*, India and the Dynamics of World Politics, 1.108.

1013 *Kamat*, Border incidents, internal disorder and the nizam's claim for an independent Hyderabad, S. 220–221, in: *Ernst/Pati*, India's Princely States: People, princes and colonialism.

auf die Vorgänge aufmerksam. So spricht er von einem „*grave dispute which [...] is likely to endanger the maintenance of international peace and security*".[1014] Wenig später, am 13. September, wird der Sicherheitsrat daraufhin darüber informiert, dass Indien Hyderabad gewaltsam eingenommen hat.[1015]

Am 16. September diskutierte und beschloss der Sicherheitsrat, die Vorgänge in Hyderabad auf seine Tagesordnung zu nehmen, äußerte sich zur Sache selbst jedoch nicht, da zunächst geklärt werden sollte, ob überhaupt eine Zuständigkeit bestand, über den Fall zu entscheiden.[1016]

Bevor diese Entscheidungen getroffen werden konnten, erschien ein Telegramm des Nizam von Hyderabad, dass er den Fall von der Agenda und zugleich auch seine entsandte Delegation zurückziehen wolle. Letztere sei nicht weiter berechtigt, ihn oder den Staat Hyderabad in der Angelegenheit vor dem Sicherheitsrat zu vertreten.[1017]

Die Delegation unter Nawab Moin Nawaz Jung zweifelte daraufhin die Echtheit des Telegramms und zumindest seine freiwillige Entstehung an.[1018]

Der Sicherheitsrat hatte sich somit in seinen folgenden Sitzungen mit den Fragen zu befassen, ob die Delegation Hyderabads weiter berechtigt war, für den Staat zu sprechen und ob das durch den Nizam übermittelte Telegramm tatsächlich als authentisch bezeichnet werden konnte.[1019]

Im Rahmen dessen kam es zu Aussagen, die Rückschlüsse darauf zulassen könnten, dass eine Pflicht zur Nicht-Anerkennung dann an Geltungskraft einbüßt, wenn das Staatsoberhaupt den *fait accompli* ohne weitere Gegenwehr hinnimmt.

So erklärte der Vertreter Argentiniens, José Arce:

> „*I have no objection to accepting the authenticity of the letters, and thus the only question for the Security Council to consider is not whether it should discuss merely for the sake of discussing but rather whether or not the complaint of the Nizam of Hyderabad against India has been withdrawn. If the complaint is withdrawn, as the Nizam of Hyderabad requests, there is no problem before us and no reason to continue the discussion.*"[1020]

1014 UN Doc. S/986.

1015 UN Doc. S/998; UN Doc. S/1000.

1016 SCOR, 357th meeting, 16.9.1948.

1017 UN Doc. S/1011.

1018 UN Doc. S/1118.

1019 http://www.un.org/en/sc/repertoire/46-51/Chapter%208/46-51_08-19-The%20Hyderabad%20question.pdf, S. 353 (Stand: 28.7.2016).

1020 SCOR, 360th meeting, S. 11.

Auch der Vertreter Kolumbiens, Roberto Urdaneta Arbeláez, argumentierte in dieselbe Richtung:

> *„We know that the territory of Hyderabad is under Indian military occupation. We cannot, therefore, be certain that the second letter was signed by the Nizam of his own free will. If voluntarily signed, it has, of course, full legal value and should lead to the withdrawal of the delegation and also to the removal of the item from the agenda of the Security Council."*[1021]

Man war sich daher im Grundsatz einig, im Falle des Vorliegens einer authentischen und freiwillig zustande gekommenen Nachricht des Nizam die Streitigkeit beilegen zu wollen. Eine Behandlung des Vorfalls im Sicherheitsrat sollte dann nicht weiter erfolgen.

Dies sogar trotz des bestehenden Konsenses, dass eine völkerrechtswidrige militärische Okkupation stattgefunden hatte. Insbesondere José Arce hatte immer wieder darauf hingewiesen, dass Indien völkerrechtswidrig gehandelt habe und die Situation rückgängig zu machen sei:

> *„We must protect the little fish from being devoured by the big fish. Such is the situation in Hyderabad. It appears entirely clear to me that the Security Council must request the Government of India to withdraw its troops from Hyderabad and reestablish the former Government there."*[1022]

Dass die Fortführung der Hyderabad-Frage auf der Tagesordnung des Sicherheitsrates daher allein von dem tatsächlichen Willen des Nizam abhängig gemacht wurde, kann als Indiz dafür gesehen werden, dass eine Pflicht zur Nicht-Anerkennung aufgrund des entgegenstehenden Willens des betroffenen Staatsoberhauptes erlöschen kann.

Natürlich kann der Fall Hyderabad nicht als abschließende Begründung für eine solche Annahme ausreichen, denn zum einen befand sich zum Zeitpunkt der Entscheidung über den Vorfall die Herausbildung einer Pflicht zur Nicht-Anerkennung noch im Fluss und war keineswegs zweifelsfrei gewohnheitsrechtlich verankert.

Zum anderen war auch der Status Hyderabads als unabhängiger Staat nicht unumstritten. Die ehemaligen Fürstenstaaten hatten nach dem Rückzug Großbritanniens einen zumindest nicht über alle Zweifel erhabenen und unangefochtenen Status in der Staatengemeinschaft, sodass die territorialen Ambitionen Indiens nicht selbstverständlich von der Hand zu weisen waren.

1021 Ebd., S. 12.
1022 Ebd., S. 8.

Trotz auch weiterer Faktoren, die dazu geführt haben, dass der Fall nicht Gegenstand kollektiver Anerkennung wurde, zeigt sich doch auch in den Äußerungen innerhalb der Sicherheitsratssitzungen, dass die Einstellung des Staatsoberhaupts Wirkungen zeigen und auch zur Auflösung des Verfahrens führen kann.

2) Der Dalai Lama und die Verabschiedung vom Wunsch eines eigenen Staates

Die Aufgabe der Ambitionen des Dalai Lama zur Rückkehr zum *status quo ante* und einer damit verbundenen Unabhängigkeit Tibets ist ein weiteres Beispiel, um den möglichen Faktor eines Aufweichens der Nicht-Anerkennungspflicht durch die Hinnahme eines *fait accompli* durch Staatsoberhäupter nachzuweisen.

Der Ablauf der chinesischen Annexion Tibets im Jahr 1951 wurde weiter oben bereits detailliert ausgeführt.

Von Interesse ist, ob die spätere Aufgabe des Dalai Lama, die Unabhängigkeit Tibets zu fordern, Einfluss auf das Bestehen einer Pflicht zur Nicht-Anerkennung zeitigen konnte.

Dies anhand der Staatenpraxis zu beurteilen, ist freilich sehr schwer, da die chinesische Annexion durch die Staatengemeinschaft anerkannt bzw. zumindest hingenommen wurde. So mag zwar eine gewohnheitsrechtliche Pflicht zur Nicht-Anerkennung bestehen bzw. bestanden haben, diese wurde aber zu keinem Zeitpunkt effektiv ausgeübt.

Dennoch soll im Folgenden untersucht werden, ob Anhaltspunkte in der Staatenpraxis bestehen, die einen Schluss darauf zulassen, dass sich die Abkehr des Dalai Lama vom Wunsch einer Unabhängigkeit auf die internationale (Nicht-) Anerkennungspraxis ausgewirkt hat.

Erstmals konfrontierte der Dalai Lama die Öffentlichkeit mit der Aufgabe seiner Forderung nach Unabhängigkeit vor dem Europäischen Parlament in Straßburg am 15. Juni 1988.

In einer Erklärung gab er dabei an:

> *„I have thought a long time on how to achieve a realistic solution to my nation's plight. My cabinet and I solicited the opinions of many friends and concerned persons. [...] We, have therefore, taken the initiative to formulate some thoughts which, we hope, may serve as a basis for resolving the issue of Tibet. [...] The whole of Tibet [...] should become a self-governing democratic political entity founded on law by agreement of the people for the*

common good and the protection of themselves and their environment, in association with the People's Republic of China. The Government of the People's Republic of China could remain responsible for Tibet's foreign policy."[1023]

Aus der Erklärung wird deutlich, dass der Dalai Lama bereit ist, die Forderung nach der Unabhängigkeit Tibets gegen einen weitreichenden Autonomiestatus innerhalb des chinesischen Staatsverbands einzutauschen.

Dieser so genannte „Mittelweg" wird durch das Staatsoberhaupt seither konsequent fortgeführt und kann als Reaktion auf die mangelnde Unterstützung der Staatengemeinschaft gesehen werden, die Unabhängigkeitsbestrebungen Tibets zu fördern.

Das Einlenken des Dalai Lama wurde durch die internationale Gemeinschaft begrüßt und auch unterstützt.[1024] Die durch Tibet vorgeschlagene Autonomielösung wird als geeignet angesehen, die Minderheit der Tibeter zu schützen und dennoch zu verhindern, dass eine Abspaltung aus dem chinesischen Staat erfolgt.

Begann mit der Einführung des Mittelweges der Kampf für einen Autonomiestatus, so endete doch zugleich auch der Wunsch nach einem eigenen, unabhängigen Staat.

Der amerikanische Geschichtsprofessor *Elliot Sperling* fasst die praktischen Auswirkungen durch die Abkehr des Dalai Lama von den Unabhängigkeitsforderungen für das tibetische Volk signifikant folgendermaßen zusammen:

„One might say that when the Dalai Lama announced an end to the struggle for Tibetan independence in 1988, saying that the goal of the movement he was leading was to see Tibet as the above-mentioned democratic „entity" within China, the apparatus of self-delusion kicked in almost immediately. Some of his officials discreetly told exiles that the Dalai Lama's proposal actually offered Tibetans a way to return to Tibet and continue an independence struggle from within (delusional seems too kind a word for such thinking), while others fed the desperate desire of many exiles to avoid seeing in all this the end of the struggle for a country of their own that they thought they had been waging for decades, by resorting to explanations claiming that the Dalai Lama would leave the final decision up

1023 Strasbourg Proposal 1988, Address to the Members of the European Parliament v. 15.6.1988.

1024 Siehe u.a.: European Parliament resolution on the Western China Poverty Reduction Project and the future of Tibet v. 6.7.2000; Position Obamas: Readout of the President's Meeting with His Holiness the XIV Dalai Lama, https://www.whitehouse.gov/the-press-office/2014/02/21/readout-president-s-meeting-his-holiness-xiv-dalai-lama (Stand: 28.7.2016); Position Deutschlands in: *Grote*, Völkerrechtliche Praxis der Bundesrepublik Deutschland im Jahre 1995, ZaöRV 1997, S. 923, 930.

to the Tibetan people, thus convincing those who wanted to be convinced that his statement was not opposed to the struggle for independence. And many held on to that hope, which was indeed an act of self-delusion.“[1025]

Die fortwährende Illusion der tibetischen Bevölkerung in naher oder auch ferner Zukunft in einem eigenen Staat leben zu können, wird als Selbstbetrug identifiziert. Denn durch die Abkehr des Dalai Lama von der Forderung eines unabhängigen Tibet besteht für die internationale Gemeinschaft keinerlei Anlass, die Abspaltung aus der Volksrepublik China zu unterstützen oder irgendwie voranzutreiben.

Ein Recht zur Abspaltung aus der Konstruktion einer „remedial secession“ war dabei jedoch nicht undenkbar. Dies zeigt sich auch in einer Resolution des Europäischen Parlaments, die indirekt ein Sezessionsrecht als Antwort auf die anhaltenden Menschenrechtsverletzungen und die Unterdrückung der tibetischen Minderheit in Aussicht stellte:

„*D) noting with deep anxiety the continued denial of the Tibetans people's right to self-determination, in spite of the fact that according to the relevant international law, a broad range of possibilities are available to pave the way for the attainment of this right;*“[1026]

Allerdings wird diese Möglichkeit mit Verweis auf die Einstellung des Dalai Lama gleich wieder abgeschwächt, da eine Unabhängigkeit eben nicht weiter angestrebt werde:

„*C) recalling, however, that in his determination to secure the human rights of Tibetans by peaceful means, the Dalai Lama has made clear that he does not insist that Tibet should become totally independent;*“[1027]

Die Rückkehr zur Unabhängigkeit wird damit ausgeschlossen; dies jedoch nicht aufgrund des Willens des Europäischen Parlaments, sondern mit Bezug auf die Haltung des Dalai Lama.

1025 *Sperling*, Self Delusion, Beitrag von Mai 2014 auf der Internetpräsenz der Tibetan Buddhism in the West, http://info-buddhism.com/Self-Delusion_Middle-Way-Approach_Dalai-Lama_Exile_CTA_Sperling.html (Stand: 28.7.2016).

1026 *Department of Information and International Relations, Central Tibetan Administration*, International Resolutions and Recognition on Tibet (1959 to 2004), S. 15–16, European Parliament, 15.12.1992; so auch: *Ebd.*, S. 295, World Parliamentarians, 20.3.1994.

1027 *Ebd.*, S. 15, European Parliament, 15.12.1992; ebenso angemerkt in der Resolution des Europäischen Parlaments v. 24.6.1993, S. 24–26.

Interessant ist dabei, dass ab dem Zeitpunkt der Verkündung des Mittelwegs die Resolutionen des Parlaments beginnen, das Vorgehen Chinas ungeschminkt als Annexion zu bezeichnen und Tibet als besetztes Gebiet darzustellen.[1028]

Die damit eigentlich verbundene Konsequenz, das Vorgehen Chinas nicht anzuerkennen und auf eine Rückkehr zum rechtmäßigen *status quo ante* hinzuwirken, erübrigt sich durch den selbsterklärten Verzicht des Dalai Lama. Dieser hat damit ganz erheblich dazu beigetragen, die Vorgänge von 1951 klarer zu bewerten, ohne sich automatisch zu verpflichten, eine Abspaltung Tibets von China propagieren zu müssen.

Dies zeigt sich auch in der Resolution vom 16. Juni 1997, in der China aufgefordert wird, die Forderungen Tibets nach einem Autonomiestatus anzunehmen:

> „*Condemns China's occupation of Tibet and calls on the Chinese Government to accept the Dalai Lama's proposal which, without raising independence as a preliminary issue, calls for the resumption of negotiations on the basis of recognition of the cultural and religious autonomy of the Tibetan people and its right to self-government;*“[1029]

Der gleichsame Verweis auf die anhaltende Okkupation der Region soll verdeutlichen, dass ein *fait accompli* unzweifelhaft besteht. Die uneingeschränkte Unterstützung des Einlenkens Tibets durch dessen Absage an Unabhängigkeitsforderungen kann dabei durchaus so verstanden werden, dass zwar ein Recht Tibets existieren könnte, sich von China abzuspalten, dieses jedoch durch den Selbstverzicht beschnitten worden ist, was wiederum durch die internationale Gemeinschaft zu akzeptieren ist.

Drastischer wird das grundsätzlich bestehende Recht Tibets auf Unabhängigkeit in einer Erklärung der Konferenz Europäischer Parlamentarier ausgedrückt, in der es heißt:

> „*2) The Conference totally rejects China's repeated assertions that "Tibet is an integral part of the motherland", endorsing the conclusions of the Conference of International Lawyers held in London and the Strasbourg Permanent People's Tribunal, that Tibet prior to its occupation enjoyed independent status in International Law, a view expressed thirty years previously by the Legal Enquiry Committee of the International Commission of Jurists. [...]*
> *5) The Dalai Lama and the democratically elected Tibetan Government-in-Exile should be given the fullest international support and the opportunity to address the UN General Assembly, especially in recognition of the non-violent approach of the Tibetan people in expressing their desire for independence.*“[1030]

1028 Besonders deutlich in: *Ebd.*, S. 45 und 35–36, European Parliament v. 13.3.1997 und 13.7.1995.

1029 *Ebd.*, S. 55, European Parliament, 16.6.1997.

1030 *Ebd.*, S. 21, European Parliament, 3.-4.5.1993.

Zwar nimmt die Konferenz den bereits zu diesem Zeitpunkt geäußerten Mittelweg nicht in seine Erklärung auf, jedoch wird auch hier deutlich, dass die (ehemaligen) Ansprüche ernst genommen und als zwingend angesehen werden.

Besteht das Bedürfnis nach einer Unabhängigkeit jedoch nicht weiter, sondern ist das Ziel lediglich die Erlangung eines Autonomiestatus, so ist dies durch den Willen der Konferenz ebenso gedeckt, denn angestrebt wird primär *„to safeguard the very existence of Tibet"*.[1031]

Auch der US-Kongress reagierte auf die Ankündigung des Mittelweges durch den Dalai Lama mit der Verabschiedung mehrerer Resolutionen, die das Vorhaben des geistlichen Oberhauptes Tibets stützten und die Volksrepublik China gleichsam aufforderten, sich mit dem Lösungsvorschlag auseinanderzusetzen und diesen anzunehmen.[1032]

Zwar wurde das chinesische Vorgehen nicht ausdrücklich als völkerrechtswidrige Annexion bezeichnet, es bestehen jedoch Andeutungen in der Resolution 107, die nahe legen, dass auch der Kongress davon ausgeht, dass Tibet das Recht auf einen eigenen, unabhängigen Staat besitzt, das durch die Annexion nicht untergegangen ist.[1033]

Zwar wird auf den Mittelweg des Dalai Lama nicht konkret Bezug genommen, jedoch ist die weiterführende Aussage in der Resolution, die besagt, dass das amerikanische Volk Tibet auf seinem Weg zur Freiheit unterstützen wird,[1034] in Verbindung mit den vorangegangenen Resolutionen zu lesen. Diese propagieren jedoch eindeutig keine Unabhängigkeit, sondern den Vorschlag des Dalai Lama, eine Autonomielösung mit der Volksrepublik zu finden.

Auch hier beeinflusst die Haltungsänderung des Dalai Lama die Position eines Staates. Zwar wird das chinesische Vorgehen indirekt als rechtswidrig eingestuft, der konsequente Schluss zur Rückgängigmachung des völkerrechtswidrigen Zustands wird jedoch nicht angemahnt. Dies ist, zumindest auch, auf den Mittelweg

---

1031 *Ebd.*, S. 21, European Parliament, 3.-4.5.1993.

1032 *Ebd.*, S. 87–89, US Congress, S. Con. Res. 129, 16.9.1988; S. 90–92, US Congress, S. Res. 82, 15.3.1989.

1033 *Ebd.*, S. 100–101, S. Res. 107, 18.4.1991, *„Whereas in 1960 the International Commission of Jurists' Report on Tibet stated that Tibet demonstrated from 1913 to 1959 the conditions of statehood as generally accepted under international law"*.

1034 *Ebd.,: „it is the sense of the Senate that the Government of the People's Republic of China should know that the Tibetan people and His holiness the Dalai Lama of Tibet go forward on their journey towards freedom the Congress and the people of the United States stand with them."*

des Dalai Lama zurückzuführen, da durch dessen erklärten Verzicht das Pochen auf eine tibetische Unabhängigkeit obsolet geworden ist.

Im Nachgang der angesprochenen Resolution, die das chinesische Vorgehen nur indirekt als rechtswidrig erklärt, schlägt auch der Kongress schärfere Töne an und verurteilt die chinesische Invasion offen als illegale Okkupation:

> *„Whereas in 1949–1950, China launched an armed invasion of Tibet in contravention of international law; whereas at the time of occupation, Tibet possessed all the attributes of statehood under international law [...] It is the sense of the Congress that Tibet [...] is an occupied country under the established principles of international law whose true representatives are the Dalai Lama and the Tibetan Government-in-exile as recognized by the Tibetan people.“*[1035]

Zuletzt folgte die Forderung des Repräsentantenhauses an den amerikanischen Präsidenten, der Volksrepublik ein Ultimatum von drei Jahren zu stellen, um Tibet den geforderten Autonomiestatus einzuräumen, anderenfalls solle die tibetische Regierung ausdrücklich anerkannt werden.[1036]

Diese Resolution verdeutlicht als abschließendes Beispiel signifikant die Haltung des amerikanischen Kongresses. Dieser sieht die chinesische Annexion als völkerrechtswidrig an und zieht ausdrücklich die Anerkennung Tibets bzw. der tibetischen Exilregierung in Betracht. Dies jedoch allein als *ultima ratio.* Vorrangig ist die Durchsetzung des durch den Dalai Lama eingeschlagenen Mittelweges.

Vorausgesetzt, der Dalai Lama hätte sich seit 1988 nicht kompromissbereit gezeigt und hätte an der Unabhängigkeit Tibets festgehalten, während die Unterdrückung seines Volkes durch China fortgeschritten wäre, so hätte der Kongress allein die Möglichkeit gehabt, die Abspaltung aus dem chinesischen Staatsverband zu fördern, um seinem Willen Ausdruck zu verleihen. Dies ist jedoch deshalb nicht notwendig, da der Dalai Lama selbst auf diesen starken Schritt verzichtet und einen Zwischenweg angeboten hat.

Die Nicht-Anerkennung wird durch die Haltung des Staatsoberhauptes folglich beeinflusst und in seiner Reichweite abgeschwächt.

Auch der australische Senat äußerte sich in mehreren Resolutionen zum Tibet-Konflikt. Als positiv wurde dabei der Aufruf der Vereinigten Staaten angesehen, dass Tibet und die Volksrepublik China in einen konstruktiven Dialog

---

1035 *Ebd.*, S. 102–103, H. Con. Res. 145, 21.5.1991; zudem auch: S. 165–166, United States Public Law 102–138, H.R. 1415, Foreign Relations Authorisation Act Fiscal Years 1992 and 1993, 28.10.1991; so auch: S. 237–238, Association of Local Authorities in Lithuania, 25.10.1996.

1036 *Ebd.*, S. 143–145, US Congress, H. Res. 357, 5.3.2002.

über die Zukunft der besetzten Region treten sollten.[1037] Dabei wird zwar weder ausdrücklich für oder gegen eine Unabhängigkeitslösung Tibets plädiert, jedoch zeigt die, in unterschiedlichen Resolutionen enthaltene, Bezugnahme auf die Erklärung des Mittelweges durch den Dalai Lama im Jahr 1988, dass allein die Forderung nach Autonomierechten eine Lösung des Konfliktes herbeiführen kann.[1038]

Auch hier wird demnach die Kehrtwende in den Forderungen des Dalai Lama berücksichtigt und als Grundlage für weiterführende Verhandlungen genommen.

Der Einfluss der Hinnahme des *fait accompli* durch den Dalai Lama auf die Politik einer Nicht-Anerkennung gegenüber der chinesischen Annexion zeigt sich weiterhin auch in der Praxis Deutschlands.

So schweigt sich der westdeutsche Bundestag in einer Erklärung über den Status Tibets und die Ereignisse von 1950 vollkommen aus,[1039] während in einer späteren Resolution aus dem Jahr 1996 das Vorgehen Chinas ausdrücklich als rechtswidrige Invasion bezeichnet wird.[1040]

Es liegt auch hier nahe, dass die ungehinderte völkerrechtliche Bewertung der Annexion mit dem Einschlagen des Mittelwegs durch den Dalai Lama zusammenhängt.

Denn Deutschland hatte immer die Position inne, dass Tibet zwar gewisse Rechte zustehen, diese aber nicht in eine Unabhängigkeit von China ausschlagen sollen. Durch die Reduktion der Forderungen durch das Staatsoberhaupt Tibets hatte demnach auch Deutschland weniger Schwierigkeiten, die Missstände in Tibet offen anzusprechen. Hätte man eine ähnliche völkerrechtliche Bewertung vor 1988 propagiert, wäre es widersprüchlich gewesen, eine Unabhängigkeit Tibets abzulehnen.

In einer späteren Resolution von 2002 wird daher auch allein der Mittelweg des Dalai Lama als Basis für Verhandlungen zwischen den beiden Konfliktparteien vorgeschlagen, ohne das den Tibetern eigentlich zustehende Recht auf Unabhängigkeit ins Spiel bringen zu müssen.[1041]

Neben Deutschland lässt auch das belgische Repräsentantenhaus durchblicken, dass das Einlenken des Dalai Lama die chinesische Annexion nachträglich legitimiert. Denn auch durch dieses werden die Ereignisse von 1950 als

1037 *Ebd.*, S. 207, Australian Senate, 29.5.1997.
1038 *Ebd.*, S. 205, Austalian Senate, 17.9.1996.
1039 *Ebd.*, S. 210–211, West German Bundestag, 15.10.1987.
1040 *Ebd.*, S. 212–215, German Bundestag, 19.6.1996.
1041 *Ebd.*, S. 216–219, German Bundestag, 18.4.2002.

völkerrechtswidrig ausgewiesen, um wenig später den Vorschlag des Mittelweges aus dem Jahr 1988 als gangbaren Lösungsweg hervorzuheben.[1042] Auch hier wird die Einstellung des Dalai Lama daher zum Anlass genommen, von einer Nicht-Anerkennung absehen zu können. Das Kompromissverhalten des tibetischen Oberhauptes fungiert daher zum einen als Möglichkeit für die Staatengemeinschaft, sich klar auf die Seite Tibets zu stellen, ohne eine Unabhängigkeit fordern zu müssen. Zum anderen ist sie ein erster und wichtiger Schritt zur Lösung des lang anhaltenden Konfliktes.

Auch das Weltparlament honoriert den Mittelweg des Dalai Lama als *„fair and reasonable offer to open negotiations"*.[1043] Obgleich in Resolutionen desselben immer wieder angemerkt wurde, dass die Vorgänge aus dem Jahr 1950 illegal waren und Tibet bis heute völkerrechtswidrig durch China besetzt wird, sieht auch das Weltparlament die Forderung von Autonomierechten als gute Grundlage für weitere Verhandlungen an. Der Selbstverzicht des Dalai Lama hat damit eindeutig Einfluss auf die Haltung internationaler Staaten und auch nichtstaatlicher Akteure.

Denn das Weltparlament selbst bezeichnet die Erlangung einer völligen Unabhängigkeit Tibets keineswegs als undenkbar, da historisch gesehen ein Anspruch Tibets auf einen solchen Status besteht. Durch die Verkürzung der eigenen Rechte ist die Erlangung einer politischen Lösung mit der Volksrepublik jedoch offensichtlich greifbarer, sodass der Mittelweg akzeptiert und gleichbedeutend damit in Kauf genommen wird, dass sich der völkerrechtswidrige Zustand konsolidiert.

Zusammenfassend lassen sich folgende Punkte festhalten:

(1) Die Bewertung des chinesischen Vorgehens als völkerrechtswidrige Annexion und mithin als illegal keimte insbesondere nach der Ankündigung des Mittelweges durch den Dalai Lama im Jahr 1988 auf.

(2) Der Mittelweg wird durch die angeführten Resolutionen einhellig unterstützt. Nur wenige nicht-staatliche Organisationen oder Parlamente fordern trotz des Einlenkens des Dalai Lama die Unabhängigkeit Tibets.

Aus dieser Feststellung lässt sich folgern, dass das Einschlagen des Mittelweges durch den Dalai Lama erheblichen Einfluss auf die Bewertung der chinesischen Annexion aus dem Jahr 1950 gehabt hat.

1042 *Ebd.*, S. 227–231, Belgian House of Representatives, 20.6.1996.

1043 *Ebd.*, S. 299–302, World Parlamentarians, Convention on Tibet, 23.-24.4.1997.

Denn ein Großteil der Staaten hatte bisweilen über den völkerrechtlichen Status Tibets geschwiegen oder aber die Integration in den chinesischen Staatsverband anerkannt. Hätte eine Verurteilung Chinas stattgefunden, so wäre es widersprüchlich gewesen, allein Autonomierechte anstatt einer eigentlich zustehenden Unabhängigkeit zu fordern.

Durch den selbsterklärten Verzicht des Dalai Lama auf letztere Variante waren die Staaten demnach nicht weiter in dem oben beschriebenen Dilemma. Der Mittelweg konnte unterstützt werden, ohne eine Abspaltung von China propagieren zu müssen. Dies zeigt auch die ab 1988 verschärfte Formulierung der Völkerrechtswidrigkeit der chinesischen Invasion, durch die man nicht weiter Gefahr lief, sich in Widerspruch zu setzen zu den sich daraus konsequent anschließenden Rechtsfolgen einer Rückkehr zur Rechtmäßigkeit.

3) Zwischenergebnis

Sowohl der Fall Hyderabad als auch derjenige Tibets zeigen, dass die Haltung eines Staatsoberhauptes gegenüber dem *fait accompli* Einfluss auf das Verhalten der Staatengemeinschaft haben kann.

Die Entscheidung, sich dem völkerrechtswidrigen Zustand zu beugen, findet daher zumindest Beachtung, insbesondere wenn sie aus freien Stücken erfolgt.

Das Einlenken eines Staatsoberhauptes ist mithin geeignet, eine Pflicht zur Nicht-Anerkennung abzuschwächen, wenn nicht sogar ganz aufzulösen.

Dies kann vor allem dann angezeigt sein, wenn ein über mehrere Jahre oder Jahrzehnte schwelender Konflikt durch die Opferbereitschaft des von einer gewaltsamen territorialen Verschiebung betroffenen Staates einer Lösung zugeführt werden kann.

Denn im Ergebnis wird die Staatengemeinschaft eher darauf pochen, einen Konsens zu finden, der Stabilität in eine krisenhafte Region bringt als stets die Rückkehr zu einer rechtmäßigen Situation einzufordern, die zur Beibehaltung oder sogar Intensivierung bestehender Spannungen führen würde.

Kapitel 5: Demographische Verschiebungen – Das Beispiel Tibet

> *„Tibet is being colonized by waves of Chinese immigrants. We are becoming a minority in our own country. The new Chinese settlers have created an alternate society: a Chinese apartheid which, denying Tibetans equal social and economic status in our own land, threatens to finally overwhelm and absorb us.“*[1044]

1044 Dalai Lama's Address to Members of the U.S. Congress at the U.S. Capitol Rotunda, 18.4.1991.

Die Worte des Dalai Lama an den US-Kongress aus dem Jahr 1991 drücken die Besorgnis um die völlige Zerstörung der tibetischen Kultur durch eine Siedlungspolitik der Volksrepublik China signifikant aus.

Während die Auswirkungen der Ansiedlung von Han-Chinesen an mancher Stelle heruntergespielt werden,[1045] sprechen andere von einem „kulturellen Genozid", der an der tibetischen Bevölkerung vorgenommen werde.[1046] Nach einer Volkszählung aus dem Jahr 2000 sollen im Großraum Tibet[1047] circa 10,5 Millionen Menschen gelebt haben. Davon waren nach offiziellen Angaben der chinesischen Regierung knapp 50% Tibeter, während die Han-Chinesen einen Anteil von 34,5% ausmachten, also sich zumindest nicht in der Überzahl befanden.[1048] Demgegenüber sollen die Han-Chinesen im Autonomen Gebiet Tibet allein nur einen Anteil von 6,4 % ausgemacht haben, was jedoch äußerst zweifelhaft erscheint und vermutlich nicht der Realtität entsprechen wird.[1049]

Ein erneut durchgeführter Zensus im Jahr 2010 bezifferte den Anteil der Han-Chinesen im Autonomen Gebiet Tibet auf 8,1 %;[1050] auch diese Angaben begegnen ernsthaften Bedenken in Hinsicht auf ihre Glaubwürdigkeit.[1051] Gesicherte

---

1045 *Sautman*, „Cultural Genocide" and Tibet, Texas International Law Journal 2003, S. 173–248.

1046 *Gyaltsen*, Preventing Cultural Genocide: The Case for Genuine Autonomy for Tibet, Vortrag auf dem Symposium on Cultural Diplomacy & Human Rights in Berlin v. 31.5.2013, abgedruckt auf der Internetpräsenz der Central Tibetan Administration; *Department of Information and International Relations, Central Tibetan Administration*, International Resolutions and Recognition on Tibet (1959 to 2004), S. 296–298, World Parlamentarians Convention on Tibet, 26.-28.5.1995.

1047 Zu diesem zählt neben dem Autonomen Gebiet Tibet sowie den Provinzen Qinghai, Sichuan, Yunnan und Gansu auch Xining und Haidong.

1048 *Department of Population, Social, Science and Technology Statistics of the National Bureau of Statistics of China and Department of Economic Development of the State Ethnic Affairs Commission of China*, Tabulation on the 2000 Population Census of the People's Republic of China, 2 vols. 2003,; weitergehend zu Tibet: *Hao*, Tibetan Population in China: Myths and Facts Re-examined, Asian Ethnicity 2000, S. 11–36; Population Structure and Changes in the Tibet Autonomous Region – An Analysis of the Recent Census Data, http://www.case.edu/affil/tibet/tibetanSociety/documents/TAR-Census2.pdf (Stand: 28.7.2016).

1049 *Fischer*, The Disempowered Development of Tibet in China: A Study in the Economics of Marginalization, S. 112.

1050 *Yuan/Kunga/Li*, Tibetan Folktales, S. 6; *Sautman*, Ethnicity, S. 140, in: *Tay/So*, Handbook of Contemporary China.

1051 *Fischer*, The Disempowered Development of Tibet in China: A Study in the Economics of Marginalization, S. 112.

Zahlen bezüglich der Bevölkerungsstruktur und des Anteils von Tibetern und Han-Chinesen in den restlichen Provinzen des Großraums Tibet bestehen bis *dato* nicht. Da sich die offiziellen Angaben der chinesischen Regierung aus den verschiedenen Zensen und die Angaben der tibetischen Exilregierung massiv unterscheiden, ist es fast unmöglich, genaue bzw. die „wahren" Zahlen über die demographischen Veränderungen in der Region Tibet herauszufiltern.

Dennoch scheint ein kontinuierlicher Zuwachs chinesischer Siedler in Tibet seit 1950 tatsächlich zu erfolgen,[1052] der unter anderem zur Folge hat, dass auch die Han-Chinesen Tibet als ihre Heimat ansehen und gleichsam ihre eigenen kulturellen Wertvorstellungen leben und in die Region aktiv hineintragen. Durch die demographische Verschiebung zugunsten von Bürgern mit chinesischer Herkunft schwindet die tibetische Prägung von Städten und der Kultur, sodass die ehemals gravierenden Unterschiede zwischen China und Tibet verwischen und eine Gleichstellung zunehmend hergestellt wird.[1053]

Aufgrund dieses Umstandes könnte für die Staatengemeinschaft ebenfalls ein Grund vorliegen, die chinesische Annexion nachträglich anzuerkennen. Denn die stattfindende Egalisierung zwischen China und Tibet macht es für letzteren Staat quasi unmöglich, identitätsstiftende Unterschiede zum Nachbarland aufrechtzuerhalten, sodass die Tendenz dahin gehen könnte, dass Tibet, zumindest kulturell, als integraler Bestandteil Chinas angesehen wird. Zudem könnte eine tibetische Unabhängigkeit allein aufgrund des zunehmend entgegenstehenden Mehrheitswillens der mittlerweile in Tibet lebenden Chinesen als illusorisch eingestuft werden.

Nicht umsonst erkennt der Dalai Lama die Ansiedlung der Chinesen als das größte Problem Tibets an, da durch diese unumkehrbare Fakten geschaffen werden.[1054]

Ob die Staatengemeinschaft die demographischen Veränderungen tatsächlich als Anlass nimmt, die chinesische Annexion nachträglich anzuerkennen, soll im Folgenden untersucht werden.

1052 *Ma*, Population and Society in Contemporary Tibet, S. 69–70; *McCorquodale/Orosz*, Tibet, the Position in International Law: Report of the Conference of International Lawyers on Issues relating to Self-Determination and Independence for Tibet, S. 184–185.

1053 Eine genaue Analyse der Siedlungspolitik bis 1997 findet sich bei: *International Commission of Jurists*, Tibet: Human Rights and the Rule of Law, 1997, S. 101–120; *Ludwig*, Tibet, 5. Aufl., S. 98.

1054 *Ebd.*, S. 97.

Grundsätzlich äußerten sich bestehende Erklärungen und Resolutionen sehr kritisch zu der chinesischen Siedlungspolitik. Während das Repräsentantenhaus Belgiens die Ansiedlung der Han-Chinesen als Verstoß gegen das Völkerrecht bewertet,[1055] stuft das Weltparlament die Einflussnahme auf die Demographie sogar als genozidartigen Vorgang ein.[1056]

Zwar weniger scharf, aber dennoch bestimmend, kritisiert ein Großteil der Staatengemeinschaft die Bevölkerungspolitik Chinas und fordert einen sofortigen Stopp der Ansiedlung, die zu einer kulturellen Zersetzung Tibets führe.[1057]

Ähnlich wie der Dalai Lama selbst bezeichnet auch der US-Kongress die massiven Siedlungsströme als größtes Problem Tibets. Diese hätten folgendes zum Effekt:

> *„[...] the rate of population transfer has now reached the point where the distinct identity of the Tibetan people and their civilization are being overwhelmed“.*[1058]

Die Feststellung, dass die tibetische Kultur und vor allem Identität überlagert werden, drückt die Verwischung der beiden Länder eindeutig aus.

Einhergehend mit diesem Identitätsverlust steht auch die Gefahr des Erlöschens des den Tibetern zukommenden Selbstbestimmungsrechts. Denn wenn die Han-Chinesen in weiten Teilen Tibets die Bevölkerungsmehrheit stellen, so wird das tibetische Volk quasi zur eigenen Minderheit auf seinem Gebiet degradiert und damit auch sein Wille überlagert.

Diese Problematik wird auch durch die Konferenz internationaler Juristen erkannt und treffend ausgedrückt:

1055 *Department of Information and International Relations, Central Tibetan Administration*, International Resolutions and Recognition on Tibet (1959 to 2004), The House of Representatives, Belgium, 20.6.1996, S. 234.

1056 *Ebd.*, World Parlamentarians, Convention on Tibet, 26.-28.5.1995, S. 301.

1057 Z.B.: *Ebd.*, European Parliament, 13.7.1995, S. 42; European Parliament, 14.6.2012 on the human rights situation in Tibet (2012/2685(RSP)); BT-Drs. 16/9747, 25.6.2008, S. 2; *Department of Information and International Relations, Central Tibetan Administration*, International Resolutions and Recognition on Tibet (1959 to 2004), United States, Public Law 103–87, Foreign Operations, Export Financing, and Related Programs Appropriation Bill, 1994, 10.6.1993, S. 173; United States, Public Law 103–306, Foreign Operations, Export Financing, and Related Programs Appropriation Bill, 1995, 23.5.1994; *Department of Information and International Relations, Central Tibetan Administration*, International Resolutions and Recognition on Tibet (1959 to 2004), Hungarian Parliament, Human Rights Committee, 24.6.2004, S. 247; *Ebd.*, Permanent Tribunal of Peoples, Session on Tibet Verdict, 20.11.1992, S. 272.

1058 *Ebd.*, United States Congress, H.Con.Res. 106, 27.5.1993, S. 113.

„6.1) [...] The map of Tibet has been redrawn by the PRC. The boundaries of Tibet certainly extend beyond the "Tibetan Autonomous Region". Without an act of self-determination on the part of the Tibetan people involved, this alteration of their traditional territory does not conform to international law.
6.2) Following the PRC's military action of 1949–50, significant settlements of non-Tibetans from China have occurred in the traditional territory of Tibet without the free consent of the Tibetan people. These settlements have been actively encouraged by the policies of the PRC. According to the evidence, this has had, and is having, serious consequences for Tibetan culture, religion, institutions and national identity. [...]
6.3) To the extent at least that such population transfers have occurred for the purpose, or with the effect, of diminishing the exercise by the Tibetan people of their right to self-determination and of other basic rights belonging to them by international law. They should cease at once. [...]"[1059]

Stellen die Tibeter jedoch kein eigenständiges Volk mehr dar bzw. ist das Selbstbestimmungsrecht untergegangen, so besteht auch kein Raum mehr für eine Unabhängigkeit.

Zwar betont die herrschende Literaturmeinung, dass aufgrund des völkerrechtlichen Verbots forcierter Populationsveränderungen in besetzten Gebieten die Möglichkeit einer Einflussnahme auf das Selbstbestimmungsrecht der ursprünglichen Bevölkerung *e contrario* ausscheide,[1060] dennoch lässt sich die logische Konsequenz nicht leugnen, dass die fortschreitende Zersetzung eines Volkes die Ausübung eines Selbstbestimmungsrechts auf Dauer unmöglich machen wird.

Im konkreten Fall wird das fortwährende Bestehen eines Selbstbestimmungsrechts für das tibetische Volk durch die internationalen Akteure jedoch nicht in Frage gestellt.[1061] So wird teilweise sogar ausdrücklich davor gewarnt, dass die chinesische Siedlungspolitik das Selbstbestimmungsrecht gefährde und dieser Zustand keinesfalls unterstützt werden dürfe, weder ideologisch noch finanziell.[1062]

1059 *Ebd.*, Conference of International Lawyers, Self-determination and Independence for Tibet, 6.-10.1.1993, S. 275.

1060 *Schmitz*, Tibet und das Selbstbestimmungsrecht der Völker, S. 180 m.w.N.

1061 A/RES/1723 (XVI).

1062 *Department of Information and International Relations, Central Tibetan Administration*, International Resolutions and Recognition on Tibet (1959 to 2004), European Parliament, 15.12.1992, S. 21; *Ebd.*, Conference of European Parliamentarians, 3.-4-5.1993, S. 28; *Ebd.*, Conference of International Lawyers, Self-determination and Independence for Tibet, 6.-10.1.1993, S. 275.

Die Internationale Juristenkommission weist in ihrem Tibet-Report 1997 explizit auf die Erklärung des Sonderberichterstatters bezüglich verbotener Bevölkerungsumsiedlung hin, die besagt, dass

> *„the disparate elements of international human rights law indicate the developing right of individuals and groups not to be subject to population transfer, either as participants or recipients. The cumulative rules of existing and emerging human rights and humanitarian law are consistent with a legal prohibition against most known forms of population transfer.“*[1063]

Nach Ansicht der Juristenkommission fällt die Situation in Tibet unter diese Definition verbotener Siedlungspolitik und hindert das tibetische Volk an der Ausübung der ihr rechtmäßig zustehenden Autonomie.[1064]

Es lässt sich damit festhalten, dass eine Mehrzahl von Staaten und insbesondere (nicht-)staatliche Organisationen die Siedlungspolitik der Chinesen verurteilen und die damit verbundene kulturelle Zerstörung Tibets nicht zum Anlass nehmen wollen, die dadurch geschaffenen Fakten einfach als gegeben hinzunehmen.

Dass massive demographische Veränderungen aber dennoch, zumindest in der Theorie, zu einer Abschwächung oder Auflösung der Nicht-Anerkennungspflicht führen könnten, lässt sich mit Blick auf die teils zitierten Resolutionen und Erklärungen ebenfalls nachweisen.

Diese sprechen zum Teil davon, dass die chinesische Siedlungspolitik dazu führen könne, dass die gesamte tibetische Kultur zunichte gemacht wird und damit verbunden auch ein Selbstbestimmungsrecht erlöschen könne.[1065] Denn dieses beinhalte primär das Recht eines Volkes, seine ökonomische, soziale und kulturelle Entwicklung selbst lenken zu können.[1066]

Wird dieses Volk durch massive Zuwanderung aber förmlich zersetzt, so wird die Ausübung solcher Rechte quasi unmöglich gemacht. Es werden Fakten geschaffen, die nicht oder kaum umkehrbar sind, denn die angesiedelten Han-Chinesen

---

1063 *International Commission of Jurists*, Tibet: Human Rights and the Rule of Law, 1997, S. 120.

1064 *Ebd.*, S. 120.

1065 House of Commons Foreign Affairs Committee, Human Rights Annual Report 2008, Seventh Report of Session 2008–09, Ev146, Zif. 7; *McCorquodale/Orosz*, Tibet, The Position in International Law: Report of the Conference of International Lawyers on Issues relating to Self-Determination and Independence for Tibet, S. 130–131.

1066 UN Interventions Sub-Commission on the Prevention of Discrimination and Protection of Minorities, Forty-ninth Session, Provisional Agenda Item 10, http://tibetjustice.org/reports/un/unint4.html (Stand: 28.7.2016).

können nicht ohne weiteres gezwungen werden, sich aus Tibet zurückzuziehen oder nicht am kulturellen Leben und Austausch zu partizipieren.[1067]

Es wird zwar von der Staatengemeinschaft zu verlangen sein, gegen die demographischen Umwälzungen vorzugehen und diese unter Umständen zu sanktionieren, was bis *dato* auch Usus war bzw. ist,[1068] jedoch wird man sich ab einem bestimmten Zeitpunkt auch Realitäten stellen müssen.

Sollten demographische Veränderungen dazu führen, dass ein Volk derart „manipuliert" wird, dass dieses nach den Kriterien des Völkerrechts ein solches nicht mehr darstellt, so wird auch das dem ehemaligen Volk zustehende Selbstbestimmungsrecht erlöschen.

Das Recht zur Selbstbestimmung muss zwingend an seinen Träger gekoppelt sein. Überlebt der Träger des Rechts jedoch nicht, so muss zwangsläufig auch das ihm anhaftende Recht im Sinne einer Akzessorietät erlöschen.

Dass die Situation in Tibet solche Ausmaße bisher nicht angenommen hat, zeigt sich an der überwiegenden Staatenpraxis, die dem tibetischen Volk ein Selbstbestimmungsrecht weiterhin zuspricht. Solange das tibetische Volk auch besteht, muss die Staatengemeinschaft dafür Sorge tragen, dass die Siedlungspolitik Chinas verurteilt bzw. unterbunden wird.

Sollte die fortführende Ansiedlung chinesischer Bürger jedoch dazu führen, dass ein tibetisches Volk irgendwann nicht weiter existiert bzw. eine Unterscheidbarkeit zur Volksrepublik nicht mehr besteht, so wird der internationalen Gemeinschaft keine andere Wahl bleiben, als die Inkorporation als Faktum hinzunehmen. Denn durch die Egalisierung der beiden Länder und die Übernahme der chinesischen Kultur durch Tibet ist absehbar, dass sich mit der Zeit auch ein Mehrheitswille herausfiltert, der einer Zugehörigkeit zur Volksrepublik zustimmt. Tritt dies ein, so ist (spätestens) der Weg frei, eine Pflicht zur Nicht-Anerkennung aufzugeben.

Insgesamt lässt sich festhalten, dass demographische Veränderungen Einfluss auf eine Pflicht zur Nicht-Anerkennung haben können.[1069]

1067 *Ludwig,* Tibet, 5. Aufl., S. 97.

1068 Siehe dazu neben den angeführten Resolutionen zu Tibet auch: A/RES/46/82A, Zif. 7 zur Siedlungspolitik Israels in besetzten Gebieten; S/RES/677 Präambel Abs. 3 zu demographischen Veränderungen in Kuwait; weitere Nachweise auch bei: *Schmitz,* Tibet und das Selbstbestimmungsrecht der Völker, S. 181.

1069 Ebenso: *Herdegen,* Effektivität und Legalität im Völkerrecht – von Tibet bis zur Krim-, S. 209, in: *Ackermann/Köndgen,* Privat- und Wirtschaftsrecht in Europa, FS Roth.

Dies ist dann anzunehmen, wenn die Bevölkerungsumschichtungen derartige Ausmaße annehmen, dass identitätsstiftende Unterscheidungsmerkmale der ursprünglichen Bevölkerung gänzlich wegbrechen und ein Prozess eintritt, der als Abschluss die gänzliche Egalisierung der bevölkerten Region mit dem Aggressor-Staat zur Folge hat.

Diesen Prozess zu verhindern ist zwar eine Obliegenheit der Staatengemeinschaft, da erzwungene Ansiedlungen in besetztem Gebiet einem völkerrechtlichen Verbot unterliegen. Sollten jedoch irgendwann unumkehrbare Tatsachen vorliegen, ist es realitätsfern, sich den geschaffenen Fakten zu verschließen.

Kapitel 6: Heilung durch Verträge oder Anerkennung?

Als sehr naheliegende Variante, die Einfluss auf das Bestehen einer Nicht-Anerkennungspflicht haben könnte, ist die vertragliche Heilung oder Anerkennung des völkerrechtswidrigen Zustandes durch den verletzten Staat zu untersuchen.

Wie also wäre demnach die Situation zu beurteilen, wenn die Ukraine Russlands Annexion der Krim akzeptiert und zur Anerkennung der territorialen Verschiebung einen Vertrag mit dem Aggressor schließt?

Wäre dieser Vorgang geeignet, die bestehende Pflicht zur Nicht-Anerkennung erlöschen zu lassen? Denn schließlich steht es der Ukraine frei, über ihr Territorium zu verfügen. Hätte Ukraine Russland die Krim-Halbinsel im Jahr 2013 abgetreten, so wäre die Staatengemeinschaft über den Schritt möglicherweise verwundert gewesen, mehr jedoch auch nicht. Denn geschieht die Minimierung des Staatsgebiets aus freien Stücken zugunsten einer anderen Nation, so ist dies zu respektieren und steht im völligen Belieben des verfügenden Staates.

Dies zeigt nicht nur das Beispiel des Erwerbs von Louisiana, Florida und Alaska durch die USA aufgrund von Abtretungsvereinbarungen mit Frankreich, Spanien und Russland,[1070] sondern auch die durch Chruschtschow initiierte russische Schenkung der Krim an die Ukraine.

Was aber ist der Fall, wenn nach einer geschehenen völkerrechtswidrigen Annexion oder Sezession ein Vertrag über die Anerkennung des Gebietswechsels geschlossen wird? Geschieht dies durch den verletzten Staat aus freien Stücken, könnte man die Sichtweise einnehmen, dass die Interessenlage zur Zession ohne vorigen Völkerrechtsbruch im Ergebnis gleich ist.

1070 *Herdegen*, Völkerrecht, 15. Aufl., §24, Rn. 12.

Denn wie oben bereits angeführt steht es jedem Staat frei, über sein Territorium zu verfügen. Wieso sollte es dann nicht möglich sein, unfreiwillige Gebietsverluste zu akzeptieren und damit auch nachträglich zu legitimieren?

Es ist nicht verwunderlich, dass in der Staatenpraxis wenige solcher Fälle existieren, da einer Nation nichts ferner liegen wird als die erlebte gewaltsame Einverleibung oder Abspaltung seines Staatsgebietes anzuerkennen. Möglicherweise lassen sich aber bereits aus den wenigen bestehenden Fällen generelle Aussagen treffen.

1) Vertrag zwischen der Russischen Föderation und der Republik Krim

Nachdem sich die Krim am 16. März 2014 infolge des abgehaltenen Referendums für unabhängig erklärt hatte, wurde nur zwei Tage später ein Vertrag mit der Russischen Föderation über die Inkorporation in deren Staatsverband unterzeichnet.[1071]

Auch durch diesen Schritt könnte eine legitimierende Wirkung für das völkerrechtswidrige Vorgehen Russlands eingetreten sein.

Allerdings war nicht die Krim, sondern allein die Ukraine berechtigt, über ihr Territorium zu verfügen. Durch die Abspaltung verstieß die autonome Krimregion nicht nur gegen Verfassungs-, sondern auch Völkerrecht und konnte mithin keine Unabhängigkeit erlangen, die es ihr erlauben würde, sich ohne Zustimmung des Mutterstaates einem anderen Staat anzuschließen.

Der Vertrag über die Eingliederung der Krim kann damit nicht als ein Beispiel für die aufgestellte Fallgruppe fungieren.

2) Vertrag zwischen Indien und Portugal über den Souveränitätswechsel bezüglich Goa

Die Region Goa stand seit 1509 unter portugiesischer Herrschaft und wurde im Dezember 1961 durch Indien annektiert.

Die Invasion durch indische Truppen wurde darauf im UN-Sicherheitsrat sehr kontrovers diskutiert.[1072] Dies mag vor allem daran gelegen haben, dass Portugal durch die Dekolonialisierungs-Richtlinien der Generalversammlung mehrfach

1071 Zeit Online v. 18.3.2014, „Vertrag über Eingliederung der Krim unterzeichnet“, http://www.zeit.de/politik/ausland/2014-03/russland-putin-krim-referendum-sanktionen (Stand: 28.7.2016).

1072 *Wright*, The Goa Incident, American Journal of International Law 1962, S. 617; *Korman*, The Right of Conquest: The Acquisition of Territory by Force in International Law and Practice, S. 267–275.

aufgefordert worden war, den Völkern seiner Kolonien, und damit auch Goa, zur Ausübung seines Selbstbestimmungsrechts zu verhelfen,[1073] was bis *dato* jedoch nicht geschehen war. Die Annexion befreite Portugal automatisch von dieser Pflicht, sodass das Vorgehen Indiens von mancher Seite positiv aufgenommen wurde. So sympathisierte der IGH bereits im Jahr 1960 in einer Entscheidung mit der Inkorporation der Enklaven Nagar-Aveli und Dadra in den indischen Staatsverband, um deren Recht auf Selbstbestimmung sicherzustellen.[1074]

Dennoch lässt sich kaum abstreiten, dass Indien durch sein Vorgehen gegen das Gewaltverbot verstoßen und eine Annektierung vorgenommen hatte, so nobel die Absichten dahinter auch gewesen sein mögen.

Aufgrund der völkerrechtlichen Gebote des Verbotes der Anwendung von Gewalt sowie der Entkolonialisierung bestehender non-self-governing territories, die im Fall Goas kollidierten, kam es bereits unmittelbar im Nachgang der Annexion zur Anerkennung der indischen Aggression.

„*It had not used force for territorial aggrandizement*" äußerte der Repräsentant Ceylon's vor dem UN-Sicherheitsrat[1075] und brachte damit eines der Hauptargumente für eine Anerkennung der Inkorporation auf den Punkt.

Doch eine Reihe von, hauptsächlich westlichen, Staaten verweigerte die Anerkennung des indischen Vorgehens und unterstütze die weitere Souveränität Portugals über Goa.

Diese Politik sollte spätestens durch den zwischen Portugal und Indien geschlossenen Vertrag vom 31. Dezember 1974 ein Ende finden.[1076] In diesem erkannte Portugal ausdrücklich die Souveränität Indiens über Goa (sowie Daman, Diu, Dadra und Nagar Haveli) an. In Artikel 1 heißt es dazu:

> *„Portugal acknowledges that the territories of Goa, Daman, Diu, Dadra and Nagar Haveli have already become parts of India and hereby recognizes the full sovereignty of India over these territories with effect from the dates when they became parts of India under the Constitution of India."*

1073 A/RES/1542 (XV); A/RES/1654 (XVI); A/RES/1699 (XVI).

1074 Case Concerning Right of Passage over Indian Territory (Merits), Judgment of 12 April 1960: I.C.J. Reports 1960, S. 6.

1075 *Wright*, The Goa Incident, American Journal of International Law, S. 618.

1076 Vertrag zu finden unter: http://www.commonlii.org/in/other/treaties/INTSer/1974/53.html (Stand: 28.7.2016).

Der Abschluss des Vertrags markierte nicht nur die Anerkennung der indischen Souveränität über die früheren portugiesischen Enklaven, sondern auch die Wiederaufnahme diplomatischer Beziehungen zwischen den beiden Staaten.[1077]

Fraglich ist aber, ob der Vertrag auch Einfluss auf den Standpunkt anderer Staaten bezüglich des Goa-Konfliktes hatte.

Die Mehrzahl der westlichen Staaten und insbesondere die Vereinigten Staaten, das Vereinigte Königreich und Frankreich nahmen in der Sicherheitsrats-Debatte über die Annexion Goas einen klar ablehnenden Standpunkt gegenüber dem indischen Vorgehen ein. Die Verabschiedung einer entsprechenden Resolution wurde allein durch ein Veto der Sowjetunion verhindert.[1078]

Allerdings hatte die Anerkennung der Invasion Indiens im Jahr 1974 keinen entscheidenden Einfluss mehr auf die Haltung dieser Staaten. Denn bereits zuvor hatte man die Inkorporation zwar nicht ausdrücklich, aber zumindest stillschweigend als gegebenen Fakt hingenommen.[1079]

Dennoch kann die portugiesische Anerkennung als entscheidender Schlusspunkt der Existenz einer Pflicht zur Nicht-Anerkennung in dem vorliegenden Fall gewertet werden.

Denn durch die freiwillige Hinnahme eines völkerrechtswidrigen Zustands durch den verletzten Staat bestand kein Anhaltspunkt mehr für die internationale Gemeinschaft, den neuen Status Goas unter indischer Herrschaft zu negieren oder weiter zu hinterfragen.

Zwar war bereits vor 1974 die Tendenz zu erkennen, dass

> *„durch Zeitablauf, die Verfestigung der Herrschaft der Inder in Goa und die ohne Zweifel vorliegende Anerkennung des neuen Status durch die internationale Staatengemeinschaft der rechtswidrige Erwerbsakt der Inder durch die Kraft des Faktischen legalisiert wurde.“*[1080]

Auch wenn die durch *Scholz* angenommene *„zweifelsfrei vorliegende Anerkennung“* nicht der Realität entsprach, da einige Staaten auch nach der Sicherheitsratsdebatte im Jahr 1961 die Rechtswidrigkeit der Annexion anprangerten, ist die Gesamtbeobachtung zutreffend, dass eine schrittweise Anerkennung, auch wenn diese nicht ausdrücklich erfolgte, zumindest bis 1974 eingetreten war.

1077 *Preston,* A Political Chronology of Central, South and East Asia, S. 100.

1078 UN Doc. S/PV.987; UN Doc. S/PV.988.

1079 Siehe zur Untermauerung dieser These: Annual Reports of the Government of India Ministry of External Affairs New Delhi, 1961–1974, zu finden unter: http://mealib.nic.in/?2386?000 (Stand: 28.7.2016).

1080 *Scholz,* Die Behandlung der Goa-Frage durch die Vereinten Nationen, S. 191.

Der Vertrag zwischen Portugal und Indien konnte folglich die Haltung der Staaten nicht mehr ändern, diese aber zugleich in dem Gedanken bekräftigen, dass die effektive Festigung der indischen Souveränität über Goa nicht weiter in Frage gestellt werden würde.

3) Die Auswirkungen der pakistanischen Anerkennung Bangladeschs

Nachdem die separatistische Awami-Liga als Interessenvertreter Ost-Pakistans einen erdrutschartigen Sieg bei den Wahlen im Jahr 1970 erringen konnte, begannen gewaltsame Repressionsmaßnahmen gegen die politische Bewegung, die vom zentralen Regime in Islamabad nicht geduldet wurde.

Die Situation eskalierte und nahm Ausmaße an, die einige Stimmen dazu bewegte, von einem Genozid an Befürwortern der Awami-Liga zu sprechen.[1081]

Infolge dessen manifestierte sich der Wunsch der politischen Bewegung zur Schaffung eines unabhängigen Staates, der am 26. März 1971 ausgerufen wurde. Nur mithilfe der militärischen Unterstützung Indiens konnten die Ost-Pakistani die Abspaltung vom westlichen Teil Pakistans und die Errichtung eines eigenen Staates unter dem Namen Bangladesch vollziehen.[1082]

Die indische Intervention und Stärkung der separatistischen bengalischen Bewegung führte letztlich zur Kapitulation Pakistans im Dezember 1971 und gleichsam auch zur Fragwürdigkeit der Rechtmäßigkeit des Vorgangs.

Sieht man das Eingreifen Indiens als eine humanitäre Intervention an, die ein mögliches Recht der bengalischen Bevölkerung auf Sezession unterstützt hat, so müsste man die Abspaltung als mit dem Völkerrecht vereinbar ansehen. Andererseits lagen die Voraussetzungen eines Rechts auf Sezession zumindest nicht zweifelsfrei vor und auch das rechtliche Konstrukt einer humanitären Intervention war in den 1970er Jahren keineswegs anerkannt, was ein Rückschluss aus dem Fall des Kosovo zeigt. Auch die Nicht-Anerkennung zahlreicher Sezessionen in Afrika trotz massiver Unterdrückungen der Bevölkerung lässt auf selbiges Ergebnis schließen.

Dennoch fand die Sezession Bangladeschs in der Staatengemeinschaft breiten Zuspruch. Innerhalb kurzer Zeit kam es durch zahlreiche Nationen zur

---

1081 *Vidmar*, Remedial Secession in International Law: Theory and (Lack of) Practice, St Antony's Review 2010, S. 42–43.

1082 *Benvenisti*, The International Law of Occupation, 2. Aufl., S. 189.

Anerkennung des neu entstandenen Staates; nach nur drei Monaten hatten insgesamt 35 Staaten Bangladesch anerkannt.[1083]

Bereits im Juli 1973 machte auch Pakistan erste Anstalten, sich mit der Abspaltung des östlichen Teils seines Landes abzufinden. So erteilte das pakistanische Nationalparlament seinem Premierminister Bhutto die Kompetenz, Bangladesch anzuerkennen. Dieser weigerte sich jedoch zunächst und änderte seine Haltung erst kurz vor Austragung einer Islamischen Konferenz in Lahore im Jahr 1974. Bhutto erklärte dazu:

> „*When we have invited Muslims from all corners of the world, how can we keep our doors closed to seven crore Muslims of East Pakistan who lived with us for 26 years.*“[1084]

Diese Einstellung verfestigte sich schließlich wenig später durch die ausdrückliche Anerkennung Bangladeschs am 22. Februar 1974.[1085]

Schon zuvor war es allerdings zur breiten Anerkennung der neu entstandenen Einheit gekommen. Nur ein Veto Chinas konnte im August 1972 verhindern, dass Bangladesch als Mitglied der Vereinten Nationen aufgenommen wurde.[1086]

Trotz der mehrheitlichen Unterstützung lehnten einige Staaten die Unabhängigkeit Bangladeschs ab.

Allen voran China, das enge Beziehungen zu Pakistan pflegte, verweigerte die Anerkennung, da aufgrund der militärischen Beihilfe Indiens eine „*foreign military occupation*“ vorgelegen habe.[1087]

Durch die erfolgte Entspannung der pakistanisch-bengalischen Beziehungen lockerte aber auch die Volkrepublik ihre ablehnende Haltung zu Bangladesch,

---

1083 Liste der Reihe der Anerkennung des Staates Bangladesch, zu finden unter: http://onlinebcs.blogspot.de/2011/04/first-recognized-to-bangladesh.html (Stand: 28.7.2016), in Reihenfolge nach erklärter Anerkennung: Indien, Bhutan, Polen, Bulgarien, Myanmar, Nepal, Barbados, Jugoslawien, Tonga, Russland, Tschechoslowakei, Zypern, Ungarn, Australien, Fidschi, Neuseeland, Senegal, Vereinigtes Königreich, Westdeutschland, Finnland, Dänemark, Schweden, Norwegen, Island, Israel, Japan, Luxemburg, Niederlande, Belgien, Irland, Italien, Frankreich, Kanada, Singapur, Mauritius.

1084 *Shakoor*, Pakistan-Bangladesh Relations – A Survey, Pakistan Horizon 1989, S. 113–114.

1085 *Ebd.*, S. 114.

1086 *Ebd.*, S. 113.

1087 *Chowdhury*, Bangladesh-China: An Emerging Equation in Asian Diplomatic Calculations, ISAS Working Paper No. 105, S. 5.

bis schließlich am 6. Oktober 1975 die formelle Anerkennung des neu entstandenen Staates offiziell verkündet wurde.[1088]

Auch an diesem Beispiel lässt sich beschreiben, dass die Anerkennung des *fait accompli* durch den ehemals verletzten Staat erheblichen Einfluss auf die Staatenpraxis haben kann.

Nachdem Pakistan diplomatische Beziehungen mit Bangladesch aufgenommen hatte und letzteres zugleich auch Mitglied der Vereinten Nationen wurde, gab es für die Volksrepublik China oder auch das ebenfalls nicht anerkennende Nordkorea keine fortwährende Motivation, an der bisherigen Politik einer Nicht-Anerkennung festzuhalten.

Zwar hätte die Beibehaltung einer Nicht-Anerkennung mit dem erklärten Verständnis korreliert, dass die von außen unterstützte Sezession völkerrechtswidrig gewesen ist. Jedoch hätte man sich damit der politischen Realität vollkommen verschlossen.

4) Zwischenergebnis

Aus der nur spärlich existenten Staatenpraxis zur aufgestellten Fallgruppe ist es schwierig, allgemeingültige Schlüsse zu ziehen. Denn in den besprochenen Fällen war zum Zeitpunkt der Anerkennung des völkerrechtswidrigen Zustandes durch den verletzten Staat die internationale Staatengemeinschaft bereits zu großen Teilen dazu übergegangen, den *fait accompli* zu akzeptieren, sodass keine direkte Einflussnahme auf die Entscheidung anderer Staaten effektiv nachgewiesen werden kann.

Dennoch zeigt das Umschwenken Chinas in der Haltung gegenüber Bangladesch und auch die Festigung der bilateralen Beziehungen zwischen den westlichen Staaten und Indien nach jeweils 1974 die Bedeutung der Anerkennung durch den verletzten Staat.

Geschieht diese aus freien Stücken, so muss sie konsequent auch heilende Wirkung haben. Denn ruft man sich das Ziel einer Nicht-Anerkennung erneut vor Augen, nämlich die Erzwingung des rechtswidrig agierenden Staates zur Rückkehr zur Rechtmäßigkeit, so wird deutlich, dass diese spätestens dann nicht mehr zu erreichen sein wird, wenn die rechtswidrige Situation durch den verletzten Staat respektiert wurde.

Natürlich spielt auch weiterhin eine bedeutende Rolle, wie der Großteil der Staatengemeinschaft auf die Gebietsverschiebung reagiert. Sollte trotz der

---

1088 *Ebd.*, A Method in the Dragon's Moods: Why China behaves as it does, ISAS Working Paper No. 75, S. 10.

Anerkennung des verletzten Staates diese auf dem Standpunkt bleiben, eine Nicht-Anerkennung fortzuführen, so bleibt auch das Ziel weiter realisierbar, den Aggressor zur Aufgabe seiner völkerrechtswidrigen Handlungen zu bewegen.

Allerdings stellt sich in diesem, bisher fiktiven, Fall die Frage, ob selbst dann die Fortführung einer Nicht-Anerkennung weiter Sinn ergeben würde.

Denn durch die Anerkennung des Gebietsverlustes durch den anspruchsberechtigten Staat erfolgt eine Quasi-Übertragung seines Territoriums aus freien Stücken. Wenn eine Abtretung von Gebieten durch Vertrag möglich ist, so ist nicht einzusehen, wieso eine nachträgliche Einigung über den Übergang des Territoriums nicht auch respektiert werden sollte. Zwar besteht der Unterschied, dass im ersten Fall der Einigung kein völkerrechtswidriger Akt vorausgegangen ist, die Interessenlage bleibt im Kern jedoch dieselbe. Es sollte daher zuvorderst auf die Freiwilligkeit der Gebietsaufgabe des verletzten Staates abgestellt werden.

Dennoch darf natürlich nicht übersehen werden, dass die zeitweise Nicht-Anerkennung auch eine gewisse Sanktions- und Signalwirkung beinhaltet. Die stillschweigende Hinnahme eines *fait accompli* nur aufgrund der Zustimmung des verletzten Staates würde die gewaltsame Annexion oder Sezession wiederum zu einem legitimen Gebietserwerbstitel machen, was keineswegs Intention der Staatengemeinschaft sein kann.

Allerdings spielen sich ebensolche Erwägungen quasi ausschließlich im theoretischen Bereich ab, da die Anerkennung eines völkerrechtswidrigen Zustandes durch den verletzten Staat die absolute Ausnahme darstellt.

Kapitel 7: Goa – Bangladesch – Kosovo, Recht im Unrecht?

Als abschließende Frage soll untersucht werden, ob eine Pflicht zur Nicht-Anerkennung dann entweder nicht entsteht bzw. wieder erlöschen kann, wenn das völkerrechtswidrige Verhalten zu einem Zustand führt, der im mehrheitlichen Interesse der Staatengemeinschaft liegt, also das Resultat der Handlung das begangene Handlungsunrecht konsumiert und nachträglich legalisiert.

Es sind demnach nur Beispiele relevant, in denen das Handeln selbst nicht durch einen (un)geschriebenen völkerrechtlichen Rechtfertigungsgrund gedeckt ist, da sonst bereits das Handlungsunrecht entfallen würde.

Vielmehr geht es um Fälle, in denen das Handeln als rechtswidrig eingestuft wird bzw. eingestuft werden kann und die durch das damit verbundene Erreichen (vermeintlich) höherrangiger Ziele Legalisierungswirkung erfahren.

Als exemplarische Beispielsfälle sollen dazu im Folgenden die Vorgänge in Goa, Bangladesch und zuletzt im Kosovo beschrieben und analysiert werden.

1) Die „Befreiung" Goas durch Indien

Die Annektierung der portugiesischen Enklaven, darunter Goa, im Jahr 1961 durch Indien stellte unzweifelhaft einen Verstoß gegen das Gewaltverbot aus Art. 2 (4) UN-Charta dar.

Denn Goa stand rechtmäßig unter der Souveränität Portugals,[1089] sodass Indien grundsätzlich nicht das Recht zustand, in das fremde Territorium einzufallen.

Dennoch hegte ein beträchtlicher Teil der internationalen Staatengemeinschaft Sympathien für das indische Vorgehen, sodass, trotz der grundsätzlich eintretenden Pflicht zur Nicht-Anerkennung aufgrund des Vorliegens einer gewaltsamen Gebietsverschiebung, die Sanktionsmaßnahme nicht ansatzweise kollektiv ausgeübt wurde.

Hintergrund für die unterschiedlich ausfallenden Reaktionen war die im Vorfeld der indischen Invasion stetige Weigerung Portugals, der Bevölkerung innerhalb seiner Kolonialgebiete die Möglichkeit zu geben, ihr Selbstbestimmungsrecht auszuüben.

Die UN-Generalversammlung hatte bereits ab 1960 vehement darauf gepocht, dass die Kolonialstaaten der Bevölkerung dieses Recht zuzugestehen haben.[1090] Das betroffene Volk sollte wählen können zwischen der fortwährenden Zugehörigkeit zum Kolonialstaat, dem Anschluss an einen dritten Staat oder aber einer Unabhängigkeit.[1091] Das Ergebnis der Entscheidung war dabei sekundär, wichtig war jedoch, dass die Bevölkerung überhaupt die Möglichkeit hatte, über ihre Zukunft frei zu entscheiden.

Portugal kam dieser Pflicht nicht nach, sodass die Generalversammlung sich dazu verpflichtet fühlte, Portugal namentlich und direkt aufzufordern, den Geboten der Entkolonialisierungs-Resolutionen nachzukommen.[1092] Dies geschah wohlgemerkt zwei Tage nach der Invasion der indischen Truppen, also zu einem Zeitpunkt, an dem die Einhaltung der Obliegenheit für Portugal bereits aufgrund des Verlustes der effektiven Kontrolle über seine Enklaven unmöglich war.

Die zur Situation in Goa abgehaltenen Sitzungen im Sicherheitsrat vom 18. Dezember 1961 spiegeln deutlich den Konflikt zwischen den in diesem Fall kollidierenden völkerrechtlichen Normen des Gewaltverbotes und dem Recht auf Selbstbestimmung wider.

1089 Case Concerning Right of Passage over Indian Territory (Merits), Judgment of 12 April 1960: I.C.J. Reports 1960, S. 6.

1090 A/RES/1514; A/RES/1541.

1091 A/RES/1541.

1092 A/RES/1699 (XVI).

Ein Großteil der westlichen Staaten verurteilte das Vorgehen Indiens, da dieses offensichtlich gegen Art. 2 (4) UN-Charta verstoßen habe, was eine Annektierung darstelle, die durch die Staatengemeinschaft nicht geduldet werden dürfe. Der Delegierte Chiles, Daniel Schweitzer, äußerte dahingehend:

> *„The use of force is not lawful, even in defence of the lawfulness of a given case. Otherwise countries would disregard the United Nations and act according to their own judgment, and the world would no longer have any decisive way of settling disputes except the use of force. My delegation's views on this problem are very clear. On the one hand, we call upon all Member States to fulfill the obligations of the Charter. On the other hand, we believe the United Nations should accelerate the peaceful and legal process of eradicating colonialism.“*[1093]

Schweitzer bringt damit klar zum Ausdruck, dass der Zweck nicht gleich auch das Mittel rechtfertigt. Die Lösung von Konflikten obliege weiterhin den Vereinten Nationen und eben nicht einzelnen Staaten, sodass das Aufschwingen zum Heilsbringer keinen rechtlichen Freifahrtschein beinhalten dürfe.

Anders argumentierte hingegen die pro-indische Seite, die mit der Sowjetunion ein politisches Schwergewicht in ihren Reihen hatte, die letztlich auch durch ihr Veto die Verabschiedung einer Resolution zur Verurteilung des indischen Vorgehens verhinderte.

Man versuchte, die Anwendung von Gewalt auf zweierlei Weise zu rechtfertigen. Zunächst wurde argumentiert, dass ein Staatsgebiet auch alle diejenigen Teile umfasse, die geographisch ähnlich gelagert sind und deren Bevölkerung gleichen Ursprungs ist, sodass die Invasion durch ein Selbstbestimmungsrecht gegen Portugal gedeckt sei.[1094]

Diese äußerst fragwürdige Auslegung wurde letztlich jedoch durch das stärker zu gewichtende Argument überlagert, das darauf abstellte, dass Indien dem Selbstbestimmungsrecht der Bevölkerung Goas Ausdruck verliehen habe, der Zweck also durchaus das Mittel der Gewaltanwendung rechtfertige.[1095]

In der Tat war durch den Einmarsch indischer Truppen die Forderung der Vereinten Nationen, die bestehenden Enklaven zu entkolonialisieren, faktisch durchgesetzt worden.

Das Vorgehen Indiens löste damit zweifelsfrei eine bestehende Problematik, warf gleichsam jedoch auch zwei weitere auf.

1093 UN Doc. S/PV.988, Rn. 29.

1094 *Scholz,* Die Behandlung der Goa-Frage durch die Vereinten Nationen, S. 169.

1095 UN Doc. S/PV.987, Rn. 110; *Scholz,* Die Behandlung der Goa-Frage durch die Vereinten Nationen, S. 167.

Zum einen war die Durchsetzung des Selbstbestimmungsrechts der Goaneser eine Farce. Diese hatten nie Gelegenheit erhalten, sich für einen bestimmten Weg tatsächlich zu entscheiden. Der Anschluss an die Indische Union war zwar durchaus eine denkbare, aber sicher nicht die einzig gangbare Alternative.

Zum anderen waren allein die Vereinten Nationen dazu berufen, Zwangsmaßnahmen zur Durchsetzung eines Selbstbestimmungsrechts zu ergreifen. Drittstaaten konnten allein auf diplomatischem Wege versuchen, einen Beitrag zur Zweckerreichung zu leisten. Indien handelte mithin offensichtlich *ultra vires* und unter Verstoß gegen das Gewaltverbot.

Dass ein solcher Verstoß vorlag, also Gewalt tatsächlich angewandt wurde, versuchte auch die indische Seite nicht zu leugnen.

Wenn der indische Premierminister äußert, dass "*India has undertaken action to Goa, as there was no other alternative left to her. It was no pleasure to us to undertake armed action but the Portuguese left no choice open to us.*"[1096], so wird deutlich, dass allein versucht wird, das Handeln nicht als solches, sondern mit Blick auf das Erreichen eines höherrangigen Zieles zu rechtfertigen.

Wright drückt in seiner Studie über den Goa-Konflikt im UN-Sicherheitsrat die Problematik äußerst prägnant aus, indem er behauptet:

> „*The significant feature, however, of the Goa situation was that many of the new states, and also the Soviet Union, felt that colonialism was such an evil that the use of force to eliminate it should be tolerated.*“[1097]

Eine durch den Verstoß gegen das Gewaltverbot entstehende Pflicht zur Nicht-Anerkennung könnte folglich direkt wieder zum Erlöschen gekommen bzw. erst gar nicht entstanden sein aufgrund der „höherwertigen“ Durchsetzung des Selbstbestimmungsrechts.

Zumindest die Haltung vieler Staaten im Goa-Konflikt weist auf ein solches Ergebnis hin.

Der Teil der Staatengemeinschaft, der Indiens Vorgehen scharf verurteilte, ging in den nächsten Jahren ebenfalls zu einer schrittweisen Anerkennung der Inkorporation über. Allerdings hatte dies, wie oben bereits ausgeführt, eher den Grund, dass die Situation als solche unumkehrbar schien und nicht denjenigen, dass eine Nicht-Anerkennungspflicht aufgrund des Erreichens eines höheren Zwecks als nicht anwendbar angesehen wurde.

1096 UN Doc. S/PV.988, Rn. 78.

1097 *Wright*, The Goa Incident, American Journal of International Law 1962, S. 629.

2) Die „Befreiung" Bangladeschs durch Indien

Indien war ebenfalls an der „Befreiung" des bengalischen Volkes aus den Fängen Pakistans beteiligt.

Die 1971 aufstrebende und massiv unterdrückte Awami-Liga sehnte sich nach einer Abspaltung aus dem pakistanischen Staatsverband. Der Zentralregierung Pakistans wurde vorgeworfen, der Bevölkerung Ost-Pakistans das ihr zustehende Selbstbestimmungsrecht zu verweigern und darüber hinaus Genozid zu praktizieren.[1098]

Die militärische Unterstützung und damit verbunden auch Realisierung der Sezession und Gründung des Staates Bangladesch durch Indien veranlasste einige Stimmen, von einem der ersten Fälle einer humanitären Intervention in der Nachkriegszeit zu sprechen.[1099]

Obgleich die Konstruktion einer solchen Hilfe von außen im Völkerrecht bis *dato* keineswegs anerkannt war und die Staatenpraxis und Rechtsüberzeugung eher darauf hindeutete, militärische Interventionen zum Schutze der Bevölkerung als unzulässig anzusehen,[1100] hatte die Abspaltung nachhaltigen Erfolg. Bereits drei Jahre nach der Sezession vom Mutterstaat bestand eine breite Anerkennung des neuen Staates, die letztlich auch zur Aufnahme als Mitglied der Vereinten Nationen führte.[1101]

Allein China hielt bis zuletzt und auch noch nach Anerkennung des neuen Staates durch Pakistan selbst an einer Politik der Nicht-Anerkennung fest. Wieso der Rest der Staatengemeinschaft derart positiv auf die Vorgänge in Pakistan reagierte, ist mit Blick auf das zur selben Zeit sich abspaltende Biafra überraschend; denn dessen Vorhaben erhielt bei vergleichbarer Sachlage wenig internationale Unterstützung.

Auch im pakistanisch-bengalischen Konflikt war allen Beteiligten klar, dass Indien mit seiner Anwendung militärischer Mittel gegen das Gewaltverbot

---

1098 *Akmam*, Atrocities Against Humanity During the Liberation War in Bangladesh: A Case of Genocide, Journal of Genocide Research 2002, S. 557.

1099 *Franck/Rodley*, After Bangladesh: The Law of Humanitarian Intervention by Military Force, American Journal of International Law 1973, S. 302; *Okoronye/Okeke*, An Appraisal of Humanitarian Intervention under International Law, Nnamdi Azikiwe University Journal of International Law and Jurisprudence 2011, S. 557; *Greenwood*, Humanitarian Intervention: the case of Kosovo, S. 163, in: *Koskenniemi/Petman*, Finnish Yearbook of International Law 2002.

1100 *Franck/Rodley*, After Bangladesh: The Law of Humanitarian Intervention by Military Force, American Journal of International Law 1973, S. 275–305.

1101 A/RES/3203 (XXIX).

verstoßen hatte. Die mit einer überwältigenden Mehrheit angenommene Resolution 2793 der UN-Generalversammlung unterstreicht dies deutlich. Diese rekurriert nämlich insbesondere auf das Gewaltverbot des Art. 2 (4) UN-Charta.[1102]

Dennoch gab es auch Sympathien für das indische Vorgehen. Die Sowjetunion legte zweimal ein Veto gegen die Verabschiedung einer gleichlautenden Sicherheitsratsresolution ein, da das UN-Organ nach Ansicht der UdSSR nicht ausreichend das pakistanische Hauptverschulden am Konflikt berücksichtigt habe.[1103]

Als die Vereinigten Staaten am 12. Dezember 1971 erneut versuchten, die Problematik auf die Tagesordnung des Sicherheitsrates zu setzen, waren bereits durch Indien Tatsachen geschaffen worden.[1104] Die Staatengemeinschaft nahm den *fait accompli* sodann als gegeben hin und sprach dem neu entstandenen Staat Bangladesch rasch die Anerkennung aus.

Die Resolution 2793 der UN-Generalversammlung verdeutlicht, dass die internationale Staatengemeinschaft das militärische Eingreifen Indiens als nicht rechtmäßig ansah. Dennoch verzichtete diese auf die Anwendung einer Politik der Nicht-Anerkennung. Dies unter anderem deshalb, weil die Sezession nachhaltigen Erfolg hatte, folglich effektiv war.[1105]

Weiterhin spielte jedoch auch die Problematik der durch den Konflikt entstandenen Flüchtlingsströme eine bedeutende Rolle. Über 10 Millionen Pakistani siedelten während der Auseinandersetzung aus Angst vor Repressalien nach Indien über, das nur mit äußersten Schwierigkeiten eine Versorgung sicherstellen konnte.[1106]

Durch die Errichtung des Staates Bangladesch konnte die Problematik leicht gelöst werden, ohne dass aufwendige Maßnahmen durch internationale Organisationen die Rückführung der Flüchtlinge hätte sicherstellen müssen. Dies kam den Vereinten Nationen und der Staatengemeinschaft sehr zugute und wurde letztlich auch als entscheidendes Kriterium angesehen, den Frieden und die Sicherheit in der Region zu wahren und stabilisieren zu können. Die Lösung der Problematik der Flüchtlingsströme durch die indische Intervention war damit

---

1102 A/RES/2793 (XXVI).

1103 *International Commission of Jurists*, The Events in East Pakistan, 1971, S. 84.

1104 *Ebd.*, S. 85.

1105 *Castellino*, The Secession of Bangladesh in international law: Setting new Standards?, in: *Sik/ Subedi/ Pinto*, Asian Yearbook of International Law 1997, S. 100.

1106 *Uddin/Ali/Khan*, Liberation War of Bangladesh in ICT, JU Journal of Information Technology 2014, S. 18.

auch ein bedeutender Faktor in der Entscheidung vieler Staaten, Bangladesch als Staat anzuerkennen.[1107]

Die Anerkennung Bangladeschs steht damit auch im Zusammenhang mit der Erreichung höherwertiger Ziele. Trotz der fast kollektiven Verurteilung des indischen Vorgehens sah sich die Staatengemeinschaft nicht nur aufgrund der Effektivität des neu entstanden Staates, sondern vor allem wegen der Lösung der massiven Flüchtlingsproblematik dazu veranlasst, auf die Ausübung einer Politik der Nicht-Anerkennung zu verzichten und die Entstehung des neuen Staates anzuerkennen.

3) NATO-Luftangriffe und die Sezession des Kosovo

Den Präzedenzfall für eine humanitäre Intervention stellt das Vorgehen einiger NATO-Staaten in Serbien dar.

Nachdem Milosevic über Jahre hinweg der albanischen Minderheit im eigenen Land Mitsprache- und Mitwirkungsrechte verweigert und teilweise zu Massakern an der Zivilbevölkerung aufgerufen hatte, sahen sich die Vereinigten Staaten, Deutschland, das Vereinigte Königreich, Italien und Frankreich dazu veranlasst, unter der Schirmherrschaft der NATO Luftangriffe auf serbisches Territorium zu fliegen.[1108]

Das Ergreifen dieser drastischen Maßnahme war der Handlungsunfähigkeit des UN-Sicherheitsrates geschuldet, der aufgrund von Meinungsverschiedenheiten über die Zulässigkeit von Interventionen in innere Angelegenheiten und dem China und Russland zustehenden Veto-Recht, nicht imstande war, sich über die Verabschiedung von Zwangsmaßnahmen nach dem VII. Kapitel zu einigen.[1109]

Die Luftschläge der NATO führten zur Resignation Milosevics und zur Stärkung der kosovarischen Unabhängigkeitsbewegung, die im Jahr 2008 schließlich ihr Ziel erreichte und die Unabhängigkeit proklamierte.

Unabhängig davon, ob den Kosovo-Albanern ein Sezessionsrecht zustand, war in der internationalen Staatengemeinschaft äußerst strittig, ob dieses nicht

---

1107 *International Commission of Jurists,* The Events in East Pakistan, 1971, S. 85–86, 98; *Castellino,* The Secession of Bangladesh in international law: Setting new Standards?, in: *Sik/ Subedi/ Pinto,* Asian Yearbook of International Law 1997, S. 100.

1108 *Sterio,* On the Right to External Self-Determination: „Selfistans", Secession, and the Great Powers' Rule, Minnesota Journal of International Law 2010, S. 163–164.

1109 *Walling,* The United Nations Security Council and Humanitarian Intervention: Causal Stories about Human Rights and War, S. 246–247.

durch die militärische Unterstützung von außen ohnehin an Geltungskraft verloren hatte.

Während die eine Seite das Vorgehen der NATO-Staaten als Verstoß gegen das Gewaltverbot ansah, das die Sezession *per se* rechtswidrig gemacht habe,[1110] argumentierte die Gegenseite mit der Pflicht, eine humanitäre Katastrophe zu verhindern und damit letztlich auf eine Rechtfertigung zur Durchsetzung des Selbstbestimmungsrechts der verletzten Minderheit.[1111]

Für diejenigen Nationen, die die Sezession, aufgrund der gewaltsamen Unterstützung von außen, als völkerrechtswidrig einstufen, musste die Entstehung einer Pflicht zur Nicht-Anerkennung und auch deren Einhaltung selbstverständlich sein. Bis heute verweigern Staaten wie Russland, China oder Indien vehement die Anerkennung des Kosovo.

Für die Gegenansicht war die Entstehung einer Pflicht zur Nicht-Anerkennung aus der Sezession des Kosovo hingegen nicht einschlägig, da man den Vorgang entweder als rechtmäßig ansah und aufgrund dessen den neu entstandenen Staat auch anerkannte oder eine Nicht-Anerkennung aus Opportunitätsgründen nicht durchführte.

Die in die Luftangriffe involvierten Staaten erteilten Kosovo innerhalb von vier Tagen nach Ausrufung der Unabhängigkeit am 17. Februar 2008 die völkerrechtliche Anerkennung.[1112]

Bereits ein Jahr nach dem Ereignis hatten über 50 Staaten Kosovo als Staat anerkannt, trotz der alles andere als zweifelsfrei vorliegenden Voraussetzung des Bestehens einer effektiven Herrschaftsgewalt.

1110 UN Doc. S/PV.6025, S. 14.

1111 *Hafkin*, The Russo-Georgian War of 2008: Developing the Law of Unauthorized Humanitarian Intervention after Kosovo, Boston University International Law Journal 2010, S. 232–235; *Simma*, NATO, the UN and the Use of Force: Legal Aspects, European Journal of International Law 1999, S. 22; *Herdegen*, Völkerrecht, 15. Aufl., §16, Rn. 8 f.

1112 Frankreich (18.2.2008): http://www.diplomatie.gouv.fr/en/country-files/kosovo/france-and-kosovo/political-relations-6162/ (Stand: 2.8.2015); Vereinigtes Königreich (18.2.2008): http://news.bbc.co.uk/2/hi/europe/7251359.stm (Stand: 2.8.2015); Vereinigte Staaten (18.2.2008): http://2001–2009.state.gov/secretary/rm/2008/02/100973.htm (Stand: 2.8.2015); Bundesrepublik Deutschland (20.2.2008): http://www.auswaertiges-amt.de/EN/Europa/WestlicherBalkan/Kosovo_node.html (Stand: 2.8.2015); Italien (21.2.2008): http://www.governo.it/Governo/ConsiglioMinistri/dettaglio.asp?d=38401 (Stand: 2.8.2015).

Der aktuelle Anerkennungsstand liegt nach Angaben der kosovarischen Regierung bei insgesamt 111 Staaten und damit bei deutlich über der Hälfte der existierenden Staatengemeinschaft.[1113]

Grund für die Anerkennung war letztlich jedoch die Ansicht, dass die Sezession selbst rechtmäßig verlief. Die 1999 erfolgten Luftangriffe wurden als Ausnahme zum Gewaltverbot aus Art. 2 (4) UN-Charta behandelt bzw. durch eine teleologische Reduktion der Vorschrift gerechtfertigt.

Es bestand demnach kein Handlungsunrecht, sodass eine Pflicht zur Nicht-Anerkennung aus Sicht der Staaten, die Kosovo in seiner Unabhängigkeit unterstützten, erst gar nicht entstehen konnte.

Damit konnte die Frage auch nicht aufkommen, ob und wie eine bestehende Pflicht durch das Erreichen höherwertiger Ziele wieder geheilt werden kann.

Für die bis *dato* nicht anerkennenden Staaten stellt sich diese Problematik ebenfalls nicht. Hätte man trotz Überzeugung von der Rechtswidrigkeit des NATO-Vorgehens eine Sezession für rechtmäßig gehalten, so wäre eine Anerkennung bereits erfolgt.

Die durch diese Staaten weiterhin durchgeführte Nicht-Anerkennung wird sich in Zukunft daher eher deshalb auflösen, weil sich Kosovo in der internationalen Staatengemeinschaft etabliert und die Gebietsverschiebung sich verfestigt hat und unumkehrbar geworden ist.

Vor allem eine Anerkennung Serbiens oder die Aufnahme des Kosovo in die Europäische Union könnte die Auflösung der Nicht-Anerkennungspolitik der Staaten erheblich begünstigen.

4) Zwischenergebnis

Die aufgestellte These, dass eine Pflicht zur Nicht-Anerkennung dann abgeschwächt wird bzw. erlöschen kann, wenn durch den völkerrechtswidrigen Zustand höherwertige Ziele erreicht werden, lässt sich nicht uneingeschränkt bestätigen.

Die Fälle Goa und Bangladesch sind in ihrer Konstellation einzigartig, zeigen jedoch, dass die Staatengemeinschaft in besonderen Fällen nicht abgeneigt ist, einen *fait accompli* zu akzeptieren, um für sie höherwertige Güter zu schützen.

Der Fall des Kosovo war als vergleichendes Beispiel zu Bangladesch anzuführen, er bringt jedoch weder positive noch negative Erkenntnisse in der aufgestellten Fallgruppe. Dies deshalb, da für diejenigen Staaten, die die Sezession

---

1113 http://www.auswaertiges-amt.de/DE/Aussenpolitik/Laender/Laenderinfos/Kosovo/Aussenpolitik_node.html (Stand: 28.7.2016).

als rechtmäßig einstuften, die NATO-Luftangriffe bereits kein Handlungsunrecht darstellten. Aus Perspektive dieser Staaten konnte eine Pflicht zur Nicht-Anerkennung daher erst gar nicht entstehen.

In den Fällen der indischen Invasion in Goa und Pakistan war dies anders, denn dort wurde das Vorgehen beinahe kollektiv als Verstoß gegen das Gewaltverbot identifiziert, sodass eine Pflicht zur Nicht-Anerkennung zwar aus deren Sicht hätte entstehen müssen, diese jedoch nicht durchzuführen war, um andere Interessen zu schützen.

Letztlich ist die Staatenpraxis in der abschließenden Fallgruppe etwas rar gesät. Die ersten beiden vorgestellten Fälle verdeutlichen jedoch, dass die Staatengemeinschaft in Sonderkonstellationen dafür offen ist, eine Pflicht zur Nicht-Anerkennung nicht zur Anwendung kommen zu lassen, um subjektiv schwerer wiegenden Interessen zur Durchsetzung zu verhelfen.

Kapitel 8: Ergebnis

Die aufgestellten Fallgruppen und die darin besprochenen Beispiele aus der Staatenpraxis zeigen, dass die gewohnheitsrechtliche Pflicht zur Nicht-Anerkennung mit keiner Ewigkeitsgarantie ausgestattet ist.

Die mit der Nicht-Anerkennung verfolgte Rückkehr zum *status quo ante* ist damit nicht immer alternativlos und der einzig gangbare Weg. Vielmehr kann das Vorliegen oder das Zusammenwirken bestimmter Faktoren dazu führen, dass die Staatengemeinschaft sich dazu bereit erklärt, einen bestehenden *fait accompli* hinzunehmen und an die illegale Ausübung von Herrschaftsmacht positive Rechtsfolgen zu knüpfen.

Solche Faktoren sind unter anderem die Effektivierung der Herrschaftsgewalt über einen längeren Zeitraum und die Haltung der betroffenen Bevölkerung sowie des Staatsoberhauptes gegenüber der rechtswidrigen Gebietsverschiebung.

Zwar lässt sich nicht pauschal feststellen, in welch gearteten Situationen eine Auflösung der Pflicht eintreten wird, da dies letztlich eine politisch motivierte Entscheidung ist und damit vom Belieben der Staaten abhängt. Als Ergebnis kann jedoch festgehalten werden, dass die Staatengemeinschaft offen ist, die Politik der Nicht-Anerkennung einzustellen, um sich geänderten Umständen und insbesondere der Kraft des Faktischen anzupassen.

Teil 5: Rechtswirkungen der Nicht-Anerkennung

Es wurde festgestellt, dass die Nicht-Anerkennung ein gewohnheitsrechtlich verankertes Prinzip im Völkerrecht darstellt, das als Mittel im Rahmen der Staatenverantwortlichkeit angewendet wird, um das rechtswidrige Vorgehen eines Staates oder einer Einheit zu sanktionieren und diese(n) dazu zu bewegen, zur Rechtmäßigkeit zurückzukehren.

An dieser Stelle und als abschließendes Moment dieser Arbeit soll untersucht werden, welche Rechtswirkungen der Ausspruch einer Nicht-Anerkennung hat.

Es ist sowohl möglich, dass eine illegale Gebietsverschiebung durch die Anwendung einer kollektiven Nicht-Anerkennung effektiv verhindert wird als auch, dass keinerlei Rechtswirkungen oder maximal solche deklaratorischen Charakters entstehen.

Auch hier bietet sich, wie bereits in den Abschnitten zuvor, eine getrennte Betrachtung der Rechtswirkungen zwischen Annexionen und Sezessionen an, da der Anknüpfungspunkt der Sanktionsmaßnahme jeweils ein anderer ist.

Kapitel 1: Rechtswirkungen der Nicht-Anerkennung von Annexionen

Bezugspunkt für eine Nicht-Anerkennung im Rahmen von Annexionen ist die Zuordnung des faktisch inkorporierten Gebietes zum Aggressor.

Umgekehrt lässt sich also sagen, dass die Nicht-Anerkennung bewirken soll, dass der betroffene Gebietsteil weiterhin beim verletzten Mutterstaat verbleibt und diesem auch rechtlich weiter zugeordnet wird.

Zu hinterfragen bleibt damit, ob die weitere Zugehörigkeit zum Mutterstaat durch die Nicht-Anerkennung gesichert wird und folglich eine konstitutive Wirkung besteht, oder ob jener Effekt unabhängig von der Nicht-Anerkennung eintritt und dieser mithin nur eine deklaratorische Wirkung zugeschrieben werden kann.

Um die konkrete Wirkungsweise herauszufinden, ist es hilfreich, sich klar vor Augen zu führen, was bei dem Vorgang einer Annexion genau geschieht:

Ein Staat fällt unter Verstoß gegen das Gewaltverbot des Artikels 2 (4) UN-Charta in einen anderen Staat ein und inkorporiert ein ihm nicht zustehendes Gebietsteil in seinen eigenen Staatsverband. Das betroffene Territorium soll in den Augen des Aggressors von nun an unter seine Jurisdiktion fallen, er soll über dieses demnach Verträge abschließen können und die innerstaatliche

Rechtsordnung regeln dürfen, selbstverständlich unter Ausschluss des ehemals und eigentlich berechtigten Mutterstaates.

Die UN-Charta selbst sieht für einen Verstoß gegen das enthaltene Gewaltverbot keine konkreten Rechtsfolgen vor. Da dieses jedoch unzweifelhaft zum *ius cogens* gezählt wird, könnten sich aus dieser rechtlichen Einordnung bestimmte Konsequenzen ergeben.

Es könnte angenommen werden, dass alle Handlungen, die eine Verletzung von *ius cogens* nach sich ziehen, nichtig sind.[1114]

Kodifiziert ist diese Rechtsfolge jedoch allein im Bereich völkerrechtlicher Verträge durch den Art. 53 WVK. Allerdings wird argumentiert, die Nichtigkeit entsprechender Handlungen auch auf andere Bereiche des Völkerrechts im Sinne eines *argumentum a fortiori* zu übertragen.[1115]

Unterstrichen wird diese Annahme unter anderem durch zahlreiche Resolutionen des Sicherheitsrates und der Generalversammlung, die in Fällen gewaltsamer Gebietsverschiebungen das Vorgehen als *„null und nichtig"* bezeichneten.[1116]

Die Übertragbarkeit des *ius cogens*-Konzeptes auf einseitige Handlungen, Realakte oder tatsächliche Situationen ist jedoch höchst zweifelhaft.

Zum einen wurde das Institut des *ius cogens* und dessen Rechtsfolge der Nichtigkeit allein für Rechtsgeschäfte entwickelt und zum anderen lässt sich auch in der Staatenpraxis kein entsprechender Wille nachweisen, den Gebietserwerb oder andere Handlungen automatisch unter eine Nichtigkeitsfolge fallen zu lassen. Darüber hinaus wäre die Einordnung eines Vorgangs als nichtig oder eben nicht, aufgrund der bestehenden Unsicherheit über den Bestand der *ius cogens*-Normen durch ein fehlendes Verfahren zu deren Feststellung, äußerst unsicher und damit auch wertlos.[1117]

Annexionen sind demnach zwar völkerrechtswidrig, der Verstoß gegen *ius cogens* zieht jedoch nicht zwingend eine Nichtigkeit nach sich.

1114 *Kawasaki,* A Brief Note on the Legal Effects of Jus Cogens in International Law, Hitotsubashi Journal of Law and Politics 2006, S. 28; *Schmalenbach,* Article 53:Treaties conflicting with a peremptory norm of general international law ("jus cogens"), S. 931, in: *Dörr/Schmalenbach,* Vienna Convention on the Law of Treaties: A Commentary.

1115 So auch: *Raič,* Statehood & The Law of Self-Determination, S. 141–150; *Gowlland-Debbas,* Collective Responses to Illegal Acts in International Law. United Nations Action in Question of Southern Rhodesia, S. 248.

1116 S/RES/217; S/RES/288; S/RES/445; S/RES/478; A/RES/2253; A/RES/2254; A/RES/31/106A; A/RES/33/113; A/RES/68/16.

1117 Näher dazu: *Talmon,* Kollektive Nichtanerkennung illegaler Staaten, S. 247–256.

Selbst wenn man aber von einer Nichtigkeit der Annexion ausgehen würde, muss man sich die Frage stellen, was passieren würde, wenn der vermeintlich nichtige Zustand Gegenstand einer breiten Anerkennung in der Staatengemeinschaft wird.

Als Beispiel für diese Situation lässt sich hervorragend das Beispiel der Annektierung Tibets durch China fruchtbar machen. Diese verstieß offensichtlich gegen das Gewaltverbot der UN-Charta. Aufgrund verschiedener Faktoren knüpften die Staaten an das geschehene Unrecht jedoch keine konkreten Rechtsfolgen. Vielmehr wird die Volksrepublik China als rechtmäßiger Souverän über den Großraum Tibet anerkannt, sodass diese zumindest faktisch dazu berechtigt ist, über das Gebiet völkerrechtlich zu verfügen.

Die Aufnahme bi- und multilateraler Beziehungen hätte der Volksrepublik damit ermöglicht, die eigentlich eintretende Nichtigkeitsfolge zu umgehen.

Dies wäre dann nicht der Fall, wenn die Nichtigkeit des Vorgehens auch durch ein entsprechendes Verhalten der Staatengemeinschaft getragen und bestätigt werden würde.

Die Nicht-Anerkennung wäre damit die Gewähr zur Sicherstellung der Nichtigkeitsfolge. Wird diese nicht oder nur durch wenige Staaten ausgeübt, so haftet der Annexion zwar weiterhin der Schein der Völkerrechtswidrigkeit an, in der Praxis hat dies jedoch keinerlei Auswirkungen, sodass die theoretisch nichtige Inkorporation sich nachhaltig zugunsten des Rechtsbrechers konsolidert und diesem das Gebiet letztlich auch zugeordnet wird.

Dementsprechend kann allein durch eine kollektive Nicht-Anerkennung erreicht werden, dass das annektierte Territorium weiterhin beim Mutterstaat verbleibt. Dies gilt sowohl im Falle der Annahme, dass der Verstoß gegen *ius cogens* den Zustand nichtig macht als auch umgekehrt, da erst die Nicht-Anerkennung sicherstellt, dass der Gebietsteil weiter dem Mutterstaat zugerechnet wird.

Es lässt sich dabei folgende Gleichung aufstellen: Je schwächer die Politik einer Nicht-Anerkennung durchgeführt wird bzw. je weniger Staaten diese vollziehen, desto nachhaltiger wird die Zuordnung des Gebietes zum annektierenden Staat und desto schwerer wird es, den *fait accompli* wieder rückgängig zu machen.

Der Nicht-Anerkennung kann folglich eine konstitutive Wirkung im Rahmen von Annexionsprozessen zugesprochen werden.

Kapitel 2: Rechtswirkungen der Nicht-Anerkennung von Sezessionen

Bei der Entstehung neuer Staaten im Rahmen von Sezessionsprozessen ist die Bewertung der Rechtswirkungen problematischer. Dies hat seinen Grund darin, dass die Nicht-Anerkennung in diesem Bereich gleich zwei Anknüpfungspunkte hat.

Zum einen bezieht sie sich, wie bei der Annexion, darauf, dass das sich abspaltende Territorium nicht der sich neu konstituierenden Einheit zugeordnet wird, sondern in seiner Konsequenz beim Mutterstaat verbleibt.

Zum anderen betrifft die Nicht-Anerkennung die neue Staatsentstehung selbst. Demnach könnte die Sanktionsmaßnahme theoretisch verhindern oder bestätigen, dass ein Staat nicht zur Entstehung gelangt (ist).

Bezüglich der rechtlichen Zuordnung des Gebietsteils lässt sich im Grunde auf die hierzu bereits gemachten Ausführungen verweisen.

Liegt eine Sezession vor, die durch die Verknüpfung mit dem Verstoß gegen das Gewaltverbot oder durch die Unterstützung von außen rechtswidrig ist, so bleibt die Durchführung der Politik einer Nicht-Anerkennung weiterhin maßgeblich für die Umsetzung und Erreichung der fortführenden Zuordnung zum Mutterstaat und nicht eine teils angenommene Nichtigkeitsfolge.

Denn bei Aufnahme bilateraler Beziehungen rückt die neu entstandene Einheit aus ihrer Isolation heraus und erhält zunehmend die Fähigkeit, sich als Akteur in der internationalen Staatengemeinschaft zu etablieren.

Die Beibehaltung einer kollektiven Nicht-Anerkennung ist damit die entscheidende Kraft, um die weitergehende Zuordnung des abgespaltenen Territoriums zum Mutterstaat sicherzustellen. Erst wenn diese aufgegeben wird, verliert der eigentlich berechtigte Staat und Souverän seine Verfügungsgewalt über das sezessionistische Gebiet.

Dies zeigt beispielsweise auch die Abspaltung Bangladeschs von Pakistan, die aufgrund der militärischen Unterstützung Indiens völkerrechtswidrig war. Durch die Anerkennung des Vorgangs in der internationalen Gemeinschaft und die damit gleichbedeutende Aufnahme staatlicher Beziehungen zur neu entstandenen Einheit hatte Pakistan jegliche Zugriffsmöglichkeiten auf das ehemals zu seinem Staatsverband gehörende Gebiet verloren.

Es lässt sich daher auch an dieser Stelle annehmen, dass die Nicht-Anerkennung konstitutive Wirkung in Bezug auf die weitere Zuordnung des sich abspaltenden Gebiets zum Mutterstaat hat.

Eine andere Wirkungsweise der Nicht-Anerkennung könnte hingegen in Bezug auf die Staatsentstehung als solche vorliegen.

In Betracht kommt hier sowohl eine konstitutive sowie deklaratorische oder, wie *Talmon* vertritt, eine negatorische Wirkung.[1118]

Die Übertragung der Wirkungsweisen der geläufigen Anerkennungstheorien auf die Nicht-Anerkennung begegnet erheblichen Begründungsschwierigkeiten.

1118 *Talmon,* Kolektive Nichtanerkennung illegaler Staaten, S. 259–301.

Die konstitutive Anerkennungstheorie fordert neben der Erfüllung der klassischen Staatsmerkmale, also dem Vorliegen eines Staatsgebietes, eines Staatsvolkes und dem Bestehen einer effektiven Herrschaftsgewalt, dass die neue Einheit Anerkennung durch die Staatengemeinschaft erlangt hat.[1119]

Die Anerkennung hat für die Vertreter der konstitutiven Theorie damit eine statusbegründende Wirkung. Die Übertragung des Konzeptes auf die Nicht-Anerkennung fällt damit freilich nicht schwer. Diese muss nach der genannten Ansicht zwingend eine statusverhindernde Wirkung haben, da die fehlende Anerkennung gleichsam dazu führen soll, dass ein Staat nicht zur Entstehung gelangen kann.[1120]

Die konstitutive Theorie ist jedoch aus folgenden Gründen abzulehnen: Der Ausspruch einer Anerkennung ist keine völkerrechtliche Pflicht und steht im Belieben der einzelnen Staaten. Demnach kann selbst bei Vorliegen aller Staatsmerkmale aus politischen Gründen die Anerkennung versagt werden.[1121] Dies zugrunde gelegt, hätten es allein die Staaten in der Hand, ob ein anderer als solcher auch anerkannt wird. Dies widerspricht jedoch dem Grundsatz der souveränen Gleichheit der Staaten sowie dem vorherrschenden Verständnis, dass Staaten absolute und keine relativen Völkerrechtssubjekte sind.[1122]

Zudem würde die konsequente Umsetzung der konstitutiven Theorie zu dem absurden Ergebnis führen, dass nicht anerkannte Staaten der meisten völkerrechtlichen Staatspflichten ledig sind. Dies würde zum einen zu anarchischen Strukturen führen[1123] und deckt sich zum anderen nicht mit der Praxis, die auch bei ebendiesen Einheiten eine völkerrechtliche Verantwortlichkeit annimmt.[1124]

Eine statusverhindernde Wirkung bezüglich der Entstehung des Staats beinhaltet die Nicht-Anerkennung folglich nicht.

Möglich ist hingegen eine deklaratorische Rechtswirkung. Die Theorie der deklarativen Wirkung der Anerkennung ist in der Völkerrechtslehre mittlerweile

1119 *Bindschedler,* Die Anerkennung im Völkerrecht, AVR 1962, S. 386; *Kelsen,* Recognition in International Law: Theoretical Observations, American Journal of International Law 1941, S. 608–609.

1120 *Doehring,* Allgemeine Staatslehre: Eine systematische Darstellung, 3. Aufl., S. 52.

1121 *Herdegen,* Völkerrecht, 15. Aufl., §8, Rn. 11.

1122 *Talmon,* Kollektive Nichtanerkennung illegaler Staaten, S. 215.

1123 *Bindschedler,* Die Anerkennung im Völkerrecht, AVR 1962, S. 386; *Dahm/Delbrück/Wolfrum,* Völkerrecht, Band I/1, 2. Aufl., S. 193–194.

1124 *Ebd.,* S. 386; *Talmon,* Kollektive Nichtanerkennung illegaler Staaten, S. 215.

absolut herrschend und besagt, dass ein Staat unabhängig von der Anerkennung zur Entstehung gelangt, diese den Status also allein bestätigt oder feststellt.[1125]

Übertragen auf die Nicht-Anerkennung müsste dies bedeuten, dass die Tatsache bekundet wird, dass ein Staat eben nicht entstanden ist.

Vertritt man allerdings die durchaus gängige Ansicht, dass die Konstituierung eines Staates allein voraussetzt, dass ein Staatsgebiet, ein Staatsvolk und eine effektive Herrschaftsgewalt vorliegen[1126] und erfüllt die in Frage stehende Einheit diese Merkmale, so befindet man sich in der misslichen Lage, nachweisen zu müssen, dass ein Staat dennoch nicht existiert.

Dies erklärt die teils gekünstelt wirkenden Ansätze mehrerer Autoren, neue Staatsmerkmale einführen zu wollen, um die vertretene deklaratorische Theorie auch für das Konstrukt der Nicht-Anerkennung plausibel zu halten.

So werden insbesondere zusätzliche Legalitätskriterien geschaffen, um erklären zu können, dass eine Staatswerdung in den bisherigen Fällen einer Nicht-Anerkennung in der Praxis nicht erfolgt ist. Die neuen Merkmale reichen dabei von dem Erfordernis der Einhaltung des Selbstbestimmungsrechts und des Gewaltverbots über eine demokratisch legitimierte Staatsgewalt,[1127] die sich in der Staatenpraxis jedoch nur unzureichend nachweisen lassen.

Weiterhin wird, neben der Schaffung neuer Staatsmerkmale, versucht, die vermeintlich gescheiterte Staatsentstehung dadurch zu erklären, dass in den bisherigen Fällen einer Nicht-Anerkennung ein Verstoß gegen *ius cogens* vorlag, der eine Nichtigkeitsfolge beinhalte und die Staatsentstehung auf diesem Weg verhindere.[1128]

Wie oben bereits erwähnt, ist das *ius cogens*-Konzept jedoch auf den vertraglichen Bereich beschränkt und auf tatsächliche Situationen oder einseitige Handlungen nicht übertragbar,[1129] sodass sämtliche Begründungsversuche scheitern,

---

1125 *Doehring,* Allgemeine Staatslehre: Eine systematische Darstellung, 3. Aufl., S. 58; *Grant,* The Recognition of States: Law and Practice in Debate and Evolution, S. 33; *Kaczorowska-Ireland,* Public International Law, 5. Aufl., S. 212–213.

1126 *Jellinek,* Allgemeine Staatslehre, 3. Aufl., S. 396 ff.

1127 Siehe u.a.: *Crawford,* The Creation of States in International Law, 2. Aufl., S. 96–173.; *Raič,* Statehood & The Law of Self-Determination, S. 156; *Saxer,* Die international Steuerung der Selbstbestimmung und der Staatsentstehung, S. 201–412.

1128 *Dugard,* Recognition and the United Nations, S. 135; *Gowlland-Debbas,* Collective Responses to Illegal Acts in International Law. United Nations Action in Question of Southern Rhodesia, S. 237–265.

1129 Siehe für eine ausdifferenzierte Begründung: *Talmon,* Kollektive Nichtanerkennung illegaler Staaten, S. 247–256.

eine fehlende Staatsentstehung und damit eine deklaratorische Wirkung der Nicht-Anerkennung im Rahmen neuer Staatsbildungen nachzuweisen.

Die fehlende Möglichkeit einer Einordnung der Nicht-Anerkennung als konstitutiv oder deklaratorisch legt den Schluss nahe, dass eine andere Rechtswirkung bestehen muss.

Talmon betitelt diese als negatorische Wirkung; die Nicht-Anerkennung ist nach seiner Ansicht damit weder statusverhindernd noch statusbestätigend, sondern statusverneinend.[1130]

Dem ist im Ergebnis zuzustimmen. Das Völkerrecht geht in Lehre und Praxis weiterhin vom Bestehen der klassischen Staatsmerkmale aus, bei deren Vorliegen das Faktum Staat entsteht. Dies hindert die Staatengemeinschaft jedoch nicht daran, den neu entstandenen Staat derart zu behandeln, dass der ehemals rechtmäßige Zustand weiter fingiert und das abgespaltene Gebiet fortlaufend dem Mutterstaat zugerechnet wird.[1131]

Die neu konstituierte Einheit ist damit zwar faktisch ein Staat, diesem werden jedoch seine damit verbundenen Rechte durch die Staatengemeinschaft vorenthalten, indem keine Beziehungen unterhalten werden und der Status negiert wird.

Diese Art der Rechtswirkung ist allein logisch. Denn wäre die Nicht-Anerkennung statusverhindernd oder statusbestätigend, so ist nicht erklärbar, wie bei einer nicht kollektiven Ausübung der Sanktion für manche Staaten die Einheit Staatsqualität besitzt und für andere nicht.

Kapitel 3: Ergebnis

Die Nicht-Anerkennung hat im Rahmen ihrer Anwendung unterschiedliche Anknüpfungspunkte und damit auch verschiedene Rechtswirkungen.

Was die rechtliche Zuordnung des abtrünnigen oder annektierten Gebietes betrifft, lässt sich eine konstitutive Wirkung ausmachen. Denn die Nicht-Anerkennung verhindert in ihrer kollektiven Ausübung effektiv die Behandlung des betroffenen Gebietes als Teil des Aggressorstaates oder der sich neu konstituierenden Einheit, indem dem verletzten Mutterstaat weiterhin die Verfügungsgewalt zugesprochen wird.

Im Rahmen von Sezessionsprozessen hat die Nicht-Anerkennung jedoch einen weiteren Bezugspunkt, und zwar die Staatseigenschaft der neu entstandenen Einheit selbst.

1130 *Ebd.*, S. 258.
1131 *Ebd.*, S. 258.

Diese kann, anders als die rechtliche Zuordnung des Gebietes, durch eine Nicht-Anerkennung jedoch nicht verhindert werden.

Vielmehr hat die Sanktionsmaßnahme weder eine statusverhindernde noch statusbestätigende Wirkung, da ein Staat bei Vorliegen der klassischen Staatsmerkmale zwingend zur Entstehung gelangt.

Die Nicht-Anerkennung kann folglich den erlangten Status schlicht verneinen, indem sie diesem seine zustehenden Rechte verweigert. Es lässt sich in diesem Bereich also von einer negatorischen Wirkung sprechen.

Schlussbetrachtung

Die Nicht-Anerkennung fungiert im Völkerrecht als Sanktionsmittel und Reaktion auf schwerwiegende völkerrechtliche Verstöße im Rahmen von einseitigen und illegalen Gebietsverschiebungen.

In ihrer kollektiven Ausübung ist sie geeignet, den Rechtsbrecher zu isolieren und seine Verfügungsmacht über das beanspruchte Territorium erheblich zu beschneiden, indem der Abschluss bi- oder multilateraler Abkommen über das betroffene Territorium verweigert wird.

Zwar besteht im Völkergewohnheitsrecht eine Pflicht zur Nicht-Anerkennung im Falle des Vorliegens einer Annexion oder Sezession, die zusätzlich mit einer Verletzung von *ius cogens* verbunden ist, jedoch wird eine kollektive Ausübung der Sanktion fast nie vorgenommen.

Dies liegt nicht etwa daran, dass eine rechtliche Einordnung als „schwerwiegender Verstoß gegen zwingendes Gewohnheitsrecht" solch erhebliche Schwierigkeiten bereitet, sondern vielmehr daran, dass aus politischen oder wirtschaftlichen Gründen eine Nicht-Anerkennung schlicht nicht erwünscht ist.

Wird das Mittel der Nicht-Anerkennung jedoch nicht kollektiv ausgeübt, so verliert es gleichsam erheblich an Kraft. Denn bereits die Aufnahme bilateraler Beziehungen zu wenigen Staaten ermöglicht der nicht anerkannten Einheit, aus der Isolation herauszurücken und sich in der Staatengemeinschaft zu etablieren. Je weniger Staaten sich an die gewohnheitsrechtliche Pflicht halten, desto stärker wiegt der Anspruch des Rechtsbrechers auf das beanspruchte Gebiet und desto unwahrscheinlicher wird die Rückgängigmachung des *fait accompli*.

Bezeichnet man daher das Völkerrecht aufgrund seiner Durchsetzungsschwäche grundsätzlich schon als „stumpfes Schwert", so wird man die Maßnahme der Nicht-Anerkennung sicher nicht als seine sonst stärkste Waffe einordnen können.

Sie ist dennoch ein nicht völlig unwirksames Mittel, um, ohne Rückgriff auf militärische Maßnahmen, einen gewissen Druck auf den Zielstaat auszuüben, sodass sich die Nicht-Anerkennung in der Staatenpraxis als Reaktion auf schweres völkerrechtliches Unrecht seit Beginn des 20. Jahrhunderts zunehmend etabliert hat.

Neben der mittlerweile akzeptierten Sichtweise, dass im Gewohnheitsrecht eine Pflicht besteht, dass bestimmte *ius cogens*-Verstöße mit einer Politik der Nicht-Anerkennung bedacht werden, bleiben andere Fragen zum Teil offen.

Insbesondere die genaue Ausgestaltung des Inhalts einer Nicht-Anerkennung ist schwer zu konkretisieren und hängt vom Einzelfall ab. Der Drahtseilakt zwischen erlaubtem Kontakt bzw. Beziehungen und einer konkludenten Anerkennung ist für die Staatengemeinschaft schwierig zu meistern; in diesem Bereich pauschale Ge- oder Verbotsvorschriften aufzustellen, führt jedoch zu nichts und untergräbt im Zweifel nur die Effektivität einer Nicht-Anerkennungspolitik.

Zuletzt wird man jeden Fall gesondert betrachten müssen, um zu sachgerechten Ergebnissen kommen zu können. Dies gilt allen voran für die Auflösung einer Pflicht zur Nicht-Anerkennung. Die in Teil 4 der Arbeit untersuchten Beispiele, in denen die Sanktion aufgrund bestimmter Faktoren nicht durchgehalten und aufgelöst wurde, zeigen in besonderem Maße die Schwierigkeit, konkrete Aussagen über die Reichweite der Nicht-Anerkennung zu treffen.

Zwar lassen sich bestimmte „Weichspüler" einer Pflicht durchaus ausmachen, jedoch ist die Staatenpraxis alles andere als konsistent und lässt nur bedingt Rückschlüsse auf gewohnheitsrechtliche Regeln zu.

Zuletzt wird der politische Wille der einzelnen Staaten in allen Fragen und Facetten des Instituts der Nicht-Anerkennung entscheidend sein. Annektierte Regionen, die ein hohes wirtschaftliches Potential aufweisen und nicht im Zentrum des medialen und politischen Interesses stehen, laufen weitaus mehr Gefahr, Gegenstand einer Anerkennung zu werden, als ein Mitgliedstaat der Europäischen Union, der durch ausländische Kräfte besetzt gehalten wird.

Abschließend lässt sich festhalten, dass die Nicht-Anerkennung im Falle einer kollektiven Ausübung ausreichend Potential hat, eine empfindliche Sanktionsmaßnahme darzustellen. Aufgrund politischer Sympathien und Antipathien ist eine solche kollektive Ausübung jedoch äußerst selten und verliert damit gleichsam auch an Durchsetzungskraft und Sinnhaftigkeit.

Letztlich werden die Vereinten Nationen dazu angehalten sein, eine kollektive Anwendung der Sanktion sicherzustellen. Dies kann und sollte insbesondere durch Maßnahmen auf Grundlage des VII. Kapitels der UN-Charta geschehen, um eine Nichtbeachtung durch die einzelnen Staaten effektiv verhindern zu können.

Literaturverzeichnis

Abegunrin, Olayiwola, Nigerian Foreign Policy Under Military Rule, 1966–1999, Westport 2003.

Abeyratne, Ruwantissa, Convention on International Civil Aviation: A Commentary, Cham 2014.

Ahmed, Salahuddin, Bangladesh: Past and Present, New Delhi 2004.

Akmam, Wardatul, Atrocities Against Humanity During the Liberation War in Bangladesh: A Case of Genocide, Journal of Genocide Research 2002, S. 543–560.

Alnasrawi, Abbas, Arab Nationalism, Oil, and the Political Economy of Dependency, Westport 1991.

Alston, Philip, The "Not-a-cat" Syndrome: Can the International Human Rights Regime Accommodate Non-State Actors?, in: Philip *Alston*, Non-state actors and human rights, Oxford 2005, S. 3–37.

Amr, Mohamed Sameh M., The Role of the International Court of Justice As the Principal Judicial Organ of the United Nations, The Hague 2003.

An, Ahmet, "Cypriotism" and the Path to Reunification, in: James *Ker-Lindsay*, Resolving Cyprus: New Approaches to Conflict Resolution, New York 2015, S. 24–30.

Asmussen, Jan, Cyprus after the failure of the Annan-Plan, European Centre for Minority Issues, ECMI Brief #11, 2004.

Aspinall, Edward/ *Fealy*, Greg, Soeharto's New Order and its Legacy: Essays in honour of Harold Crouch, Canberra 2010.

Aucoin, Louis/ *Brandt*, Michele, East Timor's Constitutional Passage to Independence, in: Laurel E. *Miller*, Framing the State in Times of Transition: Case Studies in Constitution Making, Washington 2010, S. 245–274.

Aust, Helmut Philipp, Article 2 (5), in: Bruno *Simma*/ Daniel-Erasmus *Khan*/ Georg *Nolte*/ Andreas *Paulus*, The Charter of the United Nations, A Commentary, 3. Auflage, Oxford 2012, S. 235–251.

Balayev, Bahruz, The Right to Self-Determination in the South Caucasus: Nagorno Karabakh in Context, Lanham 2013.

Ball, Howard, Genocide: A Reference Handbook, Santa Barbara 2011.

Bar-Yosef, Eitan, The Last Crusade? British Propaganda and the Palestine Campaign, 1917–18, Journal of Contemporary History 2001, S. 87–109.

Bassiouni, M. Cherif/ *Ami*, Shlomo Ben, A Guide to Documents on the Arab-Palestinian/Israeli Conflict: 1897–2008, Leiden 2009.

Bell, Imogen, Eastern Europe, Russia and Central Asia 2003, 3. Aufl., London 2002.

Benvenisti, Eyal, The International Law of Occupation, 2. Aufl., Oxford 2012.

Bernhardt, Rudolf, Homogenität, Kontinuität und Dissonanzen in der Rechtsprechung des Internationalen Gerichtshofs, ZaöRV 1973, S. 1–37.

Bertrand, Maurice, The United Nations: Past, Present and Future, The Hague 1997.

Beyerlin, Ulrich, Die israelische Befreiungsaktion von Entebbe in völkerrechtlicher Sicht, ZaöRV 1977, S. 213–243.

Biermann, Werner, Rhodesien: Sozioökonomische Analyse eines kolonial-peripheren Landes. Ein regional-analytischer Beitrag zur neuen Imperialismusdiskussion, Bochum 1976.

Bílková, Veronika, The Use of Force by the Russian Federation in Crimea, ZaöRV 2015, S. 27–51.

Bindschedler, Rudolf L., Die Anerkennung im Völkerrecht, Archiv des Völkerrechts 1962, S. 377–397.

Bleckmann, Albert, Völkergewohnheitsrecht trotz widersprüchlicher Praxis?, ZaöRV 1976, S. 374–406.

Bloed, Arie, From Helsinki to Vienna: Basic Documents of the Helsinki Process, Band 2, Dordrecht 1990.

Blomeyer-Bartenstein, Horst, Diplomatic Relations, Establishment and Severance, in: Rudolf *Bernhardt*, Encyclopedia of Public International Law, Band 9, International Relations And Legal Cooperation In General: Diplomacy and Consular Relations, Amsterdam 1986, S. 99–101.

Blondeau, Anne-Marie, An American newspaper said that Tibet did not become part of China until 1950, and only in the late 1970s did the Carter administration officially recognize China's sovereignty over Tibet. Does this accord with history?, in: Anne-Marie *Blondeau*/ Katia *Buffetrille*, Authenticating Tibet: Answers to China's 100 Questions, Berkely 2008, S. 53–54.

Bolton, Grace, International responses to the secession attempts of Kosovo, Abkhazia and South Ossetia 1989–2009, in: Duncan *French*, Statehood and Self-Determination: Reconciling Tradition and Modernity in International Law, New York 2013, S. 109–138.

Borgen, Christopher J., Who speaks for Ukraine?, Beitrag v. 3.3.2014 in Opinio Juris Online.

Borgen, Christopher J., Kosovo's Declaration of Independece: Self-Determination, Secession and Recognition, Beitrag v. 29.2.2008 auf der Internetpräsenz der American Society of International Law, Vol. 12, Issue 2.

Bothe, Michael, Friedenssicherung und Kriegsrecht, in: Wolfang *Graf Vitzthum*/ Alexander *Proelß*, Völkerrecht, 7. Aufl., Berlin 2016, S. 591–682.

Bowett, D.W., Self-Defense in International Law, Manchester 1958.

Breuer, Marten, Anerkennung, in: Burkhard *Schöbener*, Völkerrecht: Lexikon zentraler Begriffe und Themen, Heidelberg 2014, S. 28–34.

Brewer, Evan M., To Break Free from Tyranny and Oppression: Proposing a Model for a Remedial Right to Secession in the Wake of the Kosovo Advisory Opinion, Vanderbilt Journal of Transnational Law 2012, S. 245–292.

Brownlie, Ian, Principles of Public International Law, 7. Aufl., Oxford 2008.

Brownlie, Ian, International Law and the Use of Force by States, Oxford 1963.

Bruha, Thomas, Die Definition der Aggression. Faktizität und Normativität des UN-Konsensbildungsprozesses der Jahre 1968 bis 1974, zugleich ein Beitrag zur Strukturanalyse des Völkerrechts, Berlin 1980.

Burchill, Richard, The ICJ Decision in the Case Concerning East Timor: The Illegal Use of Force Validated?, Journal of Armed Conflict 1997, S. 1–22.

Butkevych, Volodymyr G., Who has a Right to Crimea: Khrushchev's "Gift": The truth behind the calculation, Beitrag auf der Internetpräsenz der infoukes: http://www.infoukes.com/history/crimea/page-12.html.

Butler, W.E., Territorial integrity and secession: the dialectics of international order, in: Julie *Dahlitz*, Secession and international law conflict avoidance-regional appraisals, The Hague 2003, S. 111–124.

Candland, Christopher, Labor, Democratization and Development in India and Pakistan, London/New York 2007.

Carolan, Christopher J., The „Republic of Taiwan": A Legal-Historical Justification for a Taiwanese Declaration of Independence, New York University Law Review 2000, S. 429–468.

Cassese, Antonio, Self-Determination of Peoples: A Legal Reappraisal, Cambridge 1995.

Castañeda, Jorge, Legal Effects of United Nations Resolutions, New York 1969.

Castellino, Joshua, The Secession of Bangladesh in international law: Setting new Standards?, in: Ko Swan *Sik*/ Surya *Subedi*/ M.C.W. *Pinto*, Asian Yearbook of International Law 1997, London 2001, S. 83–104.

Cattan, Henry, The Status of Jerusalem under International Law and United Nations Resolutions, Journal of Palestine Studies 1981, S. 3–15.

Cervenka, Zdenek, The Unfinished Quest for Unity: Africa and the OAU, London 1977.

Chen, Ti-Chiang, The international law of recognition. With Special Reference to Practice in Great Britain and the United States, London 1951.

Chinkin, Christine, The Security Council and statehood, in: Christine *Chinkin*/ Freya *Baetens*, Sovereignty, Statehood and State Responsibility, Cambridge 2015, S. 155–171.

Chowdhury, Iftekhar Ahmed, A Method in the Dragon's Moods: Why China behaves as it does, ISAS Working Paper No. 75 v. 21.7.2009.

Chowdhury, Iftekhar Ahmed, Bangladesh-China: An Emerging Equation in Asian Diplomatic Calculations, ISAS Working Paper No. 105 v. 31.3.2010.

Christakis, Theodore, Self-Determination, Territorial Integrity and Fait Accompli in the Case of Crimea, ZaöRV 2015, S. 75–101.

Clapham, Andrew, Non-State Actors, in: Andrew *Clapham*, Human Rights and Non-State Actors, Cheltenham/Northampton 2013, S. 3–24.

Coleman, Andrew K., Resolving Claims to Self-Determination: Is There a Role for the International Court of Justice?, London/New York 2013.

Constantinides, Aristotle, Human Rights Obligations and Accountability of Armed Opposition Groups: The Practice of the UN Security Council, Human Rights & International Legal Discourse 2010, S. 89–110.

Cordesman, Anthony H., A Tragedy of Arms: Military and Security Developments in the Maghreb, Westport 2002.

Crane, Melinda, Middle East: Status of Jerusalem, Harvard International Law Journal 1980, S. 784–793.

Crawford, James, Brownlie's Principles of Public International Law, 8. Aufl., Oxford 2012.

Crawford, James, State Responsibility, in: Rüdiger *Wolfrum*, Max Planck Encyclopedia of Public International Law,Oxford, Online Version 2006.

Crawford, James, The Creation of States in International Law, 2. Auflage, Oxford 2007.

Crawford, James/ *Peel*, Jacqueline/ *Olleson*, Simon, The ILC's Articles on Responsibility of States for Internationally Wrongful Acts: Completion of the Second Reading, European Journal of International Law 2001, S. 963–991.

Da Costa, Karen, The Extraterritorial Application of Selected Human Rights Treaties, Leiden 2013.

Dahm, Georg/ *Delbrück*, Jost/ *Wolfrum*, Rüdiger, Völkerrecht, Band I/1, 2. Aufl., Berlin 1998.

Dahm, Georg/ *Delbrück*, Jost/ *Wolfrum*, Rüdiger, Völkerrecht, Band I/2, 2. Aufl., Berlin 2002.

Dale, Richard, The Namibian War of Independence, 1966–1989: Diplomatic, Economic and Military Campaigns, Jefferson 2014.

Davis, Michael C., Tibet, in: Rüdiger *Wolfrum*, Max Planck Encyclopedia of Public International Law, Oxford, Online Version 2007.

Dawidowicz, Martin, The obligation of non-recognition of an unlawful situation, in: James *Crawford*/ Alain *Pellet*/ Simon *Olleson*, The Law of international responsibility, New York 2010, S. 677–686.

Dawidowicz, Martin, Trading fish or human rights in Western Sahara? Self-Determination, non-recognition and the EC-Morocco Fisheries Agreement, in: Duncan *French*, Statehood and Self-Determination: Reconciling Tradition and Modernity in International Law, New York 2013, S. 250–276.

De Quadros, Fausto, Decolonization: Portuguese Territories, in: Rudolf *Bernhardt*, Encyclopedia of Public International Law, Bd. 1, Amsterdam 1992, S. 990–993.

Del Mar, Katherine, The myth of remedial secession, in: Duncan *French*, Statehood and Self-Determination: Reconciling Tradition and Modernity in International Law, Cambridge 2013, S. 79–108.

Devine, Dermott J., The Status of Rhodesia in International Law, Acta Juridica 1973.

Dick, René, Auslieferungsabkommen: Gesetz über die internationale Rechtshilfe in Strafsachen und die Richtlinien für den Verkehr mit dem Ausland in strafrechtlichen Angelegenheiten (RiVASt), IRS, Durchführungsgesetze- und bestimmungen, Vereinbarungen, Norderstedt 2011.

Dickinson, Rob, Twenty-First Century Self-Determination: Implications of the Kosovo Status Settlement for Tibet, Arizona Journal of International & Comparative Law 2009, S. 547–582.

Diederiks-Verschoor, Isabella Henrietta Philepina, An Introduction to Air Law, Alphen aan den Rijn 2006.

Dixon, Martin, Textbook on International Law, 7. Aufl., Oxford 2013.

Doehring, Karl , Allgemeine Staatslehre: Eine systematische Darstellung, 3. Aufl., Heidelberg 2004.

Doehring, Karl, Völkerrecht, 2. Aufl., Heidelberg 2004.

Dolzer, Rudolf/ *Kim*, Yun-I, Germany, in: Chester *Brown*, Commentaries on Selected Model Investment Treaties, Oxford 2013.

Dolzer, Rudolf/ *Papadimitriou*, Giorgos, Völkerrechtliche Praxis der Bundesrepublik Deutschland in den Jahren 1971 und 1972, ZaöRV 1974, S. 503–582.

van den Driest, Simone F., Remedial Secession: A Right to External Self-Determination as a Remedy to Serious Injustices?, Univ Diss., Cambridge 2013.

Drohobycky, Maria, Crimea: Dynamics, Challenges and Prospects, Lanham 1995.

Du Plessis, Max/ *Gevers*, Christopher, Expert Opinion to The Participation of Residents of Area C of the Occupied Palestinian Territory of the West Bank in the Planning Process Re Housing, Durban/Oxford 2012.

Dugard, John, Human Rights and the South African Legal Order, Princeton 1978.

Dugard, John, Recognition and the United Nations, Cambridge 1987.

Dugard, John, The South West Africa / Namibia Dispute: Documents and Scholarly Writings on the Controversy Between South Africa and the United Nations, London 1973.

Eagleton, Clyde, The Case of Hyderabad Before the Security Council, The American Journal of International Law 1950, S. 277–302.

Ehm, Fithjof, Das völkerrechtliche Demokratiegebot, Tübingen 2013.

Eichensehr, Kristen E., Defending Nationals Abroad: Assessing the Lawfulness of Forcible Hostage Rescues, Virginia Journal of International Law 2008, S. 451–484.

Eisner, Kurt, Das Ende des Reichs. Deutschland und Preußen im Zeitalter der großen Revoluttion, Berlin 1907.

Engert, Stefan, EU Enlargement and Socialization: Turkey and Cyprus, London/ New York 2010.

Epiney, Astrid, Zur Rechtsfigur des de facto-Organs im Recht der Staatenverantwortlichkeit, in: Andreas *Fischer-Lescano*/Hans-Peter *Gasser*/ Thilo *Marauhn*/ Natalino *Ronzitti*, Frieden in Freiheit- Peace in liberty- Paix en liberté, Festschrift für Michael Bothe zum 70. Geburtstag am 11. Juni 2008, Baden-Baden 2008, S. 883–896.

Erikson, Daniel P./ *Chen*, Janice, China, Taiwan, and the Battle for Latin America, The Fletcher Forum of World Affairs 2007, S. 69–89.

van Essen, Jonte, De Facto Regimes in International Law, Utrecht Journal of International and European Law 2012, S. 31–49.

Etezazian, Sina, Ukraine Insta-Symposium: The Crisis in Crimea- The Protection of Nationals Abroad and the Legality of Ukraine's Possible Use of Force in Self-Defense, Beitrag v. 9.3.2014 in Opinio Juris Online.

Farrall, Jeremy Matam, United Nations Sanctions and the Rule of Law, Cambridge/ New York 2007.

Fawcett, James Edmund Sandford, The law of nations, London 1968.

Fierstein, Daniel, Kosovo's Declaration of Independence: An Incident Analysis of Legality, Policy and Future Implications, Boston University International Law Journal 2008, S. 417–442.

Fischer, Andrew Martin, The Disempowered Development of Tibet in China: A Study in the Economics of Marginalization, Lanham 2014.

Fisher, Alan W., The Crimean Tatars, Stanford 1978.

Fisher, Alan W., The Russian Annexation of the Crimea, 1772–1783, Cambridge 1970.

Fox, Gregory H., Guest Post: The Russia-Crimea Treaty, Beitrag v. 20.3.2014 in Opinio Juris Online.

Fox, Gregory H., Ukraine Insta-Symposium: Intervention in the Ukraine by Invitation, Beitrag v. 10.3.2014 in Opinio Juris Online.

Franck, Thomas M./ *Rodley* Nigel S., After Bangladesh: The Law of Humanitarian Intervention by Military Force, American Journal of International Law 1973, S. 275–305.

Franklin, Mark/ *Porter*, Sarah, Sovereignty over Airspace and the Chicago Convention: Northern Cyprus, Air & Space Law 2010, S. 63–70.

Frau, Robert, Überlegungen zur Bindung nichtstaatlicher Gewaltakteure an internationale Menschenrechte, Humanitäres Völkerrecht: Informationsschriften, Journal of International Law of Peace and Armed Conflict 2013, S. 13–20.

Freedom House, Freedom in the World 2011: The Annual Survey of Political Rights and Civil Liberties, Lanham 2011.

Frowein, Jochen Abr., Das de facto-Regime im Völkerrecht. Eine Untersuchung zur Rechtsstellung „nichtanerkannter Staaten“ und ähnlicher Gebilde, Köln 1968.

Frowein, Jochen Abr., Collective Enforcement of International Obligations, ZaöRV 1987, S. 67–79.

Frowein, Jochen Abr., Non-Recognition, in: Rüdiger *Wolfrum*, Max Planck Encyclopedia of Public International Law, Oxford, Online Version 2011.

Frowein, Jochen Abr./ *Oeter*, Stefan, Ost-Jerusalem und das deutsch-israelische Sozialversicherungsabkommen: Die Nicht-Anerkennung der Eingliederungsmaßnahmen und die Frage nach der Methodik der Vertagsauslegung, ZaöRV 1988, S. 18–34.

Galloway, Thomas, Recognizing Foreign Governments: The Practice of the United States, Washington 1978.

Geimer, Reinhold, §183, in: Richard *Zöller*, Zivilprozessordnung: ZPO, 31. Aufl., Köln 2016.

Geimer, Reinhold, Internationales Zivilprozessrecht, 6. Aufl., Köln 2009.

Geistlinger, Michael, Der Beitritt der Republik Krim zur Russländischen Föderation aus der Warte des Selbstbestimmungsrechts der Völker, Archiv des Völkerrechts 2014, S. 175–204.

Gersdorf, Hubertus, §14, in: Herbert *Posser*/ Heinrich Amadeus *Wolff*, Beck'scher Online-Kommentar Verwaltungsgerichtsordnung, Stand: 1.07.2015.

Gianelli, Alessandra, Absolute Invalidity of Treaties and Their Non-Recognition by Third States, in: Enzo *Cannizzaro*, The Law of Treaties Beyond the Vienna Convention, Oxford 2011, S. 333–350.

Gioia, Andrea, Decision of the UN Security Council of Indefinite Duration: How to Define the Limits of Their Validity, in: Peter *Hilpold*, Das Kosovo-Gutachten des IGH vom 22. Juli 2010, Leiden 2012, S. 171–182.

Goodman, Ryan, Humanitarian Intervention and Pretexts of War, American Journal of International Law 2006, S. 107–141.

Gowlland-Debbas, Vera, Collective Responses to Illegal Acts in International Law. United Nations Action in the Question of Southern Rhodesia, Dordrecht 1990.

Grammas, George N., Multilateral Responses to the Iraqi Invasion of Kuwait: Economic Sanctions and Emerging Proliferation Controls, Maryland Journal of International Law 1991, S. 1–21.

Grant, Thomas D., Annexation of Crimea, American Journal of International Law 2015, S. 68–95.

Grant, Thomas D., The Recognition of States: Law and Practice in Debate and Evolution, Westport 1999.

Greenwood, Christopher, Humanitarian intervention: the case of Kosovo, in: Martti *Koskenniemi*/ Jana *Petman*, Finnish Yearbook of International Law 2002, The Hague 2004, S. 141–175.

Grewe, Wilhelm G., Fontes Historiae Iuris Gentium, Bd. 3/Teil 2: 1815–1945, Berlin 1992.

Gross, Aeyal M., Human Proportions: Are Human Rights the Emperor's New Clothes of the International Law of Occupation?, European Journal of International Law 2007, S. 1–35.

Grote, Rainer, Völkerrechtliche Praxis der Bundesrepublik Deutschland im Jahre 1995, ZaöRV 1997, S. 923–1163.

Gyaltsen, Kelsang, Preventing Cultural Genocide: The Case for Genuine Autonomy for Tibet, Vortrag auf dem Symposium on Cultural Diplomacy & Human Rights in Berlin v. 31.5.2013, abgedruckt auf der Internetpräsenz der Central Tibetan Administration.

Haas, Stephan, Die Tibetfrage- Eine Analyse der Gründe und der Rechtmäßigkeit des chinesischen Einmarsches in Tibet 1950/51, Münster 1997.

Hafkin, Gregory, The Russo-Georgian War of 2008: Developing the Law of Unauthorized Humanitarian Intervention after Kosovo, Boston University International Law Journal 2010, S. 219–239.

Hao, Yan, Tibetan Population in China: Myths and Facts Re-examined, Asian Ethnicity 2000, S. 11–36.

Hartwig, Matthias, Völkerrechtliche Praxis der Bundesrepublik Deutschland im Jahre 2008, ZaöRV 2012, S. 603–656.

Hathaway, Oona A/ *Levitz*, Philip/ *Nielsen*, Elizabeth/ *Nowlan*, Aileen/ *Perdue*, William/ *Purvis*, Chelsea/ *Solow* Sara/ *Spiegel*, Julia, Human Rights Abroad: When Do Human Rights Treaty Obligations Apply Extraterritorially?, Arizona State Law Journal 2011, S. 389–426.

Heintze, Hans-Joachim, Sind De-facto-Regime an die Menschenrechte gebunden?, in: *Institut für Friedensforschung und Sicherheitspolitik an der Universität Hamburg*, OSZE-Jahrbuch 2009, Baden-Baden 2010, S. 297–306.

Heller, Christian, Die Außenpolitik der Demokratischen Volksrepublik Algerien 1979 bis 1992: Eine Untersuchung der Ära Chadli am Beispiel der Außenbeziehungen Algeriens, Univ. Diss, Marburg 1995.

Heller, Peter B., The United Nations under Dag Hammarskjold, 1953–1961, Lanham/Folkestone 2001.

Herdegen, Matthias, Effektvitität und Legitimität im Völkerrecht – von Tibet bis zur Krim –, in: Thomas *Ackermann*/ Johannes *Köndgen*, Privat- und Wirtschaftsrecht in Europa, Festschrift für Wulf-Henning Roth zum 70. Geburtstag, München 2015, S. 201–211.

Herdegen, Matthias, Internationales Wirtschaftsrecht, 10. Aufl., München 2013.

Herdegen, Matthias, Asymmetrien in der Staatenwelt und die Herausforderungen des „konstruktiven Völkerrechts", ZaöRV 2004, S. 571–582.

Herdegen, Matthias, Völkerrecht, 15. Aufl., München 2016.

Herrberg, Antje, Conflict resolution in Georgia: A synthesis analysis with a legal perspective, Crisis Management Initiative, 4. Juni 2006.

Hille, Charlotte Mathilde Louise, State Building and Conflict Resolution in the Caucasus, Leiden 2010.

Hillgruber, Christian, Die Aufnahme neuer Staaten in die Völkerrechtsgemeinschaft: das völkerrechtliche Institut der Anerkennung von Neustaaten in der Praxis des 19. und 20. Jahrhunderts, Frankfurt am Main 1998.

Hilpold, Peter, The Kosovo Opinion of 22 July 2010: Historical, Political and Legal Pre-Requisites, in: Peter *Hilpold*, Kosovo and International Law: The ICJ Advisory Opinion of 22 July 2010, Leiden 2012, S. 1–30.

Hilpold, Peter, Das Kosovo-Problem – ein Testfall für das Völkerrecht, ZaöRV 2008, S. 779–801.

Hinz, Manfred O., Le droit a l'autodetermination du Sahara occidental: Le chemin difficile du peuple sahraoui: documents de base avec une introduction, Bonn 1987.

Hirsch, Moshe/ *Housen-Couriel*, Deborah/ *Lapidoth*, Ruth, Whither Jerusalem? Proposals and Positions Concerning the Future of Jerusalem, Dordrecht 1995.

Hiscocks, Richard, The Security Council: A Study in Adolescence, London 1973.

Hoffmeister, Frank, Legal Aspects of the Cyprus Problem: Annan Plan and EU Accession, Leiden 2006.

Hurd, Ian, Is Humanitarian Intervention Legal? The Rule of Law in an Incoherent World, Ethics & International Affairs 2011, S. 293–313.

Ijalaye, David, Was "Biafra" at any Time a State in International Law?, American Journal of International Law 1971, S. 551–559.

International Commission of Jurists, Tibet and the Chinese People's Republic, Geneva 1960.

International Commission of Jurists, Tibet: Human Rights and the Rule of Law, Geneva 1997.

International Commission of Jurists, The Events in East Pakistan, 1971, Geneva 1972.

International Commission of Jurists, The Question of Tibet and the Rule of Law, Geneva 1959.

International Law Association, Draft Report on Recognition/ Non-Recognition in International Law, Washington Conference 2014.

International Law Association, Report on the Use of Force, Washington Conference 2014.

Jankowitsch, Odette/ *Sauvant*, Karl P., The Third World Without Superpowers: The Collected Documents of the Non-Aligned Countries, Vol. 1, Dobs Ferry 1978.

Jayapalan, N., Indo-Pakistan Relations, in: Kulwant Rai *Gupta*, India-Pakistan Relations with Special Reference to Kashmir, New Delhi 2003, S. 134–219.

Jellinek, Georg, Allgemeine Staatslehre, 3. Aufl., Berlin 1914.

Jentzsch, Greg, What are the main causes of conflict in South Ossetia and how can they best be addressed to promote lasting peace?, The BSIS Journal of International Studies 2009, S. 1–21.

Kaczorowska-Ireland, Alina, Public International Law, 5. Aufl., London/New York 2015.

Kamat, Manjiri N., Border incidents, internal disorder and the nizam's claim for an independent Hyderabad, in: Waltraud *Ernst*/ Biswamoy *Pati*, India's Princely States: People, princes and colonialism, London/New York 2007.

Kamel, Lorenzo, Is the EU Adopting a Double-Standards Approach toward Israel and the Palestinian Teritories? (Part 1), Beitrag v. 9.1.2014 in Opinio Juris Online.

Kamminga, Menno T., State Succession in Respect of Human Rights Treaties, European Journal of International Law 1996, S. 469–484.

Kane, Thomas M., Theoretical Roots of US Foreign Policy: Machiavelli and American Unilateralism, London/New York 2006.

Kapustin, Anatoly, Crimea's Self-Determination in the Light of Contemporary International Law, ZaöRV 2015, S. 101–119.

Karakatsanis, Leonidas ., Turkish-Greek Relations: Rapprochement, civil society and the politics of friendship, London/New York 2014.

Katz, Itamar / *Kark*, Ruth, The church and landed property: The greek orthodox patriarchate of Jerusalem, Middle Eastern Studies 2007, S. 383–408.

Kau, Marcel, Der Staat und der Einzelne als Völkerrechtssubjekte, in: Wolfang *Graf Vitzthum*/ Alexander *Proelß*, Völkerrecht, 7. Aufl., Berlin 2016, S. 133–246.

Kawasaki, Kyoji, A Brief Note on the Legal Effects of Jus Cogens in International Law, Hitotsubashi Journal of Law and Politics 2006, S. 27–43.

Kelsen, Hans, Recognition in International Law: Theoretical Observations, American Journal of International Law 1941, S. 605–617.

Ker-Lindsay, James, The Foreign Policy of Counter Secession: Preventing the Recognition of Contested States, Oxford 2012.

Kimminich, Otto, A "Federal" Right of Self-Determination?, in: Christian *Tomuschat*, Modern Law of Self-Determination, Dordrecht 1993, S. 83–100.

Kirimli, Hakan, National Movements & National Identity Among the Crimean Tatars, (1905–1916), Leiden 1996.

Klein, Eckart/ *Schmahl*, Stefanie, Article 11, in: Bruno *Simma*/ Daniel-Erasmus *Khan*/ Georg *Nolte*/ Andreas *Paulus*, The Charter of the United Nations: A Commentary, 3. Aufl., Oxford 2012, S. 2066–2085.

Klingmüller, Ernst, Jerusalem, in: Hans-Jürgen *Schlochauer*/ Karl *Strupp*, Wörterbuch des Völkerrechts, Band 2, 2. Aufl., Berlin 1961, S. 173–175.

Knop, Karen, Diversity and Self-Determination in International Law, Cambridge/ New York 2002.

Kolodziejczyk, Dariusz, The Crimean Khanate and Poland-Lithuania: International Diplomacy on the European Periphery (15th-18th Century), A Study of Peace Treaties Followed by Annotated Documents, Leiden 2011.

König, Marietta S., Not Frozen but Red Hot: Conflict Resolution in Georgia Following the Change of Government, in: *Institute for Peace Research and*

Security Policy at the University of Hamburg/IFHS, OSCE Yearbook 2006, Baden-Baden 2007, S. 85–96.

Korman, Sharon, The Right of Conquest: The Acquisition of Territory by Force in International Law and Practice, Oxford 1996.

Kramer, Heinz, EU-Türkei: Der Konflikt um Zypern schwelt weiter, Diskussionspapier der FG 2, Stiftung Wissenschaft und Politik, Januar 2007, S. 1–13.

Kramer, Helmut/ *Dzihic*, Vedran, Die Kosovo-Bilanz: scheitert die internationale Gemeinschaft?, Wien 2005.

Kramer, Mark, Why Did Russia Give Away Crimea Sixty Years Ago? The Transfer of Crimea from Soviet Russia to Soviet Ukraine, 1954, Beitrag auf der Internetpräsenz des Wilson Center, http://www.wilsoncenter.org/publication/why-did-russia-give-away-crimea-sixty-years-ago.

Kranz, Jerzy, Imperialism, the Highest Stage of Sovereign Democracy: Some Remarks on the Annexation of Crimea by Russia, Archiv des Völkerrechts 2014, S. 205–221.

Krieger, Heike, East Timor and the International Community: Basic Documents, Cambridge 1997.

Kriesberg, Louis, Realizing Peace: A Constructive Conflict Approach, New York 2015.

Krisch, Nico, Article 39, in: Bruno *Simma*/ Daniel-Erasmus *Khan*/ Georg *Nolte*/ Andreas *Paulus*, The Charter of the United Nations: A Commentary, 3. Aufl., Oxford 2012, S. 1272–1296.

Krisch, Nico, Article 41, in: Bruno *Simma*/ Daniel-Erasmus *Khan*/ Georg *Nolte*/ Andreas *Paulus*, The Charter of the United Nations: A Commentary, 3. Aufl., Oxford 2012, S. 1305–1329.

Krisch, Nico, Introduction into Chapter VII: The General Framework, in: Bruno *Simma*/ Daniel-Erasmus *Khan*/ Georg *Nolte*/ Andreas *Paulus*, The Charter of the United Nations: A Commentary, 3. Aufl., Oxford 2012, S. 1239–1271.

Krüger, Heiko, Der Berg-Karabach-Konflikt: Eine juristische Analyse, Berlin 2009.

Krumbein, Frédéric, Hongkongs Proteste und Taiwans Zukunft, SWP-Aktuell, Februar 2015, S. 1–4.

Kryvoi, Yaraslau, Protecting Foreign Investors in Crimea: Is Investment Arbitration an Option?, Beitrag v. 29.7.2014 in CIS Arbitration Forum Online.

Kuhn, Dieter, Die Republik China von 1912 bis 1937: Entwurf für eine politische Ereignisgeschichte, 3. Aufl., Heidelberg 2007.

Kussbach, Erich, Conquest, in: Rudolf *Bernhardt*, Encyclopedia of Public International Law, Band 3, Use of Force – War and Neutrality Peace Treaties (A-M), S. 119–122.

von Laffert, Gerd, Die völkerrechtliche Lage des geteilten Zypern und Fragen seiner staatlichen Reorganisation, Frankfurt am Main 1995.

Lapidoth, Ruth, Jerusalem, in: Rüdiger *Wolfrum*, Max Planck Encyclopedia of Public International Law, Oxford, Online Version 2013.

Lapidoth, Ruth, Jerusalem: Some Legal Aspects, in: Marshall J. *Breger*/ Ora *Ahimeir*, Jerusalem: A City and Its Future, New York 2002, S. 61–90.

Lapidoth, Ruth/ *Hirsch*, Moshe, The Jerusalem Question and Its Resolution: Selected Documents, Dordrecht/Boston/London 1994.

Lauterpacht, Elihu/ *Greenwood*, Christopher J./ *Oppenheimer*, A.G./ *Lee*, Karen, International Law Reports, Vol. 133, Cambridge/New York 2008.

Lauterpacht, Hersch, Recognition in International Law, Cambridge 1947.

Lea, David/ *Rowe*, Annamarie, A Political Chronology of Africa, London 2001.

Lea, David/ *Rowe*, Annamarie, A Political Chronology of the Middle East, London 2001.

Lemarchand, Rene, The Limits of Self-Determination: The Case of the Katanga Secession, The American Political Science Review 1962, S. 404–416.

Le Mon, Christopher J., Unilateral Intervention by Invitation in Civil Wars: The Effective Control Test Tested, New York University Journal of International Law and Politics 2003, S. 741–793.

Liu, Han-Wie, A Missing Part in International Investment Law: The Effectiveness of Investment Protection of Taiwan's Bits Vis-À-Vis ASEAN States, University of California Davis Journal of International Law & Policy 2009, S. 131–169.

Loudwin, Bernd, Die konkludente Anerkennung im Völkerrecht, Berlin 1983.

Louw, P. Eric, The Rise, Fall, and Legacy of Apartheid, Westport 2004.

Lubell, Noam, Human rights obligations in military occupation, International Review of the Red Cross 2012, S. 317–337.

Luchterhandt, Otto, Der Anschluss der Krim an Russland aus völkerrechtlicher Sicht, Archiv des Völkerrechts 2014, S. 137–174.

Ludwig, Klemens, Tibet, 5. Aufl., München 2010.

Lumumba-Kasongo, Tukumbi, Why Katanga's quest for self-determination and secession failed, in: Redie *Bereketeab*, Self-Determination and Secession in Africa: The Post-Colonial State, London/New York 2015, S. 163–178.

Lütt, Jürgen, Das moderne Indien 1498 bis 2004, München 2012.

Ma, Rong, Population and Society in Contemporary Tibet, Hong Kong 2011.

Maffei, Maria Clara, The Case of East Timor before the International Court of Justice – Some Tentative Comments, European Journal of International Law 1993, S. 223–238.

Martin, Ian, Self-Determination in East Timor: The United Nations, the Ballot, and International Intervention, Boulder/London 2001.

Marxsen, Christian, Crimea's Declaration of Independence, Beitrag v. 18.3.2014 in EJIL:Talk! Online.

Marxsen, Christian, Territorial Integrity in International Law – Its Concept and Implications for Crimea, ZaöRV 2015, S. 7–27.

Marxsen, Christian, The Crimea Crisis – An International Law Perspective, ZaöRV 2014, S. 367–391.

McCorquodale, Robert, Non-state Actors and International Human Rights Law, in: Sarah *Joseph*/ Adam *McBeth*, Research Handbook on International Human Rights Law, Cheltenham/Northampton 2010, S. 97–114.

McCorquodale, Robert/ *Orosz*, Nicholas, Tibet, the Position in International Law: Report of the Conference of International Lawyers on Issues relating to Self-Determination and Independence for Tibet, London 1994.

McNair, Arnold, The Stimson Doctrine of Non-Recognition – A Note on its Legal Aspects, in: Pearce *Higgins*/ J.L. *Brierly*, British Yearbook of International Law 1933, S. 65–74.

McWhinney, Edward, The World Court and the Contemporary International Law Making Process, Alphen aan den Rijn 1979.

Merezhko, Oleksandr, Crimea's Annexation by Russia- Contradictions of the New Russian Doctrine on International Law, ZaöRV 2015, S. 167–195.

Meyer-Ladewig, Jens, Art. 1, in: Jens *Meyer-Ladewig*, EMRK, Europäische Menschenrechtskonvention Handkommentar, 3. Aufl., Baden-Baden 2011.

Meyns, Peter, Konflikt und Entwicklung im Südlichen Afrika, Opladen 2000.

Migdalovitz, Carol, Cyprus: Status of U.N. Negotiations, 19.3.2002, CRS Issue Brief for Congress.

Milano, Enrico, Unlawful Territorial Situations in International Law: Reconciling Effectiveness, Legality and Legitimacy, Leiden 2006.

Milano, Enrico, The New Fisheries Partnership Agreement Between the European Community and the Kingdom of Morocco: Fishing too South?, Anuario Espanol de Derecho Internacional 2006, S. 413–457.

Milanovic, Marko, Extraterritorial Application of Human Rights Treaties: Law, Principles, and Policy, Oxford/New York 2011.

Minahan, James, One Europe, Many Nations: A Historical Dictionary of European National Groups, Westport 2000.

Mirzayev, Farhad, Abkhazia, in: Christian *Walter*/ Antje *von Ungern-Sternberg*/ Kavus *Abushov*, Self-Determination and Secession in International Law, New York/Oxford 2014, S. 191–213.

Murswiek, Dietrich, Eine Prämie auf Interventionskriege, Beitrag v. 26.3.2008 in der Frankfurter Allgemeinen Zeitung.

Murswiek, Dietrich, The Issue of a Right of Secession- Reconsidered, in: Christian *Tomuschat*, Modern Law of Self-Determination, Dordrecht 1993.

Naik, J.A., Russia's Policy Towards India: From Stalin to Yeltsin, New Delhi 1995.

Naldi, Gino J., The Statehood of the Saharan Arab Democratic Republic, Indian Yearbook of International Law 1985, S. 448–481.

Nayar, M. G. Kaladharan, Self-Determination Beyond the Colonial Context: Biafra in Retrospect, Texas Journal of International Law 1975, S. 321–345.

Neuhold, Hanspeter, Collective Security After "Operation Allied Force", in: Jochen Abraham *Frowein*/ Rüdiger *Wolfrum*, Max Planck Yearbook of United Nations Law 2000, The Hague 2000, S. 73–106.

Nieto-Navia, Rafael, International Peremptory Norms (Ius Cogens) and International Humanitarian Law, The Hague 2001.

Nish, Ian Hill, Japan's Struggle with Internationalism: Japan, China and the League of Nations, 1931–3, London 1993.

Nkala, Jericho C., The United Nations, international law, and the Rhodesian independence crisis, Oxford 1985.

Nolte, Georg, Intervention by Invitation, in: Rüdiger *Wolfrum*, Max Planck Encyclopedia of Public International Law, Oxford, Online Version 2010.

Nzongola-Ntalaja, Georges, Democratic Republic of Congo, in: Joel *Krieger*/ Craig N. *Murphy*, The Oxford Companion to Comparative Politics, Oxford 2012, S. 232.

Öberg, Marko Divac, The Legal Effects of Resolutions of the UN Security Council and General Assembly in the Jurisprudence of the ICJ, European Journal of International Law 2006, S. 879–906.

Oeter, Stefan, Secession, Territorial Integrity & The Security Council, in: Peter *Hilpold*, Kosovo and International Law: The ICJ Advisory Opinion of 22 July 2010, Leiden 2012, S. 109–138.

Oeter, Stefan, The Kosovo Case – An Unfortunate Precedent, ZaöRV 2015, S. 51–75.

Oeter, Stefan, Die Entwicklung der Westsahara-Frage unter besonderer Berücksichtigung der völkerrechtlichen Anerkennung, ZaöRV 1986, S. 48–74.

Oeter, Stefan, The Role of Recognition and Non-Recognition with Regard to Secession, in: Christian *Walter*/ Antje *von Ungern-Sternberg*/ Kavus *Abushov*,

Self-Determination and Secession in International Law, New York/Oxford 2014, S. 45–67.

Okoronye, Innocent/ *Okeke* V.O.S., An Appraisal of Humanitarian Intervention under International Law, Nnamdi Azikiwe University Journal of International Law and Jurisprudence 2011, S. 137–147.

Olsson, Louise, Gender Equality and United Nations Peace Operations in Timor Leste, Leiden 2009.

Omar, Sidi M., OAU/AU and the question of Western Sahara, Pambazuka News v. 27.2.2013, Issue 618.

Osmanczyk, Edmund Jan/ *Mango*, Anthony, Encyclopedia of the United Nations and international agreements, 3. Aufl., Vol. 3 (N-S), London/New York 2003.

Ozhiganov, Edward, The Crimean Republic: Rivalries for Control, in: Alexei *Arbatov*/ Abram *Chayes*/ Antonia *Handler Chayes*/ Lara *Olson*, Managing Conflict in the Former Soviet Union: Russian and American Perspectives, Cambridge (US) 1997.

Pande, Aparna, Explaining Pakistan's Foreign Policy: Escaping India, London/ New York 2011.

Pellet, Alain, The Charter of the United Nations: A Commentary of Bruno Simma's Commentary, Michigan Journal of International Law 2003, S. 135–151.

Pereltsvaig, Asya, Languages of the World: An Introduction, Cambridge/New York 2012.

Pert, Alison, The "Duty" of Non-Recognition in Contemporary International Law: Issues and Uncertainties, Sydney Law School, Legal Studies Research Paper No. 13/96, December 2013.

Pertile, Marco, The Changing Environmental and Emerging Resource Conflicts, in: Marc *Weller*, The Oxford Handbook of the Use of Force in International Law, Oxford 2015, S. 1077–1094.

Peters, Anne, Article 25, in: Bruno *Simma*/ Daniel-Erasmus *Khan*/ Georg *Nolte*/ Andreas *Paulus,* The Charter of the United Nations: A Commentary, 3. Aufl., Oxford 2012, S. 787–854.

Peters, Anne, Crimea: Does "The West" Now Pay the Price for Kosovo?, Beitrag v. 22.4.2014 in EJIL:Talk! Online.

Peters, Anne, Sense and Nonsense of Territorial Referendums in Ukraine, and Why the 16 March Referendum in Crimea Does not Justify Crimea's Alteration of Territorial Status under International Law, Beitrag v. 16.4.2014 in EJIL:Talk! Online.

Poew, René, Der Beitritt Zyperns zur EU – Probleme des Völkerrechts, des Europarechts und des zypriotischen Rechts, Univ. Diss, Hamburg 2007.

Pradetto, August, Intervention, Regimewechsel, erzwungene Migration: die Fälle Kosovo, Afghanistan und Irak, Frankfurt am Main 2008.

Prasad, Sri Nandan, Operation Polo: The Police Action Against Hyderabad, 1948, New Delhi 1972.

Preston, Ian, A Political Chronology of Central, South and East Asia, London 2001.

Quigley, John, Finding a Way Forward to Crimea, Beitrag v. 5.3.2014 in Cambridge Journal of International and Comparative Law, Online Version.

Raič, David, Statehood & The Law of Self-Determination, The Hague 2002.

Ramon, Amnon, Jerusalem, in: Judith R. *Baskin*, The Cambridge Dictionary of Judaism and Jewish Culture, New York 2011, S. 322–323.

Rao, Beldona Vittal, History of Asia, From Early Times to 2000 A.D., Elgin (US) 2005.

Rao, Pemmaraju Sreenivasa, International Law Commission (ILC), in: Rüdiger *Wolfrum*, Max Planck Encyclopedia of Public International Law, Oxford, Online Version 2013.

Rau, Markus, IGH v. 30.6.1995- Ost-Timor, Nationale Selbstbestimmung und internationale Gerichtsbarkeit, S. 153–159, in: Jörg *Menzel*/Tabias *Pierlings*/ Jeannine *Hoffmann*, Völkerrechtsprechung, Tübingen 2005.

Reinharz, Jehuda, Dokumente zur Geschichte des deutschen Zionismus 1882–1933, Tübingen 1981.

Reynolds, Douglas, Turkey, Greece, and the "Border" of Europe. Images of Nations in the West German Press 1950–1975, Berlin 2013.

Rézette, Robert, The Western Sahara and the frontiers of Morocco, Paris 1975.

Rich, Timothy S., Status for Sale: Taiwan and the Competition for Diplomatic Recognition, Issues & Studies 2009, S. 159–188.

Rizwan, Muhammad, Aftermath of the Elections 1970: From Disparity to Dissection, Asian Journal of Management Sciences & Education 2014, S. 127–134.

Rizwan, Muhammad, The Elections 1970: From Ballot to Nowhere, Asian Journal of Social Sciences & Humanities 2014, S. 28–36.

Römer, Stephanie, The Tibetan Government-in-Exile: Politics at large, London 2008.

Ronen, Yael, Status of Settlers Implanted by Illegal Regimes Under International Law, in: James *Crawford*/ Vuaghan *Lowe*, British Yearbook of International Law 2008, Oxford/New York 2009, S. 194–263.

Ronen, Yael, Transition from Illegal Regimes under International Law, Cambridge/New York 2011.

Ronen, Yael, Human Rights Obligations of Territorial Non-State Actors, Cornell International Law Journal 2013, S. 21–50.

Sambanis, Nicholas, Globalization, decentralization and secession: a review of the literature and some conjectures, in: David R. *Cameron*/ Gustav *Ranis*/ Annalisa *Zinn*, Globalization and Self-Determination: Is the Nation-State under Siege?, London/New York 2006.

Samson, Anne, Britain, South Africa and the East African Campaign, 1914–1918: The Union Comes of Age, London/New York 2006.

Saparov, Arsène, From Conflict to Autonomy in the Caucasus, London/New York 2015.

Sasse, Gwendolyn, The Crimea Question: Identity, Transition, and Conflict, Cambridge (US) 2007.

Sassòli, Marco, State responsibility for violations of international humanitarian law, International Review of the Red Cross 2002, S. 401–434.

Sautman, Barry, "Cultural Genocide" and Tibet, Texas International Law Journal 2003, S. 173–248.

Sautman, Barry, Ethnicity, in: William S *Tay*/ Alvin Y *So*, Handbook of Contemporary China, Singapore 2012, S. 137–172.

Saxer, Urs, Die international Steuerung der Selbstbestimmung und der Staatsentstehung, Berlin/Heidelberg 2010.

Schmalenbach, Kirsten, Article 53: Treaties conflicting with a peremptory norm of general international law ("jus cogens"), in: Oliver *Dörr*/ Kirsten *Schmalenbach*, Vienna Convention on the Law of Treaties: A Commentary, Berlin/Heidelberg 2012.

Schmitz, Gerald , Tibet und das Selbstbestimmungsrecht der Völker, Berlin 1998.

Schoiswohl, Michael, Status and (human Rights) Obligations of Non-recognized de Facto Regimes in International Law: The Case of "Somaliland": the Resurrection of Somaliland Against All International "odds": State Collapse, Secession, Non-recognition, and Human Rights, Boston 2004.

Scholz, Manfred, Die Behandlung der Goa-Frage durch die Vereinten Nationen, Würzburg Univ. Diss, 1970.

Schreuer, Christoph, Full Protection and Security, Journal of International Dispute Settlement 2010, S. 353–369.

Schröder, Meinhard, Verantwortlichkeit, Völkerstrafrecht, Streitbeilegung und Sanktionen, in: Wolfang *Graf Vitzthum*/ Alexander *Proelß*, Völkerrecht, 7. Aufl., Berlin 2016, S. 539–590.

Schwörbel, Edgar, Tibet, in: Hans-Jürgen *Schlochauer*/ Karl *Strupp*, Wörterbuch des Völkerrechts, Band 3, 2. Aufl., Berlin 1962, S. 441–442.

Segal, Gerald, The World Affairs Companion, London/New York 1991.

Sen, Biswanath, A Diplomat's Handbook of International Law and Practice, 3. Aufl., Dordrecht 1988.

Shakoor, Farzana, Pakistan-Bangladesh Relations- A Survey, Pakistan Horizon 1989, S. 109–133.

Sharma, Reetika/ *Goria*, Ramvir/ *Mishra*, Vivek, India and the Dynamics of World Politics, Noida 2011.

Sherman, Taylor C., The integration of the princely state of Hyderabad and the making of the postcolonial state in India, 1948–56, Indian Economic and Social History Review 2007, S. 489–516.

Sherman, Taylor C., State Violence and Punishment in India, London/New York 2010.

Simma, Bruno, NATO, The UN and the Use of Force: Legal Aspects, European Journal of International Law 1999, S. 1–22.

Simon, Thomas W., Remedial Secession: What the Law Should Have Done, From Katanga to Kosovo, Georgia Journal of International and Comparative Law 2011, S. 105–173.

Simpson, Bradley, "Illegally and Beautifully": The United States, the Indonesian Invasion of East Timor and the International Community, 1974–76, Cold War History 2005, S. 281–315.

Sinchak, Joseph, The Extraterritorial Application of Human Rights Treaties: Al-Skeini et al. v. United Kingdom (2011), Pace International Law Review Online Companion 2013, S. 416–445.

Skinner, Elliott P., Competition Within Ethnic Systems in Africa, in: Leo A. *Despres*, Ethnicity and Resource Competition in Plural Societies, Chicago 1975, S. 131–158.

Skoutaris, Nikos, The Cyprus Issue: The Four Freedoms in a Member State Under Siege, Oxford/Portland 2011.

Sloane, Robert D., The Changing Face of Recognition in International Law: A Case Study of Tibet, Emory International Law Review 2002, S. 107–186.

Smith, Herbert Arthur, Great Britain and the Law of Nations. A Selection of Documents Illustrating the Views of the Government in the United Kingdom upon Matters of International Law, Vol.1, London 1932.

Smith, Warren W., China's Tibet? Autonomy or Assimilation, Lanham 2008.

Solà-Martín, Andreu, Conflict resolution in Western Sahara, African Journal on Conflict Resolution 2009, S. 117–140.

Sosnowski, Alexander, The Georgia Syndrome, Rottenburg a/N 2012.

Sperling, Elliot, Self Delusion, Beitrag vom Mai 2014 auf der Internetpräsenz der Tibetan Buddhism in the West, http://info-buddhism.com/Self-Delusion_Middle-Way-Approach_Dalai-Lama_Exile_CTA_Sperling.html.

Spiliopoulou-Akermark, Sia, The Åland Islands Question in the League of Nations: The Ideal Minority Case?, S. 195–205.

Stein, Torsten / *von Buttlar*, Christian, Völkerrecht, 13. Auflage, Köln 2012.

Sterio, Milena, On the Right to External Self-Determination: "Selfistans", Secession and the Great Powers' Rule, Minnesota Journal of International Law 2010, S. 137–176.

Sternal, Werner, §15, in: Theodor *Keidel*, FamFG Kommentar, 18. Aufl., München 2014.

Stöber, Kurt, §185, in: Richard *Zöller*, Zivilprozessordnung: ZPO, 31. Aufl., Köln 2016.

Stremlau, John J., The International Politics of the Nigerian Civil War, 1967–1970, Princeton 1977.

Summers, James, Kosovo, in: Christian *Walter*/ Antje *von Ungern-Sternberg*/ Kavus *Abushov*, Self-Determination and Secession in International Law, New York/ Oxford 2014, S. 235–254.

Summers, James, The internal and external aspects of self-determination reconsidered, in: Duncan *French*, Statehood and Self-Determination: Reconciling Tradition and Modernity in International Law, New York 2013, S. 229–249.

Suvarierol, Semin, The Cyprus Obstacle on Turkey's Road to Membership in the European Union, in: Ali *Carkoglu*/Barry *Rubin*, Turkey and the European Union: Domestic Politics, Economic Integration and International Dynamics, London 2003, S. 52–74.

Sybesma-Knol, Neri, The Indispensable Parties Rule in the East Timor Case, in: Erik *Denters*/ Nico *Schrijver*, Reflections on International Law from the Low Countries: in Honour of Paul de Waart, The Hague 1998, S. 442–457.

von Tabouillot, Wolfgang, Zur Frage der Anerkennung von Mandschukuo, ZaöRV 1935, S. 138–148.

Talmon, Stefan, Luftverkehr mit nichtanerkannten Staaten: Der Fall Nordzypern, Archiv des Völkerrechts 2005, S. 1–42.

Talmon, Stefan, Kollektive Nichtanerkennung illegaler Staaten, Tübingen 2006.

Talmon, Stefan, The Duty not to recognize as lawful a situation created by the illegal use of force or other serious breaches of a jus cogens obligation: an obligation without real substance?, in: Christian *Tomuschat*/ Jean-Marc *Thouvenin*, The Fundamental Rules of the International Legal Order. Jus Cogens and Obligations Erga Omnes, Leiden 2005, S. 99–125.

Talmon, Stefan, Who is a Legitimate Government in Exile? Towards Normative Criteria for Governmental Legitimacy in International Law, in: Guy S. *Goodwin-Gill*/ Stefan *Talmon*, The Reality of International Law. Essays in Honour of Ian Brownlie, Oxford 1999, S. 499–537.

Tessler, Mark, A History of the Israeli-Palestinian Conflict, Bloomington/Indianapolis 1994.

Tkacik jr., John J., Taiwan's status remains "unsettled", Beitrag v. 1.10.2007 in The Heritage Foundation Online.

Tomuschat, Christian, ILC- Die Völkerrechtskommission der Vereinten Nationen, in: Rüdiger *Wolfrum*, Handbuch Vereinte Nationen, 2. Auflage, München 1991, S. 331–339.

Tomuschat, Christian, Recognition of New States – The Case of Premature Recognition, in: Peter *Hilpold*, Kosovo and International Law: The ICJ Advisory Opinion of 22 July 2010, Leiden 2012, S. 31–46.

Tsikhelashvili, Ketevan/ *Ubilava*, Natasha, Case Study of the Conflict in South Ossetia, in: Marc *Weller*/ Barbara *Metzger*, Settling Self-Determination Disputes: Complex Power-Sharing in Theory and Practice, Leiden 2008, S. 345–381.

Türk, Danilo, Recognition of States: A Comment, European Journal of International Law 1993, S. 66–91.

Turns, David, The Stimson Doctrine of Non-Recognition: Its Historical Genesis and Influence on Contemporary International Law, Chinese Journal of International Law 2003, S. 105–143.

Uddin, A K M Jasin/ *Ali*, K M Akkas/ *Khan*, Md. Ruknuzzaman, Liberation War of Bangladesh in ICT, JU Journal of Information Technology (JIT) 2014, S. 17–24.

Udogu, Emmanuel Ike, Liberating Namibia: The Long Diplomatic Struggle Between the United Nations and South Africa, Jefferson 2012.

Vaypan, Grigory, (Un)Invited Guests: The Validity of Russia's Argument on Intervention by Invitation, Beitrag v. 5.3.2014 in Cambridge Journal of International and Comparative Law, Online Version.

Vermeer, Zachary, Intervention with the Consent of a Deposed (but Legitimate) Government? Playing the Sierra Leone Card, Beitrag v. 6.3.2014 in EJIL:Talk! Online.

Vidmar, Jure, Crimea's Referendum and Secession: Why it Resembles Northern Cyprus More than Kosovo, Beitrag v. 20.3.2014 in EJIL:Talk! Online.

Vidmar, Jure, Remedial Secession in International Law: Theory and (Lack of) Practice, St. Antony's Review 2010, S. 37–56.

Wacker, Gudrun, Wahlen in Taiwan: Votum für den Status quo, kein Mandat für engere Anbindung an China, SWP-Aktuell, Januar 2012, S. 1–4.

Wagner, Norbert B., Macchiavelli 2.0, Neue Juristische Online-Zeitschrift 2014, S. 721–725.

Walling, Carrie Booth, The United Nations Security Council and Humanitarian Intervention: Causal Stories about Human Rights and War, Univ. Diss., Ann Arbor 2008.

van Walt van Praag, Michael C., The Status of Tibet: History, Rights and Prospects in International Law, Boulder/London 1987.

Walter, Christian, Postscript: Self-Determination, Secession, and the Crimean Crisis 2014, in: Christian *Walter*/ Antje *von Ungern-Sternberg*/ Kavus *Abushov*, Self-Determination and Secession in International Law, New York/ Oxford 2014, S. 293–311.

Wang, Tay-Sheng, Legal Reform in Taiwan under Japanese Colonial Rule, 1895–1945: The Reception of Western Law, Washington 2000.

Waters, Christopher, South Ossetia, in: Christian *Walter*/ Antje *von Ungern-Sternberg*/ Kavus *Abushov*, Self-Determination and Secession in International Law, New York/Oxford 2014, S. 175–190.

Wehberg, Hans, Stimson-Doktrin, in: Hans-Jürgen *Schlochauer*/ Karl *Strupp*, Wörterbuch des Völkerrechts, Band 3, 2. Aufl., Berlin 1962, S. 393–396.

Weisburd, A. Mark, Use of Force: The Practice of States since World War II, University Park 1997.

Wellens, Karen, Resolutions and Statements of the United Nations Security Council (1946–1989) – A Thematic Guide-, Dordrecht 1990.

Weller, Marc, Escaping the Self-Determination Trap, Leiden 2008.

Wheeler, Nicholas J., Saving Strangers: Humanitarian Intervention in International Society, Oxford/New York 2000.

White, Pamela, India: Political History, in: John Stewart *Bowman*, Columbia Chronologies of Asian History and Culture, S. 251–324.

Wirth, Kerstin A., Kosovo am Vorabend der Statusentscheidung: Überlegungen zur rechtlichen Begründung und Durchsetzung der Unabhängigkeit, ZaöRV 2007, S. 1065–1106.

Wisehart, Daniel, The Crisis in Ukraine and the Prohibition of the Use of Force: A Legal Basis for Russia's Intervention?, Beitrag v. 4.3.2014 in EJIL:Talk! Online.

Wittschier, Johannes, §185, in: Hans-Joachim *Musielak*/ Wolfgang *Voit*, Kommentar zur Zivilprozessordnung: ZPO, 13. Aufl., München 2016.

Wood, Michael/ *Purisch*, Daniel, Helsinki Final Act (1975), in: Rüdiger *Wolfrum*, Max Planck Encyclopedia of Public International Law, Oxford, Online Version 2011.

Wouters, Jan/ *Demeyere*, Bruno, Overflight, in: Rüdiger *Wolfrum*, Max Planck Encyclopedia of Public International Law, Oxford, Online Version 2008.

Wouters, Jan/ *Verhoeven*, Sten, State Aircraft, in: Rüdiger *Wolfrum*, Max Planck Encyclopedia of Public International Law, Oxford, Online Version 2008.

Wright, Quincy, The Goa Incident, American Journal of International Law 1962, S. 617–632.

Wu, Chien-Huei, The Many Faces of States in International Investment Law: Supranational Organizations, Unrecognized States and Sub-state Entities, in: Shaheeza *Lalani*/ Rodrigo Polanco *Lazo*, The Role of the State in Investor-State Arbitration, Leiden 2015, S. 405–429.

Xu, Guangqiu, The United States and the Tibet Issue, Asian Survey 1997, S. 1062–1077.

Yakubu, J. Ademola, Ethnicity and the Nigerian Constitutions, in: Ernest E. *Uwazie*/ Isaac O. *Albert*/ Godfrey N. *Uzoigwe*, Inter-Ethnic and Religious Conflict Resolution in Nigeria, Lanham/Oxford 1999, S. 37–48.

Yetiv, Steve A., America and the Persian Gulf: The Third Party Dimension in World Politics, Westport 1995.

Yuan, Haiwang/ *Kunga*, Awang/ *Li*, Bo, Tibetan Folktales, Santa Barbara 2015.

Zimmermann, Andreas, State Succession in Treaties, in: Rüdiger *Wolfrum*, Max Planck Encyclopedia of Public International Law, Oxford, Online Version 2006.

Zivier, Ernst R., Die Nichtanerkennung im modernen Völkerrecht. Probleme staatlicher Willensäußerung, 2. Aufl., Berlin 1969.

Zunes, Stephen / *Mundy*, Jacob, Western Sahara: War, Nationalism,, and Conflict Irresolution, New York 2010.

Zvobgo, Chengetai J.M.A., History of Zimbabwe, 1890–2000 and Postscript: Zimbabwe, 2001–2008, Newcastle 2009.

Zwecker, Jochen, Die Sezession Katangas und das Eingreifen der Vereinten Nationen, Univ. Diss, Marburg 1967.

Entscheidungsregister

Ständiger Internationaler Gerichtshof:

Factory at Charzów (Claim for Indemnity) (Merits), Judgment of 13 September 1928: PCIJ, Ser. A, No. 17.

Internationaler Gerichtshof:

Accordance with International Law of the Unilateral Declaration of Independence in Respect of Kosovo, Advisory Opinion of 22 July 2010, I.C.J. Reports 2010, S. 403.

Application of the International Convention on the Elimination of all Forms of Racial Discrimination (Georgia v. Russian Federation), Provisional Measures, Order of 15 October 2008, I.C.J. Reports 2008, S. 353.

Armed Activities on the Territory of the Congo (Democratic Republic of Congo v. Uganda), Judgment of 19 December 2005, I.C.J. Reports 2005, S. 168.

Barcelona Traction, Light and Power Company, Limited, Judgment of 5 February 1970, I.C.J. Reports 1970, S. 3.

Case Concerning Right of Passage over Indian Territory (Merits), Judgment of 12 April 1960, I.C.J. Reports 1960, S. 6.

East Timor (Portugal v. Australia), Judgment of 30 June 1995, I.C.J. Reports 1995, S. 90.

LaGrand (Germany v. United States of America), Judgment of 27 June 2001, I.C.J. Reports 2001, S. 466.

Legal Consequences for States of the Continued Presence of South Africa in Namibia (South West Africa) notwithstanding Security Council Resolution 276 (1970), Advisory Opinion of 21 June 1971, I.C.J. Reports 1971, S. 16.

Legal Consequences of the Construction of a Wall in the Occupied Palestinian Territory, Advisory Opinion of 9 July 2004, I.C.J. Reports 2004, S. 136.

Military and Paramilitary Activities in and against Nicaragua (Nicaragua v. United States of America), Merits, Judgment of 26 June 1986, I.C.J. Reports 1986, S. 14.

United States Diplomatic and Consular Staff in Tehran, Judgment of 24 May 1980, I.C.J. Reports 1980, S. 3.

Western Sahara, Advisory Opinion of 16 October 1975, I.C.J. Reports 1975, S. 12.

Europäischer Gerichtshof für Menschenrechte:

Case of Al-Skeini and Others v. The United Kingdom, Judgment of 7 July 2011, Application No. 55721/07.

Case of Cyprus v. Turkey, Judgment of 10 May 2001, Application No. 25781/94.

Case of Foka v. Turkey, Judgment of 24 June 2008, Application No. 28940/95.

Case of Ilascu and Others v. Moldova and Russia, Judgment of 8 July 2004, Application No. 48787/99.

Case of Loizidou v. Turkey, Judgment of 18 December 1996, Application No. 15318/89.

Case of Protopapa v. Turkey, Judgment of 24 February 2009, Application No. 16084/90.

Takis Demopoulos and Others, Evoulla Chrysostomi, Demetrios Lordos and Ariana Lordou Anastasiadou, Eleni Kanari-Eliadou and Others, Sofia (Pitsa) Thoma Kilara Sotiriou and Nina Thoma Kilara Moushoutta, Yiannis Stylas, Evdokia Charalambou Onoufriou and Others and Irini (Rena) Chrisostomou v. Turkey, Decision of 5 March 2010, Application Nos. 46113/99, 3843/02,137 51/02, 13466/03, 10200/04, 14163/04, 19993/04, 21819/04.

Vlastimir and Borka Bankovic, Živana Stojanovic, Mirjana Stoimenovski, Dragana Joksimovic and Dragan Sukovic v. Belgium, the Czech Republic, Denmark, France, Germany, Greece, Hungary, Iceland, Italy, Luxembourg, the Netherlands, Norway, Poland, Portugal, Spain, Turkey and the United Kingdom, Decision of 19 December 2001, Application No. 52207/99.

Bundesrepublik Deutschland:

Bundesgerichtshof, Urteil v. 04.10.1951 – IV ZR 108/50 (Düsseldorf); BGHZ 3, 178.

Bundessozialgericht, Urteil v. 26.10.1989 – 12 RK 44/88, BeckRS 1989, 06647.

Bundesverfassungsgericht, Beschluss v. 18.07.2005 – 2 BvR 2236/04; NJW 2005, 2289.

Bundesverwaltungsgericht, Urteil v. 09.05.1983 – 9 B 10466/81; DVBl. 1983, 1001.

Oberverwaltungsgericht Nordrhein-Westfalen, Urteil v. 21.12.1988 – 17 A 2620/85.

Italien:

Kweton v. Ullmann, Tribunal of Bolzano, Judgment of 21 May 1971, (1972), 16 RDIPP 288–9.

Kanada:

Reference re Secession of Quebec, Supreme Court, 20 August 1998: [1998] 2 SCR 217.

Vereinigtes Königreich von Großbritannien und Nordirland:

B v. B (Divorce: Northern Cyprus), High Court, Family Division, 16 February 2000: [2000] 2 FLR 707; [2001] 3 FCR 331.

Carl-Zeiss-Stiftung v. Rayner & Keeler, Ltd. And Others (No.2), House of Lords, 18 May 1966, [1967] 1 AC 853; [1966] 2 All E.R. 536; [1966] 3 WLR 125.

Gur Corporation v. Trust Bank of Africa Ltd., High Court, Queen's Bench Division, 22 May 1986: [1987] 1 QB 599.

Kibris Turk Hava Yollari & CTA Holidays v. Secretary of State for Transport, High Court of Justice, 28 July 2009, [2009] EWHC 1918, Approved Judgment, Case No. CO/3512/2007.

Kibris Turk Hava Yollari & CTA Holidays v. Secretary of State for Transport, Court of Appeal (Civil Division), 12 October 2010, [2010] EWCA Civ. 1903.

Kuwait Airways Corporation v. Iraqi Airways Company and Others, House of Lords, 16 May 2002, [2002] UKHL 19.

Schtraks v. Government of Israel and Others, House of Lords, 6 September 1962, [1964] AC 556; [1962] 3 All ER 529; [1962] 3 WLR 1013.

Vereinigte Staaten von Amerika:

United States v. Steinberg, District Court, Northern District of Illinois, 3 October 1979: 478 F.Supp.29.

Zivotofsky v. Kerry, Secretary of State, Supreme Court of the United States, Slip Opinion of 8 June 2015: No. 13–628.

Kadic v. Karadzic, Court of Appeals, Second Circuit, 13 October 1995: 70 F.3d 232, 64 USLW 2231.

Schiedsgerichte:

Suez, Sociedad de Aguas de Barcelona & Vivendi v. Argentina, ICSID Case No. ARB/03/19, Decision on Liability, 30 July 2010.

Técnicas Medioambientales Tecmed S. A. v. The United Mexican States, ICSID Case No. ARB (AF)/00/2, Award, 29 May 2003.

Wena Hotels Ltd. v. Arab Republic of Egypt, ICSID Case No. ARB/98/4, Award, 8 December 2000, 41 ILM 896 (2002).

www.ingramcontent.com/pod-product-compliance
Ingram Content Group UK Ltd.
Pitfield, Milton Keynes, MK11 3LW, UK
UKHW021917290926
8980IPUK00015B/1319

9 783631 709610